Hermann Giesecke

WOZU IST DIE SCHULE DA?

Die neue Rolle von Eltern und Lehrern

Klett-Cotta

Klett-Cotta
© J. G. Cotta'sche Buchhandlung Nachfolger GmbH, gegr. 1659
Stuttgart 1996
Alle Rechte vorbehalten
Fotomechanische Wiedergabe
nur mit Genehmigung des Verlags
Printed in Germany
Schutzumschlag: Dietrich Ebert, Reutlingen
Gesetzt aus der 10 Punkt Caslon,
auf säure- und holzfreiem Werkdruckpapier gedruckt
und gebunden von Ebner Ulm
Vierte Auflage, 1999

Die Deutsche Bibliothek – CIP-Einheitsaufnahme
Giesecke, Hermann:
Wozu ist die Schule da? : Die neue Rolle von Eltern und
Lehrern / Hermann Giesecke. – 4. Aufl. –
Stuttgart : Klett-Cotta, 1999
ISBN 3-608-91791-8

Inhalt

Einleitung: Pädagogik in der Krise

»Mir langt's« titelte eine Lehrerin (Pauly), die entnervt das Handtuch geworfen und ihren Beruf aufgegeben hat. Als »Gewalt auf dem Schulhof« beschreibt einer ihrer Kollegen (Korte) seine Schulerfahrungen. »Ein Berufsstand steckt in der Krise: Die Lehrer sind ihren Aufgaben nicht mehr gewachsen. Viele kapitulieren vor schwierigen Kindern und streitsüchtigen Eltern – wer nicht krank wird, flüchtet häufig in die frühzeitige Pensionierung. Die Ausbildung läuft vielfach an der Praxis vorbei, den Schulen droht das Chaos«, – resümierte der Spiegel (H. 24/93) schon vor Jahren. Eine zunehmende Zahl von Lehrern möchte am liebsten alles hinschmeißen und nie wieder eine Schule von innen sehen. Wer durchhalte, weil er vielleicht das Gehalt braucht und die herbeigesehnte Pensionierung nicht missen möchte, habe resigniert und hangele sich von einem Schultag zum nächsten. Der Krankenstand unter den Lehrern sei enorm hoch, Untersuchungen zufolge möchten über 60% der Lehrer zwischen 40 und 45 möglichst bald Schluß machen, weil sie sich ausgebrannt (»burnt out«) fühlen. »Schon jetzt geben in Hamburg neun von zehn Kollegen vorzeitig auf: 45% lassen sich, müde und genervt, vor Erreichen der Altersgrenze in den Ruhestand versetzen, 46% gehen mit ärztlichem Attest wegen dauerhafter Arbeitsunfähigkeit – manchmal schon mit weniger als 40 Jahren« (Der Spiegel, H. 24/93). Daß hinter solchen Recherchen nicht nur journalistische Sensationsmache steckt, kann jeder überprüfen, der Lehrer persönlich kennt. Als Beleg mag ferner gelten, daß das Baden-Württembergische Kultusministerium öffentlich darüber nachgedacht hat, ob aus Gesundheitsgründen für dienstunfähig erklärte Lehrer – das seien 80% der überhaupt deswegen ausgefallenen Landesbeamten – nicht an anderen Stellen im Öffentlichen Dienst eingesetzt werden könnten. Die »Gewerkschaft Erziehung und Wissenschaft« (GEW) hat in einer Umfrage unter Lehrern herausgefunden, daß deren größtes Problem die Schüler seien, mit denen sie nicht mehr zurechtkämen (Frankfurter Rundschau 8.12.94). Eine Antwort auf dieses Problem, so heißt es, wisse die Gewerkschaft auch nicht.

Dreißig Jahre nachdem Georg Picht die »Bildungskatastrophe« beschwor, weil die »Begabungsreserven« in unserem Lande nicht genutzt würden und (West-)Deutschland im internationalen Wettbewerb deshalb auf Dauer nicht werde mithalten können, gilt vielen die damals ausgelöste Schulreform als gescheitert. In Nordrhein-Westfalen hat sich ein »Arbeitskreis Gesamtschule« aus Lehrerinnen und Lehrern gebildet, die eine kritische Bilanz dieser Schulform ziehen und wieder das alte dreigliedrige Schulsystem favorisieren (Sprenger). Von den *neuen Kindern* und der *Erosion der alten Schule* ist die Rede. Die Befunde sind alarmierend.

»Sowohl Eltern als auch Kinder begreifen immer seltener, daß Lernen eine Tätigkeit ist, und daß jede Tätigkeit Mühe kostet und mit der Verausgabung von Arbeitskraft einhergehen muß. Die Einstellung gewinnt Raum, Lernerfolge müßten sich allein durch Anwesenheit von Kindern im Unterricht von selbst ergeben. Die Anzahl der ›guten‹ Schülerinnen und Schüler nimmt ab; die Anzahl der ›schlechten‹ nimmt zu... Weniger Kinder als je zuvor sind bereit und fähig, die Lernziele der Schule durch Tätigkeit zu erreichen... Sie sind nervös, können sich nicht konzentrieren, bedürfen der immer neuen Reize, Stimuli und Sensationen, können nicht mit sich allein sein, behalten nichts, strengen sich nicht an – kurz: das Konstante ihrer Persönlichkeit ist die Flüchtigkeit....« Festzustellen sei, »daß sich ein Pluralismus der Werte und Erziehungskonzepte zeigt, der an Beliebigkeit grenzt und in bezug auf die Schularbeit auch handlungsunfähig macht. Dominant ist allerdings die Instrumentalisierung aller menschlichen Beziehungen, die Asozialität der Lebensstile, der Werte, Erziehungskonzepte und Verhaltensrepertoires – und die Bevorzugung gewaltsamer Lösungen von Konflikten. Hierbei ist die Tendenz wirksam, die gegnerischen Ansichten oder den gegnerischen Menschen nicht bloß abzuwehren oder zu dominieren, sondern zu vernichten« (Hensel, S.16 ff.).

In den Familien sieht es oft nicht besser aus. »Kinder haben mehr Wünsche als je zuvor. Werbung und Cliquenzwang machen die Kids zu den ›Kaufmotoren der Familie‹. Ihre Wünsche drücken die Kleinen bei den Eltern selbst gegen größte Widerstände durch, notfalls mit wochenlangem Psychoterror. Denn: Nur wer hat, ist auch wer« (Der Spiegel, H. 50/93). Doch die Klage über den von der Werbung gepuschten Konsumterror ist nur ein Ausschnitt aus der Palette der pädagogischen Unzulänglichkeiten, die der Familie vorgeworfen werden: Sie bringe den Kindern nicht einmal die elementarsten sozialen Verhaltensweisen bei, züchte parasitäre Individualisten heran, die schon die Kindergärten und später die Grundschule in Schrecken versetzen. In der erwähnten GEW-Umfrage haben die Lehrer den Eindruck, daß die Eltern ihre verwöhnten und unsozialen Sprößlinge bei ihnen abgäben und sie dann damit allein ließen.

Die Kinder seien eben anders, als sie früher waren, ist oft mit einem resignativen Achselzucken zu vernehmen. Richtig ist sicher, daß sich etwa im Vergleich zu den 50er Jahren die Bedingungen geändert haben, unter denen sie heute aufwachsen. Sie werden in ganz anderer Weise »sozialisiert« als damals. Andererseits sind bestimmte Tatsachen gleich geblieben, weil sie auf naturgegebene oder gesellschaftliche Vorgaben zurückgehen: Immer noch hat jedes Kind bestimmte Fähigkeiten und Begabungen in sich, die niemand vorher kennt, die vielmehr erst im Verlaufe eines Bildungsganges entdeckt und gefördert werden können; immer noch muß das Kind viel lernen – gerade auch in der Schule –, um sich später seinen Lebensunterhalt verdienen zu können; immer noch muß es lernen, seine Bedürfnisse mit denen anderer Menschen in eine Balance zu bringen, also sozial akzeptabel zu werden; immer noch muß es lernen, seine Wünsche, Triebe und Bedürfnisse mit den Realitäten seiner Umwelt in Einklang zu bringen.

Warum aber ist es so schwierig geworden, solche Grundsätze im Umgang mit den Kindern zur Geltung zu bringen? Ist uns der »Mut zur Erziehung« abhanden gekommen?

Offensichtlich befindet sich die Pädagogik in einer tiefen Krise, die alle Ebenen erfaßt hat, die dafür in Frage kommen, – das Alltagshandeln in Familie und Schule ebenso wie die einschlägigen Wissenschaften und die zuständigen politischen Instanzen. Diese Krise hat sich lange angebahnt und ist keine bloß aktuelle, sondern eine strukturelle, d.h. sie läßt sich nicht aussitzen, sondern verlangt nach einer Revision grundlegender pädagogischer »Selbstverständlichkeiten«, die sich in den letzten Jahrzehnten durchgesetzt haben. Wir stehen vor einer pädagogischen Wende, und von ihrer Notwendigkeit und erwünschten Richtung ist in diesem Buch die Rede. Für die Krise gibt es vor allem drei Gründe, die einander ergänzen:

1. Die zuständigen Wissenschaften, vor allem die Erziehungswissenschaften, haben den Bezug zu den praktischen Alltagsproblemen und darüber hinaus ihre Glaubwürdigkeit weitgehend verloren. Während sie noch in den 60er und 70er Jahren geradezu als Garanten des Fortschritts in der Öffentlichkeit galten, ist nun Ernüchterung eingetreten, weil sie die in sie gesetzten Erwartungen für eine Verbesserung der pädagogischen Praxis nicht erfüllen konnten.

2. Der pädagogische Zeitgeist als der Inbegriff dessen, was in Sachen Erziehung allgemein für »selbstverständlich« gehalten wird, hat sich mehr und mehr von einer realistischen Einschätzung der pädagogischen Probleme entfernt und zu einer pädagogisch-therapeutischen Berufsideologie entwickelt; er deutet die Probleme in erster Linie so, wie sie den professionellen Interessen zugute kommen. Dabei erhalten die psycho-emotionalen Aspekte ein Übergewicht auf Kosten der sozialen und gesellschaftlichen Faktoren.

3. Das pädagogische Denken konzentriert sich einseitig auf Familie und Schule. Was den Kindern zu fehlen scheint, wird dort eingeklagt. Dabei wird übersehen, daß sie von früh an in einem *pluralistischen* Umfeld leben müssen, das ihnen für ihre Wert- und Verhaltensorientierung *widersprüchliche* Signale und Orientierungen präsentiert. Durch den bloßen pädagogischen Willen sind diese Einwirkungen weder außer Kraft zu setzen noch auch in einem einheitlichen erzieherischen Sinne zu bündeln. Vielmehr engt die pluralistische Sozialisation die pädagogischen Handlungsmöglichkeiten ein, zwingt sie zur Spezialisierung im Rah-

men dieser Sozialisation. Aber die deutsche Pädagogik hat ihre anti-pluralistische Tradition, die sie schon wehrlos gegen den Nationalsozialismus machte, bis heute durchgehalten, und nicht einmal die politisch-kulturelle Kritik durch die 68er hat daran etwas wesentlich geändert. Statt dessen beherrschen immer noch Wunschbilder die Diskussion, die an den tatsächlichen sozialen und gesellschaftlichen Determinanten des Aufwachsens vorbeigehen.

Die pädagogischen Wissenschaften werde ich hier nicht ausführlich zum Thema machen, aber einiges muß zum Verständnis ihrer Rolle, die sie für die pädagogische Krise spielen, wenigstens angedeutet werden.

1. Im Unterschied zu anderen Wissenschaften wie Biologie, Mathematik oder Geschichte hatte die traditionelle Erziehungswissenschaft von vornherein eine *normative Vorgabe*, die im Begriff von »Erziehung« zum Ausdruck kommt. Es geht ihr nicht nur um die *Erkenntnis* einer Wirklichkeit – z.B. des pädagogischen Handelns in Schule oder Familie –, sondern immer auch um ihre *Bewertung* und damit auch um ihre *Verbesserung*. Für die *Bewertung* der Sachverhalte und den Appell zu ihrer Verbesserung braucht sie aber *Maßstäbe*, die ihrerseits nicht aus wissenschaftlichen Erkenntnissen abgeleitet werden können. Wissenschaftlich ist z.B. nicht zu entscheiden, ob es eine Orientierungsstufe geben soll oder nicht. Zwar läßt sich das Für und Wider unter Verwendung wissenschaftlicher Erkenntnisse erörtern, aber die Entscheidung selbst erwächst daraus nicht zwingend, sie ist letztlich eine *politische*.

2. Als Universitätsdisziplin war die Erziehungswissenschaft immer an eine andere Disziplin gebunden; zunächst an die Theologie, dann an die Philosophie und/oder Psychologie und schließlich an die Sozialwissenschaften. Die pädagogischen Lehrstühle trugen z.B. die Bezeichnung »für Psychologie und Pädagogik«. Die äußere Abhängigkeit der Pädagogik war dabei immer auch eine innere: Sie galt als *praktische Anwendung* von etwas anderem, näm-

lich von theologischen Vorgaben (Wie wird man ein Kind Gottes?) oder von philosophischen (Wie wird das Kind zum sittlichen Menschen?) oder von psychologischen (Was ist dem Kind gemäß?). Erst die sogenannte »Geisteswissenschaftliche Pädagogik« vor und nach dem Ersten Weltkrieg hat sich von diesen Vorgaben zu emanzipieren versucht, indem sie das tatsächliche pädagogische Handeln, die pädagogische Wirklichkeit, zum Gegenstand ihres Nachdenkens machte in dem Bestreben, es einerseits aufzuklären, andererseits auf diese Weise zu verbessern. Auch sie konnte zwar den normativen Sinn von Erziehung nicht wissenschaftlich schlüssig beantworten, aber immerhin die in der pädagogischen Praxis anzutreffenden Normen und Werte zum Thema einer gedanklich geordneten Diskussion machen.

Aber kaum hatte sich dieses wissenschaftliche Selbstverständnis – unterbrochen durch den Nationalsozialismus – konsolidiert, erfolgte die nächste Okkupation, nämlich durch die modernen, auf *empirischen* Forschungsmethoden fundierten Sozialwissenschaften. Sie warfen seit Mitte der 50er Jahre der »geisteswissenschaftlichen« Pädagogik vor, gerade das, worum es ihr ging, nämlich die pädagogische Wirklichkeit, gar nicht erfassen zu können mit ihrer philosophierenden Betrachtungsweise, die Realität könne vielmehr nur durch empirische sozialwissenschaftliche Methoden mit hinreichender Zuverlässigkeit erkannt werden. Unter den Fittichen der Sozialwissenschaften erlebte die Erziehungswissenschaft in den 60er und 70er Jahren zunächst einen enormen Aufschwung nicht nur im Hinblick auf die personelle Ausdehnung, sondern auch im öffentlichen Ansehen. Sie verbündete sich mit den Bildungsreformbestrebungen dieser Zeit und trieb sie ideell wie politisch-ideologisch an, wobei der mächtig expandierende Fachverband »Deutsche Gesellschaft für Erziehungswissenschaft« (DGfE) in den bildungspolitischen Auseinandersetzungen mehrmals Partei ergriff und dabei die *politische* Argumentation nicht immer sorgfältig von der *wissenschaftlichen* trennte. Diese Vermischung wurde zum Problem, als die Reformeuphorie verflog. In weiten Teilen der politischen Öffentlichkeit blieb die Erziehungswissenschaft mit dem bildungsreformerischen Engagement identifiziert und verlor insofern an Ansehen als politisch neutrale, nur den wissenschaftlichen Maximen verpflichtete Disziplin. Die Tatsache also, daß die Erziehungswissenschaft nicht nur etwas erkennen, sondern mit Hilfe ihrer Erkenntnisse auch etwas verbessern will, machte ihr öffentliches Ansehen immer schon abhängig davon, in welchem Maße diese Veränderungen für gut befunden wurden. In den 70er Jahren war dies keine Frage, gegenwärtig kann davon kaum noch die Rede sein.

3. Folgenschwerer war aber die Tatsache, daß sich die Hoffnungen, die sich an die »realistische Wende« (H. Roth) hin zu den Sozialwissenschaften geknüpft hatten, nur wenig erfüllen konnten. Es stellte sich nämlich bald heraus, daß die Erschließung der pädagogischen Wirklichkeit durch empirische Forschungsmethoden deutliche Grenzen hat. Das hängt einmal mit dem immensen forschungstechnischen Aufwand zusammen, der nötig ist, um wirklich zuverlässige Ergebnisse zu erzielen. Die Verfahren andererseits, mit denen man zu diesen Ergebnissen gelangen kann, sind keine spezifisch erziehungswissenschaftlichen, sondern eben allgemein sozialwissenschaftliche. Das, was den Kern des pädagogischen Handelns ausmacht, ist auf diese Weise grundsätzlich nicht auf den Begriff zu bringen. Sozialwissenschaftlich aufgeklärt werden können nur die allgemeinen Rahmenbedingungen dieses Handelns, also z.B. die Struktur von Schule oder die allgemeinen Sozialisationsbedingungen des Aufwachsens. Aber Handeln richtet sich nicht auf allgemeine Bedingungen, sondern auf jeweils einmalig-konkrete, und vor allem hat es bestimmte Menschen im Blick. Die aber sind keine statistischen Repräsentanten für irgend etwas, sondern sie handeln mit und verändern insofern ebenfalls die Wirklichkeit. Eltern, die täglich mit ihren Kindern umgehen müssen, haben für diesen Zweck wenig von allgemeinen sozialwissenschaftlichen Erkenntnissen über die Familie. Und wenn Lehrer erfahren, daß soundsoviel Prozent der Jugendlichen gewaltbereit sind, dann sagt das über ihre Schulklasse noch gar nichts, weil die ja nicht statistisch repräsentativ für diejenige sozialwissenschaftliche Erhebung ist, aus der die Resultate stammen. Vielleicht sind in seiner Klasse

alle Schüler gewaltbereit, vielleicht ist es auch keiner. Damit ist natürlich nicht gesagt, daß solche Untersuchungen und ihre Ergebnisse überhaupt bedeutungslos für das pädagogische Bewußtsein seien, aber für das pädagogische Handeln sind sie unmittelbar jedenfalls nicht von Belang. So hat paradoxerweise gerade die »realistische Wende« die Kluft zwischen Universitätspädagogik und pädagogischer Praxis eher vertieft, was sich in zahllosen Publikationen ausdrückt, die von keinerlei praktischem Nutzen sind, wie R. Dollase schon vor Jahren vorgerechnet hat. Die Zahl der in diesem Sinne nutzlosen Untersuchungen wird noch dadurch erhöht, daß die personelle Expansion der Erziehungswissenschaft zu immer mehr Qualifikationsarbeiten – Dissertationen und Habilitationsschriften – führte, die im Grunde nur für die gutachtenden Professoren geschrieben werden und im allgemeinen auch nur hochschulintern interessant sind. Dabei vermag wenig zu trösten, daß auch die anderen Geistes- und Sozialwissenschaften sich in einer ähnlichen Krise ihres Selbstverständnisses wie ihres öffentlichen Ansehens befinden.

Die Maßstäbe der gegenwärtigen Erziehungswissenschaft sind also geprägt worden in den 60er und 70er Jahren, als sie als ideeller Bündnispartner der Bildungsreformbewegung in aller Munde war. Sie treffen aber nun auf eine neue pädagogische Wirklichkeit vor allem in den Schulen, und diese widersetzt sich den damals propagierten reformerischen Maximen. Woher aber sollen die notwendigen Korrekturen kommen? Üblicherweise ergeben sie sich durch den Generationswechsel, indem die jüngeren die Vorstellungen der etablierten Generationen kritisieren, schon um sich ein eigenes Profil zu verschaffen. Auf diese Weise hat die jetzt in der Erziehungswissenschaft dominierende Generation in den 60er und 70er Jahren die damals herrschende »konservative« abgelöst. Aber die sogenannte »68er-Generation« ist die letzte, die an der Universität – und übrigens auch in den Schulen – in nennenswertem Umfang hat Platz nehmen können. In der Erziehungswissenschaft wie in den Schulen fehlt uns inzwischen eine ganze Generation, weil die personelle Expansion in den 70er Jahren zu Überbesetzungen geführt hat. Nun müssen hier Stellen abgebaut werden, und der notwendige Generationswechsel kann sich nur unzureichend vollziehen.

Um die von kaum jemandem mehr bestrittene pädagogische Krise genauer beschreiben zu können, gehe ich im I. Teil dieses Buches zunächst der Frage nach, wie heute Kinder unter den Bedingungen einer pluralistischen Sozialisation tatsächlich aufwachsen und welche strukturellen Probleme daraus entstehen, d.h. solche, die nicht einfach durch persönliche Mängel der pädagogisch Agierenden oder der einzelnen Heranwachsenden selbst bedingt sind. Dabei wird sich zeigen, daß diese Sozialisationsbedingungen einerseits politisch auf der für unsere Gesellschaft typischen pluralistischen Verfaßtheit selbst beruhen, insofern also dem pädagogischen Handeln vorgegeben sind, und daß sie andererseits aber auch – entgegen der landläufigen pädagogischen Meinung – bedeutsame Lernchancen für die Kinder enthalten, die so in den pädagogischen Feldern Familie und Schule gar nicht arrangiert werden könnten. Deshalb nutzt es nichts, sie als Feinde des pädagogisch gut Gemeinten moralisch zu diskreditieren, wie dies immer wieder insbesondere angesichts des Fernsehens geschieht. Weder die Kinder noch ihre Pädagogen können sich die Welt aussuchen, in der sie leben. Im Gegenteil kommt es darauf an, daß die pädagogischen Felder – Schule und Familie – ihren besonderen Part im Konzert der übrigen Sozialisationsfaktoren zu spielen lernen.

Der II. Teil geht der Frage nach, warum diese Einsicht, die ja keineswegs neu ist, nicht längst zu den entsprechenden Konsequenzen für das pädagogische Denken und Handeln geführt hat. Die Suche nach einer akzeptablen Antwort führt uns zu den Annahmen und Postulaten des »pädagogischen Zeitgeistes«, der das fachliche und öffentliche pädagogische Bewußtsein mit einer Reihe von kollektiven Selbstverständlichkeiten ausstattet. Im allgemeinen lesen die Menschen ja keine wissenschaftlichen Traktate, um sich dann nach deren Erkenntnissen zu verhalten; ihr Alltagsbewußtsein wird vielmehr aus anderen Quellen gespeist.

Das Syndrom des »Zeitgeistes« beschäftigt mich, seit ich mit

Berufspädagogen und Eltern Diskussionen aus Anlaß meines Buches *Das Ende der Erziehung* geführt habe, das 1985 erschien und damals vielfach als ein Angriff auf die Substanz des Erzieherischen und auf das berufliche pädagogische Selbstverständnis empfunden wurde. In der Tat gab es bereits die Richtung an, in der sich auch die Argumentation dieses Buches bewegt, daß nämlich das traditionelle pädagogische Denken, das sich – wenn auch mit anderen politischen Vorzeichen – auch in der Mitte der 80er Jahre noch in der in ihrer Blüte stehenden Reformpädagogik zeigte, in eine Sackgasse geführt hat. Aber angesichts des scheinbar noch gut funktionierenden Bildungswesens gab es seinerzeit offenbar keinen Grund, mit öffentlicher Resonanz eine Wende ins Auge zu fassen.

Erstaunt war ich über das unerwartete Maß an Emotionalität in solchen Diskussionen, das mir auf eine kollektive Dimension der professionellen Identität hinzuweisen schien, die genauer untersucht werden mußte. Es ist ja bis heute irritierend, daß Lehrer sich solche Arbeitsbedingungen von disziplinlosen Schülern überhaupt gefallen lassen, wie sie eingangs angedeutet wurden, und daß sie von ihrem Dienstherrn und ihren Verbandsvertretern nicht einfordern, was sonst in der Arbeitswelt und besonders auch im öffentlichen Dienst unter großer öffentlicher Aufregung geradezu postwendend eingeklagt würde, nämlich menschenwürdige Kommunikationsbedingungen am Arbeitsplatz. Im Gegenteil gewinnt man in Gesprächen mit betroffenen Lehrern eher den Eindruck, als sei ein solcher menschlicher Verschleiß, der zudem niemandem, schon gar nicht den Schülern, nützt, ein unabwendbares Opfer, das dieser Beruf eben erfordere.

Derartige Erfahrungen weisen darauf hin, daß die notwendige Revision des pädagogischen Denkens und Handelns nicht allein auf der Ebene rationaler Argumentation erfolgen wird, solange dem widersprechende kollektive »Selbstverständlichkeiten« nicht aufgeklärt sind. Eine der notwendigen Korrekturen ist darin zu sehen, daß der pädagogische Zeitgeist, der sich seit den 70er Jahren entwickelt hat, der Innerlichkeit des Kindes, seiner inneren Motivation, seinen subjektiven Bestrebungen und Wünschen zu viel

Aufmerksamkeit geschenkt hat auf Kosten der gesellschaftlichen, vor allem auch ökonomischen Bedingungen des gegenwärtigen und künftigen Lebens. Daraus ergab sich eine falsche oder zumindest einseitige Einschätzung der Individualisierung des Kindes. Diese erwächst jedoch nicht primär aus der Innerlichkeit der kindlichen Seele, sondern aus der Bewältigung von äußeren Herausforderungen, in der Auseinanderstzung mit der gesellschaftlichen und ökonomischen Realität. Das in diesem Sinne »falsche« Bewußtsein ist jedoch, wie sich zeigen wird, kein zufälliges, sondern es ist Bestandteil einer Berufsideologie.

Erst auf dem Hintergrund der aus der pluralistischen Sozialisation erwachsenden Einsichten einerseits und der Analyse zentraler berufsideologischer Aspekte andererseits können im III. Teil die pädagogischen Felder Schule und Familie in den Blick genommen werden; denn sonst wäre die These nicht glaubwürdig zu vertreten, daß beide Felder zwar nach wie vor bedeutsame Beiträge für die Entwicklung der kindlichen Persönlichkeit leisten können, wenn sie ihre Chancen tatsächlich wahrnehmen, daß dies aber nur dann möglich ist, wenn sie sich als partikulare Interventionen in Biographien verstehen, die auch ohne sie ablaufen und über die sie im ganzen nicht zu verfügen vermögen. Dann aber richtet sich der Blick nicht mehr auf Wunschlisten, in denen verzeichnet ist, was an Gutem dem Nachwuchs doch gewährt werden müsse und wie die böse Umwelt dies alles verhindere. Vielmehr geht es dann darum, gerade die Partikularität des pädagogischen Feldes in den Mittelpunkt zu stellen und z.B. den Bildungsauftrag der Schule nach deren eigenen Regeln und nicht durch Ableitung aus den übrigen Sozialisationsfaktoren neu zu verstehen.

Im Unterschied zur Familie, die in erster Linie eine Lebensgemeinschaft darstellt und deshalb zur Privatsphäre zu rechnen ist, sind Konzeption und Gestaltung der Schule Angelegenheiten aller Bürger, beruhen also in diesem Sinne letztlich auf politischen Entscheidungen. Während die Familie im wesentlichen so hingenommen werden muß, wie sie sich als Teil des gesellschaftlichen Lebens darstellt, kann die Schule weitgehend nach dem Willen des öffentlichen Diskurses bestimmt werden. Daraus folgt auch, daß die Schule diejenige pädagogische Institution ist, bei der zunächst anzusetzen ist, wenn von einer allgemeinen pädagogischen Revision die Rede sein soll. Was ist eigentlich »Unterricht« in Abgrenzung zu allen anderen möglichen Lernarrangements? Welche Folgen treten für die Gesellschaft wie für die Kinder ein, wenn die Schule ihre eigentliche Aufgabe des Unterrichtens zugunsten anderer, nämlich sozialpädagogischer Aufgaben zurückstellt?

Der pädagogische Zeitgeist hat hier die Akzente verschoben. Er hat die ökonomischen, institutionellen und fachlichen Aspekte der Schule unter- und die Innerlichkeit des Kindes, seine aktuellen Interessen und Bedürfnisse überbewertet. Demgegenüber muß das Kind aber gerade lernen, eine Balance zu finden zwischen den subjektiven Bestrebungen einerseits und den – daran gemessen – objektiven Anforderungen einer Umwelt andererseits, die nun einmal nicht »kindgerecht« ist.

Die wirksamste Irritation der Schule geht jedoch von der Tatsache aus, daß sie sich nicht mehr wie früher an den Vorgaben eines jeweils dominanten Milieus orientieren kann, von dem her sie ihren »Erziehungsauftrag« bezog. Weder das katholische noch das protestantische noch das bildungsbürgerliche Milieu geben ihr mehr einen pädagogischen Sinn und ihren Ambitionen einen verläßlichen sozialen Rückhalt. Davon ist die Schule gleichsam emanzipiert, und das erklärt einerseits die Willkürlichkeit der gegenwärtig vertretenen, teilweise miteinander unvereinbaren schulpädagogischen Konzepte und andererseits die Sehnsucht der Lehrer nach der alten öffentlichen Anerkennung. Im Kontext der übrigen Sozialisationsfaktoren ist die Schule weitgehend auf sich allein gestellt.

Da sie es infolgedessen zunehmend auch mit Eltern zu tun hat, die im wesentlichen individuell-egoistisch ihre Ansprüche geltend machen, kaum auf dem Hintergrund einer milieuspezifischen Geschlossenheit, müssen neben den Lehrern auch die Eltern ihre neue Rolle im Rahmen der pluralistischen Sozialisation überdenken. Die Schule ist nicht einfach die Fortsetzung ihres familiären Erziehungswillens, der dafür viel zu begrenzt ist. Andererseits muß die Schule die Eltern verantwortlich machen, wenn sie nicht für eine elementare Fundierung des Sozialverhaltens ihrer Kinder sorgen. Deshalb ist zu untersuchen, welche Chancen der pädagogischen Einwirkung die Familie unter den Bedingungen der pluralistischen Sozialisation überhaupt noch hat und was die Schule mit solchen Kindern anfangen soll, die nicht sozialfähig genug für die Unterrichtung sind.

Der IV. Teil faßt die wesentlichen Ergebnisse in Form von Vorschlägen für das praktische Verhalten von Lehrern und Eltern zusammen. Diese Form der Bilanz soll verhindern, daß die grundsätzliche Argumentation auf einer allzu abstrakten und insofern auch unverbindlichen Ebene stecken bleibt.

Gegenwärtig besteht die Gefahr, daß die öffentliche Diskussion sich erneut festbeißt an den alten bildungspolitischen Positionen, wie sie in den 70er Jahren entstanden sind und sich seither verfestigt haben: auf der einen Seite etwa die Befürworter der Gesamtschule, auf der anderen Seite deren Gegner. Ließe sich die Sache darauf reduzieren, müßten die Politiker, die Kultusadministratoren und die Verbandsfunktionäre sich gar nicht erst aus ihren geistigen Sesseln erheben; es wäre ja alles wie gehabt, der politische bzw. verbandspolitische Gegner mache nur erneut mobil. Offensichtlich haben sich die Beteiligten inzwischen in den ehemaligen bildungspolitischen Schützengräben komfortabel eingerichtet.

Aber die pädagogische Krise ist mit diesen alten Chiffren nicht mehr zu kennzeichnen und schon gar nicht zu beheben. Gesamtschulen mögen einige Aspekte dieser Krise besonders deutlich empfinden, wie die erwähnten Reaktionen aus ihren Reihen zeigen. Aber abgesehen davon, daß ihre radikalen Vertreter, die aus ihr eine Einheitsschule anstelle des gegliederten Schulwesens machen wollten, dafür nie eine politische Chance hatten, geht es heute nicht um ein grundsätzliches Ja oder Nein zu ihr als einer schulischen Variation, sondern darum, daß unsere Gesellschaft im ganzen ein gestörtes Verhältnis zu ihrem Schulwesen, nämlich zu dessen Aufgaben und Funktionen, bekommen hat. Sonst könnte sie nicht zulassen, daß die Schule als eine öffentliche Ressource derart heruntergewirtschaftet wird, wie dies offensichtlich in zu vielen Fällen geschieht.

Die gegenwärtige Problematik in Schulen und Familien ist vor allem dadurch entstanden, daß die früheren Überlegungen der 70er Jahre heute auf einen neuen Sozialisationstypus treffen, der unter gänzlich veränderten Bedingungen aufwachsen muß. Der Reform sind gleichsam die Kinder abhanden gekommen, für die sie einmal gedacht war. Weder wird der Nachwuchs heute im allgemeinen autoritär behandelt, noch lebt er mehr in einer rigiden Sozialkontrolle in der Öffentlichkeit, noch gibt es mehr die krassen, geradezu schicksalhaften Bildungsunterschiede von damals. Die Problemkinder von heute sind nicht mehr die Arbeiterkinder oder die Mädchen vom Lande, sondern in erster Linie Mittelschichtkinder, denen man damals einen prinzipiellen Chancenvorsprung nachgesagt hatte.

Alles spricht dafür, daß wir uns am Ende einer bildungspolitischen und reformpädagogischen Epoche befinden, die Mitte der 60er Jahre begann, die zunächst einen geradezu euphorischen Aufschwung zu verzeichnen hatte, der sich nicht zuletzt auch in einer enormen materiellen und personellen Expansion des Bildungssektors offenbarte, und die nun die früher in sie gesetzten Erwartungen nicht länger erfüllen kann. Wie immer in solchen Krisenfällen besteht die Gefahr, daß der Wind sich einfach nur in die andere Richtung dreht. Damit aber wäre niemandem gedient, denn die »alte« Schule ist vor fast dreißig Jahren nicht ohne gute Gründe kritisiert und verändert worden. Deshalb geht es mir nicht zuletzt auch darum fortzuschreiben, was aus dem Bestand dieser reformpädagogischen Phase erhaltenswert ist. Sonst droht eine übertriebene Korrektur, die nach kurzer Zeit erneut revidiert werden müßte.

Wir müssen also den Kern der ursprünglichen reformpädagogischen Ziele wieder freilegen, sie trennen von zeitbedingten Übertreibungen oder auch Irrtümern und die neuen Bedingungen analysieren, unter denen sie heute realisiert werden können. Zu den Hauptzielen der Reform gehörten vor allem

– die Herstellung höchstmöglicher Chancengerechtigkeit im Bildungswesen,
– die Individualisierung des Bildungsangebotes,
– die optimale Förderung jedes einzelnen Kindes.

Diese Prinzipien dürfen nicht mehr zurückgenommen werden, wenn unser Schulwesen seine demokratische Legitimation behalten will.

I. Aufwachsen in pluralistischen Widersprüchen

1. Sozialisation und Erziehung

Wenn wir uns über die Vernünftigkeit erzieherischer Eingriffe in das Leben von Kindern und Jugendlichen klar werden wollen, müssen wir uns eine zutreffende Vorstellung darüber machen, wie deren Leben in unserer Gesellschaft auch ohne diese Interventionen abläuft. Wir müssen uns also die Gesellschaft vorstellen unter dem Aspekt, welche Wirkungen sie im allgemeinen auf die Persönlichkeitsentwicklung des Nachwuchses hat. Generell gesehen übt das gesellschaftliche Leben ja eine ganze Reihe von Wirkungen aus, z.B. auf die Natur, auf die Wirtschaft, die Kultur und nicht zuletzt auch auf die Menschen, auf arme und reiche, Männer und Frauen und eben auch auf Kinder und Jugendliche.

Die Gesellschaft unter dem Gesichtspunkt des Aufwachsens der Kinder in ihr zu betrachten wird heute im allgemeinen *Sozialisation* genannt. Unter diesem Begriff werden alle von der Gesellschaft ausgehenden Wirkungen zusammengefaßt, die das Aufwachsen der Kinder in irgendeiner Weise beeinflussen. Als Teil dieser allgemeinen Sozialisation gilt die *Erziehung*, die von den dafür zuständigen Personen wie Eltern oder Lehrern nach deren Vorstellungen ausgeübt wird. Von diesen erzieherischen Handlungen wird erst im III. Teil die Rede sein, weil sich darüber nur sinnvoll sprechen läßt, wenn über die gesamte Sozialisation Klarheit gewonnen wurde.

Nun liegt auf der Hand, daß die Art und Weise der Sozialisation abhängig davon ist, um welche Art von Gesellschaft es sich jeweils handelt. In einer afrikanischen Stammesgesellschaft verläuft sie anders als in unserer modernen Industriegesellschaft. Aber auch in dieser unterscheidet sie sich je nach den historischen Epochen; so galten im Wilhelminischen Kaiserreich andere Bedingungen als heute, aber nur von den gegenwärtigen soll im folgenden die Rede sein, wobei geschichtliche Rückblicke gelegentlich erfolgen werden, um die gegenwärtige Szenerie besser be- leuchten zu können.

Dabei müssen zunächst einige Tatsachen der Sozialisation beschrieben werden, die *generell gelten*, also auch unter den Bedingungen der pluralistischen Sozialisation, und deshalb ihr entweder überhaupt vorgegeben sind oder in ihrem Rahmen nur modifiziert werden.

1. Kein Kind kann sich bei seiner Geburt die Welt, die Gesellschaftsform und die Fürsorgepersonen aussuchen, es findet seine Umwelt vielmehr vor. Deshalb ergäbe es auch keinen Sinn, wenn es sich darüber beklagen würde, denn es hat weder eine Alternative, noch kann es sich zunächst eine solche vorstellen. Es braucht also den Optimismus, daß sein Umfeld für seinen Lebenswillen geeignet ist.

Die Erwachsenen können das natürlich anders empfinden, weil sie Erfahrungen haben, die das Kind noch nicht kennt, und deshalb ist ihr Optimismus oft sehr viel gedämpfter; sie entwickeln vielleicht politische oder kulturkritische Alternativen oder beklagen die Ungerechtigkeit der Zustände. Wenn sie diese Aversionen und Unzufriedenheiten jedoch auf den Umgang mit Kindern projizieren und so zur Grundlage pädagogischer Theorien und Handlungsorientierungen machen, benutzen sie die Kinder für ihre eigenen Zwecke. Selbstverständlich sollten die Erwachsenen alle denkbaren Anstrengungen unternehmen, diese Welt menschenwürdig zu gestalten, aber sie können die Kinder nicht so lange auf Eis legen, bis sie dies zu ihrer Zufriedenheit erreicht haben. Im Unterschied zur *politischen* Aufgabe, die Gesellschaft bestmöglich zu gestalten, besteht die *pädagogische* darin, unsere Kinder so aufzuziehen, daß sie eine möglichst optimale, sie selbst halbwegs befriedigende Balance finden zwischen ihren eigenen Neigungen, Bestrebungen, Wünschen und Bedürfnissen einerseits und den Anforderungen andererseits, die die Gesellschaft an sie stellt bzw. stellen wird, – nicht irgendeine Gesellschaft, sondern die, die sie vorfinden. Es ergibt also keinen pädagogischen Sinn, etwa in kulturkritischer Absicht diese Welt in Verruf zu bringen, weil sie doch den »eigentlichen Bedürfnissen« der Menschen im allgemeinen und der Kinder im besonderen im Wege stünde. Eine solche Perspektive nützt niemandem, den Eltern und

Lehrern nicht, weil ihnen dadurch die pädagogische Verantwortung genommen würde – was können sie schon gegen die Mißstände der Gesellschaft ausrichten? –, und den Kindern nicht, weil sie dieser Verantwortung ja gerade bedürfen. Das pädagogische Denken und Handeln bedarf also eines Mindestmaßes an *Zuversicht* in die Welt, so wie sie ist bzw. wie sie noch verbessert werden könnte. Es geht um »die Notwendigkeit, eine Generation, die keine Lebenserfahrung und Erinnerung hat, in die Welt einzuführen, wie sie ist, ohne sie der Welt zu unterwerfen, wie sie ist...« (von Hentig, S. 209).

2. Die Welt, in der wir leben, ist nicht zu dem Zweck erschaffen worden, daß sich unsere Kinder darin zum sozialen Nulltarif rundum wohlfühlen können. Soziales Wohlbefinden – um das überstrapazierte Wort »Glück« zu vermeiden – ist kein zeitloser paradiesischer Zustand, sondern *das Ergebnis von Arbeit und Tätigsein,* also der ständigen Auseinandersetzung mit den Verhältnissen und mit den Personen, die diese repräsentieren. Die Welt ist von sich aus nicht »kindgerecht«, und nur pädagogische Romantiker können dies erwarten. Mit der Mentalität von Kindern kann sie auch nicht menschenwürdig in Ordnung gehalten werden. Im Prozeß des Heranwachsens muß jedes Kind vielmehr die ihm gemäße soziale Position *selbst* finden, die einerseits seinen Bedürfnissen und Fähigkeiten möglichst entspricht und die ihm andererseits ein Mindestmaß an sozialer Achtung und Anerkennung einbringt. Sein »Glück« muß es selbst schmieden, indem es von Anfang an *tätig* an seinem sozialen Umfeld mitwirkt und auf diese Weise aus seinem Leben etwas gestaltet, was ihm Erfolg und Zufriedenheit bringt.

3. Niemand kann diese soziale Leistung stellvertretend erbringen. Eltern und Berufspädagogen können nur fördernd, fordernd, ermutigend und unterstützend behilflich sein; wollen sie mehr, gefährden sie diesen Selbstfindungsprozeß. Niemand kann einem anderen Menschen – ob Kind oder Erwachsener – vorschreiben, was ihn glücklich und zufrieden macht und machen wird. Oft klaffen die Vorstellungen der Eltern und die – zunächst noch un-

geklärten – Vorstellungen der Kinder über deren gegenwärtiges und künftiges Leben weit auseinander. Diese Spannung ist an und für sich nützlich, weil dem Kind so *Widerstand* geboten werden kann, an dem es seine Selbsteinschätzung herausarbeiten, präzisieren, unter Umständen auch korrigieren kann. Dafür braucht es das Engagement derjenigen, die ihm nahestehen und denen es deshalb vertrauen darf. Gerade weil die Welt nicht »kindgerecht« ist, kann das Kind von sich aus nicht wissen, was sie von ihm erwartet und welche Bedingungen sie dafür bereit hält, daß es zu einem halbwegs befriedigenden Leben in ihr finden kann. Also hilft es dem Kind nicht, wenn man seine Existenz romantisiert, als könne es von sich aus wissen, was für seine Zukunft gut sei, und als sei jede erzieherische Intervention dabei nur hinderlich. Vielmehr gehört die *Differenz der Generationen* zu den fundamentalen Tatsachen der menschlichen Gesellschaft. Sie erwächst nicht nur einfach aus dem Altersunterschied und auch nicht aus dem damit im allgemeinen verbundenen Machtgefälle, sondern vor allem aus *unterschiedlichen Erfahrungen*, die die Erwachsenen einerseits und die Kinder andererseits mit der Welt machen bzw. die die Erwachsenen nun einmal den Kindern voraus haben. Die Eltern z.B. haben in ihrer Jugend bzw. Kindheit bestimmte Erfahrungen gemacht, die sie nun weitergeben oder andererseits ihren Kindern ersparen wollen. Daraus entstehen Spannungen, weil die Kinder nicht einfach fremde Erfahrungen als ihre eigenen übernehmen können bzw. weil sie Erfahrungen, die sie *gemeinsam* mit ihren Eltern machen – etwa im Umgang mit den Massenmedien – anders bewerten können als diese. In dieser Generationen-Differenz kommen u.a. Veränderungen zum Ausdruck, die sich seit der Kindheit der Erwachsenen ergeben haben. Berufe zum Beispiel, die zur Jugendzeit der Eltern besonders interessant oder prestigeträchtig waren, sind inzwischen möglicherweise verschwunden oder haben erheblich an Ansehen verloren; dafür sind neue entstanden. Aber die Eltern sind vielleicht noch fixiert auf frühere Eindrücke, während die Kinder ganz neue gewinnen. Im gleichzeitigen Nebeneinander verschiedener Generationen, wie es Kinder besonders prägend in der Familie wahrnehmen können, findet sich ein bedeutender Fundus an menschlichem Erfahrungsrepertoire, das sonst gar nicht vorstellbar wäre. Die aus dem Widerspruch der unterschiedlichen Erfahrungen sich ergebende Spannung zwischen den Generationen gehört zu den bedeutsamsten Tatsachen unseres Lebens. Wir können sie nutzen für die Auseinandersetzung mit der nachwachsenden Generation; wenn wir sie aber aufheben wollen, indem wir den Kindern unter Berufung auf unsere Erfahrung unseren Willen aufzuzwingen versuchen, wird leicht eine der beiden Seiten scheitern: entweder die Eltern, weil die Kinder sich gegen sie durchsetzen, oder die Kinder, weil sie sich unter Verdrängung ihrer Wünsche dem elterlichen Willen unterworfen haben. Unproduktiv werden die unterschiedlichen Generationserfahrungen aber auch dann, wenn sie nicht klar zum Ausdruck gebracht werden, wenn etwa alle sich gleichermaßen jung fühlen und verstehen wollen, wenn z.B. der Opa sich an den Idealen des Enkels orientiert. Die Entscheidung darüber, wie das Kind in der Welt, die es sich nicht aussuchen konnte, sein Leben letzten Endes einrichten wird, kann ihm niemand abnehmen. Aber *helfen* kann man ihm bei diesem Prozeß durch Unterstützung und Ermutigung und auch durch das Einbringen anderer Generationserfahrungen.

4. Aus der Sicht des Kindes ist der Prozeß des Größerwerdens, des Erwachsenwerdens ein Stück harter Arbeit, die nicht nur der erwähnten Zuversicht bedarf, also eines grundlegenden Optimismus, eines Vertrauens in die Umwelt. Förderlich für eine positive Entwicklung ist darüber hinaus alles, was das *Tätigsein* des Kindes unterstützt. Dem widerspricht emotionale Umklammerung ebenso wie eine überfürsorgliche Betreuung. Wenn z.B., wie es D. Dieckmann eindringlich schildert, das Kind derart zum Mittelpunkt insbesondere des mütterlichen Lebens wird, daß die Partnerbeziehung, der Haushalt und das politische Bewußtsein dabei auf der Strecke bleiben, dann schadet dies nicht zuletzt auch dem Kind, weil es ihm kaum spontane Tätigkeit gestattet. Länger, als für seine Fürsorge nötig wäre, steht es im Mittelpunkt der Aufmerksamkeit; es erlebt nur sich selbst und nur die mütterliche Reaktion auf seine Lebensäußerungen. Verwehrt wird ihm die Erfahrung, daß kein Mensch – auch die eigene Mutter nicht – einzig

zu dem Zweck auf der Welt ist, es zu versorgen und zu belustigen. Auf diese Weise wird dem Kind wenn schon nicht die Erkenntnis, so doch immerhin die Ahnung davon verwehrt, daß die Welt nicht für die selbstverständliche Befriedigung seiner Triebe und Bestrebungen erfunden wurde, sondern daß auch die ihm am nächsten stehenden Menschen Wünsche haben und Aufgaben erledigen müssen, die mit ihm und seinem Befinden nichts zu tun haben, die also nicht von seiner Existenz her begründet und gerechtfertigt sind.

Die offensive Zuwendung zum Kind, seine totale emotionale Inanspruchnahme befriedigt die Bedürfnisse der beteiligten Erwachsenen, nicht die der Kinder. Kein Erwachsener würde es aushalten, derart »fürsorglich belagert« zu werden. Die fortwährende Aufmerksamkeit für die frühe Kindheit, die die Psychologisierung uns nahelegt, hat uns inzwischen befangen gemacht im Umgang mit Kindern und uns vielfach die Gelassenheit genommen, die dafür nötig ist.

5. Pädagogisches Handeln als optimale Unterstützung des kindlichen Größerwerdens ist also primär eine Form des *sozialen* Verhaltens und kann sich deshalb im allgemeinen nur auf das *Verhalten* von Kindern beziehen, nicht auf die dahinterstehenden inneren Motive; die sind im Kern unbekannt, und sie werden erst weniger unklar, wenn das Kind über sie sprechen kann. Im normalen Alltagsverhalten müssen wir auf Spekulationen und Vermutungen darüber verzichten, lediglich in Krisen- und schweren Konfliktfällen, die mit den Bordmitteln der üblichen Alltagskommunikation nicht mehr zu lösen sind, mag es Sinn ergeben, zu deren Bereinigung entsprechende Überlegungen über mögliche innerpsychische Barrieren anzustellen und dafür dann vielleicht auch therapeutische Beratung in Anspruch zu nehmen. Im übrigen muß die Innerlichkeit des Menschen, auch die des Kindes, sein Eigentum bleiben, steht nicht für andere zur Disposition, geht andere nichts an, – es sei denn, jemandem wird das Vertrauen geschenkt, daran teilzuhaben. Erzieherischer Umgang mit Kindern hat es mit deren *Verhalten* zu tun, *das* wird gebilligt oder mißbilligt, und auf dieser Ebene kann das Kind auch mithalten, kann

es sich beobachten und kontrollieren, aber auch Widerstand anmelden. Mit seinen Emotionen sollte dagegen *defensiv* umgegangen werden; die Initiative für das Aussprechen und Erörtern von Gefühlen sollte dem Kind überlassen bleiben. Erst über die durch den pädagogischen Zeitgeist gelegte emotionale Schiene ist der Erziehungsanspruch zu einem totalen, manipulativen, die ganze Persönlichkeit des Kindes in die Zange nehmenden geworden. Wer genügend über die Psyche eines Menschen zu wissen glaubt, kann dieses Wissen auch für seine Zwecke ausnutzen. Aus dieser psychologisierenden Falle müssen wir uns befreien, indem wir Erziehung wieder primär als *soziale* Tatsache verstehen. Damit ist eine Chance und eine Grenze pädagogischen Handelns bezeichnet. Die Chance besteht darin, daß wir in Familie wie Schule auf das äußerlich wahrnehmbare *Verhalten* Einfluß nehmen; das können wir planmäßig und gezielt tun und so, daß das Kind weiß, wovon die Rede ist. Auf seine Innerlichkeit, auf seine Persönlichkeitsstruktur, auf seinen Charakter, seine Tugenden oder seine Motive können wir *nicht* planmäßig einwirken. Wir können *hoffen*, daß das Kind – auch durch unser Vorbild – zu einem »guten Menschen« wird, aber wir können dies nicht wirklich planen. Die Innerlichkeit eines Kindes – übrigens auch eines Erwachsenen – geht nur die etwas an, die ihm nahestehen, alle anderen Menschen interessieren sich für sein *Verhalten* ihnen gegenüber, und die inneren Beweggründe dafür sind ihnen zunächst einmal gleichgültig; denn auf dieser Differenz zwischen Privatheit und Öffentlichkeit beruht unsere moderne Zivilisation.

6. *Ökonomisch* gesehen lebt das Kind von Geburt an *auf Kredit*, d.h. es kann seinen Lebensunterhalt nicht selbst bestreiten. Dafür sorgen vielmehr im engeren Sinne die Eltern, im weiteren Sinne die Steuerzahler. Dieser Kredit ist verankert im *Generationenvertrag*. Diejenigen, die ihn gewähren, zahlen nur zurück, was sie erhalten haben, als sie selbst Kinder waren und die damals älteren Generationen für sie gesorgt haben. Und die heutigen Kinder haben die gesellschaftliche Pflicht, sich in diese Generationenfolge einzufädeln, um später ihrerseits – als Eltern und/oder Steuerzahler – an der Versorgung der nach ihr kommenden Generationen mitwir-

ken zu können. Dazu müssen sie ihre Kenntnisse, Fähigkeiten und Fertigkeiten – unter anderem in der Schule – so entwickeln, daß sie zu einem angemessenen Zeitpunkt im wörtlichen Sinne aus der Bilanz ihrer Versorger verschwinden, also ihren Lebensunterhalt selbst bestreiten können. Für diesen Weg in die ökonomische Selbständigkeit stehen dem Kind eine Reihe von Optionen, also Wahlmöglichkeiten, offen, die im Grundrecht der freien Berufswahl verankert sind und die es insbesondere dadurch wahrnimmt, daß es die entsprechenden Angebote des öffentlichen Bildungs- und Ausbildungssystems nutzt.

Der »Generationenvertrag«, auf dem ideell das Verhältnis der Generationen in unserer Gesellschaft beruht, ist von niemandem als solcher je unterschrieben worden. Das Neugeborene weiß davon nichts, es sucht die Geborgenheit unter denen, die unmittelbar für es sorgen. Aber diese Versorger können nicht allein auf sich gestellt handeln, sondern sind z.B. angewiesen auf einen Arbeitsplatz, der ihnen die Subsistenzmittel dafür liefert, und der befindet sich in einem komplizierten gesellschaftlichen und wirtschaftlichen System, zu dessen Aufrechterhaltung viele andere tätig sein müssen. Vom ersten Tag an führt das Kind also keine nur private, sondern eine *gesellschaftliche* Existenz, auch wenn es dies zunächst nicht weiß. Die »Lebensmittel«, deren es bedarf, können nur im gesellschaftlichen Rahmen produziert und verteilt werden, und seine Begabungen und Fähigkeiten kann das Kind nur entfalten, wenn die Gesellschaft reich genug ist, ihm ein entsprechendes Bildungswesen mit gut bezahlten Fachleuten anzubieten. (Die traurigen Alternativen dazu sehen wir in den Entwicklungsländern.) Selbst wenn es reiche Eltern hat, muß es zumindest lernen, diesen Reichtum zu verwalten und damit bis zu seinem Lebensende gut zu wirtschaften. Aber das ist natürlich eine weltfremde Abstraktion, denn Reichtum als solcher läßt sich nicht essen, ohne daß gesellschaftliche Vorkehrungen dafür getroffen sind, ihn z.B. immer wieder in Nahrungsmittel umzusetzen.

Von seiner Geburt an muß das Kind also vieles lernen, um aus einem Status herauszukommen, der es eine ganze Zeitlang ohne Hilfe anderer überlebensunfähig macht, und um in jenen zu gelangen, der ihm eine selbständige Existenz erlaubt. Aber *Lernen* im weiteren Sinne ist darüber hinaus auch seine *gesellschaftliche Pflicht*. Es hat nicht die Wahl, dies zu wollen oder nicht zu wollen, und diejenigen pädagogischen Vorstellungen und Programme, die dies nicht erkennen und durchsetzen, sind anthropologisch illusionär und politisch naiv.

Der »Generationenvertrag«, aus dem auch eine Reihe von sozialpolitischen Maßnahmen wie Rente, Kindergeld und andere familienorientierte Leistungen begründet werden, ist nicht unumstritten. Daß *alle* Erwachsenen, auch die, die selbst keine Kinder aufziehen, auf steuerlichem Wege zu den Kosten herangezogen werden, wird von manchen abgelehnt. Kinder aufzuziehen sei Privatsache, für die Rentenversicherung zahle man schließlich ausgiebig Beiträge; sie beruhe insofern auf einem Vertrag, auf dessen späterer Einhaltung man bestehen dürfe. Aber auch unter dieser Voraussetzung gilt, daß man früher eingezahlte Beiträge im Alter nicht essen kann, wenn nicht eine nachwachsende Generation die dafür nötigen wirtschaftlichen Ressourcen am Leben erhält. Die Rentenkonstruktion basiert darauf, daß die Beträge, die die Erwerbstätigen einzahlen, *sofort* für die Renten aufgewendet werden, was auf Dauer nur funktionieren kann, wenn dieses Verfahren im Wechsel der Generationen auch fortgesetzt wird. Allerdings: Dabei muß es sich nicht unbedingt um *deutschen* Nachwuchs handeln, er kann auch aus anderen Regionen zuwandern, wodurch allerdings das Problem nur auf diese Regionen verlagert würde. Zwar ist einstweilen nicht zu erwarten, daß unsere industrielle Gegend zum Raum ohne Volk wird, aber politisch gesehen läßt sich eine so wichtige gesellschaftliche Konstruktion wie das Verhältnis der Generationen nicht dauerhaft auf bevölkerungspolitischer Ausbeutung anderer Regionen gründen.

Aus der sozialen und gesellschaftlichen Existenz des Kindes ergeben sich also Konsequenzen für den Umgang mit ihm, die nicht beliebig erscheinen und auch nicht aus seiner subjektiven Innerlichkeit abgeleitet werden können. Davon muß jedes realistische Nachdenken über Erziehung ausgehen. Nicht also »vom Kinde aus«, wie die Reformpädagogik seit der Jahrhundertwende verkündet hat und so mancher Pädagoge auch heute in romantischer Verklärung fordert, kann Erziehung stattfinden; denn wohin soll führen, was vom Kinde ausgeht? Doch wohl zur erfolgreichen Teilnahme an den Lebensmöglichkeiten, die die Gesellschaft bietet. »Vom Kinde aus« kann ihm die Welt nicht erklärt werden, sonst käme es ja selber darauf und bräuchte keine Lehrer und Ausbilder. Aber sie muß ihm so erklärt werden, daß es *in Auseinandersetzung mit ihr* seine Fähigkeiten entfalten kann.

Die bisher beschriebenen Grundtatsachen der Sozialisation verraten jedoch noch wenig über deren Komplexität. Welche Faktoren wirken wie auf den Prozeß des Heranwachsens ein, und welche Folgen haben sie für das Aufwachsen der Kinder? Niemanden wird die Behauptung überraschen, daß diese Faktoren *pluralistisch* wirken, daß sie also nicht an einem Strang ziehen, das Kind nicht in ein und dieselbe Richtung bewegen, sondern unterschiedliche Maßstäbe und Regeln dabei zur Geltung bringen. An den wichtigsten Faktoren, nämlich den Massenmedien am Beispiel des Fernsehens, dem Freizeit- und Konsumsystem und den Gleichaltrigen-Szenen, die alle im pädagogischen Sprachgebrauch in der Regel als »Miterzieher« bezeichnet werden, soll dies zunächst belegt werden.

2. Die »Mit-Erzieher«

Das Fernsehen

Der amerikanische Medienexperte Neil Postman hat schon vor Jahren in seinem Buch *Das Verschwinden der Kindheit* darauf aufmerksam gemacht, daß das Fernsehen die Bedeutung der Kindheit in den modernen Industriegesellschaften grundlegend verändert hat. Seine wichtigste These ist, daß es die Grenzen zwischen Kindern und Erwachsenen aufgelöst habe, weil deren Trennung bisher vor allem auf der Kenntnis der Schriftsprache beruht habe; diese hätten die Kinder früher erst mühsam lernen müssen, um den Wissens- und Erfahrungsvorsprung der Erwachsenen ausgleichen zu können. Die Bildersprache des Fernsehens verlange jedoch eine solche Vorkenntnis nicht mehr, es teile allen Generationen die gleichen in Unterhaltung verpackten Informationen mit, was zu einer Infantilisierung der Erwachsenen führe, weil der geistige Standard dieser Sendungen eben nicht mehr auf Erwachsene allein zugeschnitten sein könne.

Niemand wird Postmans Verriß der modernen Fernsehkultur für besonders übertrieben halten, der weiß, welche Bedeutung dieses Medium im Leben unserer Schulkinder hat. Lehrer müssen nur ihre Schüler danach fragen, um zu wissen, daß viele, die ein eigenes Zimmer haben, auch über ein eigenes Gerät verfügen, das sie weitgehend nach Belieben in Gang setzen können. In manchen Haushalten läuft der Apparat fast ständig, gemeinsame Mahlzeiten sind oft nicht mehr an der Tagesordnung, sondern bleiben für besondere Festtage reserviert, im übrigen bedient sich jeder am Kühlschrank, wenn er Hunger vor dem Fernseher bekommt. Printmedien wie die Zeitungen spielen eine untergeordnete Rolle im Vergleich zum Fernsehen. Den TV-Kindern ist nichts Menschliches mehr fremd, sie »erleben« täglich Morde, Ehebrüche, Vergewaltigungen am Bildschirm, also alle die Krisen, die einem Erwachsenen drohen können. Vorbei sind die Zeiten, als die auch nur einigermaßen erotisch anmutende Fach- oder Romanliteratur von den bildungsbürgerlichen Eltern im häuslichen

»Giftschrank« verschlossen gehalten wurde, der erst dann wie zufällig geöffnet blieb, wenn dem Nachwuchs die entsprechende »Reife« für derlei Lektüre zugestanden wurde. Auch die Versuche von Schulbuchautoren, die lateinischen Klassiker sogar noch für die Oberstufe des Gymnasiums von Passagen zu reinigen, die die Phantasie des Pennälers in eine für falsch gehaltene Richtung hätten lenken können, gehören längst der Vergangenheit an. Alles, was geschrieben wird, ist grundsätzlich allen – auch den Kindern – zugänglich, und was der Bildschirm bringt, dringt ohnehin in jede Wohnstube. Das Fernsehen hat sich neben der Schule zu einer eigenständigen »Bildungsinstitution« etabliert, wie der Pädagoge Paul Heimann schon Ende der 50er Jahre vorausgesagt hat.

Die pädagogische Kritik an diesem Medium konzentriert sich vor allem auf die Frage, ob die TV-Berieselung unmoralisches Verhalten, wie Gewaltbereitschaft, generell fördere oder ob dies nur der Fall sei, wenn beim jugendlichen Empfänger dafür bereits eine Disposition, also eine entsprechende Verwahrlosung vorliege. Die letztere Version leuchtet mehr ein, denn wie sollte jemand sich durch einen Fernsehfilm zur Gewalt animieren lassen, der nicht aus anderen Gründen ohnehin dazu bereit ist? Eine weitere Frage in diesem Zusammenhang ist, ob, wenn schon nicht der einzelne gewalttätige Film, so doch das durch permanente Gewaltdarstellungen vergiftete geistige und seelische Klima negative Auswirkungen auf die Heranwachsenden und auf deren Welt- und Menschenbild haben müsse.

Derartige Fragen und die darin zum Ausdruck kommenden Sorgen sind nicht unbegründet, und über den Geschmack vieler Fernsehsendungen läßt sich gewiß kaum noch streiten. Aber sie werden oft auch aus einer Abwehrhaltung formuliert, als sei dieses Medium verantwortlich für das, was den Lehrern an den Schülern mißfällt. Damit wäre jedoch die sozialisatorische Bedeutung des Fernsehens arg verkürzt.

Nach seinem Selbstverständnis erfüllt das Fernsehen vor allem zwei Aufgaben: *Information* und *Unterhaltung*. Wer entsprechend interessiert ist, kann Abend für Abend das Fernsehen tatsächlich als eine »Bildungsanstalt« benutzen, wenn er aus der Fülle der Programme entsprechend auswählt. Das tun aber die meisten Schüler – und wohl auch die meisten Eltern – nicht. Genutzt wird das Medium ganz überwiegend zur Unterhaltung. Trotz mancher pädagogischer Bemühungen, die Unterhaltungsangebote schon des Spielfilms und später dann des Fernsehens ästhetisch zu qualifizieren, ist die optische Unterhaltung von Film und Fernsehen nie schulreif, also in den Lehrplan aufgenommen worden wie andere ästhetische Ausdrucksformen (Literatur, Kunst, Musik). Lediglich das Land Sachsen plant zur Zeit ein Schulfach »Medienkunde«. Ein Grund für diesen Mangel dürfte sein, daß die modernen Medien seit Entstehung des Stummfilms von den bis in die 60er Jahre bildungsbürgerlich dominierten Pädagogen abgewehrt wurden und die Lehrer bis heute von diesen Medien und ihren Produkten wenig verstehen. Vielleicht macht die Ignoranz ihrer Lehrer die Schüler zusätzlich interessiert an diesen Medienprodukten, weil sie so etwas erfahren, was ihnen die Schule nicht beibringt. Anstatt das Fernsehen voreilig als Prügelknaben für alle Frustrationen anzusehen, die Lehrer mit ihren Schülern insbesondere nach Wochenenden und Feiertagen erleben, sollten zunächst einmal seine grundsätzlichen Sozialisationswirkungen beachtet werden.

1. Die inzwischen für jedermann finanziell erschwingliche Technik des Kabel- und Satellitenfernsehens hat alle Zensurambitionen, die auf nationaler bzw. innerstaatlicher Ebene vielleicht noch durchsetzbar wären, zunichte gemacht. Das TV-Programm im ganzen ist faktisch nicht mehr kontrollierbar. Abgesehen von den öffentlich-rechtlichen Anstalten sind die Privatsender Kapitalanlagen wie andere auch, die nach höchstmöglicher Vermehrung des eingesetzten Kapitals streben. Da die Einnahmen im wesentlichen durch Werbung finanziert werden, sind wohl die Sendeinhalte und Sendeformen in erster Linie, zumindest was die Programmstruktur im ganzen angeht, von diesem Zweck her bestimmt. Die Pädagogik tut gut daran, diese Tatsachen als schlicht vorgegeben zu akzeptieren. Beeinflussen kann sie sie nur von der Seite der Re-

zipienten her, indem sie die Schüler über die Zusammenhänge aufklärt und möglicherweise intelligentere Weisen der Nutzung einübt. Ob dies gelingt, muß offenbleiben, aber einen Versuch wäre es wert. Fernsehnutzungsverbote in der Familie auszusprechen wird schon deshalb keinen durchschlagenden Erfolg haben, weil die technische Verbreitung dieses Mediums – vom Zweitgerät im eigenen Haushalt bis zu den bei Freunden verfügbaren Apparaten – dem entgegenstehen. Die pädagogische Frage kann nur sein, ob die Rezipienten, also auch die Schüler, lernen, mit dem Angebot im Rahmen der eigenen Zeit- und Lebensplanung umzugehen.

2. Wer so viel vor dem Bildschirm sitzt wie offensichtlich viele Schüler, hat nichts Besseres zu tun, denn sonst würde er ja Alternativen ergreifen. Einer, der selbst Fernsehen macht und es deshalb wissen muß (Günther Jauch), hat einmal gesagt, das Fernsehen mache die Klugen klüger und die Dummen dümmer. Daran ist sicher etwas, aber dann hätte die Bildungsreform-Euphorie der 70er Jahre, die ja die damals objektiv bildungsbenachteiligten Schichten der Bevölkerung fördern wollte, nur das Ergebnis, daß sich nun neue Bildungsbarrieren entwickelt haben: die Viel-Fernseher einerseits und die Wenig-Fernseher andererseits, oder genauer: die reinen Unterhaltungsseher einerseits und die wenigstens partiellen Informationsseher andererseits. Der Unterschied ist nur, daß heute nicht mehr objektive, nämlich sozial-strukturelle Bedingungen die Ursache für das Bildungsgefälle sind, sondern die Benachteiligung würde auf einer selbst zu verantwortenden Entscheidung der Kinder bzw. deren Eltern beruhen. Nachdem die alten, nicht zuletzt finanziell bedingten Bildungsschranken weitgehend gefallen sind, sind auch keine Ausreden mehr akzeptabel, die sich darauf beziehen wollen. Jedes Kind hat heute die Möglichkeit, im Bildungssystem seine Fähigkeiten zu entfalten, und viele Eltern würden sicher mehr Hausaufgaben für ihre Kinder fordern, wenn dies nicht in den vergangenen Jahrzehnten als angebliche Benachteiligung der Unterschichtkinder diskreditiert worden wäre; denn die Eltern erleben schließlich täglich, womit ihre Kinder die Zeit verbrin-

gen, obwohl sie über das Ausmaß des TV-Konsums, wie Lehrer aus Gesprächen mit Eltern wissen, oft nur unzureichend informiert sind.

Darf die Schule aber ihre Schüler auffordern, bestimmte Sendungen zu sehen, damit sie im Unterricht aufgegriffen werden können? Oder wäre dies ein unzulässiger Eingriff in die Privatsphäre? In einer Zeit, in der auch Sozialhilfeempfängern – zu Recht! – ein Fernseher zusteht, der Besitz eines solchen Gerätes also kein Privileg mehr darstellt, darf wohl auch die Schule durchaus in begrenztem Umfang den Anspruch erheben, daß die Benutzung des Fernsehens sich wenigstens gelegentlich auch nach den schulischen Bedürfnissen der Kinder richtet, und wenn darüber in den Familien Diskussionen entstehen, ist das nicht unbedingt ein Fehler. Wenn die Schule – was seit langem nötig wäre – das *tatsächliche* Fernsehprogramm – und nicht nur spezifische Schulsendungen – zum Gegenstand ihres Unterrichts machen würde, wären entsprechende Ansprüche auf das familiäre TV-Programm ebenso unvermeidlich, wie es früher selbstverständlich war, einen Mindestbestand an Büchern in den Familien vorauszusetzen. Fernseher wie weitgehend auch schon Computer gehören heute zur Grundausstattung für eine gebildete Existenz, und die Schule muß den Eltern wieder deutlich machen, daß Schulerfolg nicht nur im Klassenzimmer stattfinden kann, sondern auch einer entsprechenden familiären Atmosphäre bedarf. Die Verteufelung des Computers ist übrigens das aktuellste Beispiel für die pädagogische Ignoranz gegenüber den modernen Medien.

Vieles spricht dafür, daß die Massenmedien im ganzen, je mehr sich ihre Informationsflut ausdehnen und zugleich spezialisieren wird, nicht zu einer eindimensionalen »Massenkultur«, sondern im Gegenteil zu einer kulturellen Differenzierung, ja Parzellierung der Gesellschaft führen werden, so daß schon die Schüler immer weniger über gemeinsame TV-Erlebnisse kommunizieren können. Diese Differenz wird aber zugleich zu einer Hierarchie kultureller Fähigkeiten führen bzw. eine solche zum Ausdruck bringen. Insofern ist TV-Verhalten heute schon und erst recht künftig ein Indikator für Lernbereitschaft und Schulerfolg.

3. Die nachhaltigste Sozialisationswirkung dürfte für die meisten Kinder und Jugendlichen nicht von den gewaltverherrlichenden Aspekten des Fernsehens ausgehen, sondern von seiner Suggestion, daß alles Wichtige leicht zu verstehen sei und daß umgekehrt, was nicht leicht zu erfassen ist, schlecht präsentiert werde. Der vom Show-Design diktierte Vergleich zur Schule muß dann verheerend für diese ausfallen. Vom Fernsehkonsum geht also vielfach eine Anspruchshaltung aus, die auf andere kulturelle Bereiche wie etwa die Schule übertragen wird. Daß die souveräne Nutzung des Mediums für die eigene kulturelle und politische Bildung eine allgemeine geistige Grundbildung voraussetzt, wie sie nur in Schulen systematisch gelernt werden kann, vermag der Fernsehkonsument aus eigener Erfahrung nicht zu erkennen. Das Medium liefert weder die Maßstäbe noch die Mittel für seine aufgeklärte Nutzung mit. Die Schule könnte durch ihre eigene Zugangsweise zu den Sachverhalten diese Erfahrung zwar vermitteln, aber sie hat in vielen Fällen längst selbst die irrationale Weltsicht des Fernsehens durch »erlebnis-« und »erfahrungsorientierte« didaktisch-methodische Konstruktionen zu überbieten versucht. Wenn Schüler in solchen Fällen annehmen, Schule sei nur schlechteres Fernsehen, haben sie nicht einmal unrecht.

Andererseits haben Kinder und Jugendliche offensichtlich durch die TV-Nutzung auch eine neue Sprache, eine Bildersprache gelernt, die allerdings eher ihre emotionale Befindlichkeit anspricht als ihr Denken und Bewußtsein. Der Erfolg des Spielberg-Films »Schindlers Liste« gerade bei der jungen Generation wird von Kennern nicht zuletzt darauf zurückgeführt, daß der Regisseur eine Bildersprache und optische Kompositionen verwende, die den Kids aus den Video-Clips gut bekannt seien. Möglicherweise kann die ästhetische Erziehung und Bildung in der Schule nicht nur gelegentlich, sondern grundsätzlich didaktisch an diesen TV-Erfahrungen anknüpfen. Das müssen sich die einschlägigen Fachdidaktiker überlegen.

4. Ob die Schule auch an die TV-*Unterhaltungen* anknüpfen kann, ist dagegen fraglich. Einmal gab es immer schon eine Skepsis der

Schüler gegen die schulische Inanspruchnahme ihrer außerschulischen Unterhaltungserfahrungen, und außerdem ist ein Filmbesuch oder das Anschauen von Videos für sie eben ein *Erlebnis*, dessen geistige Verlängerung sich in Grenzen hält, zumal rationale Analyse das Erlebnis ja auch nachträglich zum Verschwinden bringen kann. Erlebnisse tragen von sich aus ebensowenig den Drang zu rational Höherem in sich, wie man didaktisch-methodisch von Jerry Cotton zu Thomas Mann, also von der Triviallektüre zur Literatur gelangen kann, bloß weil beide Textsorten aus Buchstaben zusammengesetzt sind. Die Schwelle zur geistigen Anstrengung ist im allgemeinen auch die Grenze der Unterhaltung. Niemandem kann man vorschreiben, was ihn unterhalten soll, und wer sich unterhalten will, will normalerweise nichts dazulernen, also eine pädagogische Veranstaltung daraus machen lassen. Insofern ist Unterhaltung das Gegenteil von Pädagogik, und sie ist ihrer Natur nach nicht pädagogisierbar. Wo Lehrer dies trotzdem versuchen, geraten sie in den Verdacht, in der Wendung zum »Erlebnis« und zur »Emotionalität« nur einen Trick anzuwenden, weil es sich dabei lediglich um »Aufhänger« handelt, die für das, was der Pädagoge »eigentlich« will, nur »motivieren« sollen, – eine Strategie, die die Schüler im allgemeinen bald durchschauen.

5. Historisch gesehen hat das Fernsehen, aller kulturkritischen Nörgelei zum Trotz, viel zur Demokratisierung der politischen und kulturellen Öffentlichkeit beigetragen. Es hat das jahrzehntelange Wissens- und Informationsmonopol der lokalen Meinungsführer wie Väter, Lehrer und Pfarrer durchbrochen und in einem vorher nicht bekannten Maße allen alles zugänglich gemacht, was überhaupt durch Wort und Bild mitgeteilt werden kann. Daß damit neue Orientierungsprobleme nicht zuletzt auch für Kinder entstanden sind, ist nicht zu leugnen. Aber diese können nicht durch Diffamierung des Mediums gelöst werden, sondern nur durch Einübung einer intelligenteren Nutzung; aber dazu hat die Schule bisher kaum etwas beigetragen.

6. Jedenfalls haben die Massenmedien ihre *eigenen Maßstäbe*, die nicht mit denen der Schule identisch sind und die sich deswegen auch einer Pädagogisierung grundsätzlich verschließen.

Es sind z.b. die Maßstäbe der journalistisch verstandenen *Information*, die anders als die Schuldidaktik verfährt; sie wendet sich nämlich tendenziell an *alle* potentiellen Seher ohne Unterschied des Alters und der Vorbildung, der religiösen oder parteipolitischen Grundorientierung, knüpft an aktuelle Probleme und Konflikte an und ist insofern parteilich, als der jeweilige Journalist im besten Falle zur Aufklärung über die Sachverhalte beitragen, im weniger guten Falle lediglich für seine eigene politische Position werben will. Im Unterschied zur Schule ist diese Parteilichkeit erlaubt, solange das Programm des Senders im ganzen »ausgewogen« ist.

Vom Maßstab der *Unterhaltung* war schon die Rede. Er ist ebenfalls nicht pädagogisierbar, ohne seine Substanz zu verlieren. Wenig Sinn macht deshalb der immer wieder anzutreffende Versuch, das menschliche Unterhaltungsbedürfnis zu qualifizieren und mit pädagogischen Absichten »nach Höherem« zu streben, wie es das vergangene Bildungsbürgertum versucht hat, demzufolge das »niedere« Bedürfnis etwa durch die modernen Medien befriedigt würde, während Theater und Konzert die »höheren« Weihen erhielten.

Schließlich gehorcht das Fernsehen den Regeln der *Marktanpassung*, deren Motto ist, daß gut sei, was sich gut verkaufen läßt. Sie schlägt sich bei den Medien vor allem in der Werbung nieder, deren Ertrag sich wiederum nach Verkaufszahlen bzw. Einschaltquoten richtet.

Zusammenfassend läßt sich festhalten, daß die Wirkungen des Fernsehens auf die Heranwachsenden nicht verallgemeinert werden können, sondern sich jeweils individualisieren. Man sollte sich nicht täuschen lassen von den relativ langen Benutzungszeiten, die empirische Untersuchungen immer wieder auch deshalb präsentieren, weil solche Daten sich verhältnismäßig einfach erheben lassen. Die Dauer der regelmäßigen, z.B. täglichen Nutzung sagt noch wenig aus. Entscheidend sind immer die Motive und

Gründe. Man kann mit einem Informations- bzw. Bildungsinteresse vor der Mattscheibe sitzen, oder um sich einfach unterhalten zu lassen, oder aus Langeweile mangels Alternativen, oder aus Einsamkeit, – um nur einiges zu nennen. Nicht unnormal ist es, wenn derlei Motive sich gelegentlich abwechseln oder überlagern. Der Gebrauch der Massenmedien und insbesondere des Fernsehens ist nicht isoliert zu verstehen, sondern gewinnt seine Bedeutung im Einzelfall immer aus dem Kontext des gesamten Alltagslebens. Das gilt für Erwachsene wie auch für Kinder und Jugendliche.

Das Freizeit- und Konsumsystem

Kein gesellschaftlicher Teilbereich – schon gar nicht Familie oder Schule – hat so erheblich zur Emanzipation des Kindes und Jugendlichen von den traditionellen Erziehungsmächten beigetragen wie ihre Autonomisierung in der Freizeit und im Rahmen der Konsumausgaben. Die Untersuchungen der 50er und 60er Jahre waren sich einig in der Feststellung, daß die Jungen bessere Konsumenten seien als die Älteren, weil sie gründlicher über das Warenangebot informiert waren und daraus kritischer – nicht nur für sich selbst, sondern auch bei Anschaffungen für die Familie – auswählen konnten (Vgl. Schelsky). Schnell entstand darüber hinaus ein eigener Konsumgütermarkt für junge Leute, und mit steigendem Wohlstand flossen Milliardenbeträge aus den Händen von Kindern und Jugendlichen in die Kassen der Anbieter. Dabei ist es bis heute mit steigender Tendenz geblieben; mehr als 30 Milliarden Mark geben die 12- bis 21jährigen pro Jahr aus.

Damals, in den 50er und 60er Jahren – es war die Zeit der absoluten Mehrheit der Adenauer-CDU, und die Mädchen durften noch nicht mit langen Hosen ins Gymnasium – war die familiäre und schulische und darüber hinaus die öffentliche Sozialkontrolle der Jugend – vor allem natürlich der Mädchen – noch sehr dicht, um nicht zu sagen: autoritär. Aber dieselben Jungen und Mädchen wurden zu begehrten Kunden, sobald sie ein Geschäft betraten. Gekauft haben sie natürlich immer schon; im

Kriege z.B. und mehr noch in der unmittelbaren Nachkriegszeit mußten sie oft »Schlange stehen«, um etwas für die Familie zu »ergattern«. Aber früher taten sie das im Auftrag ihrer Eltern, mit *deren* Geld und ohne eigene Autorität. Jetzt auf einmal hatten sie das Geld als »Taschengeld« zwar immer noch von ihren Eltern – sofern sie es nicht schon selbst verdienten –, aber sie konnten über seine Verwendung nun weitgehend selbständig bestimmen. Die Konsumgütergeschäfte waren damals fast die einzigen sozialen Orte, wo Jugendliche wie Erwachsene behandelt wurden.

Dabei ist es bis heute geblieben. Allerdings ist die emanzipatorische Bedeutung dieser Tatsache inzwischen vor allem aus folgenden Gründen gemildert oder gar ins Gegenteil umgeschlagen:

1. Konsum-Einstellung und Konsumansprüche der Jungen haben sich vielfach von ihren ökonomischen Fundamenten abgelöst. Daß ihre Konsumausgaben auf der Arbeitsleistung anderer, in erster Linie der Eltern beruhen, ist weitgehend aus dem Bewußtsein geraten, – sowohl der Eltern als auch der Kinder. Zwischen beiden ist es zu einer stillschweigenden, unheiligen Allianz gekommen: Die Eltern erfüllen die Wünsche der Kinder zum sozialen Nulltarif, und die Kinder haben gelernt, dies als ihr selbstverständliches Recht geltend zu machen. Dabei wird die nach wie vor bestehende ökonomische Abhängigkeit, die früher beim Klang des Wortes »Taschengeld« noch mitschwang, verdrängt. Zweifellos kann sich heute ein großer Teil der jungen Generation ein relatives Wohlleben erlauben, ohne dafür nennenswerte Gegenleistungen zu erbringen. *Das* ist wohl die bedeutsamste Sozialisationswirkung des Freizeit- und Konsumsystems.

Dagegen verblaßt ein Faktor, der früher die Ängste von Pädagogen mobilisiert hat: *die Werbung*. Als ihre moderne, tiefenpsychologisch orientierte, die alten Haushaltstugenden attackierende Version in den 50er Jahren aufkam, machten Schreckensbilder unter deutschen Pädagogen die Runde, als ob mit diesen Strategien möglich werde, die Menschen massenhaft unter Umgehung ihrer Bewußtseinsschranke in jede gewünschte politisch-ideologische Richtung zu manipulieren. Diese Befürchtung, die insbesondere durch Vance Packards Buch *Die Geheimen Verführer* verbreitet wurde, hat sich als weitgehend unbegründet erwiesen. Die meisten Verbraucher haben gelernt, mit den Versprechungen der Werbung realistisch umzugehen, auch wenn nicht wenige für diese Einsicht Lehrgeld zahlen mußten und müssen. Vielleicht hat der erlernte subversive Umgang mit Werbeversprechungen nicht unwesentlich auch zur Immunisierung gegenüber politischen Ideologien beigetragen. Wer von Kindheit an lernt, einer für den Alltag so bedeutsamen Instanz wie der Konsumwerbung mit Skepsis zu begegnen, sieht auch politische Werbeträger mit anderen Augen als jemand, dem schon früh beigebracht wurde, allem zu vertrauen, was von den Erwachsenen ausgeht.

2. Die Grunderfahrung des materiell guten Lebens zum sozialen Nulltarif hat Rückwirkungen auf die Motivation und Lebensplanung der Kinder. Als die Bildungsreformer der 60er und 70er Jahre die Bildungsbenachteiligung der unteren sozialen Schichten beseitigen wollten, unterstellten sie, daß deren Kinder ein Interesse am sozialen Aufstieg durch Bildung hätten; denn nur dies konnte ja der *politische* Sinn des damals propagierten *Bürgerrechts auf Bildung* (Dahrendorf 1965) sein. Heute wissen wir jedoch, daß jemand, der seine Fähigkeiten entwickelt hat, diese nicht unbedingt zum sozialen Aufstieg im beruflichen Sinne nutzen muß, sondern damit auch eine soziale Nischenexistenz erstreben kann, wie sie etwa die »Tu-nix« -Szene einmal propagiert hat. Was jemand mit seinen Fähigkeiten, die ihm das Bildungswesen hat entwickeln helfen, später als Erwachsener anfängt, bleibt ihm überlassen, – so lange jedenfalls, wie er dabei auf legale Weise selbst für seinen Lebensunterhalt sorgt. Häufiger ist jedoch eine andere Reaktion anzutreffen.

Wenn nämlich wie heute eine nachwachsende Generation in Kindheit und Jugend bereits materiell so leben kann, wie es ihren Wünschen im wesentlichen entspricht: Warum soll sie dann nennenswerte Anstrengungen unternehmen, durch eigene Leistungen (z.B. in der Schule) ökonomisch unabhängig von den Eltern zu werden? Alles in allem gesehen kann sie es besser doch gar nicht haben; jede Veränderung droht zur Verschlechterung zu werden. Solange die Kinder zu Hause kurz gehalten wurden bzw. werden mußten und eine relativ strenge Sozialkontrolle ihnen Freizeit- und Sexualautonomie zumindest erschwerte, hatten sie ein Motiv, sich vom Elternhaus zu emanzipieren und auch finanziell möglichst bald auf eigenen Füßen zu stehen. Wenn die Emanzipation aber kaum noch Anstrengung kostet, sondern in den Schoß fällt, ist sie historisch wie biographisch erledigt. Wer heute über mangelnde Motivation und Lernbereitschaft junger Menschen klagt, sollte vielleicht weniger auf frühkindliche Frustrationen, Ängste und sonstwelche Gefühle spekulieren als vielmehr die Frage aufwerfen, welche Perspektive jemand, der hat, was er braucht und will, eigentlich für den Rest seines weiteren Lebens noch haben soll.

Zunächst also hat das durch Werbung vorangetriebene Konsumsystem das Kind zum mit den Erwachsenen gleichberechtigten Kunden gemacht, inzwischen jedoch hat das Kind wie alle anderen gelernt, seine in diesem System als Käufer gewonnenen Erfahrungen auf alle anderen Lebensbereiche als lustbetonte Erwartung zu übertragen, u.a. auch auf die Schule. Dies ist nicht aus abstrakten moralischen Gründen pädagogisch problematisch, sondern weil es auf einer ökonomischen und kommunikativen Illusion beruht. So einseitig konsumorientiert kann es weder in der Schule noch am Arbeitsplatz noch aber überhaupt im Umgang mit Menschen zugehen. Für ein befriedigendes Leben in diesen Bereichen gelten andere Maßstäbe, die nicht aus dem Konsumsektor abgeleitet werden, sondern nur aus einer eigenen Begründung erwachsen können. Verbindliche soziale Beziehungen wie Familie, Partnerschaft oder Freundschaft lassen sich nicht als Marktphänomene und auch nicht als Waren verstehen.

Vermittelt durch die Werbung hängt der Freizeit- und Konsumbereich natürlich eng mit dem massenmedialen zusammen. Jedoch wäre es einseitig, die davon ausgehenden Sozialisationswirkungen lediglich negativ zu sehen. Die *Maximen des Marktes*, die hier gelten, sind für das Heranwachsen inzwischen unverzichtbar geworden, fordern ein selbständige Haltung heraus, insofern im Umgang mit ihnen Lernleistungen erbracht werden müssen, die vor allem den Gebrauch und den Nutzen von Zeit und Geld betreffen. Die Angebote, die gemacht werden, übertreffen immer die finanziellen und zeitlichen Möglichkeiten, und insofern ist ähnlich wie beim Fernsehangebot eine *Auswahl* erforderlich, für die Kriterien entwickelt werden müssen. Der Markt ist nicht pädagogisierbar, aber dem eigenem Willen weitgehend nutzbar zu machen. Den Markt interessiert nicht, ob etwas im pädagogischen Sinne »gut« für das Wohl des Kindes ist, ihn interessiert nur, was an Kinder oder über sie – wenn sie ihre Eltern genügend nerven – verkauft werden kann. Dies ist eine Herausforderung für Kinder und Heranwachsende, die bestanden werden muß, und eine der wichtigsten Voraussetzungen dafür ist, daß in den Familien Kinder dazu angehalten werden, finanzielle Grenzen zu erkennen, zu akzeptieren und in diesem Rahmen zu wirtschaften.

Neben den Massenmedien wird in der pädagogischen Diskussion vor allem die allgemeine Konsumorientierung nicht nur der Kinder, sondern auch der Erwachsenen für die Schwierigkeiten, die Schüler heute verursachen, verantwortlich gemacht.

»Auf dem Markt sind die Individuen als Konsumenten gefragt, also als persönlichkeitsreduzierte Individuen: Je weniger sie in der Lage sind, die Befriedigung von Bedürfnissen aufzuschieben, je egoistischer, hedonistischer sie sind, je weniger gebildet, desto besser funktionieren sie im Konsumtionszusammenhang. Je weniger sie kritische und literarische Texte lesen, und je mehr Fernsehen und Werbefernsehen sie sehen, desto besser taugen sie als Konsumenten« (Hensel, S. 21f.).

Das *kann* so sein, *muß* aber nicht so sein. Niemand wird von der Konsumgüterwerbung *gezwungen*, etwas zu kaufen,- ebensowenig, wie ein Fernsehsender jemanden nötigt, eine bestimmte Sendung zu sehen. Im übrigen nehmen ja auch Gebildete, die durchaus literarische Texte verstehen können, am Konsumsystem teil. Wenn Kinder nicht lernen, mit den Angeboten des Fernsehens wie des Konsumsystems souverän umzugehen, kann das nicht den Anbietern angelastet werden. Lernen können sie dies jedoch nur, wenn sie vor allem in der Familie, aber auch in der Schule mit dem

Mangel konfrontiert werden, wenn sie erfahren, daß für alles, über das sie verfügen dürfen, irgend jemand erst einmal gearbeitet haben muß.

Die Gleichaltrigen-Szenen

Eine wichtige Vermittlerrolle zwischen Fernsehen, Konsumgütern und den pädagogischen Instanzen Familie und Schule spielen die jugendlichen Gleichaltrigengruppen. Was wir heute »Gleichaltrigen-Szene« nennen, ist jedoch relativ neu, entstand etwa Mitte der 50er Jahre. Gleichwohl liegt der sozialgeschichtliche Hintergrund etwas weiter zurück. Er läßt sich ansetzen mit der gesellschaftlichen Definition des Jugendalters als einer besonderen biographischen Phase, die etwa um die Jahrhundertwende erfolgte und in der Jugendbewegung vor dem Ersten Weltkrieg (»Wandervogel«) ihren ersten öffentlich wahrnehmbaren Ausdruck fand. Junge Menschen, die noch nicht erwachsen sind, hat es natürlich auch vorher schon gegeben. Aber sie wurden nicht als besondere soziale Gruppe, die sich von anderen abgrenzen läßt, gesellschaftlich wahrgenommen. Das 19. Jahrhundert kannte nur Kinder und Erwachsene. Um zwischen diesen beiden Gruppen eine weitere – nämlich die Jugendlichen – fixieren zu können, mußten ihr gemeinsame Merkmale zugeschrieben werden, die sie von anderen sozialen Gruppen unterscheiden ließ. Jede derartige Definition produziert sowohl *Abgrenzung* gegenüber anderen Gruppen als auch *Ausgrenzung*, nämlich die Betonung von Besonderheiten.

Das neue Interesse an der Jugend als eigenständiger sozialer Gruppe hatte im wesentlichen zwei einander widersprechende Ursachen. Um die Jahrhundertwende entstand im deutschen Bürgertum der sogenannte »Jugendkult« als Reaktion auf eine Wertkrise. Grob gesagt hatte sich das *Bürgertum* kulturell gespalten. Auf der einen Seite stand das »Bildungsbürgertum«, das sich auf die alten kulturellen Werte berief, wie sie etwa vom humanistischen Gymnasium propagiert wurden: Betonung der Individualität, der Innerlichkeit, des Charakters, der überlieferten kulturellen Werte, Distanz zur modernen Technik und Zivilisation. Die neuen Werte des technischen Fortschritts hatte aber der andere Teil des Bürgertums – das *Wirtschaftsbürgertum* – auf seine Fahnen geschrieben. Es identifizierte sich gerade mit den technisch-ökonomischen Veränderungen, von denen es sich einen allgemeinen gesellschaftlichen Fortschritt wie auch eine persönliche Karriere nicht zuletzt auch des eigenen (männlichen) Nachwuchses versprach. An dieser Ambition gemessen geriet das Bildungsbürgertum der Professoren, Pastoren und Gymnasiallehrer, also vor allem der Vertreter der geistigen Berufe, in die Defensive. Im Rahmen des sogenannten »Jugendkultes« entstand aus seinen Reihen eine neue Sicht des jugendlichen Menschen. Jugend wurde als Hoffnung auf eine »bessere«, nämlich den alten humanistischen Werten wieder verpflichtete Zukunft der Nation gedeutet. In diesem Alter sei der Mensch noch »rein«, noch unverdorben, noch nicht korrumpiert durch materielle Interessen.

Der zweite Grund für das neue Interesse an der Jugend war ein eher negativer: die Angst des Bürgertums vor der *Arbeiterjugend*. Diese war in zunehmender Zahl aus agrarischen Regionen vor allem in die Industriegebiete geströmt und fiel dort durch ihr »unbürgerliches« Benehmen auf. Beklagt wurden Renitenz am Arbeitsplatz, freizügige Sexualmoral, herausforderndes Auftreten in der Öffentlichkeit, unkontrollierte Freizeit und vergnügungssüchtiges Geldausgeben; gefürchtet wurde ihr widerständiges Potential, das sie in die Reihen der sich damals noch revolutionär verstehenden Arbeiterbewegung treiben könnte. Statistiken über steigende Jugendkriminalität nährten das Unbehagen zusätzlich. So wurde der Ruf nach einer besseren sozialen Kontrolle laut. Anders als bei den bürgerlichen Jugendlichen, deren Freizeit die Familien noch verhältnismäßig fest im Griff hatten, gab es bei den Arbeiterjugendlichen eine »Kontrolllücke« zwischen Schulabgang und Militärdienst, also gerade in den Jahren der Pubertät. Schon wegen der sehr beengten Wohnverhältnisse fand das Freizeitleben dieser Jugendlichen überwiegend in der Öffentlichkeit, nämlich auf der Straße und im Wirtshaus, später auch im Kino statt. Seit der Jahrhundertwende setzten Bemühungen des Staates ein, diese Jugend mit einer Kombination von Zuckerbrot und Peitsche in den Griff zu bekommen. Die Peitsche war das Fürsorgeerziehungsgesetz, das 1901 in Preußen in Kraft trat und Jugendliche aus dem öffentlichen Verkehr ziehen und in ein Fürsorgeerziehungsheim einweisen konnte, die zwar (noch) nicht straffällig geworden waren, deren Verhalten aber als verwahrlost anzusehen war, so daß erzieherische *Prävention* geboten erschien, um eine drohende Kriminalisierung zu verhindern.

Das Zuckerbrot lag in den Versuchen, die Arbeiterjugendlichen in die Veranstaltungen der sich nun etablierenden »Jugendpflege« zu locken, die von kirchlichen oder »vaterländischen«, also durchweg konservativen Organisationen angeboten wurden. Auf diesem Hintergrund entstand, was heute »Jugendarbeit« der Jugendverbände und Gemeinden heißt; auch das heutige Grundschema der öffentlichen Subvention wurde damals schon erfunden (Vgl. Giesecke 1981).

Die Definition der Jugend als eigentümlicher sozialer Gruppe hatte also von Anfang an zwei Aspekte:

1. Jugend ist demnach eine besonders *produktive* Phase der menschlichen Entwicklung mit später nie wiederkehrenden Chancen der Bildung und moralischen Entfaltung, die deshalb einer spezifischen Aufmerksamkeit und Pflege bedarf.

2. Jugend ist eine besonders *gefährdete* soziale Gruppe, die deshalb einer besonderen sozialen Kontrolle und pädagogischen Betreuung bedarf.

Jugend wurde also primär *pädagogisch* definiert, und die beiden genannten Aspekte gaben den pädagogischen Berufen einen neuen Auftrieb, höheres öffentliches Ansehen und auch einen anderen professionellen Sinn als früher. Galt der Lehrer vorher eher als »Steißtrommler«, der die Jungen in die Bahnen zu treiben hatte, die durch die Erwachsenen vorgegeben waren, so hatte er nun die Verantwortung für ein besonders kostbares Gut der gesamten Nation. Erst jetzt entstanden spezifische pädagogische Konzepte für

50

das Jugendalter, wie sie in der berühmten »Psychologie des Jugendalters« (1926) von E. Spranger ihren ersten Höhepunkt fanden. Der erwähnte »Jugendkult«, der in der Weimarer Zeit auch einen Teil der Arbeiterjugend ergriff, erreichte seinen Höhepunkt und zugleich sein Ende in der sich ausdrücklich als »jung« präsentierenden Hitler-Bewegung.

Aus dieser hier nur knapp skizzierten historischen Entwicklung sind für das Verständnis der gegenwärtigen Gleichaltrigen-Szene vor allem folgende Aspekte von Bedeutung geblieben:

1. Die Jugend tritt aus dem Schatten der Familien- und Schulkontrolle heraus in die Öffentlichkeit. Sie wird insofern zugänglich für die Werbung unterschiedlicher Erwachsenengruppen und Erwachseneninteressen, die sie für ihre eigenen partikularen (lebensreformerischen, politischen, ideologischen) Ziele zu gewinnen trachten. Die Umwerbung der Jugend durch die Konsumgüterindustrie, die wir heute erleben, ist also nur in den Ausmaßen, nicht im Prinzip neu.

2. Der Jugendstatus wird nach vorne biographisch offen, d.h. von Optionen umgeben, die Entscheidungen verlangen, welche sich aus den Perspektiven der Herkunftsfamilie durchaus lösen können. Die Kinder können andere Wege gehen, als ihre Eltern gegangen sind bzw. als diese es wünschen.

3. Um diese Entscheidungen unter Wahrung der Identität treffen zu können, muß das Jugendalter tatsächlich wie psychologisch verlängert werden im Sinne eines Moratoriums. Jugend wird zu einer Phase der Planspiele und Experimente mit eigenen Lebensentwürfen, die im Vergleich zu früher einer hochentwickelten Individualität bedürfen.

4. In dieser gesellschaftlichen Lage erhalten die Gleichaltrigen zwischen Kindheit und Erwachsenenstatus eine für die soziale und emotionale Stabilität herausragende Bedeutung. In der Gleichaltrigen-Gruppe kann eine Solidarität entstehen, die den

schwierigen Übergang von der Familie in die gesellschaftlichen Großorganisationen der Wirtschaft und Politik zu erleichtern vermag. Modern gesprochen könnte man die jugendliche Gleichaltrigen-Gruppe als eine Selbsthilfe-Organisation bezeichnen: Wer in etwa die gleichen Probleme hat, trifft auch leichter auf das Verständnis der anderen.

Aber bis etwa zur Mitte der 50er Jahre bestand die Gleichaltrigen-Gruppe im wesentlichen aus je individuellen Freundschaften. Aus der großen Zahl der Gleichaltrigen, auf die man in Schule und Freizeit traf, bildeten sich einige wenige engere Beziehungen aus, in deren Rahmen man in freundlicher, aber im wesentlichen doch weiterhin kontrollierter Distanz zum Elternhaus die Freizeit verbrachte. Diese Freundschaftsgruppen spielen auch heute noch eine bedeutende Rolle, aber was wir die moderne Jugend-Szene nennen, geht weit darüber hinaus.

Zur »Szene« konnten die Gleichaltrigen erst werden, als sie zu einer industrialisierten Teilkultur gemacht wurden, – mit eigener Mode, Musik, mit besonderen Idolen. Die Rockmusik der 50er Jahre war die erste jugendspezifische Unterhaltungsmusik in Deutschland. Davor war sie nicht generationsspezifisch, nach den »Schlagern« tanzten jung wie alt. Ökonomische Voraussetzung für den industriellen »Jugendkult« – der mit dem früheren nichts mehr gemein hatte – war, daß nun in den Portemonnaies der Jugendlichen genügend Geld steckte, das für den Kauf von Gütern geschäftlich im größeren Stil genutzt werden konnte. Insofern ist die gegenwärtige Jugendszene ein Luxus-Phänomen, weil sie einen bestimmten allgemeinen – also nicht auf kleine Eliten begrenzten – Wohlstand voraussetzt; sie ist ein Kind der Konsum-Gesellschaft und wäre in früheren Jahrzehnten schon aus ökonomischen Gründen ganz undenkbar gewesen. Die wirtschaftliche Bedeutung dieser erst wenige Jahrzehnte alten Jugendszene liegt nicht nur darin, daß sie Geld in Umlauf setzt und insofern Arbeitsplätze garantiert. Sie ist auch ein Umschlagplatz für gelingende und mißlingende Konsumgüterwerbung sowie für die von den Massenmedien verbreiteten Leitbilder, Lebensperspektiven und Werte; sie greift sie auf und selektiert sie zugleich, d.h. bestimmt, was akzeptiert wird und was nicht. Welche Kleidung man tragen darf in Schule und Freizeit, welchen Jargon man sprechen, was man für »in« halten muß, worüber zu reden lohnt, welches Spielzeug man unbedingt haben muß, welche TV-Sendungen wichtig sind, – all dies wird in der Szene selektiert. Daran ändert auch die Tatsache nichts, daß diese Szene keineswegs einheitlich ist wie eine geschlossene Gesellschaft, sondern daß sie in viele Teil-Szenen ausdifferenziert ist, die sich zudem ständig verändern. Solche Nuancen modifizieren nur ihre sozioökonomische Funktion, tasten sie aber grundsätzlich nicht an. Die jeweiligen Variationen sind nur bedeutsam für den *einzelnen* Jugendlichen, wenn er sich in ihrem Milieu bewegt.

Im allgemeinen gehen von der Gleichaltrigen-Szene folgende Sozialisationswirkungen aus:

1. Sie ist in den Jahren der Kindheit und Jugend für die Urteils- und Wertbildung der Heranwachsenden von großer Bedeutung. In einem Alter, wo die Ablösung von der Familie ansteht und eine notwendige Distanz zu den pädagogischen Anforderungen der Schule entsteht – was Interesse am Unterricht nicht ausschließt –, gewinnen die gleichaltrigen Anderen einen erheblichen Einfluß auf die Selbst- und Weltdeutung, obwohl die Szene im wesentlichen eine Konsumgemeinschaft, kein philosophisches Kolloquium ist.

2. Die erfolgreiche Selbstbehauptung in der Szene ist durchaus anstrengend, sie wird nicht einfach gewährt. Sie kann im Einzelfalle mehr Kraft kosten, als in die Schule investiert wird, da sie kein pädagogischer Schonraum ist, sondern sozialer Ernstfall. In sozialen Ernstsituationen wird hier also gelernt, was Schule und Familie so nicht abverlangen.

3. Die Jugendszene ist zu einer Art von Interessengruppe geworden, die *Ansprüche* vor allem gegenüber den Familien formuliert und solidarisch unterstützt. Ob es sich dabei um bestimmte Kauf-

wünsche oder andere materielle Forderungen handelt, um Unterhaltsfragen oder Berufs- bzw. Studienwünsche, oder um die als »selbstverständlich« geltend gemachte Erwartung, sich nach dem Abitur erst einmal durch eine größere Reise »entspannen« zu dürfen, – fast immer werden solche Bedürfnisse zunächst einmal unter den Gleichaltrigen artikuliert. Sie setzen einen kollektiven Maßstab, dessen Nichteinhaltung den Eltern ein schlechtes Gewissen einbringt, ihre eigenen Sprößlinge im Vergleich zu denen anderer Eltern zu vernachlässigen. Was am familiären Mittagstisch als individueller Einfall des Kindes vorgebracht erscheint, ist tatsächlich längst vorher mit anderen Gleichaltrigen ausführlich und oft bis zu einem festen Standpunkt erörtert worden.

4. Früher war die Schule der wichtigste Ort, an dem sich Gleichaltrige treffen und unter denen sie dann ihre Freunde finden konnten. Die Funktion des Gleichaltrigen-Treffs ist inzwischen weitgehend von der Diskothek bzw. anderen öffentlichen Treffpunkten übernommen worden. In vielen Fällen hat da die Schule nur noch marginale Bedeutung. Die Treffs werden wahrgenommen als eine Art von Personen-Börse, wo man seinen »Markt-Wert« testen kann. Die jungen Leute lernen hier, Beziehungen von unterschiedlicher sozio-emotionaler Dichte auszuprobieren, was ihnen so an keinem anderen sozialen Ort möglich ist.

5. Die Gleichaltrigen eröffnen auch Zugänge zu abweichenden bis hin zu kriminellen Milieus. Die Wahrscheinlichkeit, mit Drogen bekannt zu werden, erhöht sich mit der Zahl der Kontakte; irgendwann trifft man dann unter Umständen auch auf Personen, die Drogen nehmen oder damit dealen. Längst nicht mehr zeitgemäß ist die Vorstellung, da würden arglose junge Leute von erwachsenen Geschäftemachern verführt. In der Regel erfolgt die Verführung dazu in der Szene selbst, durch andere Gleichaltrige. Neben der Drogenszene sind andere Abweichungen zu beobachten wie Jugendsekten und politisch-ideologische Gruppierungen von Neonazis oder Linksextremen. Von außen her, etwa durch Eltern und Lehrer, ist die Hinwendung zu solchen problematischen Gruppierungen nicht immer leicht erkennbar, weshalb die Er-

wachsenen oft gänzlich unvorbereitet davon erfahren, – manchmal erst durch die Polizei. Die Szene ist also, wie bereits gesagt, keine geschützte pädagogische Provinz, sondern ein offener und insofern auch immer gefährdender sozialer Ort. Zwar sind diese abweichenden jugendlichen Subkulturen rein statistisch gesehen nur ein Problem kleiner Minderheiten, aber im Prinzip kann jeder Jugendliche damit zumindest bekannt werden.

6. Biographischen Sinn ergibt die Gleichaltrigen-Szene nur als Durchgangsstadium zwischen Kindheit und Erwachsenen-Status, wie fließend die Grenzen zu letzterem auch geworden sein mögen. Wird sie dagegen auf Dauer gestellt, wie dies vor allem bei Studenten naheliegt, dann geht eine weitere Gefahr von ihr aus. Sie ist im Prinzip nicht neu, wie ein Blick in die Geschichte der bürgerlichen Jugendbewegung vor und nach dem Ersten Weltkrieg zeigt. Damals gab es den Typ des »ewig Jugendbewegten«, der mitunter den Absprung in einen bürgerlichen Beruf nicht schaffte und bis ins Alter hinein der verlorenen Jugend nachträumte. Manche Jugend-Szenen der Gegenwart lassen sich durchaus als Weigerung deuten, die Rollen von Erwachsenen zu übernehmen. Von Drogenabhängigen weiß man, daß sie sozial und emotional weitgehend auf den Entwicklungsstand fixiert bleiben, den sie zu Beginn des Drogenmißbrauchs erreicht hatten. Ein Dreißigjähriger kann dann das Gemüt und Verhalten eines Sechzehnjährigen zeigen.

Welche Rolle diese Sozialisationsfaktoren nun im Einzelfall für das Heranwachsen haben, läßt sich nicht generell sagen, weil ihre Ansprüche und Wirkungen an und für sich nicht festgelegt sind. Es kommt immer darauf an, wie das einzelne Kind bzw. der Jugendliche mit ihnen umgeht und welchen Stellenwert er ihnen für seine Individualisierung beimißt. Nicht bezweifelt werden kann jedoch, daß diese Faktoren bzw. Felder bei der Entwicklung von Autonomie und Bindung Lernleistungen ermöglichen, die so weder in der Schule noch im Elternhaus möglich sind. Anders gesagt: Würde man heute den Lebens- und Erfahrungsraum eines Kindes auf Familie und Schule beschränken, wäre soziale und emotionale Verkümmerung die Folge. Seine Teilnahme am öffentlichen Leben, also an all den Handlungsorten, die ihm einerseits zugänglich sind, die andererseits aber nach den jeweils dort geltenden Regeln (z.B. denen des Marktes) strukturiert sind, ist für ein gelingendes Aufwachsen unerläßlich.

Die eben beschriebenen Sozialisationsfaktoren sind *Teile der gesellschaftlichen Wirklichkeit*, die ihre *eigenen* Regeln und Maßstäbe zur Geltung bringen, mit denen sie Kindern und Jugendlichen gegenübertreten: Regeln des Marktes, der Ästhetik, des Journalismus. Sie involvieren Kinder und Jugendliche in ihre Erwartungen und Anforderungen, aber sie nehmen keine besondere Rücksicht auf sie, verhalten sich in diesem Sinne nicht pädagogisch.

Das Aufwachsen der Kinder verläuft also im Rahmen *widersprüchlicher Erwartungen*, und eine befriedigende Sozialisation zeichnet sich dadurch aus, daß es dem Kind gelungen ist, diese Erwartungen bzw. Angebote für sich selbst zu einer souveränen Version zusammenzuschmieden, die in einem subjektiv plausiblen Kontext mit seinen Lebensvorstellungen steht. Keineswegs jedoch ergibt sich aus den Sozialisationswirkungen eine mechanische Abhängigkeit, wie unter Pädagogen häufig zu hören ist. Im Gegenteil ist es die Aufgabe der pädagogischen Sozialisationsinstanzen Familie und Schule, zu einer solchen befriedigenden Balance zu verhelfen.

Was ich hier als pluralistische Sozialisation beschreibe, ist nicht von gestern auf heute eingetreten, sondern stellt sich in der historischen Rückschau dar als ein langsamer, lange nicht beachteter Prozeß, der spätestens am Ende des vergangenen Jahrhunderts beginnt und in der bereits erwähnten bürgerlichen Jugendbewegung (»Wandervogel«) vor dem Ersten Weltkrieg seinen ersten öffentlich sichtbaren pädagogischen Ausdruck fand. Damals verließ die bürgerliche Jugend die Mauern der familiären Enklave, wurde in die Öffentlichkeit plaziert und dort mit unterschiedlichen Lebensstilen von Erwachsenen konfrontiert, die dem elterlichen Willen durchaus entgegenstehen konnten; das Leben der Jugendlichen konnte sich pluralisieren.

Allerdings hatte der Pluralismus unterschiedliche Aspekte. Der *politische* setzte sich in Gestalt mit einander konkurrierender Parteien zuerst durch; der *weltanschauliche* wurde zunächst noch gebremst dadurch, daß die meisten Menschen zu wenig Freizeit hatten, um über ihr eigenes Milieu hinauszublicken zu können, bzw. weil die jeweiligen Erwachsenenorganisationen eine Weile mit Erfolg versuchten, die eigenen Anhänger in ihrem Lager zu behalten (Vgl. Giesecke 1983). Erst allmählich wurde der Pluralismus auch zu einer Option für den einzelnen und in der erwähnten Jugendbewegung auch zum ersten Mal zum Problem. Es läßt sich kennzeichnen als das *Auseinanderdriften von Erziehung und Sozialisation:* Was das Kind in der Schule lernt, findet es im TV-Programm nicht wieder und in der Diskothek schon gar nicht. Was immer die Eltern als Lebensmaxime ihren Kindern gegenüber vertreten mögen, – es wird durch das übliche abendliche TV-Programm konterkariert. Eltern und Lehrer sind nur noch *zwei* der insgesamt vom Kind wahrgenommenen Sendestationen.

Die Nationalsozialisten haben übrigens diesen historischen Prozeß dadurch aufzuhalten bzw. umzukehren versucht, daß sie die Übereinstimmung von Erziehung und Sozialisation wieder herzustellen trachteten; nun stimmte das, was das Kind in der Schule hörte, wieder weitgehend überein mit dem, was es zu Hause (wenn auch vielleicht mit distanzierender Zurückhaltung) mitbekam, was der Rundfunk sendete und was bei den Pimpfen während des Heimabends oder beim Fahnenappell zu vernehmen war. Und die Alltagsakzeptanz dieses Regimes beruhte nicht zuletzt auch darauf, daß es auf diese Weise Erziehung wieder zu einem einheitlichen Konzept machte (vgl. Giesecke 1993). Wenn – um ein anderes Beispiel anzuführen – zu meiner Jugendzeit nach dem Kriege ein Junge sich auffällig in der Öffentlichkeit verhielt, z.B. kleinere Kinder verprügelte, konnte er damit rechnen, von irgendeinem zufällig vorbeikommenden Erwachsenen zur Rede gestellt und zur Not auch geohrfeigt zu werden, aber die Eltern des Missetäters wären nicht im entferntesten auf die Idee gekommen, deswegen einen Rechtsanwalt zu bemühen. Für ein angemessenes Verhalten von Kindern und Jugendlichen in der Öffentlichkeit fühlten sich die Erwachsenen insgesamt verantwortlich.

Diese Beispiele zeigen, daß die nicht-pluralistische Übereinstimmung von Erziehung und Sozialisation notwendigerweise verbunden war mit einer verhältnismäßig umfassenden Kontrolle des kindlichen und jugendlichen Lebens in der Familie wie in der Öffentlichkeit. Dafür gibt es aber unter den heutigen Bedingungen des Wertpluralismus keine gemeinsame Basis unter den Erwachsenen mehr. Unsere Kinder und Jugendlichen wachsen auf in einem breiten Spielraum von Verhaltensmöglichkeiten und Wertorientierungen, die Erzieher können diesen Spielraum nur noch eingeschränkt begrenzen, und die Öffentlichkeit wird erst wach, wenn Gesetze gebrochen, also die Grenzen der Legalität überschritten werden. Im Konzert der Instrumente, die das Aufwachsen begleiten und formen, spielen die erzieherischen Instanzen wie Familie und Schule bestenfalls noch einen herausragenden Part, aber sie bleiben eben nur *Teil* des Orchesters. Je besser sie *ihren* Part spielen, um so bedeutsamer ist dies für eine positive Entwicklung des Nachwuchses.

3. Folgen des Pluralismus

Widersprüche

Immer schon mußten Kinder lernen, im Verlaufe des Erwachsenwerdens ihre eigenen Bestrebungen und Bedürfnisse mit den gesellschaftlichen Erwartungen in eine befriedigende Balance zu
bringen. Unter den Bedingungen des radikalisierten Pluralismus
hat diese Aufgabe jedoch eine neue Qualität bekommen. »Gesellschaft« als solche ist ja für ein Kind etwas Abstraktes, es begegnet
ihr konkret in *Personen*, die ihm etwas bedeuten und von ihm etwas verlangen: in den Eltern, den übrigen Verwandten, den Nachbarn, den gleichaltrigen Spielgefährten, der Kindergärtnerin, den
Lehrern, den Verkäufern im Geschäft, – aber auch in den Menschen, die über die Massenmedien an es herantreten. Alle diese
Personen leisten mit dem, was sie präsentieren und repräsentieren,
einen Beitrag zu seiner Sozialisation. Aber unter den Bedingungen des Pluralismus ziehen sie nicht mehr an einem Strang, beeinflussen das Kind nicht in derselben Weise und in die gleiche
Richtung, indem sie ihm etwa das gleiche sagen, ihm die gleichen
Werte präsentieren; vielmehr zerren sie es gleichsam in unterschiedliche Orientierungen, weil die einzelnen Sozialisationsfaktoren unterschiedlichen Regeln und Zielen gehorchen. Mögen die
im engeren Sinne *pädagogischen* Faktoren – *Elternhaus* und
Schule – vielleicht das Wohl des Kindes, seine optimale Entwicklung im Auge haben und nach diesen Maßstäben das kindliche
Leben zu arrangieren versuchen, so richtet sich z.B. die *Freizeit-
und Konsumindustrie* andererseits nach den Gesichtspunkten des
Marktes. Sie erstrebt also nicht die optimale Entwicklung der
kindlichen Fähigkeiten – davon hat sie gar keinen Begriff –, sondern Profitmaximierung. Diese Industrie fragt nicht nach dem
Wohl des Kindes, sondern danach, was sich wie und mit welcher
Wirkung am besten an Kinder oder über sie verkaufen läßt. Wenn
dieser Maßstab dem Wohle des Kindes, wie es die Pädagogen verstehen, nicht schadet, ist es gut, wenn aber doch, dann gibt es für
diese Industrie keinen Grund, sich daraus ein Problem zu machen;

dafür haben wir schließlich im Rahmen der gesellschaftlichen Arbeitsteilung den Gesetzgeber, oder die Schule, oder die Eltern, oder die Sozialarbeiter oder alle gemeinsam.

Auch die *Massenmedien* haben, wie wir gesehen haben, ihre eigenen Maßstäbe, die höchstens zufällig mit pädagogischen übereinstimmen. Entweder sind es *ästhetische* Kriterien wie etwa beim ambitionierten Spielfilm, die, vom Kind für bare Münze, nämlich als Abbild der Realität genommen, ihm weltfremde Vorstellungen über das Leben der Erwachsenen vermitteln können. Oder es handelt sich um Maßstäbe der *Unterhaltung*, deren Aussagen und Aufforderungen das Kind als Ironisierung und damit als Verunsicherung seiner Weltvorstellungen erleben kann. Auch *journalistische* Maßstäbe, die etwa sorgfältige Information, aber auch engagierte Vertretung eines bestimmten Standpunktes zum Inhalt haben, dienen nicht per se, also ohne didaktische Bearbeitung, dem Aufbau eines verläßlichen Weltbildes beim Kinde, weil sie meist auf geistigen Voraussetzungen aufbauen, über die das Kind noch nicht verfügt.

Unsere pluralistische Gesellschaft ist also so konstruiert, daß sie *als ganze* die Verantwortung für das Aufwachsen des Nachwuchses nicht übernimmt, sondern sie Teilbereichen wie den Familien und den Schulen überläßt. Die Lehrer und natürlich erst recht die Eltern sollen, so ist die Erwartung, durch geeignete erzieherische Maßnahmen dafür sorgen, daß die Kinder möglichst ohne Schaden zu nehmen sich in dieser prinzipiell a-pädagogischen Gesellschaft zurechtfinden werden, – möglichst ohne straffällig zu werden und möglichst so, daß wenigstens eine verläßliche Mehrheit von ihnen später im Beruf und im öffentlichen Leben erfolgreich agieren kann.

Diese Erwartungen können aber die pädagogischen Instanzen nur noch sehr eingeschränkt erfüllen. Wenn wir unter Erziehung dasjenige Handeln von dafür verantwortlichen Personen verstehen – der Eltern oder Lehrer –, das die noch unmündigen Heranwachsenden zu bestimmten, erwünschten Verhaltensweisen befähigen soll, dann macht schon ein erster Blick in den Alltag klar, daß eine solche Absicht sehr schnell an eine Grenze stößt: Der Schüler geht morgens zur Schule, trifft sich nachmittags mit Gleichaltrigen, geht abends ins Kino oder in die Disco, oder er sieht sich TV-Sendungen an. Alle diese Teilhaben haben ihre eigentümlichen Maßstäbe und Wirkungen auf die Persönlichkeit, auf ihre Vorstellungen und Einstellungen, auf Phantasie und Lebensplanung. Aber *kontrollieren* können die Eltern diese Einwirkungen nur noch teilweise, – am ehesten dadurch, daß sie sich als Gesprächspartner, als »Deuter« der Erfahrungen ihres Nachwuchses zur Verfügung stellen. Wenn die Eltern aber den Fernseh-Konsum oder die außerhäuslichen Aktivitäten ihrer Kinder kontrollierend beschränken wollen, schneiden sie sie unter Umständen von dem ab, was unter den Gleichaltrigen beliebt und vielleicht sogar wichtiger Kommunikationsinhalt ist. Etwa vom Schuleintritt an und danach immer weniger kann also eine pädagogische Instanz wie die Familie oder die Schule den Lebensweg des Kindes in seiner Totalität beeinflussen oder sogar prägen. Dies ist eine schlichte Tatsache, die nur durch eine diktatorische politische Umwälzung – vielleicht! – geändert werden könnte. Alle pädagogischen Überlegungen haben also diese Tatsache der pluralistischen Sozialisation und als deren Folge das Entschwinden einer *eindeutigen* pädagogischen Verantwortung für das Aufwachsen des Nachwuchses zur Voraussetzung zu nehmen. Wer dies nicht will, der muß offen sagen, daß er für eine andere Gesellschaft eintritt, und er muß uns klar machen, welcher *politischen* Art diese andere Gesellschaft sein, wer darin mit welcher Legitimation das Sagen haben soll. Der politische, weltanschauliche und daher auch normative Pluralismus, der das Aufwachsen unserer Kinder bestimmt, ist schließlich konstitutiv für die demokratische Verfaßtheit von Staat und Gesellschaft; er ist die Voraussetzung für die bürgerlichen Freiheiten, auf die wir uns zu Recht viel zugute halten. Die deutsche Pädagogik ist mit dieser demokratisch-politischen Vorgabe nie wirklich ins reine gekommen. Statt dessen hat sie z.B. immer wieder die Hoffnung gehegt, die Gesellschaft würde sich derart organisieren und disziplinieren, daß die Wirkungen, die von ihr ausgehen, dem Wohle des Kindes zugute kämen oder ihm zumindest nicht schadeten. In der Kritik an den Massenmedien und daran, daß die Politiker für die Jugend keine Vorbilder seien, kommt dies auch heute noch zum Ausdruck. Schon das deutsche Bildungsbürgertum träumte davon, die Gesellschaft so zu organisieren, daß sie im einzelnen wie im ganzen sich in diesem Sinne pädagogisch verhalte. Dabei gerät die schon erwähnte Tatsache leicht aus dem Blick, daß unsere Gesellschaft nicht »kindgerecht« ist, daß sie dies niemals war, daß sie vielmehr für *Erwachsene* und für *deren* Bedürfnisse eingerichtet ist. Nur Erwachsene, nicht Kinder, sind in der Lage, die Bedingungen für das gemeinsame Überleben der Generationen herzustellen; in diesem Punkte unterscheiden wir uns nicht von den Neandertalern. Damals wie heute müssen die Kinder diesen Status als Abschluß ihrer Kindheit erst erwerben. Wirtschaft, Werbung, Journalismus, Unterhaltung können nicht kindgerecht infantilisiert werden, ohne einerseits zu einer lächerlichen Idylle zu geraten oder andererseits zur schulmeisterlichen politischen Diktatur zu verkommen.

Die Tatsache, daß das Aufwachsen unserer Kinder in pluralistischen *Widersprüchen* abläuft, die als solche in das pädagogische Denken übernommen werden müssen, ist bisher weitgehend verdrängt worden. Immer noch wird nämlich so über öffentliche Erziehung geredet, als käme es ohne Beachtung der gesellschaftlichen Realitäten allein auf den guten Willen der Verantwortlichen an. Dabei erfaßt der Pluralismus alle pädagogischen Details, sogar die Frage nach den *pädagogischen Zielen*. Woraufhin sollen Eltern oder Lehrer einwirken, welche Kenntnisse, Fähigkeiten, Meinungen, Einstellungen, Urteile usw. kurz: Welches Verhalten soll das Kind auf dem Wege zum Erwachsensein erwerben? Darauf geben nicht nur die erwähnten Sozialisationsfaktoren unterschiedliche Antworten nach ihren jeweiligen Maßstäben, Erwartungen und Interessen. Vielmehr treffen wir schnell auch auf unterschiedliche weltanschauliche Reaktionen: Eine politisch grün orientierte Feministin hat da erheblich andere Vorstellungen als ein katholischer Bischof. Die erzieherisch gemeinten Einwirkungen können sich also in wichtigen Punkten nicht mehr auf einen gemeinsamen gesellschaftlichen Konsens berufen, sie sind selbst ein Teil der pluralistischen Meinungsvielfalt geworden, und es stimmt nicht, daß über Ziele und Aufgaben der Erziehung zumindest in den wesentlichen Punkten Übereinstimmung herrschen könne. Gleichwohl werden bei jeder sich bietenden Gelegenheit Erziehungs- und Bildungsziele der staunenden Öffentlichkeit offeriert. In der Art eines Warenhauskatalogs werden dann Wunschbilder aneinandergereiht, die des Beifalls aller Wohlgesinnten sicher sein können. Das kostet allerdings auch niemanden etwas, denn diejenigen, die solche Listen aufstellen, müssen die schönen Postulate meist nicht in die Tat umsetzen. Niemand, weder die Eltern noch die Lehrer, können die *Widersprüche* des Aufwachsens außer Kraft setzen oder ihnen gar eine wie immer erzieherisch begründete pädagogische Alternative entgegensetzen.

Die Last der Optionen

Eine weitere Konsequenz des Aufwachsens im Pluralismus sind die vergleichsweise großen *Wahlmöglichkeiten* und verbunden damit die erheblichen *Entscheidungszwänge*. Seitdem nämlich die Kinder nicht mehr in einen bestimmten *Stand* hineingeboren werden (Adel, Bürgertum, Zünfte), wodurch ihre gesellschaftliche Karriere ja weitgehend vorherbestimmt war, und seit die Grenzen der alten Klassengesellschaft weitgehend verschwunden sind, ist ihr Weg in die Gesellschaft prinzipiell offen, d.h. ihr Leben ist von früh an umstellt von *Optionen*. Das gilt schon im Hinblick auf ihr Spielzeug, ihre Freizeitmöglichkeiten und ihre Fernsehsendungen. Manches Kinderzimmer ist derart vollgestopft mit Spielzeug, daß die Wahl zur Qual werden kann. Das war für frühere Generationen noch keineswegs selbstverständlich, wie man nicht nur aus der Literatur erfährt, sondern insbesondere zur Weihnachtszeit in entsprechend rührseligen Spielfilmen bestaunen kann. Steckt schon der Alltag der Kinder heute voller Optionen, so gilt dies erst recht für ihre künftige Lebensplanung. Wenn sie alt genug sind, dürfen sie ihren Beruf wählen, wie es im Grundrecht der freien Berufswahl festgelegt ist, das inzwischen nicht einmal mehr die Eltern beeinträchtigen dürfen. Für die Erwachsenen gehen die

Optionen noch weit darüber hinaus und erstrecken sich u.a. auf die Wahl des Partners bzw. der Partnerin (einschließlich der Trennung bzw. Scheidung), des Wohnsitzes, der Religion und nicht zuletzt auf das aktive und passive Wahlrecht, – von Konsumgütern und Medien ganz zu schweigen. Unsere Gesellschaft erwartet also von ihren Mitgliedern ein hohes Maß an Anpassungsfähigkeit, Flexibilität, Eigenverantwortung und Entschlußfähigkeit.

Viel zu selten machen wir uns klar, daß die geistigen, emotionalen und psychischen Lernanforderungen, die die Gesellschaft uns damit abverlangt, seit den Zeiten unserer Groß- und Urgroßeltern in einem ganz erheblichen Maße für prinzipiell *alle* Kinder und Jugendlichen gestiegen sind. Mit Optionen produktiv im Sinne der eigenen Bedürfnisse (woher kenne ich die eigentlich?) umzugehen will gelernt sein. Was müssen wir nicht alles wissen und können, um uns im ganz normalen Konsumangebot auszukennen, an einem ganz normalen Arbeitsplatz zu behaupten oder von windigen Verkäufern an der Haustür nicht übers Ohr hauen zu lassen, – von Auto, Unterhaltungselektronik und Tourismus gar nicht zu reden. Überall im Alltag Wahlmöglichkeiten und Entscheidungszwänge: Wofür sollen wir unsere nicht vermehrbare Zeit verwenden, wofür unsere begrenzten Geldmittel?

Ich erinnere mich noch gut daran, daß für viele Menschen meiner Großelterngeneration der Zeithorizont, für den geplant werden konnte, eine Woche betrug, weil die Lohntüte mit Bargeld wöchentlich nach Hause gebracht wurde. Als dann diese sehr personalintensive Auszahlungsart durch Überweisung auf ein Bankkonto ersetzt wurde, stellte sich heraus, daß viele gar nicht über ein solches verfügten, weil sie es bis dahin nicht gebraucht hatten, und sie wußten zunächst nicht, wie sie mit dieser Neuerung umgehen sollten. Vor allem aber brach für nicht wenige die Zeitplanung zusammen, die sich ja nun nicht mehr einfach auf eine Woche beziehen konnte. Ältere Menschen beauftragten ihre Kinder, wöchentlich die anteilige Summe von der Bank abzuholen, damit auf diese Weise der frühere Zustand wieder hergestellt war. Dieses eher rührende Beispiel mag verdeutlichen, was wir in der Folge der Generationen haben lernen müssen im Umgang mit dem Pluralismus und seinen Optionen. Dabei ging und geht es nicht einfach um die bloße *Vermehrung* eines Pensums, sondern um die Bewältigung von *Wahlmöglichkeiten*, die der Alltag inzwischen *allen* Menschen abverlangt, – auch denen, die kein Gymnasium besuchen. Arbeiter, die früher den größten Teil des Tages – oder auch der Nacht – am Arbeitsplatz verbrachten und deren arbeitsfreie Zeit gerade eben zur körperlichen Erholung ausreichte, mußten für ein solches Leben nicht besonders viel wissen. Am Arbeitsplatz befolgten sie Anweisungen, und das Leben außerhalb der Arbeit war so knapp mit Zeit und vor allem auch Geld bemessen, daß Wahlmöglichkeiten kaum entstehen konnten. Das hat sich entscheidend verändert. Heute verfügt selbst ein ungelernter Arbeiter und sogar ein Sozialhilfeempfänger über eine ganze Reihe von Wahlmöglichkeiten in seinem Alltag, und wir haben gelernt, unsere Optionen als Maßstab unserer persönlichen Freiheit zu nehmen: Wer nicht wählen kann, ist ein unfreier Mensch, – ein Satz, der keineswegs nur für die politische Teilnahme gilt. Meist machen wir uns die Erhöhung des Lernpensums, die in der Folge der Generationen nicht etwa in erster Linie die Schule, sondern das Leben selbst uns zumutet, gar nicht klar, weil wir damit in unserem Alltag selbstverständlich hantieren. Für eine pädagogische Diagnostik der Gegenwart müssen wir uns diese Entwicklung jedoch bewußt machen. Wir gehen nämlich allzu leicht von der Unterstellung aus, daß es möglich sei, diesen allgemeinen Anstieg der Lernanforderungen von grundsätzlich allen Kindern einzufordern. Die Lebenserfahrung zeigt aber schon, daß dies nicht möglich ist, daß ein nicht unbedeutender Teil der jeweiligen jungen Generation – sei es aus genetischen, sei es aus milieubedingten Gründen – diesen Erwartungen nicht gewachsen ist. Der Pluralismus hat also für immer mehr Menschen und tendenziell eben auch für alle Kinder eine enorme Zunahme an Lernanforderungen zur Folge, wenn sie denn die damit verbundenen gesellschaftlichen *Chancen* auch optimal nutzen wollen.

Individualisierung als Selbsterziehung

Aus der widersprüchlichen Sozialisation, die je nach den sozialen Orten aus pädagogischen, publizistischen oder marktorientierten Einwirkungen besteht, folgt, daß die klassischen Erziehungsinstanzen Familie und Schule die *Gesamtverantwortung* für ein befriedigendes Aufwachsen der Kinder nicht mehr übernehmen können, daß sie nur noch *partikular*, nämlich im Rahmen der Möglichkeiten ihres sozialen Ortes, dafür zuständig sein können.

Während wir herkömmlicherweise davon sprechen, daß der oder jener die Verantwortung für dieses oder jenes Kind habe, wobei im Krisenfall an eben diese Verantwortung öffentlich appelliert wird, müssen wir heute eingestehen, daß unsere Kinder mit zunehmendem Alter die Verantwortung für ihre Lebensplanung und für ihren Lebensweg Zug um Zug selbst übernehmen müssen, ob es sich nun um die Wahl der Schullaufbahn, um die beruflichen Perspektiven oder um die Auswahl der Menschen handelt, mit denen sie außerhalb der Familie nur flüchtige oder kontinuierliche bzw. dauerhafte Beziehungen wünschen. Die beschriebene Last der Optionen führt folgerichtig dazu, daß das Kind im Prozeß des Heranwachsens lernen muß, seine Prioritäten selbst zu finden und danach das Angebot der Umwelt – auch des Fernsehens – zu sortieren. Niemand kann ihm die dabei notwendigen Entscheidungen, die dafür erforderlichen Mühen und Verzichte abnehmen. Eltern und Lehrer können diesen Prozeß lediglich fördern und unterstützen, aber sie müssen ihn auch einfordern; denn das Kind muß heute und in Zukunft damit leben, nicht seine Erzieher.

Dies ist eine historisch neue Lage für Kinder und Jugendliche, die sich von jener frühen Selbstverantwortung unterscheidet, die Arbeiterkindern in vergangenen Jahrzehnten abverlangt wurde. Damals ging es nicht um die individuelle Bewältigung von Optionen – die gab es kaum –, sondern um den möglichst frühen Broterwerb. Heute dagegen handelt es sich um ein Problem *aller* Kinder, das nicht mehr aus der Notwendigkeit des frühen Erwerbs- zwanges resultiert, sondern im Gegenteil einen relativen allgemeinen Wohlstand voraussetzt.

Aus der Notwendigkeit der frühen Selbstverantwortung folgt nun keineswegs, daß die zuständigen Erwachsenen keine Verantwortung mehr für Kinder übernehmen müßten, geändert hat sich nur der *Inhalt* dieser Pflicht; denn auch die Übernahme der Verantwortung für das eigene Leben im Rahmen der vorhandenen Optionen müssen die Kinder ja erst *lernen*, und dafür brauchen sie nach wie vor zuverlässige Erwachsene. Aber diese Lernaufgabe ist schwieriger zu fördern, als im Rahmen des traditionellen Erziehungsmusters an der Stelle des Kindes zu entscheiden, wie es sich zu verhalten habe und was seiner Zukunft dienlich sei. Nach wie vor bleibt es dabei, daß die Erwachsenen das Leben und seine Belastungen kennen, die Kinder in der Regel noch nicht, daß deshalb die Erwachsenen besser als die Kinder voraussehen können, welche Folgen diese oder jene Entscheidung haben werde. Aber sie müssen dieses Wissen auf andere Weise als früher weitergeben, nämlich so, daß es der Selbstverantwortlichkeit des Kindes zugute kommen kann. Auf diese Akzentverschiebung kommt es an. Sie macht einen grundlegenden Perspektivenwechsel erforderlich.

Bis in die jüngste Gegenwart hinein wurden auch von den Wissenschaften Kinder eher als *Objekte* der Erziehung und Sozialisation angesehen, als Produkt von Einflüssen, deren Wirkung meist *mechanisch* verstanden wurde: Man müsse so lange einwirken – vielleicht auch »Druck erzeugen« –, bis das gewünschte Ergebnis eingetreten sei. Das Kind werde sich dann solchen Anforderungen schon anpassen. Aus diesem Holz waren die autoritären, disziplinierenden Erziehungsvorstellungen geschnitzt, wie sie uns in der Literatur häufig begegnen und wie sie die 68er teilweise noch vorfanden. Inzwischen hat sich diese Vorstellung jedoch auch in den Wissenschaften als falsch erwiesen. Das Kind *verarbeitet* vielmehr die Anregungen, Erwartungen und Anforderungen, die auf es zukommen, in einer jeweils *persönlichen Version*. Es agiert und reagiert, handelt und nimmt teil und bildet somit auf der Grundlage seiner erblichen Ausstattung und der Anregungen aus seiner Umwelt seine Persönlichkeit selbst heraus. So gesehen ist pluralistische Sozialisation kein Mechanismus für das einzelne Kind, dem es als wehrloses Objekt einfach ausgeliefert wäre. Vielmehr benutzt es deren Ansprüche und Wirkungen als *Material*, mit dem es sich tätig auseinandersetzt und das es sich auf eine je persönliche Weise aneignet. Dieses Tätigsein muß gefördert und unterstützt werden, weil es sonst leicht erlahmen oder in die Irre gehen kann.

Aufgabe dieses Individualisierungsprozesses ist vor allem herauszufinden, welche besonderen Fähigkeiten, Begabungen und Interessen das Kind jeweils zu entwickeln vermag, damit es auf deren realistischer Einschätzung seine weitere Lebensplanung gründen kann. Dazu dienen auch die Schulfächer und die Zensuren in der Schule. Der Zeitgeist hat die schlechte Zensur immer wieder als Kränkung diffamiert. Das ist falsch, wenn sie gerechtfertigt ist und wenn der Schüler sie als Information über seine tatsächlichen oder voraussichtlichen *Fähigkeiten* gedeutet bekommt; denn um diese realistisch einschätzen zu können, braucht er die schlechte Note ebenso wie die gute, – wenn auch die letztere sicherlich mehr Freude bereitet. Ebenso muß er erfahren können, in welchen Schulfächern er leistungsfähiger ist als in anderen, damit er diese Informationen in seine Studien- bzw. Berufsplanung übernehmen kann; aber weder die Kinder noch die für sie zuständigen Erwachsenen können von vornherein wissen, wo die Stärken und Schwächen liegen, das muß durch einen tätigen Umgang mit der Umwelt – wozu auch, aber nicht nur die Schule gehört – erst entdeckt werden.

Früher hat das Schulsystem versucht, zwischen »praktischen« und »theoretischen« Begabungen zu unterscheiden und damit den Kindern einen möglichst bewertungsfreien, neutralen Orientierungsrahmen anzubieten. Wer »theoretisch« begabt war, ging eben aufs Gymnasium und danach vielleicht ins Studium, wer »praktisch« begabt war, machte z.B. eine Lehre und brachte es danach vielleicht zum Meister, jedenfalls war er bzw. sie in diesem praktischen Metier öffentlich geachtet und anerkannt wie auf andere Weise der studierte Akademiker, dem man nicht zu Unrecht auch oft nachsagen konnte, er habe »zwei linke Hände«, sei also fürs Praktische nicht so recht zu gebrauchen. Diese grobe Einteilung entsprach im wesentlichen der früheren Aufgliederung des Schulwesens; wer also die Volksschule – später Hauptschule genannt – besuchte, von dem erwartete man im allgemeinen eine »praktische« Begabung, die dann zu einer kaufmännischen oder gewerblichen Lehre führte. Ausnahmen des sozialen Aufstiegs vom Volksschulabschluß her bestätigten nur diese Regel.

Inzwischen sind diese Orientierungen weitgehend entschwunden; je länger jemand zur Schule und dann anschließend möglichst noch ins Studium geht, um so erfolgversprechender erscheint den Eltern die Berufskarriere ihrer Kinder. Weitgehend aus dem Blick geraten ist dabei, daß es doch letztlich darauf ankommt, daß die Kinder ihren eigenen Weg finden, um einen ihren Fähigkeiten und Interessen entsprechenden Platz in der Gesellschaft und eben auch im Beruf zu erwerben. Wie schwierig es sein kann, sich dabei im Raum der Optionen zurechtzufinden, zeigt die Tatsache, daß manche dafür inzwischen Jahrzehnte ihres Lebens brauchen und dabei noch die Unterstützung ihrer schon im Ruhestand lebenden Eltern entgegennehmen.

In dem Maße nun, wie die Zukunft der jungen Generation offen und insofern auch ungewiß ist, relativiert sich auch der Erziehungsanspruch der Erwachsenen. Früher nämlich war er verbunden mit dem Versprechen, die *Zukunft* der Jungen zu garantieren, was jedoch weder faktisch – weil man die Zukunft nur noch eingeschränkt antizipieren kann – noch auch ökonomisch mehr zu halten ist. Die ökonomische Unabhängigkeit von der Familie z.B. ist weitgehend dadurch erreicht, daß die Eltern im Rahmen ihrer gesetzlich fixierten Möglichkeiten diejenige Berufsausbildung – einschließlich Studium – finanzieren müssen, die ihre Kinder wählen, und wenn die Eltern dazu nicht in der Lage sind, tritt die öffentliche Hand (z.B. BAföG) an ihre Stelle.

Wenn also die Kinder in dieser Gesellschaft ihren Platz finden wollen, müssen sie ihre Fähigkeiten optimal entwickeln und ihre Persönlichkeit jeweils individuell entfalten können. Die Verantwortung für das Gelingen dieses Prozesses müssen sie mit zunehmendem Alter Zug um Zug selbst übernehmen. Diese Konsequenz ist nun kein willkürliches pädagogisches Postulat, sondern gesellschaftliche Notwendigkeit, die sich weder her- noch auch wieder wegzaubern läßt. Unsere hochgradig differenzierte Gesellschaft verlangt einfach diesen Typus des autonomen, handlungsfähigen Individuums. Die normative Freigabe des Alltagshandelns durch Staat und Gesellschaft ist kein »Freiheitsgeschenk«, das auch wieder entzogen werden könnte. Historisch gesehen wurde vielmehr nur widerwillig freigegeben, was dysfunktional geworden war, – wie sich u.a. an der Geschichte des Sexualstrafrechts zeigen läßt. In einer modernen Industriegesellschaft *kann* das Alltagsleben der Bevölkerung diesseits der Legalität nicht mehr reglementiert werden, weil ihre Existenz und ihre produktive Weiterentwicklung auf individueller Initiative, auf Bereitschaft zur horizontalen und vertikalen Mobilität der einzelnen beruht.

Allerdings muß man den Begriff »Individualisierung« in diesem Zusammenhang realistisch verstehen. Die Menschen unterscheiden sich zwar in mancher Hinsicht deutlich voneinander, und diesen Unterschied nehmen wir jeweils als individuelle Eigenart wahr, – des Denkens, des Verhaltens in bestimmten Situationen, des Sprechens, der Gestik, der Gefühle. Zugleich verfügen die Menschen aber auch über etwas Gemeinsames, Kollektives in ihrem Bewußtsein, das sie mit anderen teilen. Das entspricht einerseits ihrer Gattung, weshalb es auch Sinn macht, von allgemeinen Menschenrechten zu sprechen, die allen Menschen unbeschadet ihrer sonstigen Unterschiede zustehen; zum anderen gibt es kulturell bedingte Gemeinsamkeiten, die nicht für die Menschen als Gattung gelten, sondern eben nur für solche, die einem bestimmten Kulturkreis angehören, wobei die Grenzen im Verlaufe der Geschichte fließend geworden sind. Dennoch gibt es Distanzen, wie sie gegenwärtig etwa in der Differenz zwischen christlich-westlicher und muslimischer Kultur zum Ausdruck kommen. Nun beruht die menschliche Kommunikationsfähigkeit nicht auf den jeweils individuellen, sondern auf den kollektiven, gemeinsamen Anteilen. Das Individuelle als solches ist nicht mitteilbar, verstehbar wird es nur vor dem Hintergrund gattungsmäßiger oder kultureller Gemeinsamkeiten. Letztere kommen durch gemeinsame Sozialisation zustande, und vieles, was sich subjektiv als individualisierend versteht, ist tatsächlich typisch für eine ganze Gruppe z.B. von Jugendlichen, wie sich etwa an der Jugendmode zeigen läßt, die sich subjektiv als Ausdruck der eigenen Persönlichkeit versteht, während sie tatsächlich doch von den Medien – vor allem der Werbung – für viele propagiert wird. Aber das komplizierte Verhältnis von objektiver und subjektiver Individualität muß hier nicht weiter interessieren. Für den pädagogischen Zusammenhang ist lediglich die subjektive Seite wichtig, ob sich der junge Mensch nämlich *selbst* als unverwechselbare Person begreifen kann, so daß er auf dieser Grundlage Selbstbewußtsein, Selbstwertgefühl, Verantwortung für sein Handeln und Entscheidungsfähigkeit entwickeln kann.

»Individualisierung« als Bezeichnung für einen Entwicklungsprozeß, in dem sich die je individuellen Fähigkeiten herausbilden sollen, erwächst also nicht aus der Innerlichkeit der kindlichen Seele, wenn man in Familie und Schule nur lange genug darauf wartet. Sie ist kein nur innerpsychisches, sondern vor allem ein *soziales* Phänomen, bei dem natürlich psycho-emotionale Anteile eine wichtige Rolle spielen. Nicht von egoistischem Individualismus ist hier die Rede, von Disziplinlosigkeit etwa oder Leistungsverweigerung. Die Herausarbeitung der Individualität ist vielmehr ein hartes Stück *sozialer Arbeit* im Umgang mit anderen Menschen, mit Institutionen wie der Schule und mit Leistungsansprüchen, und sie ist mit Erfolgen wie Mißerfolgen, mit Freude und Frust notwendig verbunden. Individualität muß gefunden werden, gerade *weil* andere in bestimmten Schulfächern bessere Noten erhalten, gerade *weil* einem andere immer die hübschen Mädchen bzw. Jungen abjagen, gerade *weil* Lehrer nicht immer gerecht urteilen können, gerade *weil* es vielleicht zum Gymnasium nicht reicht usw. Deswegen gehört notwendig zum Individualisierungsprozeß, Mißerfolge zu verarbeiten und mit dem eigenen Versagen produktiv umgehen zu lernen. Um herauszufinden, wozu man taugt, muß man auch wissen, was man besser nicht zu seinem Beruf oder Studienziel macht. Individualisierung heißt immer auch, *nicht* wie andere zu sein oder sein zu wollen, vielleicht weniger leistungsfähig in Mathematik, aber »besser« als andere etwa in Musik zu sein. Die Entdeckung, etwas zu können, schließt

immer auch die andere ein, etwas anderes weniger gut zu beherrschen. Mit dem einen wie mit dem anderen muß man sich abfinden lernen. Der notwendige Prozeß der Individualisierung hat
also mit der Fähigkeit zu tun, zwischen unterschiedlichen Anforderungen zu balancieren und dabei persönliche Ziele entwickeln
und durchzuhalten zu können (vgl. Krappmann). Mit »anti-auto-
ritärer« Unerzogenheit hat das nichts zu tun. Wer in der Schule
»stört«, anstatt seine Interessen und Wünsche vorzutragen, wer in
der Familie sich vor der Mitarbeit drückt, anstatt eine »gerechtere«
Verteilung der Arbeit vorzuschlagen, wer gewalttätig wird, anstatt
seine Interessen auf andere Weise zur Geltung zu bringen, – der
arbeitet nicht an seiner Individualisierung, sondern verweigert sie
gerade, und dieser Verweigerung bringt der Zeitgeist viel zu viel
Aufmerksamkeit und Nachsicht entgegen.

Der Prozeß der Individualisierung ist nicht zuletzt deshalb ein
schwieriger, weil dabei ja auch ein Maßstab für das eigene Wollen
gefunden werden muß, den man zwar mit anderen Gleichgesinnten teilen kann, aber letzten Endes doch allein zur Geltung bringen muß; er entzieht sich auch der pädagogischen Planung. Wie
der Begriff schon ausdrückt, handelt es sich dabei um eine subjektive Leistung des einzelnen Kindes, die als solche nicht anerzogen
werden kann.

Unzuverlässige Geborgenheit

Eine wichtige Voraussetzung nun dafür, daß die Kinder ihre Entwicklung vertrauensvoll und zuversichtlich in die Hand zu nehmen vermögen, ist das Gefühl sozialer Geborgenheit. Auf sich allein gestellt, zurückgeworfen auf bloße Individualität, losgelöst
von sozialen Kontexten und Verbindlichkeiten, droht die notwendige Arbeit zur individuellen Entwicklung hin zu scheitern; denn
sie ist fraglos mit Einsamkeit und Verunsicherung verbunden, was
insbesondere in der Phase der Pubertät deutlich zum Ausdruck
kommt. Woher soll das Kind wissen, ob seine Lebensplanung
wirklich seinen Interessen und Fähigkeiten entspricht? Nach welchen Maßstäben soll es die erwähnten Optionen entscheiden?

Rückmeldungen werden benötigt von Menschen, die ihm nahestehen, deren Urteil ihm wichtig ist und denen es vertraut. Von ihnen braucht das Kind für seine Pläne und Handlungen sowohl Zustimmung als auch Kritik, beides aber in einem Klima von selbstverständlicher Solidarität, d.h. ohne Liebesentzug bzw. Verweigerung der Zuwendung dabei riskieren zu müssen. Dieser Zusammenhang von Individualisierung einerseits und verläßlicher sozialer Bindung andererseits wird heute, wo von der Individualisierung der Gesellschaft allenthalben die Rede ist, leicht übersehen. Niemand – ob jung oder alt – kann längere Zeit auf sich allein gestellt die Fülle der Optionen produktiv nutzen, und das geschieht auch in der Regel nicht. Vielmehr leben die Menschen in mehr oder weniger engen Basisbeziehungen, die ihnen für ihr Denken und Handeln die nötige sozio-emotionale Rückendeckung verschaffen.

Im traditionellen Verständnis ist es die Familie, die mit einer gewissen dumpfen Selbstverständlichkeit ihre Mitglieder – gerade auch die Kinder – in ihrem So-Sein akzeptiert, und ohne Frage ist diese Sozialform, wo sie entsprechend erlebt werden kann, als Ort der persönlichen Geborgenheit durch nichts anderes wirklich zu ersetzen. Allerdings zeigen sich auch hier die Folgen des beschriebenen Individualisierungsprozesses: Die Familie ist in vielen Fällen nicht mehr unbedingt verläßliche Sozialität, wie sie dies – im Guten wie im Bösen – in früheren Jahrzehnten als gleichsam naturwüchsige Tatsache weitgehend war. Sie ist zum Vertragsfall geworden, zur Verhandlungssache der beteiligten Erwachsenen, wie die zahlreichen Scheidungen zeigen. Verläßliche Familienbeziehungen sind keine gemachten Nester mehr, in die die Beteiligten nur hineinzuschlüpfen brauchen; wer dort sein sozio-emotionales Glück finden will, muß es selbst auch schmieden.

Das gilt auch für das Geborgenheitsbedürfnis von Kindern und Jugendlichen. Nicht nur müssen sie ihren Teil zum familiären Wohlbefinden aller je nach Alter und Kräften beitragen, sie müssen auch nach Kompensationen bzw. Ergänzungen zur familiären Sozialität Ausschau halten, damit sie mit diesem Bedürfnis nicht ausschließlich auf die Familie fixiert bleiben. Erstens nämlich kann die familiäre Situation z.B. durch eine Krise oder gar Trennung brüchig werden, und zweitens ist auch ohne besondere Krisen die Familie ein zu begrenzter sozialer Raum geworden für das Bedürfnis nach sozialer Geborgenheit. Hier treten nun die *Gleichaltrigen*, die Freunde, die »Szenen« auf den Plan, von denen schon die Rede war.

Neuerdings wird von Bildungspolitikern und Pädagogen zunehmend propagiert, die *Schule* müsse mit erzieherischen Angeboten problematische Familienverhältnisse für die Kinder kompensieren und jene Geborgenheit anbieten, die vielen in der Familie fehle. Es mag sein, daß dies im einen oder anderen Falle auch gelingt, je nachdem, welchen Draht Lehrer zu ihren Schülern haben und wie die Klassen- oder Schulgemeinschaft von den Schülern erfahren werden kann. Zweifellos kommt unter den Bedingungen des pluralistischen Aufwachsens dem, was allgemein »Schulleben« genannt wird, eine erhebliche pädagogische Bedeutung zu.

Aber was in der Familie fehlt, kann nicht einfach pädagogisch irgendwo anders veranstaltet werden. Auch viele erwachsene »Singles« leben ja heute nicht in Familien, und sie kompensieren dies durch sogenannte »Bezugsgruppen«, also durch einen Freundeskreis oder eine informelle Gruppe von Gesinnungsgenossen, in der sie den notwendigen sozio-emotionalen Rückhalt finden. Sicherlich würde kaum jemand von ihnen sagen, dies sei dasselbe wie eine Familie. Gleichwohl läßt sich so eben auch leben. Kann aber, was für Erwachsene gelten mag, auch für Kinder und Jugendliche akzeptabel sein? Um es noch einmal zu betonen: Nichts kann eine Familie ersetzen, in der Kinder befriedigend aufwachsen können, und für kleine Kinder gibt es immer noch kaum eine Alternative. Aber nicht selten stehen die optimalen Optionen im Leben nicht zur Verfügung, und so suchen wir nach Kompensationen, also nach zweit- oder gar drittbesten Lösungen. So verfahren auch viele Kinder, wenn sie alt genug dafür sind, und erst recht Jugendliche, indem sie nach Personen Ausschau halten, die ihre Bedürfnisse nach sozialer Akzeptanz und Geborgenheit befriedigen können. Dabei merken sie schnell, daß diese anderen nicht wie ein Konsumgut behandelt werden wollen, dessen man sich zum sozialen Nulltarif bedienen könnte. Was sie nämlich von den anderen erwarten, erwarten diese umgekehrt auch von ihnen. Sie müssen also selbst sozial investieren, wenn sie auf ihre Kosten kommen wollen, und das ist das Entscheidende: *wechselseitig verbindliche* Beziehungen, auf die man sich verlassen kann. »Verbindlichkeit« kann zeitlich begrenzt sein – wie es eheliche Beziehungen ja auch oft sind –, und im Laufe von Kindheit und Jugend können »die anderen«, die Freunde zum Beispiel, wechseln, ohne daß dies der notwendigen sozialen Stabilität im Wege stehen müßte. Die moderne Gesellschaft hat dafür sogar eine Institution erfunden: die Gleichaltrigen-Gruppe, die im Rahmen von Jugendverbänden auch formell organisiert ist. Aber überwiegend sind diese Gruppen informell auf lokaler Ebene zahlreich zu finden, also ohne feste oder gar übergreifende Organisation. Für *subjektiv* nicht als optimal empfundene Familienbeziehungen – und auf diese Sicht kommt es ja hier an – gibt es also auch Kompensationen, die genutzt werden können. Solche Selbsthilfetendenzen werden gemeinhin von Pädagogen und Bildungspolitikern ignoriert oder für inkompetent gehalten, zumal sie, wie der Blick auf die Jugendszene gezeigt hat, auch problematisch werden können. So wissen wir, daß gerade rechtsextreme Gruppen wegen ihres angeblichen Angebots an »Geborgenheit« Zulauf finden oder daß junge Menschen mit einer solchen Erwartung in eine frühe Ehe flüchten, deren Scheitern dann oft schon vorprogrammiert ist, weil Flucht kein hinreichend stabiles Motiv sein kann.

Tatsache bleibt jedoch, daß immer dann, wenn irgendwo in der Gesellschaft eine Krise entsteht, wie z.B. gegenwärtig der Strukturwandel der Familie, die Menschen andere Formen suchen und bis zu einem gewissen Grade auch finden, um ihre für sie bedeutsamen Bedürfnisse und Interessen zu realisieren. Beispiele aus der Gegenwart für andere Zusammenhänge sind etwa Reformbewegungen wie die ökologische Bewegung oder die verschiedenen Selbsthilfegruppen. Diese Fähigkeit zur Kompensation haben auch ältere Kinder und Jugendliche, und sie können im allgemeinen damit auch umgehen, wenn ihnen dabei ermutigend geholfen wird. Jedenfalls nützt es ihnen nicht, wenn man sie in der Öffentlichkeit unentwegt mit Krokodilstränen als Opfer ihrer Verhältnisse bedauert, anstatt ihnen zu zeigen, was *sie selbst* aus diesen Verhältnissen machen können.

Die Notwendigkeit, im Verlaufe des Heranwachsens Individualität und Autonomie zu gewinnen, setzt zwar eine vertrauensvolle sozio-emotionale Geborgenheit voraus, aber diese kann nicht als einseitiges soziales Geschenk erwartet werden, weil sie dann auf die Dauer trügerisch wird. Das gilt auch für die normalen, scheinbar intakten Familien, in denen Kinder sich oft zum sozialen Nulltarif ausbreiten dürfen. Kinder brauchen in der Familie kein »Nest«, sondern je nach altersbedingten Fähigkeiten einen sozialen Handlungsraum, in dem sie von klein an die Erfahrung machen können, daß für das Wohlbefinden der Familie als sozialer Gemeinschaft *alle* Mitglieder verantwortlich sind, – was natürlich die *besondere* Verantwortung der Erwachsenen nicht mindert.

Sie gilt auch im Falle der Scheidung oder Trennung weiter. So wenig es den Kindern nützt, auf Dauer eine Ehe aufrechtzuerhalten, die keine hinreichende Basis für die Partner mehr hat, so bleibt es doch die moralische Pflicht der Eltern, auch nach dem Scheitern ihrer Beziehung den Kindern das verbleibende Maß an Geborgenheit weiter zu gewähren. Die Chancen dafür können durch die nun entstehenden *zwei* Lebenskreise der beiden Eltern sogar noch wachsen. Die Rücksichtslosigkeit, die in Krisenfällen im Umgang mit den Kindern oft festzustellen ist, muß deshalb pädagogisch verurteilt und geächtet werden, weil sie nicht mehr mit emotionaler Verhärtung gegenüber dem Partner, der ja das Feld geräumt hat, zu entschuldigen ist, sondern mit gutem Willen auf der Ebene des sozialen Verhaltens vermieden werden könnte. Eine Scheidung muß also per se die soziale Geborgenheit der Kinder keineswegs auflösen. Auch in solchen Fällen gilt, daß eine als befriedigend erlebte Familie kein Geschenk ist, sondern nur erwachsen kann aus dem sozialen Willen aller Beteiligten. Wenn die Schule den Familien diese Aufgabe abzunehmen versucht, wird sie deren verantwortlichen Umgang mit ihren Kindern nicht fördern. Ihre Aufgabe wäre vielmehr, auf mögliche Kompensationen für unzuverlässige Geborgenheit aufmerksam zu machen und zu diesem Zwecke etwa mit der örtlichen Jugendarbeit zusammenzuwirken.

76

Zerfall der »Pädagogischen Provinz«

Die bisherigen Überlegungen zu den pädagogischen Folgen des gesellschaftlichen Pluralismus scheinen einem wichtigen Prinzip der modernen Pädagogik zu widersprechen, das als bedeutsame Errungenschaft der letzten zweihundert Jahre gilt, daß nämlich die Gesellschaft in dieser Zeit für Kinder und Jugendliche ein »Moratorium« (Erikson) geschaffen hat, eine biographische Zeitphase, in der die Heranwachsenden gerade *freigestellt* sind von den Pflichten (und möglichst auch von den Konflikten und Problemen) der Erwachsenen, damit sie davon unbelastet und in Ruhe ihre Fähigkeiten entwickeln, Lebensplanungen entwerfen, mit Gedanken und Handlungen experimentieren und auf diese Weise zur Reife ihrer Persönlichkeit gelangen können.

Abgesehen von den historischen Hintergründen steckt hinter diesem Konzept eine wichtige anthropologische Erfahrung. Die menschliche Entwicklung vom Kind bis zum Greis zeichnet sich nämlich unter anderem dadurch aus, daß sie mit einer Fülle von Lebensmöglichkeiten beginnt – was das Kind alles interessiert, was aus ihm werden könnte – von denen viele – vielleicht sogar die meisten – irgendwann abgebrochen, nicht weiter verfolgt werden, um statt dessen vor allem denjenigen Fähigkeiten Raum zu geben, die vom sozialen Umfeld auch abgerufen werden, die auch so professionalisiert werden können, daß sich mit ihnen der Lebensunterhalt verdienen läßt. Wir machen im wesentlichen das aus uns, was bei anderen soziale Resonanz findet und uns einigermaßen erfolgreich sein läßt.

Dieser Selektionsprozeß läßt sich positiv und negativ bewerten; positiv, insofern der Preis für die Entfaltung der Persönlichkeit eben auch im Verzicht auf andere Variationen begründet ist. Das Kind entwickelt seine Persönlichkeit durch soziales Handeln, aber indem es dies tut, entfaltet es nicht wie eine Pflanze seine determinierte Form, sondern es wählt aus dem Schatz seiner Möglichkeiten viele davon aus und *verzichtet* dabei folgerichtig auf andere. Sonst wäre Aufwachsen ja nichts weiter als die Entfaltung einer genetisch determinierten Vorgabe. Unbestreitbar spielt diese eine

Rolle, aber sie läßt Spielräume für die Selbstentfaltung, und nur deshalb macht es ja auch Sinn, von Persönlichkeit zu sprechen und sie pädagogisch zu fördern. Der im radikalen Sinne »allseitig gebildete« Mensch wäre in Wahrheit ein lebensuntüchtiger, ein weltfremder. Tatsächlich kann der Mensch seine Individualität nur in dem Maße entfalten, wie er seine ursprünglichen Begabungen und Fähigkeiten in der Auseinandersetzung mit seiner realen sozialen Umwelt, die ihrerseits ja auch nur eine kleine Auswahl aller denkbaren gesellschaftlichen Verhältnisse darstellt, selektieren läßt. »Persönlichkeit« entsteht so gesehen aus einer subjektiv befriedigenden Selektion der jeweiligen inneren wie äußeren Möglichkeiten.

Die *negative* Bewertung dieser Tatsache macht geltend, daß die im Laufe des Lebens abgekoppelten Fähigkeiten nicht nur die einzelne Person verkümmern ließen, sondern auch der Gesellschaft im ganzen fehlten. Aussortiert würden ja z.B. auch bestimmte Tugenden und Verhaltensweisen, die in unserer an Leistung und persönlichem Wettbewerb orientierten Gesellschaft humanisierend wirken könnten, wie Solidarität, Nächstenliebe, Uneigennützigkeit.

Die Trauer über die verlassenen Alternativen wirkt gelegentlich durchaus praktisch. Nicht wenige Ehescheidungen »in der Mitte des Lebens« sind motiviert durch die Vorstellung, mit einem anderen Partner bzw. einer anderen Partnerin noch einmal neu anfangen, den Rest des Lebens jedenfalls noch einmal neu entwerfen zu können. Seit dem Aufkommen der Massenfreizeit ist zudem die Rede davon, daß die Menschen in der nun gewonnenen arbeitsfreien Zeit ihre im Berufsleben brachliegenden Fähigkeiten etwa im Sinne einer wenn auch nur bis zur Amateurreife gedeihenden Wiederentdeckung ihrer Kreativität auf berufsfernen Feldern mobilisieren müßten. Ähnliches versuchen nicht wenige Rentner, indem sie z.B. noch einmal ein Studium aufnehmen, das ihren bisher vernachlässigten Neigungen entspricht, das aber im allgemeinen nicht zu ihrem Lebensunterhalt beiträgt. Wie immer solche Rückbesinnungen zu bewerten sein mögen – Tatsache bleibt, daß jeder Sozialisationsprozeß, auch der geglückte und erfolgreiche, mit Verzicht auf persönliche Möglichkeiten erkauft werden muß.

Um nun für das Kindes- und Jugendalter diesen Prozeß zeitlich zu strecken und die vorhandenen Möglichkeiten der Person nicht zu früh zu beschneiden, erfand die moderne Gesellschaft das erwähnte »Moratorium« bzw. die »Pädagogische Provinz«. Auf ihr beruht unter anderem der Gedanke der »allgemeinen Bildung«: In der »allgemeinbildenden« – im Unterschied zur »berufsbildenden« – Schule bis hin zur Oberstufe des Gymnasiums soll dem Kind und Jugendlichen Zeit dafür gegönnt werden, in der Auseinandersetzung mit den unterschiedlichen Schulfächern seine geistigen Fähigkeiten wie auch seine Schwächen zu entdecken, damit diese Selbsterkenntnis in die weitere Lebensplanung – so für die Wahl einer bestimmten Berufsausbildung oder für ein Studium – berücksichtigt werden kann. Insofern sind »Durchschnittsnoten«, die aus dem statistischen Zusammenrechnen der Zensuren der verschiedenen Fächer resultieren und damit auch eine Rolle bei der Vergabe von Studienplätzen spielen, eine rein administrative Größe, die pädagogisch ziemlich bedeutungslos ist; denn für die weitere Lebensplanung des Schülers ist die »schlechte« Note in einem Fach genauso wichtig wie die »gute« in einem anderen.

Diese Beispiele zeigen, daß die negative Bewertung der Selektion menschlicher Fähigkeiten, wie sie im Prozeß der Persönlichkeitsentwicklung vorgenommen wird, durchaus plausibel ist. Sie drückt eine Art von Trauer aus über den Verlust von Variationen, die auch möglich gewesen wären, – wenn man vielleicht andere Eltern gehabt hätte, in eine andere Kultur hineingeboren worden wäre oder doch ein Studium aufgenommen hätte usw. Aber der Selektionsprozeß selbst ist im Prinzip unausweichlich, er ist der Preis für die Entwicklung einer eigenständigen, unverwechselbaren Persönlichkeit.

Allerdings kann es dafür sozial bedingte Barrieren geben, die kaum zu überwinden sind und den Spielraum für die Selektion ungemein einengen. Im vorigen Jahrhundert und teilweise noch in diesem mußten viele Kinder aus armen Familien früh zum Broterwerb beitragen, ohne eine Schule besuchen zu können, und aus vielen zeitgenössischen Schilderungen wissen wir, wie sehr ihre menschlichen Fähigkeiten dabei verkümmerten, so daß die Durchsetzung der Schulpflicht für sie mit Recht als bedeutender Fortschritt gefeiert wurde. In vielen Entwicklungsländern stehen wir heute vor ähnlichen Problemen.

Je komplizierter und differenzierter eine Gesellschaft nun strukturiert ist, um so unterschiedlicher verlaufen eben auch Sozialisationsprozesse, – je nachdem, in welcher sozialen Schicht, in welcher sozialen Umgebung (Großstadt oder Landgemeinde) und zu welcher historischen Zeit ein Kind aufwächst. Aus solchen Unterschieden haben Pädagogen vor allem im Zuge der 68er-Bewegung auf ungleiche Chancen bei der Entwicklung der Fähigkeiten der Kinder geschlossen und deshalb »kompensatorische Erziehung« schon im Kindergarten gefordert und teilweise auch verwirklicht, um die Startbenachteiligung etwa der Arbeiter- und Landkinder sowie der Mädchen durch entsprechende Bildungsangebote auszugleichen.

Das erwähnte Moratorium für das Kindes- und Jugendalter war also historisch gesehen zunächst ein Privileg der bürgerlichen (männlichen) Jugend und erfaßte erst sehr viel später auch die anderen Jugendlichen. So plausibel es uns aus den genannten Gründen immer noch erscheinen mag, so müssen wir andererseits doch auch seine Aushöhlung unter den Bedingungen der pluralistischen Gesellschaft konstatieren und den Ursachen dafür nachgehen.

1. Die Abschirmung von Kindheit und Jugend in einer Art »pädagogischer Provinz«, wo der »Ernst des Lebens« nur eingeschränkt – z.B. in Gestalt der erwarteten Schulleistungen – gelten sollte, hatte auch Nachteile zur Folge. Einmal nämlich wurde das Kind auf diese Weise aus dem »normalen« Leben der Erwachsenen ausgegliedert und in eine daran gemessen *künstliche* Welt versetzt mit der Folge, daß ihm wichtige Erfahrungen und damit auch bedeutsame Lernmöglichkeiten verschlossen wurden. Von dem, was da verloren ging, bekommt man noch

eine Ahnung, wenn man heute Kinder auf einem Bauernhof aufwachsen sieht. Das Moratorium schützte nicht nur, es infantilisierte auch, zog das Kind- und Jugendlichsein biographisch in die Länge. Zum anderen wurde nun diese künstliche Lebenswelt von Pädagogen besetzt, – zu Hause von den Eltern, außerhalb der Familie unter anderem von den Lehrern. Diese richteten nun die kindliche Provinz nach *ihren* Regeln ein, die sie für die Aufgabe der Erziehung und Bildung zu benötigen glaubten; denn der wesentliche Sinn der Kindheit bestand nun darin, sich nach pädagogischen Maßstäben erziehen und unterrichten, also in diesem Sinne führen zu lassen. Damit war nun noch einmal eine enorme Reduktion der Lern- und Erfahrungsmöglichkeiten verbunden. Alle bisherigen pädagogischen Reformversuche haben diesen Widerspruch von Schule und Leben nur mildern, aber nicht beseitigen können. Er wurde um so größer, je mehr die Pädagogen versuchten, Erfahrungen, die die Kinder außerhalb der »Provinz« machten, zu verhindern oder zu diskreditieren. So wurden auch die modernen Massenmedien, vom Stummfilm angefangen, pädagogisch verdächtigt, eben weil man sie nicht verhindern bzw. ihre Wirkungen nicht kontrollieren konnte.

2. Die Geschäftsgrundlage für die »Provinz« war aber gerade, daß sie so hinreichend von äußeren Einflüssen abzuschirmen war, daß die pädagogische Kontrolle wenn nicht ausschließlich, so doch wenigstens dominant das Leben der Kinder bestimmte. Davon kann aber inzwischen keine Rede mehr sein. Die Kinder leben längst nicht mehr ausgegliedert aus der Gesellschaft, sondern – abgesehen von der Arbeitswelt – mitten in ihr. Die elektronischen Medien erreichen sie weitgehend ungehindert, und im Konsumbereich sind sie mit den Erwachsenen nahezu gleichrangige Kunden geworden. Die Kindheit ist »verschwunden«, wie N. Postman schon vor Jahren festgestellt hat. Die Grenzen zwischen Erwachsenenstatus und Jugendlichsein sind fast aufgehoben, die zur älteren Kindheit verschwimmen immer mehr. In dieser Situation ist auch die Schutzfunktion der »Provinz« weitgehend verschwunden, und übrig geblieben ist das künstliche pädagogische Arran-

gement. Das Moratorium des Jugendalters ist weitgehend zu seiner Infantilisierung verkommen.

Ein aktuelles Beispiel dafür ist die Diskussion darüber, ob das Gymnasium von dreizehn Schuljahren auf zwölf reduziert werden soll. Neben einer Reihe von administrativen Aspekten – Angleichung an europäische Regelungen; Kosteneinsparung durch Verminderung der benötigten Lehrer – ist die pädagogische Kernfrage, ob die Schüler das dreizehnte Schuljahr heute wirklich noch benötigen, um ihre Fähigkeiten wie erwähnt entfalten zu können. Eine Antwort fällt deshalb nicht leicht, weil der beschriebene Individualisierungsprozeß unterschiedliche Lerntempi zur Folge hat. Einige Schüler nutzen diese Zeit recht intensiv zu diesem Zweck, die meisten aber fühlen sich offensichtlich infantilisiert, nicht mehr ernst genommen in ihrem Pennälerstatus und der Schule überdrüssig, zumal sie ja in der Regel auch schon volljährig sind. Die erstgenannten Schüler würden vermutlich dieses Jahr ebenso produktiv bereits an der Universität oder in einer anderen Berufsausbildung verbringen, und die letzteren drohen zu vergammeln, wenn sie nicht endlich an ernsthafte Aufgaben geraten, die sie der Schule nicht mehr zutrauen.

3. Eine weitere Voraussetzung der Idee der »Provinz« war, daß die Entwicklung der kindlichen Fähigkeiten im wesentlichen aus einem inneren Reifungsprozeß hervorgehe, der zwar auf Anregungen von außen angewiesen bleibe, dessen Tempo und Richtung aber dadurch nicht wesentlich beeinflußt werden könne; versuche man dies trotzdem, so wird oft behauptet, wäre die Folge eine Unterdrückung der kindlichen Möglichkeiten und nicht deren Förderung.

Nun lehrt uns zwar die Lebenserfahrung, daß die einen Schüler langsamer sind als andere, die weitaus fixer vorankommen, auch wenn sie dabei nicht immer die gründlicheren sind. Die Schüler verfügen aufgrund ihres verschiedenen Charakters und Temperaments in der Tat über unterschiedliche Lerntempi, und die Schule muß dies beachten, wenn es ihr um die Förderung der kindlichen Fähigkeiten geht. Das heißt jedoch nicht, daß deren Entfaltung im wesentlichen einem inneren, genetisch bedingten Programm folgt. Hinzunehmen müssen wir vielmehr die Bedeutung der sachbezogenen *Herausforderungen* für die kindliche Entwicklung, die der Unterricht stellen muß. Und da legen gerade die Erfahrungen in der Orientierungsstufe die Vermutung nahe, daß sich erst in der *Auseinandersetzung* mit den schulischen Anforderungen so etwas wie ein geistiges Programm, um nicht zu sagen: eine geistige Struktur im Kind entwickeln kann. Übertrieben gesagt: Das »Programm« ist nicht immer schon unsichtbar im Kind vorhanden, sondern *entsteht* erst durch den Unterricht, – gemacht letzten Endes vom Kind selbst. Wenn die Schule jedoch zu lange auf Signale dessen wartet, was sie an geistiger Potenz im Kind vermutet – wie es nicht selten in der Orientierungsstufe geschieht –, dann sind Langeweile, Frustration und Aggression die Folge, – jedenfalls das Gefühl, die Zeit zu vergeuden.

Zudem ist die Frage, ob, was vielfach als inneres Programm vermutet wird, das eines zeitlichen Moratoriums zu seiner Entfaltung bedürfe, nicht tatsächlich eine historisch veränderbare Größe ist. Können wir annehmen, daß ein Bürgersohn vor hundert Jahren dieselbe geistige Disposition hatte, wie sie heute ein Arbeiterkind hat, das aufs Gymnasium geht, und daß deshalb beide gleichermaßen ein Moratorium brauchen, um ihre Fähigkeiten entwickeln zu können? Haben die pluralistische Sozialisation, die es damals ebensowenig gab wie die Notwendigkeit der Individualisierung im Durchgang durch die Optionen, da nicht neue Voraussetzungen geschaffen? Damals saß der bürgerliche Sohn brav zu Hause und gehorchte in den wesentlichen Fragen seines Lebens seinen Eltern – teils aus Überzeugung, teils weil ihm schon aus ökonomischen Gründen nichts anderes übrig blieb; heute bringt er seine wechselnden Freundinnen mit und fordert in der elterlichen Wohnung seine persönlichen Ansprüche ein. Damals war er fast drei Jahre später biologisch zeugungsfähig. Das Moratorium war nur so lange eine historische Errungenschaft, wie Kindheit und Jugend *im ganzen* und nicht nur im Hinblick auf die Schule aus dem Erwachsenenleben ausgegliedert blieb. Treten die einzelnen Lebensbereiche jedoch auseinander, wird im einen Bereich – etwa im Hinblick auf Freizeitautonomie und Sexualität – der Erwachsenenstatus zugestanden, in anderen – so in der Schule – jedoch nicht, dann setzt hier notwendigerweise eine Infantilisierung ein, weil die Kinder bzw. Heranwachsenden nicht mehr um ihretwillen in der Provinz des Moratoriums festgehalten werden, sondern weil sie auf diese Weise denen von Nutzen sind, die von ihnen leben, nämlich den Pädagogen und Therapeuten; denn die Ausgliederung des Kindes- und Jugendalters aus dem Erwachsenenleben in Gestalt einer pädagogischen Provinz oder eines Moratoriums wurde zur gesellschaftlichen Voraussetzung für die Etablierung der modernen pädagogischen Berufe. Entfällt diese Voraussetzung, geraten diese Berufe notwendigerweise in eine Orientierungskrise. Deshalb kann es nicht verwundern, wenn sie sich allen entsprechenden bildungspolitischen Veränderungen – wie der Streichung des dreizehnten Schuljahres – in der Regel widersetzen.

Das Moratorium, die »pädagogische Provinz«, lebte also von der Voraussetzung, daß Erziehung und Sozialisation nicht allzusehr auseinanderdrifteten. Selbst im entferntesten Dorf unseres Landes ist dies aber in den letzten Jahrzehnten unverkennbar im Rahmen der pluralistischen Sozialisation eingetreten.

4. Nun wird häufig geltend gemacht, daß die geschichtliche Entwicklung eher umgekehrt verlaufen sei: Die Schulzeit für alle Kinder sowie die Studienzeiten hätten sich schließlich immer mehr verlängert und somit habe sich die Jugendphase doch immer mehr ausgedehnt. Diese Beobachtung ist gewiß zutreffend, aber wie muß sie in unserem Zusammenhang verstanden werden? Im Gegensatz dazu genießen nämlich andererseits im Unterschied noch zu den 50er Jahren schon Lehrlinge und erst recht Studenten inzwischen nahezu alle Privilegien des Erwachsenseins. Sogar die ökonomische Abhängigkeit von den Eltern ist entscheidend gemildert worden. Das Grundrecht auf freie Berufswahl z.B. und damit das Recht, die Art der Berufsausbildung (einschließlich Studium) zu bestimmen, gilt auch für Minderjährige und auch gegen den Widerstand der Eltern, die vielleicht eine andere Karriere im Auge haben, und die Eltern haben die einklagbare Pflicht, für die Ausbildungsentscheidung ihrer Kinder Unterhalt zu leisten.

Früher war der Vater nur für eine solche Ausbildung zur Unterstützung verpflichtet, die er selbst auch genossen hatte; ein Studium mußte er nur finanzieren, wenn er selbst ebenfalls studiert hatte. Sind die Eltern nicht in der Lage, die gewünschte Ausbildung zu bezahlen, tritt die öffentliche Hand dafür ein (BAföG). Nicht wenige Studentenpaare planen heute bereits *während* ihres Studiums ihre Familie, indem sie Kinder zur Welt bringen, damit diese *nach* dem Studium bereits »aus dem Gröbsten raus sind« und der Berufseintritt ihrer Eltern durch sie möglichst nicht behindert wird. Der Soziologe Karl Otto Hondrich spricht von einer »stillen Revolution« an den Universitäten; neben den »Nur-Studenten« gebe es immer mehr »Auch-Studierende«. »Erstere gibt es zwar noch, aber als Sozialtypus sterben sie aus wie die Bauern oder Arbeiter. Heute gehören zwei von drei Studierenden dem neuen Typus an. Ihr Lebensmittelpunkt ist nicht mehr die Universität, sondern der Arbeitsplatz, die Familie, die Selbsthilfegruppe, die Reise.« (Der Spiegel, H. 6/94). Aus derlei Hinweisen ergibt sich, daß die Verlängerung der Ausbildungszeiten faktisch nicht auch eine Verlängerung der pädagogischen Provinz bedeuten muß.

Die Ausdehnung der Jugendphase, wie wir sie heute kennen, ist keine unabänderliche Tatsache. Vielmehr wurde auf diese Weise nur die überlieferte soziale Konstruktion unseres Lebens fortgeschrieben, wie sie sich mit dem Aufkommen der modernen Industriegesellschaft herausgebildet hat: Unsere Kindheit und Jugendzeit verbringen wir in Schule und Hochschule oder in der Berufsausbildung, in unseren mittleren Lebensjahren nehmen wir am Berufsleben teil, um es im Alter wieder zu verlassen. Die Zeit der Berufstätigkeit ist inzwischen von den beiden Enden her in die Zange genommen und verkürzt worden, was von Politikern gelegentlich im Hinblick auf die Produktivität unserer Wirtschaft beklagt wird. Die verlängerte Ausbildungs- und Studienzeit entfremdet in der Tat die junge Generation zunehmend von den realen Anforderungen des Berufslebens, weshalb der Ruf nach »Praxisorientierung« der Ausbildung bis in die Universität ertönt und deren spezifischen Sinn zu gefährden droht, sich nämlich mit dem Allgemeinen und Prinzipiellen und mit den Methoden der wissenschaftlichen Erkenntnisgewinnung zu befassen, woraus dann berufliche Spezialisierungen »vor Ort«, nämlich am Arbeitsplatz selbst, erwachsen können. Der Ruf nach Praxisorientierung erfolgt nicht nur von Seiten derer, die die Absolventen dann auch einsetzen sollen – z.B. der Industrie –, sondern auch von den jungen Leuten selbst, die, der schulischen Instruktion überdrüssig, endlich durch handfeste und ernsthafte Aufgaben herausgefordert werden wollen.

Aber diese dreiteilige Konstruktion unseres Lebenslaufes ist kein Naturgesetz, dem man sich unterwerfen müßte. Schon vor vielen Jahren hat R. Dahrendorf (1980) darauf hingewiesen, daß sich Ausbildungs- und Erwerbsphase miteinander verschränken ließen, so daß Phasen der Erwerbstätigkeit mit Phasen der Aus- bzw. Weiterbildung sich abwechseln. Für junge Leute hieße das, daß sie nach einer möglichst kurzen Erstausbildung bereits ins Berufsleben eintreten, dort einige Jahre Erfahrungen sammeln und danach wieder für einige Zeit in eine Fach- oder Hochschule gehen. Unsere Universitäten wären dann eher von den Dreißig- bis Vierzigjährigen bevölkert als von den Fünfundzwanzig- bis Dreißigjährigen. Die im Vergleich zu früheren Zeiten verlängerten Ausbildungs- und Schulzeiten sind also kein Beweis dafür, daß auch die Ausgliederung des Kindes und Jugendlichen aus der Gesellschaft, ihr Verbleiben in einer pädagogischen Provinz, verlängert werden müßten. Im Gegenteil ist die Jugendphase heute gekennzeichnet durch eigentümliche Widersprüche zwischen dem längst erreichten und auch eingeforderten Erwachsenenstatus auf der einen Seite und den Resten des ehemaligen Moratoriums auf der anderen Seite; diese kommen insbesondere darin zum Ausdruck, daß in Schulen und Hochschulen versucht wird, die Leistungsanforderungen entweder herabzusetzen oder mit einem teilweise immensen didaktisch-methodischen Aufwand zu minimieren. Dieser Widerspruch bringt junge Leute in die Versuchung, *Forderungen* dort zu stellen, wo sie ihnen von Nutzen sind oder zumindest Annehmlichkeiten verschaffen, aber *Anforderungen* oder *Pflichten* zurückzuweisen, wo sie ihren Ansprüchen widersprechen: Sie werden in den pädagogischen Institutionen – z.B. in den Familien und Schulen – erwachsen und noch nicht erwachsen zugleich behandelt. Daraus entsteht nicht selten ein Ver-

hältnis der wechselseitigen Ausbeutung: Die Eltern und Berufspädagogen beziehen ihre Identität weitgehend aus der Infantilisierung des Nachwuchses, und dieser lebt ganz gut davon, daß ihm
auf diese Weise wichtige Pflichten des Erwachsenenstatus vorenthalten werden.

5. Die überlieferte Idee des Moratoriums war keineswegs lei-
stungs- und pflichtenfrei gedacht. In dieser biographischen Phase
sollte der Nachwuchs nicht verwöhnt werden und keine sorgen-
freie Konsumexistenz führen, sondern sie z.B. durch relativ
strenge Leistungsnachweise in den Schulen auch als Bildungszeit
nutzen. Dementsprechend galten die jungen Leute als in jeder
Hinsicht abhängig und einer strengen Sozialkontrolle unterworfen, und ihr Spielraum für Selbstbestimmung war relativ gering.
Dies sollten sie auch merken, damit sie von sich aus bestrebt waren, diesen Status durch gute Schulleistungen möglichst bald aufzuheben, *endlich* erwachsen und so auch sozial anerkannt zu werden. Das Moratorium war kein Zuckerlecken, es kannte durchaus
eine eigentümliche, wenn auch begrenzte Verantwortlichkeit. Davon kann heute in sehr vielen Fällen kaum noch die Rede sein.
Vielmehr ist weitgehend aus dem Blick geraten, daß das Moratorium einmal einen pädagogischen Sinn hatte und keineswegs einem pflichten- und verantwortungsfreien Prinzenleben dienen
sollte.

Was also kann vernünftigerweise bleiben von der Idee des Moratoriums? Kinder brauchen es oft recht lange, um sich im Gestrüpp
der Optionen zurechtzufinden und in Auseinandersetzung damit
ihre Lebensplanung zu entwickeln; insofern erscheint die Idee der
»pädagogischen Provinz« nach wie vor plausibel. Wenn wir aber
weiterhin das Moratorium als eigentümliche Lebenszeit organisieren, die sich als Vorstufe des Erwachsenseins darstellt, helfen
wir nicht bei diesen persönlichen Entscheidungsprozessen, sondern animieren eher dazu, diese Entscheidungen immer weiter
aufzuschieben. Die pädagogisch richtige Maßgabe wäre wohl, das
Moratorium aus der Koppelung mit dem Jugendalter zu lösen und
einzusehen, daß auch Erwachsene es gelegentlich z.B. für Um-

schulungen und neue Studien brauchen. Dann käme es darauf an, das Bildungswesen so flexibel zu organisieren, daß es bis ins hohe Erwachsenenalter hinein dazu taugt, frühere Schul- oder Berufs- entscheidungen zu korrigieren bzw. zu ergänzen. Angebracht wäre also, jungen Menschen früher als bisher Verantwortung zuzumu- ten und sie nicht länger als für den pädagogischen Zweck unbe- dingt erforderlich in Bildungsstätten festzuhalten, sondern ihnen die Chance zu geben, im Laufe ihres Lebens immer wieder zeit- weise dorthin zurückkehren zu können.

Zusammenfassend läßt sich also sagen, daß unsere Kinder in einer Gesellschaft aufwachsen, die nicht nur im politischen Sinne plu- ralistisch ist, insofern sie aus Teilmengen besteht, die sich vonein- ander hinsichtlich der Konfession, der Weltanschauung und der politisch-ökonomischen Interessen unterscheiden. Pluralistisch sind vielmehr dementsprechend auch die Normen und Werte, die den Kindern und Jugendlichen entgegentreten und die gleichsam im Wettbewerb miteinander um Zustimmung und Übernahme werben. In diesem komplizierten Zusammenhang müssen die Heranwachsenden einmal ihre Fähigkeiten, andererseits aber auch eine je individuelle Lebensplanung und Wertorientierung entwickeln, um einen sie befriedigenden Platz in der Gesell- schaft – z.B. im Beruf – finden zu können. Dies ist nur möglich, wenn sie sich mit entsprechenden Anforderungen auseinanderset- zen können, die geeignet sind, ihre Fähigkeiten herauszufordern. In diesem Individualisierungsprozeß müssen relativ früh Verant- wortlichkeit, Selbstbewußtsein und Selbständigkeit Zug um Zug erworben werden, weil niemand sonst diese Qualifikationen an ihrer Stelle übernehmen kann. Die pädagogischen Instanzen ver- mögen nur noch helfend, unterstützend, ermutigend und kritisie- rend in diesen biographischen Prozeß einzugreifen, aber sie kön- nen ihn nicht mehr im ganzen verantworten, weil sie ihn nicht mehr in toto kontrollieren können. Alle darauf zielenden Pädago- gisierungen, wie sie früher begründet waren in der Idee der pädagogischen Provinz bzw. des Moratoriums, behindern diesen Prozeß und führen zur regressiven Infantilisierung, verzögern eine Selbstverantwortung, die an und für sich schon möglich wäre.

Unter den geschilderten Bedingungen des Aufwachsens im Rahmen der pluralistischen Sozialisation und ihrer Optionen muß also die Phase des Moratoriums einerseits verkürzt, auf die Jahre der Kindheit beschränkt, andererseits aber auch in dieser Altersphase bereits Zug um Zug je nach den geistigen und seelischen Kräften des Kindes aufgelöst werden; sonst kann es die notwendige Autonomie nicht gewinnen. Eine wichtige Voraussetzung für ein Gelingen dieser schwierigen biographischen Aufgabe ist allerdings nach wie vor eine gesicherte und stabile Basissozialität, wie sie in erster Linie – aber keineswegs ausschließlich – in der Familie fundiert zu werden vermag.

4. Pädagogische Probleme

Es liegt auf der Hand, daß das Aufwachsen unter den geschilderten Bedingungen gesellschaftlicher Pluralität ein sehr komplizierter und ständig vom Scheitern bedrohter Prozeß ist. Der Pluralismus produziert gleichsam *strukturelle Probleme des Aufwachsens*, also solche, die in seinen Widersprüchen grundsätzlich angelegt und insofern nicht auf persönliche Fehler von Erziehern oder der betroffenen Kinder zurückzuführen sind. Natürlich kommen derartige Fehler immer wieder hinzu und verschärfen die strukturellen Probleme, aber man muß die einen von den anderen unterscheiden, weil das pädagogische Handeln persönlich bedingte Fehler wenn schon nicht immer vermeiden, so doch in Grenzen halten, die strukturell bedingten Krisen jedoch nicht außer Kraft setzen kann.

Einige der mir besonders wichtig erscheinenden strukturellen Probleme beschreibe ich im folgenden aus der Sicht ihrer Veränderung, also durch Vergleiche damit, wie es im allgemeinen *früher* war. Damit ist selbstverständlich keine Nostalgie, keine Sehnsucht nach der Wiederherstellung früherer Verhältnisse verbunden; einmal wäre dies ganz unrealistisch, und zum anderen wäre im einzelnen genau zu prüfen, wieso und für wen es früher wirklich besser gewesen ist. Aber indem *Veränderungen* in den Blick treten, lassen sich *gegenwärtige* Verhältnisse besser verstehen.

Kurzfristige Lebensplanung

Die mit Pluralisierung und Individualisierung verbundenen Wahlmöglichkeiten z.B. im Hinblick auf Ausbildungs- und Berufsalternativen haben die früher langfristig angelegte Lebensplanung zu einem unklaren Zeithorizont verschwimmen lassen, dessen einzelne Stufen immer wieder neu zur Debatte stehen. Früher war die Biographie von Kindheit an durch gleichsam ritualisierte Stufen fixiert, die den Lebensweg als von einem zum nächsten Punkte fortschreitend erfahren ließen: Schuleintritt, Konfirmation/Kommunion, Schulabgang, Berufsausbildung bzw. Studium, Erreichen der Volljährigkeit, Abschluß der Berufsausbildung bzw. des Studiums, Beginn der Berufstätigkeit, Heirat und Familiengründung. Den einmal gewählten Beruf übte man im allgemeinen bis zur Pensionierung aus. An den mit den zeitlichen Einschnitten verbundenen Ereignissen nahmen die Verwandten und Freunde regen Anteil, und sie wurden entsprechend gemeinsam gefeiert. An dieser Anteilnahme konnte der Heranwachsende einerseits sein Leben als ein sinnvolles Fortschreiten erfahren, andererseits als sozial begleitet von denen, die ihm nahestanden, also als persönliche Entwicklung im Kontext sozialer Geborgenheit. Interessanterweise hat das Bedürfnis, solche Einschnitte zu feiern, in letzter Zeit wieder zugenommen unter jungen Leuten, nachdem die 68er es als den Klassenkampf nur verschleiernden kleinbürgerlichen Firlefanz abgetan hatten.

Das Problem besteht im wesentlichen darin, daß jede dieser Stationen von Alternativen umgeben ist, zwischen denen man sich entscheiden muß. In welche Schule soll das Kind gehen? Welche Berufsausbildung oder welches Studium bietet eine erfolgversprechende Perspektive und sollte deshalb angestrebt werden? Wann soll eine Heirat bzw. die Gründung einer Familie ins Auge gefaßt werden, und warum soll überhaupt noch geheiratet werden, wo doch Partnerschaften ohne Eheschließung längst gesellschaftsfähig geworden sind und auch sexuelle Bedürfnisse außerhalb einer Ehe angenehmer weil pflichtenfreier befriedigt werden können? Woher soll man wissen, welcher Partner für eine stabile Beziehung taugt, in der auch Kinder eine sozio-emotionale Heimat finden können? Die permanente Möglichkeit zur Option hat den Charakter eines Zwanges, der zur Entscheidung drängt; aber vielleicht wäre das, wofür man sich *nicht* entschieden hat, die bessere Lösung gewesen? So führt die Optionslage zu einer latenten Stimmung der Unzufriedenheit, vor allem aber verdunkelt sie die ehemals klaren Perspektiven für ein befriedigendes Leben. Für viele schrumpft die Zeitperspektive auf Naheliegendes zusammen: Erst dieses und jenes erledigen – z.B. das Abitur bestehen – dann wird man weitersehen; denn dann werden sich neue Optionen ergeben.

Pädagogisch gesehen bedeutet diese Verunklarung der biographischen Perspektive, daß das kindliche und jugendliche Leben mit einer permanenten *Zukunftsunsicherheit* verbunden ist, und diese ist eben nicht mehr durch erzieherische Ansprüche kompensierbar, die sich auf die Sicherung der Zukunft des Nachwuchses berufen; denn kein Erwachsener kann sie mehr garantieren. Vielleicht liegt es am objektiven Entschwinden der erzieherischen Zukunftskompetenz, daß viele Eltern sich auf die Schulleistungen und vor allem auf die Schullaufbahn ihrer Kinder werfen, um damit wenigstens noch einen Rest von Einwirkung auf deren spätere Lebenschancen ins Spiel bringen zu können. Der höchstmögliche Bildungsabschluß (mindestens Abitur) scheint ihnen die einzig noch verbliebene Möglichkeit zu sein, etwas für die Zukunft ihrer Kinder zu tun, und diesen wird durch eine derart einfache Strategie scheinbar die Last der Optionen genommen.

Das Problem der verkürzten Zeitperspektiven resultiert also nicht in erster Linie daraus, wie oft zu lesen und zu hören ist, daß Arbeitslosigkeit drohen kann; selbst bei Vollbeschäftigung wäre vielmehr das Problem der Optionen nicht gemindert, sondern eher noch verschärft, weil dann die Qual der Wahl erst recht drängend würde. Damit ist natürlich nicht gesagt, daß Arbeitslosigkeit wünschenswert wäre. Es geht hier nur um die Klarheit der *pädagogischen* Problemanalyse, und diese muß sich mit der durch die Optionen verunsicherten Zukunftsorientierung überhaupt befassen. Wenn Arbeitslosigkeit in Aussicht steht, gibt es nur andere Optionen, als wenn Vollbeschäftigung herrscht.

Dieses Problem können die Pädagogen weder im allgemeinen noch im Hinblick auf einen einzelnen Jugendlichen aus der Welt schaffen, aber sie können nicht nur durch Rat und Ermutigung, sondern auch durch eine *sinnlich erfahrbare Begleitung* des kindlichen Lebensweges helfen, indem z.B. die einzelnen Stationen, die jeweils erreicht wurden, entsprechend gefeiert und so aus dem üblichen Alltag herausgehoben werden. Auch wenn die langfristigen Perspektiven verschwommen sind, muß das Kind die einzelnen Wegmarken als ein Vorwärtskommen erleben können, verbunden mit der positiven Perspektive auf den nächsten Schritt – mag dieser auch vielleicht noch offen sein. Die kurzfristige Lebens- und Zeitperspektive bedarf nicht minder der auch sinnlich erfahrbaren Aufmerksamkeit durch Nahestehende als die längerfristige; diese machen sich allerdings weiterhin nicht wenige Jugendliche zu eigen, und wahrscheinlich brauchen sie dann eine animierende Vorstellung über ihr künftiges Leben, um sich in der Gegenwart besser orientieren zu können. Deshalb sollte ihre auf die Zukunft ausgreifende Phantasie keineswegs abgewürgt, sondern ermutigt werden, auch wenn sie auf den ersten Blick unrealistisch sein sollte; denn das sich erst entfaltende Leben bedarf solcher utopischen Entwürfe, und wo sie nicht auftauchen, ist dies vielleicht ein Zeichen für mangelnden Lebensmut und unterentwickeltes Selbstvertrauen. Dabei dürfen allerdings die naheliegenden Aufgaben, die die Realität stellt, nicht übersehen, nicht weggeträumt werden. Zum Optimismus gibt es durchaus auch Anlaß; denn die kurzfristige Lebensplanung mit immer wieder neuen Optionen erhöht ja auch die Zahl möglicher *persönlicher* Entscheidungen. Daran gemessen kann jene ältere Form der schon vom Elternhaus langfristig festgelegten Berufs- und Familienperspektive auch langweilig und entmutigend sein, – wie ja nicht wenige literarische Zeugnisse aus früheren Zeiten belegen.

Milieu und Identität

Die Last der Entscheidungen, die aus den Optionen erwachsen, kann, wie schon betont wurde, nur unter der Voraussetzung einer zuverlässigen und vertrauensvollen Sozialität ertragen werden, in der sich die Heranwachsenden akzeptiert und geborgen wissen. Dazu zählt in erster Linie die Familie, aber auch die erwähnte Gleichaltrigen-Szene. Keiner der dafür in Frage kommenden sozialen Kontexte ist aber mehr naturwüchsig gegeben und vorhanden. Vielmehr muß über sie *verhandelt* werden, was zusätzliche menschliche, nämlich sozio-emotionale Anstrengung kostet. Es geht dabei nicht nur um *Gefühle* der sozialen Akzeptanz, sondern auch um die *aktive Beteiligung* an den Entscheidungsfindungen in Form sozialer Rückmeldungen: Das hast du richtig und gut gemacht! Oder: Das solltest du dir aus diesen und jenen Gründen noch einmal überlegen! Ohne solche Rückmeldungen von Menschen, an deren Urteil uns in besonderem Maße gelegen ist, würde der Maßstab für den Umgang mit den Optionen in die eigene Innerlichkeit rutschen. Aber diese ist höchst unzuverlässig, weil sie ständig von widersprüchlichen und diffusen Gefühlen überschwemmt wird.

In dem Maße nun, wie die Basisgemeinschaften brüchig geworden sind, haben sich inzwischen professionelle Beratungsstellen für alle möglichen Lebensprobleme etabliert. Was früher im Verwandten- und Freundeskreis oder auch beim Pfarrer erörtert und beschlossen wurde, verlagerte sich auf bezahlte Psychologen und Berater. So sachkundig deren Ratschläge und Interventionen auch sein mögen, so basiert ihre menschliche Beziehung zur Klientel doch notwendigerweise auf einer eigentümlichen beruflichen Distanz, die jener Verbindlichkeit entbehren muß, die die Verwandtschaft und die Freundschaftsbeziehung auszeichnen. Professionelle Beratung kann wegen der damit notwendig verbundenen sozialen und emotionalen Distanz zuverlässige und verbindliche Basisbeziehungen nicht ersetzen, allenfalls als notwendig erkennen lassen. Aus dem Brüchigwerden der fundamentalen Basisbeziehungen, vor allem in der Familie, folgt generell ein gewisses Maß an Unsicherheit und psychischer Instabilität im Verlaufe des Erwachsenwerdens.

Dies gilt um so mehr, als das Zwischenglied der *traditionellen Milieus* heute weitgehend verschwunden ist, so daß der Heranwachsende der Gesamtgesellschaft nun weitgehend *unmittelbar* gegenübersteht; die aber hilft ihm wenig bei seinen Entscheidungen über die vorhandenen Optionen.

Diese kulturellen Milieus, dem der einzelne in der Regel angehörte – vor allem das katholische, das protestantische (mit seinen Variationen), das bildungsbürgerliche und das sozialistische –, gewährten den Familien und damit auch den jungen Leuten selbst einen kollektiven Bezugsrahmen für wichtige Lebensentscheidungen. Das galt sogar vielfach dann, wenn ein Jugendlicher sich von ihm emanzipieren, als junger Katholik etwa Kommunist wer-

den wollte oder umgekehrt. Heute dagegen tritt die gesellschaftliche Realität in ihrer ganzen Fülle und Optionsbreite zumindest
auf dem Weg über die Medien ungefiltert dem Heranwachsenden
gegenüber und kann ihm insofern als fremd und bedrohlich erscheinen. Es gibt also im allgemeinen jene Vorauswahl an Optionen nicht mehr, wie sie etwa das Bildungsbürgertum im Hinblick
auf das, was als Kultur zu gelten hatte, traf. Noch deutlicher wird
dies bei den konfessionellen Milieus mit ihren Vorentscheidungen
in wichtigen moralischen Alltagsfragen. Das Milieu war eine so-
zio-kulturelle Lebensform, die auch die Familie einbezog und ihr
einen übergeordneten kollektiven Rahmen gab, in dem auch
pädagogische Entscheidungen und Handlungen mit entsprechenden Vorgaben versehen waren und die manchmal sogar für die
Korrektur von gravierenden Fehlern sorgen konnten. Natürlich
hatte dieses Angebot an relativer Geborgenheit auch seinen Preis;
wer sich nicht an die Regeln hielt, wurde leicht ausgegrenzt, und
überdies war die Sozialkontrolle relativ eng und damit die Entscheidungsfähigkeit des einzelnen, also seine Optionsbreite, begrenzt.

Abgesehen davon aber war das Milieu hilfreich bei der Suche nach
Identität. Ich gebrauche diesen Begriff hier nicht im Sinne irgendeiner wissenschaftlichen Identitätstheorie, sondern um-
gangssprachlich. Es geht um die subjektiv befriedigende Antwort
auf einige fundamentale Lebensfragen: Wer bin ich? Was kann
ich? Wozu bin ich da? Diese Fragen muß der Mensch sich im
Laufe seines Lebens immer wieder einmal stellen und je nach seinem weiter entwickelten Selbstverständnis neu beantworten, und
er muß dies so tun können, daß sein Lebenslauf dabei für ihn einen inneren Zusammenhang bekommt, der ihn trotz aller widersprüchlicher Erfahrungen als unverwechselbare Person über die
Zeit hinweg akzeptierbar macht. Aber im Jugendalter ist die Identitätsfindung immer schon ein besonderes Problem gewesen, weil
einmal in dieser Zeit die Unverwechselbarkeit der Person zum ersten Mal im Angesicht des Erwachsenenstatus gefunden werden
muß und weil andererseits die dafür notwendigen Erfahrungen
noch weitgehend fehlen. In traditionellen Gesellschaften jedoch,

wo die Bindungen des Milieus noch gültig waren, war dieser Prozeß für diejenigen, die daraus nicht ausbrechen wollten – und das waren die meisten –, dadurch entlastet, daß das Milieu für richtiges Handeln und Verhalten »Bilder« bereithielt wie den »guten« Katholiken, Protestanten usw. Wer sich mit diesen Bildern zu identifizieren vermochte, konnte den individuellen Optionsanteil gering halten. Im Rahmen der pluralistischen Sozialisation und ihrer Wahlmöglichkeiten jedoch kann die Beantwortung der Identitätsfragen nur vergleichsweise mühsam durch ständige Abgrenzungen in den alltäglichen Auseindersetzungen erfolgen, also durch die immer wiederholte Bearbeitung der Gegenfragen: Wer bin ich *nicht*? Was kann ich *nicht*? Wozu bin ich *nicht* da? Also: Ich bin zwar Katholik, aber dennoch nicht grundsätzlich gegen Abtreibung. Oder: Ich kann in der Schule Fremdsprachen verhältnismäßig gut lernen, Mathematik aber nicht. Oder: Ich will dazu da sein, anderen Menschen beruflich zu helfen, aber nicht dazu, deswegen einen unterprivilegierten Beruf zu ergreifen. Die Beispiele ließen sich mühelos vermehren, und immer geht es darum, in Auseinandersetzung mit sich und der Umwelt, auch mit den Personen, die einem wie die Eltern nahestehen, zwischen Identifikation und Abgrenzung zu wechseln.

Das gilt auch für die Festlegung sozialer Zugehörigkeiten. Schon das kleine Kind muß wissen, daß *seine* Familie etwas anderes ist als die seines kleinen Freundes aus der Nachbarschaft. Gelingt diese Unterscheidung nicht, ist soziale Desorientierung die Folge. Jede Sozialität lebt davon, daß sie mit anderen nicht identisch ist, Vertrauen und Fremdheit bedingen einander. Jeder Mensch braucht ein sozial abgestuftes Lebensfeld auf einer Skala von Nähe und Distanz, niemand kann einfach abstrakt als Weltbürger leben. Da auch dafür die sozialen Vorgaben gering sind, muß jeder Jugendliche sich im Rahmen der Identitätsfindung *sein* soziales Bezugsfeld schaffen, das ihm die für seine Identitätsbildung notwendige Rückmeldung anzubieten vermag.

Ähnlich wie bei der Zeitperspektive in der Regel die großen, weit in die Zukunft tragenden Ausblicke geschwunden sind, ist auch die Identitätsbildung heute im allgemeinen nur schrittweise möglich. Die groß ausgelegte Identifikation mit einem beeindruckenden Vorbild gehört im wesentlichen der Vergangenheit an, selbst die Eltern, mögen sie noch so bewundert werden, können nur noch einen Teil der kindlichen und jugendlichen Lebensperspektive abdecken, und eine allzu massive Identifikation mit ihnen oder anderen Vorbildern kann leicht zu Weltfremdheit führen. Aus der weitgehend widerspruchsfreien Identitätsfigur ist ein Patchwork von mehreren Figuren geworden, die, jeweils neu kombiniert, teilweise aus den Massenmedien entliehen, teils aus der unmittelbaren Umgebung genommen werden und *einzelne Aspekte der Lebensperspektive* verkörpern können: als Vorbilder für einen Beruf, eine Familie, eine Freundschaft oder für die ästhetische Dimension des Lebens usw.

Zerfall der Milieus und die dadurch bedingte Erschwerung der Identitätsbildung sind nicht zu ändern. Die Milieus hatten ihre historische Zeit – vor allem vor und nach dem Ersten Weltkrieg – und können nicht einfach wieder zum Leben erweckt werden. Wohl aber kann man Bestrebungen des Kindes oder Jugendlichen ermutigen, sich Gemeinschaften zu suchen, die ihm Bindung, Anerkennung und Unterstützung anbieten. Kirchliche Gemeinschaften – keine dubiosen Sekten! – kämen dafür in Frage, aber auch andere Jugendverbände, ein Sportverein oder die Jugendabteilung der Freiwilligen Feuerwehr in einem Dorf. Die 68er haben solche Einrichtungen vielfach als kleinbürgerlich oder gar faschistoid denunziert, und viele Eltern und Lehrer sind von diesem Urteil immer noch geprägt. Auch die Medien neigen dazu, die vielfach in der Tat konservative Mentalität in solchen sozialen Vereinigungen anzuprangern. Aber jede junge Generation muß sich wieder einen eigenen Zugang zu den sie umgebenden sozialen Realitäten suchen und ausprobieren, wie sie damit umgehen und wozu sie sie gebrauchen kann. Und die Schulen täten gut daran, enger mit der örtlichen Jugendpflege zusammenzuarbeiten, um den Schülern derartige Angebote bekannt zu machen. Gewiß sind das keine genialen Problemlösungen, aber der Alltag des Aufwachsens lebt oft auch von den unscheinbaren Anreizen. Das Entschwinden der traditionellen Milieus hat nicht einfach eine

Leere hinterlassen, sondern soziale Kompensationen herausgefordert, die, wie die schon erwähnten Jugendszenen zeigen, durchaus problematisch werden können. Die neuen Milieus sind zudem weniger stabil als die traditionellen, schon wegen ihrer Abhängigkeit von der medialen Werbung einem modischen Verschleiß unterworfen.

Im Verlaufe des Heranwachsens müssen Kinder also lernen, ihre sozialen Beziehungen auf einer Skala von Nähe und Distanz mit je unterschiedlichen Verbindlichkeiten auszudifferenzieren. Zu diesem Zweck müssen aber von den Erwachsenen auch entsprechende Erwartungen gestellt werden. Dazu trägt nicht bei, wenn etwa in der Schule oder in anderen pädagogischen Einrichtungen jegliche soziale Distanz eingeebnet wird. Gerade Formen der Distanz müssen gelernt werden, Emotionen hat man ohnehin und Nähe ist nicht gesellschaftlich zu kultivieren.

Erwachsenwerden

Der herkömmliche Sinn der Kindheits- und Jugendphase des Menschen ist, irgendwann erwachsen zu sein und die damit verbundene volle Verantwortung für sein Leben und Handeln zu tragen. Die erwähnte »pädagogische Provinz«, die nun entschwindet, hatte ihren Sinn ja nicht zuletzt darin, daß ihr Ende zugleich den Eintritt in den Status des Erwachsenen eröffnete. Aus den bisher genannten Gründen ist jedoch die Grenze zwischen Jugend- und Erwachsenenstatus verschwommen geworden. Die Unsicherheit darüber ist eine Folge der vorhin erwähnten Verunklarung der biographischen Stationen einerseits und der daraus resultierenden häppchenweisen Zuschreibung des Erwachsenenstatus andererseits. Die wesentlichen Kriterien waren früher die Aufnahme der Berufstätigkeit und die Eheschließung. Im Alltagsbewußtsein rangierten diese beiden Signale noch vor der juristischen Volljährigkeit mit dem 21. Lebensjahr, die inzwischen auf 18 Jahre herabgesetzt wurde. Die Familien wie die jeweiligen Milieus erwarteten dann von den jungen Leuten die uneingeschränkte Verantwortlichkeit des Erwachsenen ohne Rücksicht auf das relativ junge Lebensalter. Studenten, die länger auf den Erwachsenenstatus warten mußten, wurde jenes schon erwähnte Moratorium zugestanden, das auch damals durchaus infantilisierende Züge annehmen konnte, dessen Ende jedoch im allgemeinen vom väterlichen Geldbeutel diktiert wurde. Die Herabsetzung der Volljährigkeit bemerken die Pennäler heute insbesondere daran, daß sie die Entschuldigungen für das Fernbleiben vom Unterricht nun selbst schreiben dürfen; denn meist schon vorher wurden Freizeitautonomie und sexuelle Selbstbestimmung, zwei wesentliche Merkmale der Autonomie des Erwachsenen, kampflos erworben. Der Berufseinstieg hat seine biographisch prägende Bedeutung oft deswegen verloren, weil er keine das Alltagsleben überspannende Qualifikationen mehr ausdrückt, sondern auf ständige Weiterbildung oder gar auf Berufswechsel orientiert sein muß. So fließen die Lebensjahre des jungen Menschen ineinander, und ein fixierbares Datum: jetzt bin ich endlich erwachsen, ist nicht ohne weiteres erkennbar. Die Eheschließung gilt zwar immer noch als wichtiges biographisches Datum und wird meist in diesem Augenblick auch als auf Dauer angelegt erhofft, aber in vielen Fällen stellt sich bald heraus, wie die Scheidungsstatistik zeigt, daß diese Hoffnung trog, und nicht wenige fühlen sich erst danach, nämlich nach dem Eingehen einer weiteren Verbindung, in diesem Punkte richtig erwachsen.

Die Verunklarung des Erwachsenseins ist pädagogisch deshalb so problematisch, weil dadurch eine wichtige Perspektive der kindlichen und jugendlichen Existenz entschwindet, auf die hin sie orientiert war; die Jungen wollten den unmündigen Status verlassen und nahmen jede Bemerkung der Erwachsenen dankbar zur Kenntnis, die signalisierte, daß man dem schon ein Stück näher gekommen sei. Nicht die Kinder selbst haben ja die »Pädagogische Provinz« erfunden; sie wollten immer schon möglichst bald »groß« sein. Wenn sie jedoch dafür keine rechte Motivation mehr haben, neigen sie leicht dazu, ihre verantwortungsfreie wie materiell gesicherte Existenz in die Länge zu ziehen.

Dieses Problem hat natürlich auch damit zu tun, daß die Erwachsenen nicht mehr so recht vormachen können, worum es dabei geht. Sie wirken selbst nicht selten, dank der Werbung auf zeitlose Jugendlichkeit getrimmt, reichlich infantil. Aber sie deshalb moralisch ins Unrecht zu setzen nutzt den Jungen nichts; denn auch die Älteren sind ja »Kinder ihrer Zeit« und können sich vielfach schon aus beruflichen Gründen ihren Habitus nicht einfach aussuchen.

Es ist wohlfeil geworden, bei jedem Jugendproblem resignierend wie anklagend zugleich auf das Verhalten der Erwachsenen zu verweisen. Aber Erwachsene sind nicht per se Vorbilder, und sie sind schon gar nicht deshalb erwachsen geworden. Vorbilder muß sich jeder junge Mensch selbst suchen, und er wird in dieser komplizierten Welt, wie bereits betont wurde, nicht mit einem einzigen auskommen. Eines steht vielleicht für beruflichen Erfolg, ein anderes für menschliche Zuverlässigkeit usw. Außerdem wechseln die Vorbilder in der Regel, je nachdem, welche biographische Station jeweils erreicht wurde und welche Aufgaben nun zu lösen sind. Mit dem Hinweis auf die angeblich schlechte Moral der Erwachsenen dürfen wir den Kindern und Jugendlichen keine Ausreden für die Verweigerung von Verantwortung anbieten.

Das pädagogische Problem stellt sich komplizierter. Schon in den 50er Jahren hat der Soziologe Helmut Schelsky darauf aufmerksam gemacht, daß die Grenze zwischen Erwachsenen- und Jugendstatus sich immer mehr auflöse und die neue Grenze zwischen Kindheit und Erwachsenenstatus verlaufen werde; der Jugendstatus vermische sich mit dem der Erwachsenen, und Schelskys pädagogische Schlußfolgerung daraus war, daß man den Jugendlichen helfen müsse, möglichst schnell erwachsen zu werden, ihnen also Integrationshilfen für die Übernahme der Erwachsenenrollen anbieten solle. Diese damals von Pädagogen heftig kritisierte These hat sich nicht nur inzwischen bewahrheitet, auch die pädagogischen Schlußfolgerungen daraus sind nach wie vor gültig. In der Tat käme es heute darauf an, den Jugendlichen einerseits die ihnen bereits mögliche Erwachsenen-Verantwortung abzuverlangen, sie ihnen andererseits aber auch durch entsprechende Hilfen zu ermöglichen.

Wertbildung

Die bisher beschriebenen Schwierigkeiten des Heranwachsens kulminieren in der Frage nach den inneren Maßstäben, den sogenannten »Werten«, die unter den Bedingungen des Pluralismus und der Individualisierung für das Handeln maßgeblich sein sollen. Welche sollen es sein, und wie werden sie erworben? Diese Frage wird seit geraumer Zeit ausführlich in der Öffentlichkeit diskutiert. Aktuelle Anlässe sind einmal die Gewalttätigkeit Jugendlicher – politisch verbrämt oder nicht – sowie der Zusammenbruch der DDR, der ja nicht nur ein politischer und wirtschaftlicher, sondern auch ein moralischer war, insofern die alten Alltagsmilieus – ob »sozialistisch« oder nicht – innerhalb kurzer Zeit außer Kraft gesetzt wurden. Sie hatten den Menschen nicht nur soziale Zugehörigkeit geboten, sondern auch ihre normative Orientierung bestimmt. Aber auch abgesehen von diesen Anlässen steht das Thema spätestens seit dem Aufkommen der Freizeit- und Konsumgesellschaft zur Debatte, die unsere Werteinstellungen geradezu revolutionär verändert, nämlich bis zur Beliebigkeit pluralisiert hat.

Eine Epoche scheint zu Ende zu gehen, die Mitte der 50er Jahre begann. Ausgehend von den USA setzte sich damals gegen zähen Widerstand konservativer, vor allem bildungsbürgerlicher Wertpositionen eine neue Konsumgesinnung durch, die von einer nun tiefenpsychologisch fundierten Konsumgüterwerbung propagiert wurde. Geworben wurde nicht mehr nur für bestimmte Produkte, sondern auch für eine andere Moral. Die überlieferten Haushaltstugenden wie Sparsamkeit und Bescheidenheit sollten überwunden werden, weil sie dem wirtschaftlichen Fortschritt im Wege stünden; nur wer möglichst viel konsumiere – so lautete die Botschaft –, diene dem wirtschaftlichen Fortschritt, wer sparsam sei und keine Schulden mache, verhindere ihn. Konsum wurde zu einer Bürgerpflicht (vgl. Dichter; Packard).

Ernst Dichter, einer der damals bekanntesten Werbestrategen in den USA, brachte diese Wende auf den Punkt:

»Wir stehen jetzt vor dem Problem, dem Durchschnittsamerikaner zu erlauben, sich für moralisch zu halten, auch wenn er flirtet, auch wenn er Geld ausgibt, auch wenn er nicht spart, sogar wenn er zwei Urlaubsreisen im Jahr macht und einen zweiten oder dritten Wagen anschafft. Eines der Grundprobleme dieses Wohlstandes besteht demnach darin, den Leuten die Sanktion und die Rechtfertigung zu geben, den Wohlstand zu genießen und ihnen darzutun, daß ihre lustvolle Lebensauffassung eine moralische und keine unmoralische ist« (zit. n. Packard, S. 312).

Im Laufe der Jahrzehnte hat sich diese Konsumgesinnung nicht nur im Kaufverhalten durchgesetzt, sondern auch alle anderen Lebensbereiche erfaßt. Wir konsumieren nicht nur Waren, sondern auch Menschen und Landschaften. Lustvolle Erwartungen wurden bald auch an die Schule, den Arbeitsplatz und nicht zuletzt an die öffentlichen Hände gerichtet, und mit dieser Einstellung wählten wir die dazu passenden Politiker zusammen. In wenigen Jahrzehnten hat die Freizeit- und Konsumgesellschaft die Wertorientierungen revolutioniert und sie materialistisch, individualistisch, egoistisch und »erlebnisorientiert« (Schulze) gemacht. Die für das Zusammenleben wichtigen Werte wurden vergessen oder arbeitsteilig delegiert, solidarisch z.B. sollen die Gewerkschaften handeln, nicht die Bürger selbst. Diese haben sich vielmehr daran gewöhnt, Forderungen an die öffentlichen Hände zu stellen, die ihrerseits immer mehr Abgaben und Steuern erheben müssen, um sie erfüllen zu können, was wiederum die Bürger immer weniger in den Stand versetzt, ihre Bedürfnisse selbst zu organisieren und zu finanzieren. Die über Jahrzehnte entstandene Konsummoral hatte jedoch zur ökonomischen Voraussetzung, daß die Wirtschaft ständig weiter wächst und daß der politische Streit nur darum geht, wie und an wen die Zuwächse verteilt werden. Wenn nicht alles trügt, werden schon die Kosten für die deutsche Einheit diese Voraussetzung in Frage stellen, so daß es politisch wieder stärker um die Verteilung eines Mangels, nicht eines Zuwachses geht. Außerdem hat die Wegwerfgesellschaft längst ihre Unschuld verloren angesichts des ökologischen Desasters, das sie angerichtet hat. Andere Wertorientierungen sind deshalb angezeigt, in deren Mittelpunkt auch wieder Verzicht und Sparsamkeit stehen müssen. Die ökologische Bewegung hat darauf längst mit Nachdruck hingewiesen. Diese Einsicht kann auch an pädagogischen und bildungspolitischen Tatsachen und Konzepten nicht vorbeigehen. Auch diese sind nämlich infiltriert durch die nun brüchig gewordenen Werte der Konsumgesellschaft. Den Kindern, die zur Schule gehen, geht es bereits so gut, daß sie sich fragen müssen, warum sie durch die Mühsal des Lernens oder des späteren Brotverdienens ihren Status quo verschlechtern sollten. Fast jeder will studieren, aber niemand will ein Student sein, also sich mit einem relativ kärglichen Budget abfinden, bis er nach seinem Examen dann mit einem angemessenen Salär dafür entschädigt wird. Abiturienten verfügen heute über einen nicht selbst erwirtschafteten Lebensstandard, an dem gemessen das nachfolgende Studium nur als sozialer Abstieg erfahren werden kann. Eltern gehen selbstverständlich davon aus, daß Schule und Lehrmittel sie nichts kosten, aber mit dem so Ersparten steigern sie zugunsten ihrer Kinder die Umsätze der Klamotten-Industrie. Selbst der Unterricht soll so angenehm wie das Fernsehen sein.

»Immer mehr Lehrer vermuten, daß sie in der Gestaltung ihrer Stunden mit dem Fernsehen konkurrieren müssen. Sie kämpfen wie Animateure um die Aufmerksamkeit ihrer Kinder, indem sie versuchen, ein Feuerwerk des Medieneinsatzes . . . und des Methodenwechsels . . . zu imitieren und sich selbst in der Rolle eines Showmasters mit viel Mimik, Gestik, Stimmvariation und Humor zu gebärden. Am Ende versauen sie damit ihre Schüler zu immer höheren Ansprüchen hin und trainieren ihnen hohe Reizschwellen an, die zu ihrer Motivation erst einmal überwunden werden müssen« (Struck 1995, S. 60).

Nun wäre es angesichts von Millionen Sozialhilfeempfängern zynisch zu behaupten, es ginge allen zu gut. Das Problem ist, daß die Moral der Konsumgesellschaft mehr oder weniger alle Bürger zu Empfangs*berechtigten* gemacht hat, so daß fast jeder sich für förderungswürdig durch die öffentliche Hand hält. Die Grenzen zwischen »bedürftig« und »nicht-bedürftig« sind unklar geworden. In denjenigen Bundesländern z.B., in denen es eine generelle Lernmittelfreiheit für die Schüler gibt, obwohl tatsächlich nur eine Minderheit ihrer bedürfte, wird dies unter anderem damit begründet, daß es kränkend wäre, wenn diese Minderheit sich offenbaren müßte. Eine solche Einstellung wäre noch vor einigen Jahrzehnten undenkbar weil ökonomisch gänzlich abwegig gewesen. Wer damals eine entsprechende Unterstützung oder gar ein Stipendium aus öffentlichen Mitteln bekam, fühlte sich keineswegs gekränkt, sondern im Gegenteil für eine gute Leistung – das war fast immer die Voraussetzung – belohnt.

Diese Beispiele zeigen, daß die Konsummoral alle Sozialisationsfaktoren als eine Art von gesamtgesellschaftlicher Ideologie überlagert hat. Es ist also nicht so, daß der hier immer wieder betonte Pluralismus keinen inneren Zusammenhalt hätte, daß die einzelnen gesellschaftlichen Sektoren, denen das Kind begegnet, einfach unabhängig voneinander existierten. Ihre Widersprüchlichkeit, wie sie das Kind erlebt, ist eine Sache, die generelle gesellschaftliche Konsumorientierung, der sie alle in irgendeinem Maße unterliegen, eine andere; das Problem liegt also darin, daß die lustorientierten Konsumerwartungen den Freizeitbereich, auf den sie zunächst begrenzt waren, verlassen und alle anderen Lebensbereiche ebenfalls erfaßt haben.

Auf diese Weise droht die allgemeine Konsumorientierung den gesellschaftlichen Pluralismus ideologisch zu überlagern. Der politische wie kulturelle Sinn des Pluralismus besteht aber gerade darin, daß er den einzelnen gesellschaftlichen Ebenen (Politik, Arbeit, Freizeit, Öffentlichkeit, Privatheit, Bildung, Kirche, Familie) ihre eigenen Regeln und damit auch ihre spezifische Dignität beläßt. Geschieht dies nicht, dann droht ein neuer politisch-ideologischer, anti-pluralistischer Totalitarismus in Nachfolge der früheren »Volksgemeinschaft«; allerdings wird diese Gefahr dadurch gemindert, daß er in ökonomischer und sozialer Hinsicht kaum durchzuhalten wäre.

Der Pluralismus hat also dafür gesorgt, daß die *Normen* für das Alltagsleben relativiert worden sind, aber er hat sie so lange nicht beseitigen können, wie die erwähnten Milieus noch intakt waren;

denn solange der einzelne einem von ihnen sich zugehörig wußte, bot es ihm auch eine entsprechende Orientierung. *Normen* sind nämlich *kollektive Vorgaben* für die subjektive Wertbildung; sie erwachsen aus Gesetzen, aber auch aus allgemeinen Überzeugungen über Sitten und Gebräuche sowie aus Vorschriften innerhalb einer bestimmten Gemeinschaft, z.B. einer Familie. Davon zu unterscheiden ist die je subjektive *Wertbildung*, die der einzelne Mensch entweder als je persönliche Aneignung der Normen für sich entwickelt, oder die er als für sich verbindlich in einem Handlungsraum aufbaut, in dem Normen keine Vorschriften (mehr) machen. Beispiel: Ehescheidung ist heute nicht mehr durch eine allgemeine gesellschaftliche Norm verboten, gleichwohl können Partner für sich in diesem normfreien Raum den Wertmaßstab der »Ehe bis zum Tode« zur Geltung bringen und danach zu leben versuchen.

Die erwähnte Konsummoral hat ihren Einfluß also sowohl auf die kollektiven Normen als auch auf die Wertbildung der einzelnen Menschen ausgeübt. Werte, die die Menschen als für sich verbindlich erklären, können zwar auf die Dauer auch zu neuen Normen führen, aber sie gehen nicht unbedingt aus normativen Vorgaben hervor, sondern füllen umgekehrt gerade auch jenen Leerraum aus, den Normen nicht mehr abdecken. In vormodernen Gesellschaften wurde das gesamte Leben der Menschen weitgehend nach vorgegebenen Normen reglementiert, und die Wertbildung der einzelnen bestand im wesentlichen darin, diese Normen innerlich zu übernehmen.

Die Unterscheidung von Werten und Normen ist für die pädagogische Diskussion von erheblicher Bedeutung, denn die Wertproblematik ist nur deshalb so aktuell, weil die kollektiven Normen für die Gestaltung des Alltags weitgehend entschwunden sind.

Die daraus resultierende pädagogische Problematik besteht nun darin, wie unter den genannten pluralistischen Voraussetzungen bei Kindern und Jugendlichen Wertbildung sich überhaupt vollziehen kann. Die Öffentlichkeit denkt zuerst an die Schule, wenn von diesem Thema die Rede ist; denn schließlich sind dort fast alle

Kinder anzutreffen, und die Kultusadministrationen können entsprechende Erziehungs- und Bildungswünsche zentral zur Geltung bringen.

Das klassische Schulfach für dieses Thema ist der *Religionsunterricht*, obwohl natürlich ethische Fragen auch in anderen Fächern eine Rolle spielen. Um denjenigen Schülern, die nicht an diesem Unterricht teilnehmen – wozu sie ja schlecht gezwungen werden können –, eine thematisch vergleichbare Alternative anzubieten, wurde ihnen in den meisten Bundesländern die Teilnahme an einem »Ethikunterricht« – auch »Werte und Normen« genannt – zur ersatzweisen Pflicht gemacht. Die naheliegende Frage, warum nicht unter Verzicht auf den Religionsunterricht gleich alle Kinder in den Genuß eines solchen kirchlich nicht gebundenen Unterrichts kommen, beantwortet sich schlicht so, daß in den alten Bundesländern Konkordate dies unmöglich machen. In den neuen Bundesländern hätte allerdings die Möglichkeit bestanden, den konfessionellen Religionsunterricht zugunsten eines für alle Schüler gemeinsamen Ethikunterrichts gar nicht erst einzuführen, weil diese Länder nicht an Konkordate gebunden sind, und Brandenburg hat dies auch versucht und experimentiert immer noch mit einem Fach »Lebensgestaltung – Ethik – Religion« (»LER«) unter Einbeziehung der Kirchen.

Nun läßt sich schwerlich grundsätzlich etwas gegen einen Ethikunterricht – oder wie immer er genannt wird – sagen, der zum Nachdenken anregt etwa über Fragen des Lebenssinns, über Maßstäbe des Verhaltens, über soziale Regeln, über das Zusammenleben von Menschen unterschiedlicher Konfession und Nationalität, über Ton und Stil im Umgang der Geschlechter miteinander. Je nach Alter der Schüler lassen sich auch plausible methodische Verfahren anwenden, von Rollenspielen über Geschichten, deren Ende offen ist und deshalb im Gespräch gemeinsam gesucht werden kann, bis hin zur Analyse philosophischer Texte in der gymnasialen Oberstufe. Auch ästhetische Produktionen wie Literatur und Film sind für solchen Unterricht geeignet. Die Schüler können in der Auseinandersetzung damit ihre Erfahrungen einbringen und ihr Bedürfnis nach Orientierung artikulieren. Für manche von ihnen, die sonst mit niemandem über solche Fragen ernsthaft sprechen können, wäre ein solcher Unterricht vielleicht die einzige Gelegenheit, über die Werte nachzudenken, die das eigene Leben leiten sollen.

Aber von einer derartigen pädagogischen Einwirkung darf man sich nicht zu viel und vor allem nichts Falsches versprechen. Wir leben nun einmal in einer normativ pluralistischen Gesellschaft, aus der die Schule nicht aussteigen kann, indem sie Verbindlichkeiten propagiert, die im Alltag unterschiedlich eingeschätzt werden dürfen. Das Verhältnis der Menschen zum Konsum, die Qualität ihrer zwischenmenschlichen Beziehungen, die Einstellung zur Sexualität, um nur einige Beispiele zu nennen, sind in einem hohen Maße auch im moralischen Sinne wählbar geworden, und der Ethikunterricht darf den erlaubten Pluralismus nicht außer Kraft setzen, weil er sonst parteilich und insofern bestimmte Gruppen der Gesellschaft mit ihren Überzeugungen in dieser Frage ausgrenzen würde, – wenn wir beispielsweise an das Thema »Abtreibung« denken, das nicht nur im Bundestag, sondern auch in der Bevölkerung höchst umstritten ist. Mit welcher Begründung sollte die Schule hier eine bestimmte Version der Sache vermitteln? Mit anderen Worten: Der Unterricht muß in dieser Frage auf *erzieherische* Absichten verzichten und auf die Kraft der Aufklärung bzw. Selbstaufklärung der Schüler setzen. Dieser Hinweis ist deshalb wichtig, weil nach aller Erfahrung in der Forderung nach Werterziehung offen oder verdeckt eine harmonisierende Absicht steckt: Es sollen eben *bestimmte* Werte beigebracht werden, nämlich solche, die derjenige selbst für wichtig hält, der die Forderung erhebt.

Hier liegt aber der wesentliche Unterschied zum Religionsunterricht. Dieser darf parteilich sein, weil seine eigentliche Aufgabe ja ist, die Schüler in die Normen, Regeln und Rituale der jeweiligen Religionsgemeinschaft einzuführen. In diesem Falle steht also ein tatsächlich vorgegebener Fundus an Normen und daraus resultierenden Wertorientierungen zur Verfügung, der dem konfessionslosen Ethikunterricht fehlt. Vielfach wird für fortschrittlich gehalten, den Religionsunterricht weitgehend aus dem kirchlichen Bezug zu lösen und ihn zu einem allgemeinen Moralunterricht auszuweiten. Daran haben auch viele Schulen ein Interesse, weil es ihre Stundenplanung vereinfacht, wenn sie nicht noch ein weiteres Fach wie »Werte und Normen« anbieten müssen. Dadurch wird aber die normative Desorientierung eher erhöht, weil nun das im religiös-kirchlichen Fundus Fixierte leicht zur plaudernden Beliebigkeit ausufert; denn auf welchen *fachlichen* Fundus soll sich ein solches Fach gründen, ohne zum Geschwätz zu verkommen? Für eine orientierende Aufklärung wäre es vielleicht besser, wenn die Schüler erführen, was mit welcher Begründung die katholische, evangelische oder muslimische Religionsgemeinschaft über Alltagsfragen zu sagen hat. Parteilichkeit in dieser Frage ist, wenn sie mit Toleranz verbunden bleibt, durchaus pädagogisch sinnvoll, weil sie in ganz anderem Maße zur Abarbeitung der eigenen Position herausfordert als ein Unterricht, der alle möglichen Positionen immer schon in sich aufzunehmen gedenkt.

Der allgemeine, kirchlich nicht gebundene Ethikunterricht kann sich dagegen kaum auf einen objektiv vorgegebenen Kanon an Normen und daraus sich ergebenden Werten stützen. Da hilft auch der Hinweis auf die Grundrechte wenig, denn diese sind Abwehrrechte des Bürgers gegenüber dem Staat, keine für den Alltag der Bürger verbindlichen Normen. Diese sind vielmehr in den Gesetzen fixiert, die ihrerseits die Grundrechte zu berücksichtigen haben, und gelegentlich – wie etwa bei der Regelung der Abtreibung – berühren sie fundamentale moralische Fragen. Aber im allgemeinen führt der Begriff der Legalität nicht weit. Es hilft meiner Suche nach verbindlichen Werten wenig, wenn ich mich lediglich an dem orientiere, was das Gesetz verbietet, abgesehen davon, daß der Gesetzgeber Wertorientierungen nicht schaffen kann, sondern sie voraussetzen muß, um sie rechtlich fixieren zu können. Es ist also gar nicht so einfach, für den Ethikunterricht einen verbindlichen Werte-Kodex zu finden, der der normativen Pluralität und der Individualisierung unserer Lebensverhältnisse Rechnung trüge.

Nun könnte man das Problem vielleicht durch curriculare Konsensverfahren angehen, wie es in den 70er Jahren Mode war: Die politischen Parteien, die Religionsgemeinschaften, die großen Wohlfahrtsverbände sowie Gewerkschaften und Unternehmerverbände und vielleicht noch spezifische Experten tragen vor, welche Werte sie für besonders wichtig halten, und diejenigen, die übereinstimmend genannt werden, gehen dann in den Lehrplan ein. Das Ganze ließe sich durch eine repräsentative Erhebung ergänzen. Aber heraus käme dabei nur eine statistische Addition von Wertwünschen, der angesichts des erlaubten Pluralismus allenfalls eine pragmatische Legitimation zukommen könnte. Und wie sollte eine solche Wertestatistik gelehrt werden, und vor allem, wie sollte sie Schüler in einer so wichtigen Sache motivieren? Diesseits der Strafgesetze hat unsere Gesellschaft nun einmal die Wertbildung freigegeben, sie der zwischenmenschlichen Vereinbarung überantwortet.

Die niedersächsischen Richtlinien für das Fach »Werte und Normen« sprechen beispielsweise zwar von einem »Grundbestand weitgehend anerkannter Grundwerte«, bezeichnen sie aber nicht weiter. Vielmehr gehen die Richtlinien faktisch nicht von einem objektiven Werte- und Normenkanon aus, sondern von der subjektiven Situation der Schüler. So werden für den Sekundarbereich I fünf »Lernfelder« genannt: »Persönliches Leben; Zusammenleben mit anderen; die Frage nach dem Sinn des Lebens; Verantwortung für sich und die Welt; Weltdeutungen und Menschenbilder«.

In der Tat muß die *Wählbarkeit von Werten* selbst zum *Thema* werden. Die Schüler müssen für sich herausfinden, was sie wirklich wollen, wessen sie bedürfen. Wollen sie z.B. wechselnde sexuelle Beziehungen, die ja in einem weiten Rahmen moralisch und rechtlich erlaubt sind, oder eine verläßliche, auf Dauer angelegte menschliche Bindung, die ja ebenfalls moralisch und rechtlich erlaubt ist? Wollen sie »Haben oder Sein« (Fromm)? Was wollen sie mit ihrem Leben anfangen, wofür wollen sie sich einsetzen, wie stellen sie sich ihr künftiges Familienleben vor? Es geht also um den Rekurs auf die fundamentalen menschlichen Bedürfnisse nach Liebe, Anerkennung, Geborgenheit und Sicherheit. Diese

Grundbedürfnisse sind konsensfähig, nicht jedoch die Wege zu ihrer Befriedigung, wie sie die Religionsgemeinschaften oder andere weltanschauliche Gruppen anbieten. Aber sie müssen von jungen Menschen *entdeckt* werden können, um als Maßstäbe für die Sortierung des Wählbaren zu dienen. Dafür könnte ein allgemeiner Ethikunterricht einen wichtigen Beitrag leisten, indem er gerade nicht erzieherisch-moralisierend appelliert, sondern geeignete Stoffe anbietet, deren Bearbeitung solche Grundfragen zum Vorschein kommen läßt.

Gelernt werden muß als Folge des Pluralismus aber auch, Wertorientierungen strategisch nach den jeweiligen sozialen Orten zu differenzieren. »Disziplin« z.B. ist kein Wert an sich, sondern eine allgemeine Norm, die an den verschiedenen gesellschaftlichen Orten eine unterschiedliche Funktion hat. Wir brauchen eine bestimmte Disziplin, um Unfälle im Straßenverkehr zu vermeiden, eine andere, damit im Unterricht planmäßig etwas gelernt werden kann, wieder eine andere, um AIDS zu verhindern. Die subjektive Wertbildung in diesem Zusammenhang muß sich also situativ präzisieren können, sonst verliert sie ihre soziale Funktion. Daraus folgt, daß »Disziplin« eine Verhaltensstrategie ist, die nicht abstrakt irgendwo – etwa in der Schule – gelernt werden kann, von wo sie dann auf alle denkbaren Plätze des Lebens hin übertragbar wäre. Nur in der philosophischen Abstraktion wäre ein solcher Begriff verallgemeinerungsfähig, nicht jedoch im konkreten Leben von Jugendlichen.

Gelingt es nicht, die Wertbildung sozial flexibel zu halten, kann Weltfremdheit das Ergebnis sein. Angebracht ist also nicht, allgemeine Tugenden zu predigen, ohne zugleich anzugeben, an welchen sozialen Orten sie in welcher Modifikation gültig sein sollen. Mit purem Altruismus läßt sich z.B. in der Arbeitswelt schlecht überleben.

Aber selbst wenn ein solcher Ethikunterricht seine Chancen optimal nutzen könnte, blieben seine Wirkungen begrenzt. Wertbildungen und damit Wertveränderungen erfolgen nämlich im Rahmen der gesamten Sozialisation, also in der Familie, durch die Gleichaltrigen, durch die Massenmedien und natürlich auch in der Schule. Werte bilden sich nicht in erster Linie durch Belehrung, sondern durch *Vorbilder* in sozialen Zusammenhängen. Das Kind macht Erfahrungen mit Erwachsenen, die sich in bestimmter Weise verhalten und ihr Verhalten begründen. Wenn nun dieses Verhalten vor allem der nahestehenden Erwachsenen wie der Eltern eine gewisse Stetigkeit und Verläßlichkeit angesichts vergleichbarer Situationen aufweist, kann das Kind sich damit identifizieren und selbst ein verinnerlichtes System von Wertorientierungen entwickeln. Ist das Verhalten der Erwachsenen jedoch sprunghaft oder stimmen Verhalten und Begründung nicht überein, ist normative Desorientierung wahrscheinlich. Sie tritt auch ein, wenn dem Streben des Kindes keine Grenzen gesetzt werden, mit denen es sich auseinandersetzen muß, so daß es sich als Teil einer Gemeinschaft erfahren kann.

Damit ist eine weitere wichtige Lernebene genannt, nämlich die *soziale Resonanz*. Nicht nur die vorhin erwähnte Identitätsbildung, sondern auch die Wertbildung ist zwar eine je subjektive Leistung, aber sie bedarf wie jene der sozialen Rückmeldung, sonst geht sie ins Leere. Wer also die Werte, nach denen sich Kinder und Jugendliche tatsächlich verhalten, beschreiben und beurteilen will, muß sich fragen, an welchen sozialen Orten sie damit Erfolg haben; was wird von ihnen diesbezüglich in der Familie, der Schule, unter Gleichaltrigen, im Kaufhaus, im Konfirmandenunterricht usw. wirklich erwartet? Was nämlich sozial nicht irgendwo eingefordert wird, kann auch ernsthaft nicht als Mangel kritisiert werden, – es sei denn, man setzt dabei illusionär auf die bloße Innerlichkeit.

Unter diesem Aspekt muß der vielbeschworene »Wertverlust« in der jungen Generation auch relativiert werden. Nur das sozial vollkommen isolierte Kind könnte vielleicht wertindifferent leben; das ist aber nicht der Normalfall. Solange jedoch ein Kind in seiner sozialen Umgebung akzeptiert wird, folgt es auch bestimmten, dort jeweils benötigten Werten, wenn dies auch vielleicht nicht diejenigen sind, die Pädagogen sich wünschen. Es gibt genug Beispiele dafür, daß Kinder, die in der Schule sich »wie die Wilden« benehmen, anschließend im Fußballverein durchaus jene

Disziplin aufbringen, die für einen Erfolg der Mannschaft nötig ist, – was umgekehrt zu beweisen scheint, daß sie sich auch in der Schule entsprechend verhalten würden, wenn sie dort damit sozialen Erfolg hätten.

Wertorientierungen werden heute angesichts des normativen Pluralismus im allgemeinen also nicht mehr durch Übernahme eines fraglos vorgegebenen normativen Kanons gelernt, sondern durch Auseinandersetzung mit an und für sich nur partiell gültigen Lebensorientierungen. Diese Ausgangslage erschwert nun den Prozeß der Wertbildung in erheblichem Maße, weil er eine beachtliche Individualisierungsleistung angesichts fragwürdiger und diffuser Orientierungen verlangt.

»Individualisierung« muß in diesem Zusammenhang jedoch richtig verstanden werden. Zum einen kann man nicht von völliger Orientierungslosigkeit sprechen, die den einzelnen total auf sich allein stellen würde. Was die traditionellen Basisgemeinschaften wie Familie und die ehemaligen Milieus an Vorgaben nicht mehr leisten, haben bis zu einem gewissen Grade die Massenmedien übernommen, deren Leitbilder in den Gleichaltrigen-Szenen auf jeweils besondere Weise umgesetzt und auch selektiert werden. Was sich subjektiv also als eine individuelle Ausgrenzung – z.B. in der modischen Selbstdarstellung – erfahren läßt, hat objektiv gesehen durchaus kollektive Anteile. Aber vom einzelnen Jugendlichen her gesehen sind diese von den Medien ausgehenden Leitbilder nicht besonders zuverlässig, weil sie modischen Veränderungen unterworfen sind, deren Gründe und Ursachen aus dieser subjektiven Perspektive nicht erklärbar sind, sondern »einfach so« vonstatten gehen, – so wie auf der gesellschaftlichen Ebene Machtverschiebungen eintreten, denen der einzelne ohnmächtig gegenübersteht. Anders als die sozialen Basisgemeinschaften sind die Medien ja Teil des Marktes, zu dessen Regeln gehört, nicht mehr Verkaufbares so schnell wie möglich auszuwechseln. So wird nicht nur mit Waren umgegangen, sondern auch mit Ideen und Leitbildern.

Zum anderen sind es nicht die im engeren Sinne individuellen, sondern die kollektiven Anteile unserer Wertorientierung, die Regeln für ein produktives, friedliches und vor allem auch kalkulierbares Zusammenleben der Menschen fundieren. Nicht das, was ich nur für mich allein denke und fühle, sondern das, was ich mit anderen teile, kann zum Maßstab für gemeinsame Regeln werden, – sei es, daß diese Regeln einklagbar vorgegeben sind wie durch die Strafgesetze, sei es, daß sie wie im Alltagsleben das Ergebnis von *Verhandlungen* darstellen.

Damit ist ein wichtiges Lernziel für Heranwachsende benannt, das gar nicht hoch genug eingeschätzt werden kann, die Fähigkeit nämlich, durch Verhandlungen und daraus resultierende Verständigung die Grundlage für verläßliche menschliche Basisbeziehungen *selbst* zu stiften. In dem Maße, wie verbindliche Vorgaben der geschilderten Art für die Alltagsmoral entfallen sind und wie aus deren nur noch partikular gültigen Variationen je individuell ausgewählt werden muß, entsteht die Notwendigkeit, sich mit anderen gemeinsame Regeln zu geben, die die nötige Verbindlichkeit der wechselseitigen Erwartungen garantieren können. Allerdings kann das nur für denjenigen Alltagsbereich gelten, den die Gesellschaft für normative Selbstregulierungen offenläßt, also z.B. nicht für im Strafrecht markierte Tatbestände oder für institutionelle Vorgaben, auf denen etwa das Schulehalten beruht.

Am Beispiel gegenwärtiger Ehe- bzw. Paarbeziehungen läßt sich das verdeutlichen. Wir haben es heute mit mehreren Variationen der Partnerbeziehung zu tun, von denen keine verdient, per se als Vorbild zu gelten oder umgekehrt diskriminiert zu werden. Wir finden wieder – offenbar mit steigender Tendenz – die altmodische Hausfrauen-Ehe, aber auch die Hausmann-Variante; wir finden alle möglichen Kombinationen einer gemeinsamen oder wechselnden Kinderbetreuung und Versorgung des Haushaltes, ja, sogenannte »Commuter-Ehen« sind – wenn auch nicht besonders zahlreich – vorzufinden, bei denen aus beruflichen Gründen die Partner ihren Wohnsitz an verschiedenen Orten nehmen müssen. Diese Varianten sind nicht nur vorhanden, sie sind auch offensichtlich tragfähig, wenn sie auf gemeinsamer Überzeugung beruhen, und vor allem: Sie werden im Verlaufe der Lebens- bzw. Ehe-

und Familiengeschichte wiederum variiert, – je nach neuer Bedarfslage oder auch materieller Perspektive.

Mit diesem Reichtum an Bindungs- und Beziehungsvariationen wachsen Kinder heute auf, und was sie dabei nicht am Beispiel ihrer eigenen Familie erleben, erfahren sie aus dem Leben ihrer Freunde und Klassenkameraden.

Der generelle Pluralismus der Werte und Normen kann jedoch nicht für den einzelnen gelten: er *darf* wählen, aber er *muß* auch wählen. Sonst kann er keine für sich stimmige Wertorientierung aufbauen, die soziale Geborgenheit und Zuverlässigkeit zu stiften vermag. *Das Individuum kann* in diesem Sinne *nicht pluralistisch leben.* Die Notwendigkeit, den Wertpluralismus für das eigene Leben zu dessen produktiver und befriedigender Gestaltung aufzulösen, kann zwar durch Vor- und Leitbilder unterstützt werden, woher immer sie kommen mögen, sie kann aber eben nicht mehr mit einem erzieherischen Impetus stellvertretend entschieden werden. Früher, noch in den 50er Jahren, wurde die konfessionelle Erziehung in Schule und Elternhaus vor allem damit begründet, daß ein Kind zunächst im Rahmen einer »weltanschaulichen Grundrichtung« erzogen werden müsse, um sich danach dann auch produktiv dem weltanschaulichen Pluralismus öffnen zu können. Das ist im Prinzip nach wie vor richtig, allerdings mit zunehmendem Alter der Kinder immer weniger zu realisieren.

Eine weitere Schwierigkeit aus der Perspektive des Kindes besteht nun darin, daß Wertorientierungen nicht so gewählt werden können, wie man sich für Konsumgüter entscheidet, nämlich jeweils neu unter dem Gesichtspunkt des optimalen Nutzens. Sie müssen vielmehr auch durchgehalten werden können, wenn es nicht im eigenen Interesse liegt, sondern dem Wohle anderer dient, sonst taugen sie nicht für Verhandlungen und tragfähige Vereinbarungen. Diese soziale Dimension muß im pädagogischen Umgang in der Schule wie vor allem auch in der Familie gelernt und somit auch beansprucht werden.

Aber das erwähnte Schwinden der Bindekraft der dafür maßgeblichen Milieus hat zur Folge, daß auch die Familien individualisierte Sozialformen geworden sind, in erheblichem Maße also auf sich allein gestellt, ohne verläßliche gemeinsame Wertorientierungen mit vielen anderen Gleichgesinnten. Was früher selbstverständlich war im eigenen Milieu, müssen nun die Eltern als Individuen, ohne Rückgriff auf diesen kollektiven Maßstab, zur Geltung bringen.

Werte, die das Leben leiten sollen, entstehen also im gesellschaftlichen Leben selbst. Die Schule kann dazu von sich aus keine Alternativen entwickeln, aber sie kann die vorhandenen im Unterricht zur Sprache bringen und über sie aufklären. »Wertwandel«, wenn er denn nötig ist, beginnt nicht in der Schule.

Rückzüge

Angesichts der bisher beschriebenen Schwierigkeiten für ein befriedigendes Heranwachsen kann es nicht verwundern, daß dieser Prozeß immer wieder vom Scheitern bedroht ist, weil er notwendigerweise konflikthaft ist und weil immer die Möglichkeit besteht, daß diese Konflikte nicht produktiv gelöst werden können. Um dies im Einzelfalle jedoch beurteilen zu können, muß genau geprüft werden, woran »Scheitern« eigentlich gemessen wird. Ist der Sohn eines Wirtschaftsbosses gescheitert, weil er sein Studium an den Nagel gehängt hat und statt dessen eine erfolgreiche Kneipe betreibt? Oder kann man das von einer Tochter sagen, die zum Leidwesen ihrer Eltern das Gymnasium satt hat und lieber einen nicht-akademischen Beruf ergreifen möchte? Von solchen Konflikten, die aus den widersprüchlichen Vorstellungen der Eltern und der Kinder über deren Zukunft entstehen, ist hier nicht die Rede. Im Umgang mit Kindern und Jugendlichen geht ein derartiges Urteil schnell von den Lippen, wenn Erwachsenen nicht paßt, was die Kinder denken und tun. Vielmehr soll der Blick auf diejenigen Gefahren gelenkt werden, die in der *Struktur* des pluralistischen Aufwachsens grundsätzlich beschlossen liegen.

Das Moment der individuellen persönlichen Freiheit, das in den Optionen zum Ausdruck kommt, ist aus den genannten Gründen eben auch eine Last, weil es soziale und emotionale Desorientierung und Verunsicherung notwendig einschließt; das eine ist ohne das andere nicht zu haben. Deshalb ist die Versuchung groß, sich dieser Bürde zu entziehen. Die Verweigerung hat viele Nuancen, die sich u.a. in den verschiedenen »abweichenden« Jugendszenen zeigen. Drogenmilieu, Jugendsekten und Neonazi-Gruppen lassen sich bei aller sonstigen Verschiedenheit zumindest im Jugendalter auch auf einen *gemeinsamen* Nenner bringen: Sie sind eine Flucht davor, unter diesen Bedingungen erwachsen werden zu müssen. Je nach sozialer Herkunft und Bildungsstand, aber auch aufgrund zufälliger persönlicher Kontakte können unterschiedliche Formen des Ausweichens gewählt werden. Nicht zu unterschätzen sind dabei *soziale* Determinanten; denn die Freiheit der Optionen kann nur von denen wirklich genutzt werden, die über ein Mindestmaß an Bildung und Geld verfügen. Die Bildung ist nötig, um die Zusammenhänge zu durchschauen und das Verhalten entsprechend steuern zu können, das Geld, damit die Lebensenergie nicht für den Kampf ums tägliche Brot verbraucht werden muß. Pluralismus und Individualisierung, die so bedeutsam für unser gesellschaftliches Leben sind, sind also ein ökonomischer Luxus, setzen jedenfalls die Emanzipation vom Existenzminimum, also einen gewissen allgemeinen Wohlstand voraus. Wer nicht über genügend Geld und Bildung verfügt, kann die Chancen von Pluralismus und Individualisierung nicht nutzen, sondern erlebt diese Situation eher als bedrohlich, als desorientierend, ja, als identitätsverhindernd. So finden sich in der eben genannten Jugendszene heute Gruppen, die sich auf den durch Pluralismus und Individualisierung sehr kompliziert gewordenen Prozeß der Identitätsfindung gar nicht erst einlassen, sondern Identität durch archaische Unterwerfung unter ein Gruppen-Wir suchen, dessen Wertorientierungen nicht-pluralistisch und deshalb leicht zu begreifen sind. Besonders ins öffentliche Blickfeld sind in der letzten Zeit solche Gruppen gerückt, die durch fremdenfeindliche Gewalttaten aufgefallen sind. Aber unter pädagogischem Aspekt stellen sie nur die Spitze eines Eisberges dar, es gibt auch weniger auffällige Formen der Verweigerung. Psychologisch gesehen läßt sich durchaus ein Zusammenhang zwischen Nichtakzeptanz des Pluralismus und Gewalt erkennen. Die eindimensional verstandene kollektive Identität bedarf der plausiben Freund-Feind-Definitionen in besonderem Maße. Zu diesen Gruppen gehören nicht nur Skins, sondern auch Jugendsekten und zumindest auch Teile der sogenannten Autonomen-Szene. Gemeinsam ist ihnen jedenfalls die Feindschaft gegen den Pluralismus, weil sie seine Chancen nicht nutzen können oder wollen. Die Kompliziertheit der gesellschaftlichen Verhältnisse wird auf ideologische Vereinfachungen reduziert, die sich zentral um Feindbilder gruppieren, weil bei dieser Vereinfachung des Weltbildes nur durch Abgrenzung gegen einen Feind Selbstwertgefühle erlebt werden können. Die Unterscheidung von Eigenem und Fremdem gehört, wie wir gesehen haben, zu jeder Identitätsbildung, aber normalerweise führt sie nicht zur Intoleranz, sondern nur zur Abgrenzung.

Im Falle der jungen Rechtsradikalen kommt noch hinzu, daß der Nationalsozialismus das einzige Tabu dieser Gesellschaft ist, das noch nicht endgültig gebrochen wurde. Auf seine Symbole und Ziele konzentriert sich die Feindschaft fast aller gesellschaftlichen Gruppen einschließlich des Gesetzgebers, als halte er ex negativo unsere Gesellschaft zusammen. So liegt es für die erwähnten Gruppen nahe, Identität durch Identifikation mit einschlägigen Symbolen zu suchen, weil nichts anderes eine größere öffentliche Aufmerksamkeit erregen könnte für junge Menschen, die sich ausgegrenzt haben bzw. fühlen. Eine ähnliche bürgerschreckende Aufmerksamkeit erregten Ende der 60er Jahre die Angriffe auf das Kommunismus- und das Sexual-Tabu. Die NS-Symbolik wirkt aber auch deshalb verführerisch, weil sie spezifisch *männliche Werte* zu verkörpern scheint: Mut, Tapferkeit, Schutz der eigenen Gruppe und Eintreten für diese. Die an sich berechtigte Suche nach Vorbildern für akzeptable Männlichkeit geht in unserer Gesellschaft weitgehend ins Leere. Hatte die Demontage des Vaters schon vor dem Ersten Weltkrieg begonnen, so folgte dem in den letzten Jahrzehnten die Demontage des Mannes insbesondere durch die neue Frauenbewegung. Männlichkeit, Väterlichkeit,

Brüderlichkeit sind weitgehend zu leeren Worthülsen geworden, die keine wertorientierende Kraft mehr haben. Diese Tatsache macht das Herausarbeiten von männlicher Identität im Jugendalter nicht leichter, zumal die öffentlichen Diskussionen über die »neue« männliche Rolle zu subtil und intellektuell sind, um von solchen Jugendlichen auch nur verstanden, geschweige denn akzeptiert werden zu können.

Auch diese Hinweise können nur eine allgemeine Tendenz verdeutlichen, keinen eindeutigen kausalen Zusammenhang herstellen; denn sonst müßte ja jeder, der nicht über ein hinreichendes Maß an Geld und Bildung verfügt, in diesen abweichenden Szenen zu finden sein. Zu ihnen gehört aber die große Mehrheit der nach den landläufigen Erklärungen an und für sich dafür in Frage kommenden Jugendlichen nicht. Es gibt nur *Risiko-Faktoren*, die ein Scheitern des Erwachsenwerdens im Einzelfalle mit bedingen können, aber keinen zwangsläufigen Zusammenhang.

Ein pädagogisches Patentrezept dagegen gibt es nicht. Gegen Gewalttäter muß mit entsprechender rechtsstaatlicher Gegengewalt vorgegangen werden, – nicht nur aus Gründen der »öffentlichen Ordnung«, sondern auch, weil die betreffenden Jugendlichen dies als eine notwendige Orientierung, als eine unmißverständliche Grenzsetzung brauchen. *Statt dessen* zu pädagogischen Mitteln zu greifen, die auf die subjektive Innerlichkeit setzen und davon Besserung erhoffen, ist insofern unrealistisch, als dabei die Machtfrage ausgeklammert bleibt. Erst nachdem diese Frage, z.B. durch polizeiliches Eingreifen oder durch eine gerichtliche Verurteilung, geklärt ist, kann auch eine pädagogische Intervention wieder Sinn ergeben, nämlich als ein Lernangebot für die Vermeidung künftiger Übel.

Im übrigen mag der Grundsatz zum Erfolg führen, daß auch bei diesen Jugendlichen konkrete Bedürfnisse und Interessen vorliegen, an die sich unter Umgehung der ideologischen Phrasen anknüpfen ließe. Was wollen sie wirklich für ihre künftiges Leben, und wie ließe sich dies auf andere Weise, also ohne Gewalt gegen andere, verwirklichen?

5. Zusammenfassung

Die Ergebnisse der bisherigen Überlegungen lassen sich fürs erste folgendermaßen zusammenfassen:

1. Die heutigen Kinder wachsen auf in einer pluralistischen Gesellschaft, d.h. in einer solchen, deren Einwirkungen auf den Prozeß des Heranwachsens so widersprüchlich sind wie die einzelnen Sozialisationsfaktoren selbst.

2. Dieser Pluralismus ist konstitutiv für unser freiheitliches politisches System und könnte – wenn überhaupt – nur gemeinsam mit diesem wieder beseitigt werden.

3. Jeder Sozialisationsfaktor (z.B. Fernsehen, Konsumsystem, Gleichaltrigen-Szene) hat seine eigentümliche Bedeutung für den Prozeß des Heranwachsens, die durch pädagogische Faktoren wie Schule und Familie nicht substituiert werden kann; insofern sind die Bedingungen für das traditionelle Konzept von »Erziehung« historisch entschwunden.

4. Familie und Schule sind nur Teile des gesamten Sozialisationskonzeptes und können diesen im ganzen weder steuern noch planen noch kontrollieren. *Erziehung* im traditionellen Verständnis einer ganzheitlichen Einwirkung muß also dem Konzept partikularer, begrenzter *Interventionen* weichen.

5. Die pluralistische Sozialisation verlangt von den Heranwachsenden spezifische, historisch neuartige Anstrengungen und ist folgerichtig auch mit spezifischen Möglichkeiten des Scheiterns verbunden.

6. Zu den von den Heranwachsenden zu lösenden Aufgaben gehören insbesondere das Ausbalancieren widersprüchlicher Erwartungen, damit verbunden die Individualisierung von Lebensentwürfen und der Aufbau eines tragfähigen Wertsystems aus dem Bestand der pluralistischen Alternativen.

7. Diese Aufgaben verlangen frühe Selbständigkeit und Autonomie, aber auch frühe Übernahme der Verantwortung für sich und andere, und erfordern somit ein anderes Bild von Kindheit, als es allgemein im pädagogischen Bewußtsein überliefert ist.

8. Die Aufgabe der pädagogischen Institutionen Familie und Schule besteht im wesentlichen darin, mit ihren je eigenen Möglichkeiten, über die im III. Teil noch zu sprechen sein wird, diese Verselbständigungsprozesse optimal zu fördern und zu unterstützen.

II. Kritik des pädagogischen Zeitgeistes

Vom »pädagogischen Zeitgeist« war schon mehrfach die Rede. Eine etwas genauere Auseinandersetzung mit ihm ist deshalb nötig, weil sonst die bisher kritisierten pädagogischen Fehleinschätzungen und diejenigen, die uns später im Kapitel über die Schule und die Familie noch beschäftigen werden, nicht verständlich wären. Die Frage ist nämlich, warum die eigentlich so naheliegenden pädagogischen Schlußfolgerungen aus den Bedingungen der pluralistischen Sozialisation nicht gezogen und statt dessen weiterhin erzieherische Überzeugungen vertreten werden, die dazu teilweise im krassen Widerspruch stehen. Diese Überzeugungen sind fundiert in einer Art von kollektivem Vorstellungssyndrom, das die öffentliche Meinung, aber auch den tonangebenden Teil der einschlägigen Wissenschaften und nicht zuletzt die pädagogische Praxis beherrscht und das ich im Unterschied zu wissenschaftlich fundierten Theorien den »pädagogischen Zeitgeist« nennen möchte.

Ich könnte auch von einer »pädagogischen Ideologie« sprechen. Aber mit diesem Begriff wäre der Sachverhalt zu statisch getroffen, allenfalls in seinem Endergebnis zu charakterisieren, insofern der Zeitgeist inzwischen die pädagogisch-therapeutischen Berufe ideell fundiert. Zudem ist der Begriff »Ideologie« wegen seiner exzessiven Verwendung im Rahmen der neo-marxistischen Phase der 68er-Bewegung belastet. Die Sachverhalte, die ich »Zeitgeist« nenne, sind jedoch älter als die marxistische Theorie, wie sich zeigen wird. Im einzelnen geht es mir um die Explikation folgender Thesen:

1. Das gegenwärtig erkennbare falsche Bewußtsein in pädagogischen Fragen, wie es u.a. im Mißverständnis der pluralistischen Sozialisation zum Ausdruck kommt, geht zurück auf die politische und kulturelle Totalkritik der 68er-Bewegung.

2. Dieser politisch-kritische Ausgangspunkt verbrauchte sich jedoch schnell und wurde in den 70er Jahren durch eine zunächst ebenfalls noch politisch motivierte Wendung aufs Subjekt abgelöst.

3. Die subjektorientierten Vorstellungen vergaßen jedoch mit der Zeit ihre politische Herkunft und gerieten so zu politisch-gesellschaftlich freischwebenden Derivaten, zu einem politisch und institutionell verständnislosen Kult der Nähe, der Unmittelbarkeit und der Innerlichkeit.

4. In diesem Prozeß bildete sich als Nachfolger des bildungsbürgerlichen der psychologisierende pädagogisch-therapeutische Zeitgeist heraus.

5. Dieser enthält neben den subjektorientierten Annahmen z.B. in Form basisdemokratischer Vorlieben noch Reste der ursprünglichen politischen Kritik, deren politischer Sinn jedoch weitgehend entschwunden ist und auch kaum mehr reflektiert wird.

6. Der so entstandene reformpädagogische Zeitgeist konkretisierte sich mit der Zeit zu einer Berufsideologie für die pädagogisch-therapeutischen Professionen, indem er möglichst große Teile der gesellschaftlichen Realität jeweils so definiert, wie es den berufsspezifischen Handlungs- und Lösungsinteressen entspricht bzw. entgegenkommt.

7. Wegen dieses Zusammenhangs von (kollektivem) Bewußtsein und Profession ist die Revision der pädagogischen Praxis nicht mehr nur durch Einzelmaßnahmen etwa im Sinne bildungspolitischer Kurzfristigkeit möglich, sondern bedarf einer grundlegenden Reflexion über das diese Praxis dominierende Bewußtsein, wobei insbesondere deren vergessene politisch-gesellschaftliche Voraussetzungen wieder zum Thema werden müssen.

Zunächst geht es also um die Genese des Zeitgeistes, um seine Geburt aus der 68er-Bewegung; zum Abschluß werden dann einige wichtige Versatzstücke der gegenwärtigen pädagogisch-therapeutischen Berufsideologie systematisch vorgestellt und kritisiert.

»Zeitgeist« ist ein kompliziertes Phänomen. Es drückt »Selbstverständlichkeiten« aus, die im alltäglichen Handeln nicht weiter hinterfragt werden, nach denen man sich einfach richtet. Es ist die Sphäre des »man« : »Man« denkt eben so, »man« handelt oder reagiert in bestimmten Situationen einfach so und nicht anders.

Der Zeitgeist verdankt sich offensichtlich der Tatsache, daß wir Orientierungshorizonte brauchen, um im Alltag mit Aussicht auf positive soziale Resonanz bei anderen handeln und kommunizieren zu können, und das gilt nicht erst in unseren Tagen. In früheren Zeiten z.B. entsprach es dem Zeitgeist, daß Mütter, die es sich leisten konnten, ihre Kinder nicht selbst stillten, sondern dafür Ammen gewannen, und es kostete seit der Zeit der Aufklärung viel Aufwand, dieses Verhalten als »Unsitte« zu denunzieren – immerhin führte es zu hoher Kindersterblichkeit – und den Zeitgeist entsprechend zu verändern, was dann allmählich zur Intimität der heutigen Familie führte.

Die Gebote und Verbote des Zeitgeistes sind also keine Schrulle, keine überflüssige Ideologie, sondern unentbehrlich für das soziale Handeln der Menschen. Indem wir seine Sprache benutzen, signalisieren wir soziale Zugehörigkeit und daß wir mit unserer Meinung nicht allein bleiben wollen. Unser Leben ist auf ein Minimum an »Selbstverständlichkeiten« angewiesen; wir können zumal im Umgang mit Kindern unser Tätigsein nicht jeden Tag neu erfinden, weil sonst heillose Verwirrung aller Beteiligten die Folge wäre.

Historisch gesehen waren die »Selbstverständlichkeiten« des pädagogischen Alltagshandelns immer verhältnismäßig eng mit den erwähnten Milieus verbunden. Das Entschwinden dieser Milieus hat jedoch den Bedarf nach entsprechender Orientierung keineswegs beseitigt, sondern nur den Ruf nach einem neuen Anbieter provoziert.

Wegen seiner sozialen Funktion ist der Zeitgeist auch verhältnismäßig resistent gegen Veränderungen, weil natürlich jeder Wandel mit sozialer Verunsicherung verbunden ist. Man könnte eine Geschichte des pädagogischen Alltagshandelns als eine Geschichte der aufeinanderfolgenden Zeitgeistfiguren schreiben. Allerdings bestünde die Hauptschwierigkeit eines solchen Vorhabens darin, seine jeweiligen *Quellen* zu finden; denn die meisten Menschen sind in ihrem Alltag normalerweise nicht literarisch produktiv, sie schreiben im allgemeinen nicht auf, was sie denken, wenn sie mit ihren Kindern umgehen. Aber wissenschaftsmethodische Überlegungen sind an dieser Stelle entbehrlich, weil, wie sich zeigen wird, die Sache selbst jedermann bekannt ist.

1. Vom bildungsbürgerlichen zum psychologischen Zeitgeist

Der gegenwärtige pädagogische Zeitgeist entstand Ende der 60er Jahre mit dem Aufkommen der Studentenbewegung und löste dabei seinen Vorgänger, den »bildungsbürgerlichen«, ab. Dieser war – wie die Bezeichnung schon verrät – ein verhältnismäßig elitärer, getragen von einem Teil der Mittelschicht, der sich den Traditionen des deutschen Bildungsdenkens verpflichtet fühlte und von diesem Fundus her als kultureller Sinnlieferant über Jahrzehnte wirken konnte. Seine Bedeutung erstreckte sich also keineswegs auf die ganze Gesellschaft; die unteren sozialen Schichten erreichte er nur sporadisch – etwa mit der Maxime »Aufstieg durch Bildung« –, weshalb dort im allgemeinen und im wesentlichen andere Erziehungsmaximen galten.

Der bildungsbürgerliche Zeitgeist formulierte und reproduzierte sich über das *geschriebene Wort*, der gegenwärtige vermittelt sich in erster Linie über die *modernen Medien*, vereinfacht gesagt: nicht mehr über das Traktat, sondern über die Talkshow, also über Menschen, die am Bildschirm sich als Fachleute präsentieren und dabei Betroffenheit und Engagement zum Ausdruck bringen, die Ratschläge erteilen und dabei ihre Erfahrungen als Eltern, Lehrer, Therapeuten zum besten geben. Diese moderne mediale Präsentation hat den *Inhalt* des gegenwärtigen Zeitgeistes maßgeblich mitbestimmt, etwa seinen Betroffenheitskult, seine Emotionalität und seine Betonung unmittelbarer menschlicher Beziehungen. Solche Attitüden sind durch den Bildschirm leichter zu vermitteln als durch das Buch.

Innerhalb kurzer Zeit kam es Ende der 60er/Anfang der 70er Jahre zunächst an den Hochschulen, dann an den Schulen und teilweise auch in den Lehrwerkstätten des Handwerks und der Industrie zu einer verbreiteten Jugendrevolte. Mit einer Mischung aus Aggressivität und Ironie zog sie alle staatlichen und gesellschaftlichen Autoritäten vom Podest und wollte sie durch Aufklärung, Agitation, Selbstbefreiung von den verinnerlichten Au-

toritäten, durch Selbstbestimmung des Individuums und Mitbestimmung aller Beteiligten und Betroffenen und letzten Endes
durch die Erziehung eines »neuen Menschen« ersetzt, um so die
Gesellschaft in einen humanitären Fortschritt zu treiben. Der
pädagogische Optimismus dieser Zeit, der an den Universitäten
die Erziehungswissenschaft zu einem Massenfach werden ließ, ist
wohl nur vergleichbar in diesem Jahrhundert mit dem der jungen
Sowjetunion. »Jugendrevolten« hat es in diesem Jahrhundert in
Deutschland mehrfach gegeben, die letzte vor 1968, die die Öffentlichkeit einigermaßen ratlos machte, fand in den Jahren 1956
bis 1958 als sogenannte »Halbstarkenkrawalle« statt. Aber sie hatten weder die Absicht noch die Wirkung, das gesellschaftliche Leben grundlegend zu verändern (vgl. Kaiser).

Über die »Achtundsechziger« ist inzwischen viel geschrieben worden – vor allem dann, wenn sich ein Jahrzehnt oder auch nur ein
halbes ihrer Geschichte dafür anbot. Diese Historiographie soll
hier nicht fortgeführt werden. In politisch-ideologischer Hinsicht
ist diese Bewegung schnell wieder zerfallen, hat sich in Fraktionen
und Grüppchen gespalten – bis hin zur RAF –, von denen die
meisten in Sackgassen endeten, verbraucht von zermürbenden
Debatten über die »reine Lehre« zunächst des Marxismus, dann
der Psychoanalyse, dann einer Kombination von beidem usw. ins
Endlose. Der Neomarxismus, welcher Variation auch immer,
hatte am wenigsten Bestand, was von heute aus gesehen nicht weiter verwundern kann. Das schnelle *politische* Scheitern beruhte
wohl vor allem darauf, daß diese »linke« Bewegung eine von bürgerlichen und kleinbürgerlichen Intellektuellen blieb und die »Ar-
beiterklasse«, als deren Avantgarde sie sich zumindest zeitweise
fühlte, nicht für ihre Ideen zu mobilisieren vermochte.
   Bedeutsamer war diese Bewegung für die Entwicklung des
pädagogischen Denkens. Obwohl ihr eigentlicher Kern nur aus einer kleinen Minderheit bestand, hat sie die Grundstimmung einer
ganzen Generation quer zu den sonstigen politischen Einstellungen zum Ausdruck gebracht. Das läßt sich an den Wirkungen belegen, die sie hinterlassen hat.

1. Sie trieb alle pädagogisch relevanten gesellschaftlichen Autoritäten zwar nicht überall faktisch, aber doch wenigstens ideologisch in die Defensive, raubte ihnen die bis dahin mehr oder weniger selbstverständliche Legitimation. Politiker, Wissenschaftler, Manager, Eltern, Lehrer, Sozialpädagogen, Sozialbürokraten wurden als Amtsträger wie als persönliche Autoritäten in Frage gestellt; sie seien alle korrumpiert durch das »repressive« gesellschaftliche »System«, dessen »Imperialismus« nur die »Ausbeutung des Menschen« im Sinne, zum Ziele und weitgehend auch zum Resultat habe. Dieses Tabula-rasa-Verdikt, das kaum einen Stein auf dem anderen ließ, war die entscheidende Voraussetzung für alles Weitere. Es erreichte auch die Schulen und vor allem die gerade die Universität verlassenden Junglehrer und gab diesen vor allem zweierlei mit auf den Weg: ein tiefes Mißtrauen gegen den demokratischen Charakter der Institutionen unseres Staates im allgemeinen und der Schule im besonderen und die Vorstellung, man müsse durch Mobilisierung der »Basis« – also auch der Schüler – den eigentlichen demokratischen Sinn dieser Institutionen erst zur Geltung bringen. Folgen davon sind bis heute eine innere Distanz zur Schule als Institution zugunsten einer Überbetonung der unmittelbaren Beziehungsdimension zwischen Lehrern und Schülern und eine Vorliebe für basisdemokratische Inszenierungen gerade auch im Bildungssektor, wobei allerdings der ursprüngliche Gegner, die »autoritäre« Verfaßtheit der Institutionen, längst verlorengegangen ist.

2. Die durch solche anti-autoritären Attacken verursachte Desorientierung der sozialen Bezüge und auch des Intimlebens brachte in wenigen Jahren einen bis dahin eher marginalen Berufsstand zu ungeahntem wirtschaftlichen Aufschwung: die *Therapeuten*. Die »Beziehungskisten« wurden ein literaturfähiges Thema (vgl. Oelkers/Lehmann). Experimentiert wurde mit Wohngemeinschaften (»Kommunen«), unter denen die »Berliner Kommune I« mit Fritz Teufel und Rainer Langhans zeitweilig berüchtigte Berühmtheit erlangte. In Distanz, ja Feindschaft zur traditionellen bürgerlichen Familie sollten neue Formen von »Basisbeziehungen« erprobt werden. Auch Kinder wurden darin ver-

wickelt. Sie sollten unter anti-autoritären Bedingungen aufwachsen und von sich aus, aus *innerer* Motivation lernen, was sie interessiert, und ihre Beziehungen untereinander *selbst regulieren*.

3. Ebenso folgenreich war die Demontage des öffentlichen Verhaltens. »Das Ende der Höflichkeit« wurde eingeläutet (vgl. Kerbs u.a.), Höflichkeit und andere Verhaltensformen der öffentlichen Zivilität wie Respekt und Toleranz oder was die Soziologen »Rollen-Verhalten« nennen, Verhaltensweisen, mit denen wir uns in unserer dicht besiedelten Region auf produktive Distanz zu halten vermögen, wurden als Teil der bürgerlichen Charaktermasken »entlarvt« zugunsten eines Kultes der menschlichen Unmittelbarkeit. Daß Zivilisation auf kultivierter Distanz und nicht auf emotional freigesetzter Nähe beruht, mußte in kommenden Jahrzehnten mühsam wieder gelernt werden. Auch davon profitierten wieder therapeutische Berufe. »Selbsterfahrungen« sollten erprobt werden, und in den Institutionen, vor allem wohl des Bildungswesens, nisteten sich entsprechende Trainingskurse ein, deren Ziel es war, die emotionalen Bedürfnisse und Erwartungen, die etwa in einer Sitzung die rationale Argumentation begleiten, zum Vorschein zu bringen. Das Ergebnis war nicht selten eine gänzliche Verwirrung des rationalen Zweckes, z.B. einen vernünftigen Beschluß zu fassen, dem die Zusammenkunft eigentlich dienen sollte. Nicht nur wurden auf diese Weise Veranstaltungen solcher Art in die Länge gezogen, vielfach setzte diese anti-rationale Erwartung auch erst frei, was eigentlich durch die neue Kommunikationstechnik verhindert werden sollte, nämlich Aggression und Frustration. »Diese Bemerkung hat mich aber sehr betroffen gemacht«, – ein solcher Zwischenruf war oft Anlaß genug, eine sachbezogene Debatte für längere oder kürzere Zeit zu unterbrechen, um diese »Betroffenheit« erst einmal zu kurieren. Daß sich derlei Zwischenrufe auch gut instrumentell einsetzen ließen, um eine mißliebige Debatte oder ihr unerwünschtes Ergebnis zu verhindern, lernte sich schnell. Für das pädagogische Denken etwa in der Schule folgte daraus die Unterwanderung rationaler, institutionell vorgeformter Beziehungen durch emotionale Ansprüche.

4. Vielleicht am nachhaltigsten für das pädagogische Bewußtsein wirkte sich die radikale Denunzierung aller offiziellen Kultur als »affirmativ« aus, weil sie die verhaßte kapitalistische Herrschaft lediglich bestätige und unterstütze. Auf diese Weise geriet alles in Verdacht, was in den Schulen gelehrt wurde, weil es lediglich zu diesem Zwecke unterrichtet würde. Natürlich machte die Schule trotzdem irgendwie weiter, aber mit schlechtem Gewissen und wartend darauf, daß die repressionsfreien Alternativen bald genannt würden. Aber es kam nichts, weil diese Bewegung als eine jugendliche – wie alle Jugendbewegungen vor ihr – abgesehen von forschen und witzigen Kampf- und Demonstrationsparolen kulturell wenig kreativ und wenig produktiv war. Die Klügeren unter den Beteiligten brauchten oft Jahre, um sich von diesem Kahlschlag und von den damit verbundenen persönlichen Beziehungen zu lösen; letzteres war meist das eigentliche Problem, weil es tiefsitzende Bedürfnisse nach Solidarität berührte. Bis heute ist in dieser Pädagogen-Generation die Furcht verbreitet, durch »Abweichung« ihre Bezugsgruppe zu verlieren.

5. *Produktiv für die Zukunft* war eigentlich nicht die ursprüngliche 68er-Bewegung, die ohnehin nur wenige Jahre dauerte, sondern einiges, was aus ihr hervorging: ökologische Bewegung (»Die Grünen«), »zweite« Frauenbewegung – wie sie sich oft selbst in Erinnerung an die erste um die Jahrhundertwende nennt – und schließlich die Selbsthilfegruppen, um nur die für unseren Zusammenhang wichtigsten zu nennen. Diese Bewegungen wurden nun zum Träger von wissenschaftlichen Theorien über das private wie gesellschaftliche Leben, die in eingeweihten Kreisen lange bekannt waren, aber nun zu neuer Publizität gelangten: Die mehr oder weniger marxistisch orientierten Sozialwissenschaften einerseits und die Psychoanalyse in ihren verschiedenen Variationen andererseits. Die Frauenbewegung – mit ihren komplexen Nuancen von gemäßigt bis radikal-feministisch – und die erwähnten Wissenschaften beeinflußten das öffentliche pädagogische Denken und Handeln derart, daß es sich zu einem neuen »pädagogischen Zeitgeist«, zu einem neuen kollektiven Bewußtsein in Sachen Erziehung verdichtete.

Dafür war aber eine positive, konstruktive Wende nötig. Die 68er operierten mit einer *Kritik* der pädagogischen Auffassungen, die sie vorfanden, und der diese tragenden Institutionen und Träger. *Vorschläge zur Verbesserung* blieben zunächst aus, weil es ihnen primär um die *politische* Veränderung ging, woran gemessen pädagogische Konzepte eher als zweitrangig, nämlich aus diesem Zweck abzuleiten, erscheinen mußten. Erst das Berufsinteresse der Pädagogen, die in dieser Zeit ausgebildet wurden, zwang zur Beschäftigung auch mit Fragen der Erziehung und Bildung. Dabei lassen sich zwei Tendenzen feststellen, die fast zeitgleich entstanden und die sich als *didaktischer Objektivismus* und als *didaktischer Subjektivismus* beschreiben lassen. Auf den ersten Blick erscheint diese Kennzeichnung als paradox, da sich beide Konzepte eigentlich logisch ausschließen. Zu verstehen ist dieser Widerspruch jedoch folgendermaßen:

In der ersten Phase bis etwa Mitte der 70er Jahre ging es in erster Linie darum, die neu entdeckten neomarxistischen Grundüberzeugungen über die gesellschaftlichen Verhältnisse mehr oder weniger doktrinär in die Köpfe der Jugendlichen zu transportieren, wobei *pädagogische* Überlegungen sich reduzierten auf die Methoden des Beibringens. Verständlicherweise war diesem Bemühen bei den Jugendlichen kein dauerhafter Erfolg beschieden; sie wandten eine wichtige Methode der 68er, das »Hinterfragen« von Autoritäten, nun auch gegen ihren neuen Schulmeister an.

Teils parallel zu dieser doktrinären Phase, teils an diese anschließend, verlief eine Art von *subjektiver Wende*. Auch sie ging im allgemeinen davon aus, daß der Pädagoge die »Wahrheit« im Kopfe habe, aber die didaktische Überlegung war nun eine andere: Wenn es so ist, daß die Gesellschaft mit ihren menschenfeindlichen Strukturen und Bedingungen die Menschen »fertig« mache, dann mußte sich das ja in der Befindlichkeit des einzelnen bemerkbar machen, ihm irgendwie anzusehen sein. Wenn die betreffenden Jugendlichen von sich aus keine derartigen Beschwerden fanden oder äußerten, wurden sie eindringlich gefragt, ob sie tatsächlich so leben wollten, wie sie lebten – wer will das schon im Jugendalter!? –, oder sie wurden zur Introspektion ermuntert; sie sollten doch einmal in sich hineinhorchen, ob sie nicht wichtige Wünsche verdrängt hätten, weil sie ihnen unerfüllbar oder verboten erschienen seien.

Die Wendung aufs Subjekt überlebte den politischen Dogmatismus bis heute; sie *ist* inzwischen das Problem, dessen *Lösung* sie damals sein sollte. Wichtig für das gegenwärtige Verständnis ist jedoch, daß sich diese subjektive Wende primär nicht dem Interesse an der Eigenart des Individuums und dem Respekt vor ihm verdankt, sondern eher eine *methodische Variation der allgemeinen Gesellschaftskritik* darstellte. Diese politisch-doktrinäre Herkunft ist die pädagogische Beschäftigung mit der Subjektivität des Kindes bis heute nicht recht losgeworden.

Mit diesen knappen Erinnerungen sind wesentliche Elemente des gegenwärtigen pädagogischen Zeitgeistes bereits zur Sprache gebracht: die Entdeckung »der Gesellschaft« als Ursache aller persönlichen Übel, der psychologisierende Subjektivismus als »Betroffenheitskult« (Stephan), die Relativierung der individuellen Verantwortlichkeit und – nicht zuletzt – die Aushöhlung der Institutionen, ihre »Intimisierung« (Sennett).

Der Versuch, aus den Prämissen der neomarxistischen Gesellschaftslehre einen objektiven Kanon für die Herausbildung des »richtigen Bewußtseins« abzuleiten, mißlang jedoch. Er beruhte nämlich auf der Annahme, daß der kulturelle »Überbau« – also auch die Pädagogik – der ökonomisch determinierten »Basis« zuzuordnen sei, daß sich also z.B. Aussagen über Erziehung dem »objektiven« Interesse der ökonomisch definierten Klassen der »Kapitalisten« bzw. der »Arbeiter« zuordnen ließen. Nur unter dieser Voraussetzung machte es ja Sinn, eine »bürgerliche« von einer »antikapitalistischen« Pädagogik zu unterscheiden, diese für »fortschrittlich« und die andere für »reaktionär« zu halten. Nur mit einer solchen Polarisierung war auch die kämpferische Unbeirrbarkeit zu erklären, mit der seinerzeit für und gegen pädagogische Konzepte gefochten wurde.

Aber diese Unterscheidung hat sich nicht nur politisch nicht durchsetzen lassen, sie war auch wissenschaftlich in dieser Einseitigkeit nicht zu halten. Mag das auf Karl Marx zurückgehende Basis-Überbau-Konstrukt für das 19. und bis zur Mitte des 20. Jahrhunderts einen Erklärungswert auch für pädagogische Phänomene gehabt haben, so kann davon in den hochentwickelten Industrieländern heute kaum noch die Rede sein. In Relation zur ökonomischen Basis und damit im Verhältnis zu den marxistisch definierten »Klassen« ist der Überbau inzwischen beliebig geworden. Im Prinzip ist es den »Kapitalisten« in diesen Ländern objektiv wie subjektiv ziemlich gleichgültig, wie er beschaffen ist und wie er sich weiterentwickelt. Das »Kapital« kann auf die in früheren Zeiten des Klassenkampfes relativ primitiv strukturierte Loyalität von kritiklos-willigen Arbeitnehmern längst verzichten, wie sie etwa durch religiösen oder »vaterländischen« Gesinnungsunterricht früher propagiert worden war. Diesen damals zum »Überbau« zu rechnen, der die Arbeitnehmer von ihren eigenen Interessen abhalten sollte, machte Sinn; heute dagegen geht es allenfalls um die Kapital*verwertung* der Überbau-Phänomene, wie sich beispielsweise am privaten Funk- und Fernsehmarkt zeigt. Aber für diese Einsicht braucht heute niemand mehr eine komplizierte neomarxistische Theorie, sie ergibt sich fast aus der Alltagserfahrung schon der Schüler.

Erinnert man sich daran, mit welcher doktrinären Leidenschaft seinerzeit diese Theoreme verfochten wurden und als Erklärungsansatz für alles mögliche herhalten mußten, dann wird man zu dem Schluß gelangen können, daß die 68er-Bewegung das *Ende* einer kulturellen Epoche markierte, nicht jedoch einen neuen *Anfang*. Sie offenbarte das letzte Zucken des bildungsbürgerlichen Zeitgeistes.

Der Versuch, von einer neomarxistischen Gesellschaftsanalyse her Erziehungs- und Bildungsziele gleichsam »objektiv« zu bestimmen, ist also schnell gescheitert. Das mag als historische Episode zu den Akten gelegt werden, aber für unsere gegenwärtige Situation sind daraus zwei Folgerungen entstanden. Einmal gibt es kein gesellschaftlich konsensfähiges, inhaltlich einigermaßen fixierbares Bildungsideal mehr, an dem sich die öffentliche Pädagogik orientieren könnte. In dieser Hinsicht ist der Neomarxismus nicht ersetzt worden, auch nicht durch eine konservative Gegenposition. Die Frage nach den verbindlichen *öffentlichen Bildungszielen* ist seither offen.

Zum anderen ist inzwischen jeder Versuch, die *politischen* und *gesellschaftlichen* Bedingungen und Determinanten der Erziehung gebührend zu beachten, in Mißkredit geraten. Derart unpolitisch verstanden kreist das Nachdenken über Erziehung nur noch um sich selbst. Die Konsequenzen werden wir am Beispiel der Aushöhlung der Schule als Institution später noch ausführlicher kennenlernen.

Angesichts dieser Lage kann es nicht verwundern, daß wir seit den 70er Jahren eine *Wende zum Subjekt,* zum Individuum zu verzeichnen haben. Was in der objektiven Welt – in Staat, Gesellschaft, Wirtschaft – nicht mehr verankert werden kann, soll nun im Menschen selbst fundiert werden. In diesem Prozeß verschwand die ursprüngliche *politische* Definition des Subjektes mehr und mehr zugunsten seiner internen Psychologisierung.

Da nun nach dem Scheitern der politisch-ideologisch fundierten »neuen Erziehung«, wie sie die 68er propagiert haben, eine konsensfähige objektive Ableitung von Erziehungs- und Bildungszielen nicht mehr möglich war, ist hier eine *Sinn-Lücke* insbesondere für die pädagogischen Berufe entstanden, und diese Leerstelle drängte nach Auffüllung. Das beschriebene Scheitern der gesellschaftskritischen Pädagogik mußte ja diejenigen verunsichern, die nun weiterhin in ihren pädagogischen Berufen tätig bleiben wollten. Wonach sollten sie sich nun richten, wie konnten sie ihren ursprünglichen pädagogischen Ansatz nun neu begründen?

Die Nachfolger der 68er, deren beruflicher Fähigkeiten sie selbst teilweise schon bedurften und denen sie dann zum Aufstieg in die beherrschende öffentliche Meinung verhalfen, waren und sind die Psychologen bzw. die Psychotherapeuten unterschiedlicher Spielart, aber immer noch dominiert von der auf S. Freud zurückgehenden psychoanalytischen Variante. Sie fundierten den neuen pädagogischen Zeitgeist, der den Platz des früheren bildungsbürgerlichen einnahm und nach dem Scheitern der politischen Ideologie die schon erwähnte »subjektive Wende« mit Inhalt füllen konnte. Nicht »die Psychologie« hat diese Funktion übernommen; dafür ist sie als Wissenschaft in sich viel zu widersprüchlich und auch über weite Strecken zu akademisch. Ich meine vielmehr eine *Berufsgruppe*, die aus dem beschriebenen Scheitern der 68er heraus expandierte und der es gelungen ist, die für sie *nützlichen* Gedanken öffentlich durchzusetzen, was natürlich nur möglich war, weil sie den Menschen als einigermaßen plausibel für ihre pädagogische Sinnkrise erscheinen konnten. Mit dieser Behauptung ist über die Richtigkeit oder über die Wahrheit dieser Gedanken noch gar nichts ausgesagt, sondern nur etwas über ihre Herkunft und ihre öffentliche Resonanz. Allerdings folgt daraus durchaus, daß diese Gedanken nur deshalb die den pädagogischen Zeitgeist dominierenden werden konnten, weil sie sich nicht nur in der öffentlichen Meinung durchsetzten, sondern diese auch durch die Aufrechterhaltung von Stereotypisierungen bis zu einem gewissen Grade monopolisieren konnten. Ohne diesen Zusammenhang von Berufsinteresse und seiner medialen Vermarktung wäre der gegenwärtige pädagogische Zeitgeist nicht erklärbar; denn daß die pädagogische Sinnstiftung das Ergebnis eines in den Medien – vor allem im Fernsehen – erfolgreich ausgetragenen Machtkampfes ist, bei dem konkurrierende Vorstellungen unterlagen, ist in dieser Form historisch neu. Unterlegen sind dabei z.B. die Pädagogen generell – als »Fachleute fürs Kind« sind sie von den Psychologen abgelöst worden –, aber insbesondere diejenigen unter ihnen, die eine konservative Position vertreten oder die der »subjektiven Wende« mehr oder weniger skeptisch gegenüberstehen und die etwa 1978 den Kongreß »Mut zur Erziehung« veranstalteten. Daß es sie in gar nicht so geringer Zahl überhaupt noch gibt, läßt sich nur feststellen, wenn man die einschlägigen Fachveröffentlichungen zu Rate zieht; in den Massenmedien erscheinen sie und ihre Ansichten dagegen kaum. Ähnlich ergeht es den *verhaltenstherapeutischen Konzepten*, die im Unterschied zu den psychoanalytischen nicht auf die Aufarbeitung frühkindlicher Vorgeschichten, sondern auf Änderung durch Verhaltenstraining setzen; auch sie kommen in den Medien kaum zur Geltung.

Auch das deutsche Bildungsbürgertum, das, wie schon erwähnt, etwa bis Mitte der 50er Jahre die öffentliche Meinung in Sachen Erziehung und Bildung beherrschte, hatte über Jahrzehnte eine Art von Alleinvertretungsanspruch, der sogar die NS-Zeit überdauern konnte. Seinen letzten öffentlich bedeutsamen Niederschlag hat es gefunden im »Deutschen Ausschuß für das Erziehungs- und Bildungswesen«, der in den 50er Jahren Gutachten für die Reform des (west)deutschen Bildungswesens veröffentlichte, aber letzten Endes scheiterte und 1965 vom »Deutschen Bildungsrat« abgelöst wurde, in dem nun nicht mehr ad personam ausgesuchte und ausgewiesene Bildungsbürger vertreten waren, sondern »Repräsentanten« z.B. von Bund und Ländern. Der vom Bildungsbürgertum geprägte Zeitgeist ist ebenfalls Ergebnis eines geistigen Kampfes gewesen. Er war das Resultat der schon erwähnten kulturellen Auseinandersetzung zwischen Bildungs- und Wirtschaftsbürgertum. In diesem Prozeß suchte das Bildungsbürgertum sich nun ein neues Feld für seine Reprofilierung und fand es in der Erziehung. »Der Jugendliche« wurde entdeckt als ein Mensch, der noch nicht verdorben sei durch die Interessen, Ränke und Schliche, die den Erwachsenen charakterisieren; deshalb sei er prädestiniert, sich noch große kulturelle, moralische und politische Aufgaben zu stellen und sein Volk auf bessere Wege zu führen. Dafür müsse er aber in Ruhe »reif werden« können, möglichst unter der Obhut von dafür geeigneten Erziehern und Lehrern, deren Ansehen als Berufsgruppe auf diese Weise natürlich enorm wuchs; denn schließlich hatten sie nun für den kostbarsten Teil des Volkes zu sorgen. Was dazu nötig war an Wissen und Einsichten, an Moral, an Verständnis, aber auch an Führung, das wußten die Pädagogen, weil dies schließlich ihre Profession war (vgl. Giesecke 1981). Aus diesen Auseinandersetzungen erwuchs der bildungsbürgerliche Zeitgeist, dessen Einfluß noch nach dem Zweiten Weltkrieg bis in die Kultusministerien reichte. Er bestimmte, was »bildend« sei und was nicht. Nicht bildend waren demnach die modernen Massenmedien, vom Spielfilm bis zur TV-Unterhaltung. Die kulturelle Macht des Bildungsbürgertums zerbrach etwa Mitte der 50er Jahre nicht zuletzt an den modernen Medien und ihren

Chancen, die Massen mit ihrer neuen Kultur zu erreichen, die des elitären Buchwissens nicht mehr bedurfte, auf dem sich der innere Zusammenhalt dieses Bildungsbürgertums gründete. Folgen seiner ehemaligen Dominanz sind jedoch geblieben. So hat bis heute die Schule kein wirklich pädagogisch produktives Verhältnis zu den modernen Medien gefunden. Von den journalistischen und ästhetischen Dimensionen der elektronischen Medien hat kaum ein Lehrer eine Ahnung, und er lernt es an der Universität nicht, weil seine Professoren im allgemeinen davon auch nichts verstehen. Die gegenwärtige Diskussion darüber, ob der Computer in der Schule eingesetzt werden soll und welcher »Bildungswert« ihm zugeschrieben werden könne, gehört noch in diesen Zusammenhang. Der bildungsbürgerliche Zeitgeist, der Vorgänger des gegenwärtigen, ist also nur scheinbar durch die 68er beseitigt worden, tatsächlich jedoch durch die Entwicklung zur modernen Mediengesellschaft, und die 68er haben seinen Verfall nur beschleunigt. Vereinfacht könnte man also sagen, daß die Berufspsychologen das Bildungsbürgertum abgelöst haben.

Möglich wurde dies jedoch nur, weil der Beruf des Psychologen im Vergleich zu früher nicht nur im quantitativen Sinne expandierte, sondern vor allem auch sein Tätigkeitsfeld enorm ausweiten konnte. War er über lange Zeit lediglich für bestimmte Problemfälle, also für seelisch Kranke zuständig, so hat er sich inzwischen zu einer nahezu alle gesellschaftlichen Bereiche erfassenden beratenden und therapierenden Profession ausgeweitet. Diese Aufgabenerweiterung erschien nicht zuletzt deshalb so plausibel, weil eben in dem Maße, wie nicht nur in der Pädagogik, sondern auch in anderen Bereichen des Alltagshandelns die überlieferten normativen Vorgaben und institutionellen Orientierungen schwanden, die Entscheidungskompetenz auf den einzelnen verlagert wurde, was ihn zunehmend auf eine Beratung und Betreuung verwies, die insbesondere seine *inneren* Motive und Bedürfnisse ansprechen mußte. Der Aufstieg der Psychologie war also die Kehrseite des Entschwindens der überlieferten sozialen Vorgaben bzw. der Tatsache, daß keine neuen an die Stelle der alten traten, sondern daß das freigewordene Feld individuellen Entscheidungen geöffnet wurde wie nie zuvor.

Die Ablösung des Bildungsbürgers durch den Psychologen wäre aber kaum verständlich, wenn sie nicht auch einen *Träger* außerhalb der psychologischen Berufe gefunden hätte, der im Alltag deren Ideen immer wieder transportiert und umsetzt. Gedanken und Ideen brauchen, wie die Geschichte lehrt, immer einen nennenswerten Anteil der Bevölkerung, um öffentliche Aufmerksamkeit oder gar politische Wirkung zu erlangen. Die Marxsche Gesellschaftsphilosophie z.b. blieb solange ein Traktat wie viele ihresgleichen, bis die Arbeiterbewegung sie für *ihre* Interessen und Bedürfnisse mobilisierte. In einem solchen Prozeß werden jedoch die Ideen immer auch in eigentümlicher Weise verändert, nämlich so, wie sie auf diese Bedürfnisse und Interessen am besten passen. Die unterschiedliche Adaption des Marxismus bei den Gewerkschaften und der Sozialdemokratie einerseits und im Kommunismus bzw. Stalinismus andererseits ist dafür ein instruktives Beispiel.

Auch in unserem Falle fand sich ein solcher Träger, nämlich in Gestalt der *Aufstiegsbewegung der Frauen*, womit nicht nur die in einschlägigen Berufen tätigen Frauen gemeint sind, sondern auch andere, die z.b. als Mütter oder als in entsprechenden Organisationen Tätige Einfluß auf die öffentliche Meinung in Sachen Erziehung nehmen. Seit den 60er Jahren hat sich die Zahl der Frauen in den pädagogischen Berufen erheblich erhöht. In den Kindergärten dominierten sie immer schon. Inzwischen jedoch stellen sie die Mehrheit nicht nur dort und in der Grundschule, sondern auch in den Haupt- und Realschulen, und auch in Gymnasien haben sie erheblich aufgeholt. Anfang 1995 lag der Anteil der Frauen an den Referendaren in Hessen bei 71%; für das Lehramt an Grundschulen war er mit 91% am höchsten und für das Lehramt an beruflichen Schulen mit 54% am niedrigsten. In den psychologischen Berufen ist der Frauenanteil ebenfalls erheblich. Seit Mitte der 70er Jahre stieg er an den Studentenzahlen im Fach Psychologie von 50% auf 64%, die Zahl der Absolventinnen lag

1991 sogar um 100% höher als im Jahre 1975 (vgl. Psychologie heute, H. 7/95, S. 16). Im großen und ganzen läßt sich also sagen, daß die pädagogisch-therapeutischen Berufe innerhalb kurzer Zeit zu einem Aufstiegsberuf für Frauen geworden sind. Die Gründe dafür liegen auf der Hand. Ende der 60er Jahre herrschte Lehrermangel, der von den bis dahin in diesem Beruf dominanten Männern kurzfristig nicht beseitigt werden konnte; Frauen stießen als eine Art von »Reservearmee« in diese Lücke. Da außerdem die pädagogischen Berufe ganz überwiegend im Öffentlichen Dienst verankert sind, bot sich hier eine soziale Sicherung auch im Falle der Heirat, der Schwangerschaft und der Kinderbetreuung an, die in anderen Berufen so nicht zu haben ist. Auch die Besoldung war etwa im Vergleich zu den 50er Jahren durchaus attraktiv geworden, und die Bildungsreformbewegung verschaffte der Lehrertätigkeit ein erhöhtes öffentliches Ansehen. Gerade Aufsteiger haben aber einen besonderen Sinnbedarf, weil ihr berufliches Handeln noch nicht zur Routine, zur Selbstverständlichkeit geworden ist. Der Aufstieg der Frauen in pädagogischen Berufen verlief also fast synchron mit dem der Berufspsychologen.

Hinzu kommen die Impulse aus der feministischen Bewegung, die die Eigenart des *weiblichen* Zugangs zur Welt hervorheben und sich keineswegs mit einer Anpassung an die angeblich *männlich* gestaltete Realität zufrieden geben. Auch diese Tendenz drängt in die psychische Introspektion. In der ehemaligen DDR, wo es keine feministische Bewegung gab und die berufliche und gesellschaftliche Emanzipation der Frauen deshalb nicht mit entsprechenden Interpretationen verbunden war – auch die Frau »stand ihren Mann« –, entwickelte sich auch kein besonderes weibliches Berufsverständnis. Anders in Westdeutschland. Hier deutete die feministische Bewegung die gesellschaftlichen Mängel nicht, wie noch die 68er-Bewegung, aus den ökonomischen Klassenwidersprüchen, sondern aus den Gegensätzen der Geschlechter. Die gesellschaftliche Realität sei seit Jahrhunderten eine von Männern geprägte und dominierte und deshalb bestimmt unter anderem durch Aggressivität, Machtdenken, übertriebene Rationalität auf Kosten der Emotionalität, von Leistungsdenken auf Kosten anderer menschlicher Fähigkeiten und deshalb von Konkurrenzdruck und mangelhaft entwickelten gemeinschaftsbezogenen Verhaltensweisen wie Solidarität. Also lag es nahe, auch die berufliche *pädagogische* Sinn-Lücke mit wesentlichen Elementen des sich aufbauenden Zeitgeistes zu füllen, anstatt sich weiterhin an die traditionellen, für »männlich« gehaltenen Maximen zu halten. So gerieten im pädagogischen Denken und Handeln die *Bedürfnisse* des Kindes, die *emotionale Intensität*, ein gewisser *anti-rationaler Affekt* gegen den herkömmlichen Schulunterricht und die *Betonung der unmittelbaren Beziehungsebene* in den Vordergrund.

Die traditionelle *männliche* Definition des Pädagogischen war eine andere, nämlich weniger an der kindlichen Innerlichkeit orientiert und dafür stärker an gesellschaftlichen Notwendigkeiten wie Leistung, soziale Einordnung, Beachtung institutioneller Vorgaben. »Die Betonung des Individuellen entspricht der weiblichen Psyche. Aus diesem Grund zieht die Psychologie Frauen ungemein stärker an als Männer und sind Frauen auch fähiger, über sich zu reflektieren. Frauen besitzen ein Sensorium für Psychologie, Männer locken die Mythen« (Guggenbühl, S. 35). Unter »Mythen« versteht der Schweizer Psychologe eben jene seelischen Herausforderungen und Ansprachen, die nicht aus der Entwicklung der individuellen Psyche resultieren, sondern aus kollektiven, überindividuellen Zusammenhängen. Ohne deren Kenntnis seien typisch männliche Psychopathien nicht zu verstehen und deshalb auch nicht zu therapieren.

Sicherlich vereinfachen solche geschlechtsspezifischen Zuordnungen eine komplexe Wirklichkeit, zumal unklar bleibt, inwiefern sie auf biologischen oder historischen Hintergründen beruhen, aber die Tendenz dürfte zutreffen. Zumindest im Sinne einer historischen Abfolge ist eine männlich dominierte Sicht des Pädagogischen durch eine weiblich orientierte ersetzt worden. Allerdings ist die Frage, ob der psychologisierende pädagogische Zeitgeist unter denjenigen Frauen ebenfalls populär ist, die nicht den genannten kindorientierten Berufen angehören, sondern z.B. erfolgreich in der Wirtschaft tätig sind. Möglicherweise sind diese auch dem Anruf eines »Mythos« gefolgt, ohne sich deshalb männlich zu verstehen.

Frauen sind zwar in besonderem Maße Träger des gegenwärtigen psychologisierenden pädagogischen Zeitgeistes, daraus folgt aber keineswegs, daß Männer mit ihm nichts zu tun hätten. Zu beobachten ist vielmehr, daß männliche Lehrer sich ihm weitgehend ebenfalls angepaßt haben, was mit ihrer Verunsicherung durch die feministischen Attacken zusammenhängen mag. An den Schaltstellen der Kultusbürokratie und der Schulverwaltung sowie unter den Hochschullehrern dominieren sie allerdings immer noch, wenn das auch nur noch eine Frage der Zeit zu sein scheint. Trotz dieser Einschränkungen hätte der gegenwärtige pädagogische Zeitgeist sich jedenfalls ohne die Aufstiegsbewegung der Frauen kaum in der vorliegenden Form entfalten können.

Auf diese Weise ist aber nur ein Teil der Sache erklärt, nämlich eine zwar zahlenmäßig große, aber doch jeweils *individuell* bleibende Anhängerschaft. Damit diese jedoch auch öffentlich wirksam werden kann, muß sie sich in *kollektiven* Formen präsentieren. Dies geschieht in den *Berufsverbänden* der Pädagogen und Therapeuten, deren Ziel und Mandat es ist, die beruflichen Interessen ihrer Mitglieder öffentlich zur Geltung zu bringen. Zu den *materiellen* Interessen wie Gehalt, beruflicher Aufstieg, soziale Absicherung und Arbeitsbedingungen und nicht zuletzt Vermehrung des Personals gehören aber auch *ideelle* Interessen, mit denen die materiellen legitimiert werden. Die Tendenz solcher Verbände ist, möglichst viele öffentliche Probleme in ihre Zuständigkeit zu bringen, zumindest geltend zu machen, daß ihre Mitglieder einen bedeutsamen Beitrag zu deren Lösung leisten könnten, wenn bestimmte Bedingungen – wie Vermehrung des Personals – erfüllt würden. Um dieses Ziel zu erreichen, muß die eigene berufsspezifische *Definition* des Problems öffentlich so zur Geltung gebracht werden, daß davon entsprechende Lösungen erwartet werden können. Dies ist gerade den Psychologen in den letzten Jahrzehnten erfolgreich gelungen. Sie definieren inzwischen nahezu alle persönlichen und gesellschaftlichen Probleme zumindest *auch* als psychische und bieten dafür eine entsprechende psychologische

Behandlung an. Wir werden sehen, daß dabei wesentliche gesellschaftliche Aspekte, die dem psychologischen Handeln nicht zugänglich sind, aus dem Blick geraten.

Berufsverbände, etwa von Lehrern, hat es auch unter dem bildungsbürgerlichen Zeitgeist längst gegeben. Aber im Medienzeitalter haben sie eine neue Qualität bekommen. Nun müssen sie nämlich ihre Ziele und Interessen nicht mehr nur wie früher einem elitären Teilpublikum, sondern tendenziell jedem TV-Zuschauer erklären können, um öffentlichen Erfolg zu haben. Folgerichtig bedienen sie sich dabei wesentlicher Versatzstücke des pädagogischen Zeitgeistes, den sie auf diese Weise verstärken und in ihren Verbänden institutionell verfestigen: Sie machen ihn so zu ihrer *Berufsideologie*. Indem sie sich dabei der medialen Vermittler, also der Journalisten bedienen, bieten sie diesen ein Set von pädagogischen Sentenzen an, die diese ihrerseits in Interviews verwenden können, was ihnen ohne weiteres den Anschein von Kompetenz verleiht. Der gegenwärtige Zeitgeist ist also auf seine ständige Reproduktion in den Medien angewiesen, und dafür eignen sich psychische, emotionale und Beziehungsaspekte besonders gut, wie zahlreiche nachgerade voyeuristische Sendungen des Fernsehens zur Genüge zeigen. Das rationale Argument dagegen läßt sich sehr viel schwerer ins Bild bringen.

An und für sich ist natürlich gegen die berufspolitischen Organisationen von Pädagogen und Therapeuten nichts einzuwenden, sie sind auch in anderen Bereichen unserer Gesellschaft üblich. Politisch gesehen sorgen sie im allgemeinen mit für Stabilität und Kontinuität, was sich als die mögliche Kehrseite ihrer meist geringen konzeptionellen Flexibilität ansehen läßt. Aber man darf deren grundsätzliche Problematik nicht unterschätzen. Die pädagogischen Berufe beziehen ihr Selbstverständnis von Partnern her, die als Kinder unmündig und als therapiebedürftige zudem noch zusätzlich gehandikapt sind. Diese Kinder können ihre eigenen Bedürfnisse und Interessen nicht selbst öffentlich vertreten, weil sie dafür keine organisatorischen Instrumente haben, und sind deshalb darauf angewiesen, daß die pädagogischen und therapeutischen Berufe dies *stellvertretend* für sie tun. Dafür aber haben diese im Unterschied zu den Parteien und Verbänden der Erwachsenen kein kontrollierbares Mandat, und so besteht die Gefahr, daß sie tatsächlich vorrangig ihre eigenen beruflichen Interessen vertreten und sich dafür von den Bedürfnissen der Kinder her eine legitimatorische Begründung verschaffen. Das muß nicht auf bewußter Ausbeutung oder gar auf Bosheit beruhen, es ergibt sich aus der Logik der besonderen Vertretungsstrukturen nahezu von selbst.

Im Zuge der beschriebenen Entwicklungen ergriff die Psychologisierung auch die pädagogischen Berufe und führte zu einer subjektbezogenen Interpretation ihrer Praxis. Diese Wende gilt inzwischen als derart selbstverständlich, daß andere Definitionen des Pädagogischen kaum mehr anzutreffen sind.

2. Protagonisten

Bisher war die Rede von den Trägern und Nutznießern des pädagogischen Zeitgeistes und von der Notwendigkeit, ihn über die modernen Medien immer wieder zu reproduzieren, kaum aber von seinen inhaltlichen Maximen. Diese zu beschreiben ist deshalb schwierig, weil er keine hinreichend authentischen Quellen hat, die sich zitieren ließen, keine Autoren, die als repräsentativ gelten könnten. Was immer aus Büchern, Talkshows oder Zeitungsberichten an Beweismaterial vorgelegt werden könnte, wäre bestreitbar im Hinblick auf seine sachliche Zuordnung und Relevanz. Wie ließe sich belegen, daß es sich dabei nicht nur um einzelne Äußerungen handelt, die für sich zu würdigen wären, sondern um den Ausdruck eines kollektiven Bewußtseins?

Gleichwohl lassen sich eine Reihe von Publikationen angeben, die den gegenwärtigen Zeitgeist gefördert und durch ihre Erfolge und das Ansehen ihrer Autoren plausibel gemacht haben. Einige davon will ich hier kurz erwähnen, weil wir damit den inhaltlichen Aspekten noch etwas genauer auf die Spur kommen können.

Zunächst wäre ja zu fragen, woher die 68er eigentlich selbst ihre *pädagogischen* Vorstellungen – die politisch-ideologischen lasse ich hier außer Betracht – bezogen haben.

Alexander Neill: Summerhill

Ihre wichtigste Quelle war wohl das Buch des Engländers A. Neill über seine Schule »Summerhill«, das 1959 in New York erschien, als deutsche Ausgabe zunächst mäßigen Erfolg hatte, bis es 1969 in einer Taschenbuchausgabe unter dem bezeichnenden Titel »Theorie und Praxis der antiautoritären Erziehung« zum Bestseller und innerhalb von sieben Jahren über eine Million mal verkauft wurde. Vielerorts wurde es für die pädagogische Aus-

145

bildung zu einer Art von Bibel. Neills Schule wurde schon 1921 gegründet, aber seine Erziehungskonzeption faszinierte dennoch die 68er: Die Teilnahme am Unterricht ist freiwillig; es gibt keine Zensuren und Prüfungen; die Schüler regeln ihr Zusammenleben in einer wöchentlich stattfindenden Schulversammlung, in der jeder – auch der Schulleiter – nur eine Stimme hat. Nach Neills Anthropologie resultieren die menschlichen Übel im wesentlichen aus der sexuellen Repression, und er hielt die Kinder für fähig, sich selbst zu regulieren, auch von sich aus lernen zu wollen, was sie interessiert, wenn die zuständigen Erwachsenen keinen Zwang ausüben und den Kindern die Angst vor Bestrafung nehmen. Ein Kind habe so lange das Recht zu tun, was es will, wie es eben dieses Recht bei anderen Menschen nicht beeinträchtige.

Es ist hier nicht der Ort, diese Erziehungskonzeption im ganzen zu würdigen. Aber zwei Aspekte sind für unseren Zusammenhang von besonderem Interesse.

1. Der erwähnte Grundsatz, daß die Freiheit des einen Kindes an der Freiheit anderer Menschen seine Grenze finden müsse, muß ja zur Not auch *durchgesetzt* werden können. Dafür ist eine *Macht* nötig, die von den Beteiligten als *legitim* anerkannt werden kann. Selbst wenn es wie in Summerhill offenbar im allgemeinen ausreichte, an Vernunft und Einsicht zu appellieren, funktioniert eine solche Binnenregelung nur unter der offenkundigen oder stillschweigenden Voraussetzung, daß die jeweils zuständigen *Erwachsenen* diese Macht tatsächlich in Händen haben und sie zumindest im Grenzfall auch anwenden werden. Ohne diese Voraussetzung ist eine Kinder-Selbstverwaltung wie in Summerhill nur ein pädagogischer Trick, denn selbstverständlich blieben auch hier schon aus rechtlichen Gründen Erwachsene für die Minderjährigen verantwortlich. Mag sein, daß die persönliche Autorität des Schulgründers Neill diesen Zusammenhang weitgehend verdecken konnte, aber eine jüngere Reportage über die immer noch existierende Schule (Die Zeit/4. 3. 94) legt immerhin die Vermutung nahe, daß sich dort nach dem Tode des Gründers

ähnliche Probleme eingestellt haben, wie sie an unseren Schulen heute anzutreffen sind, denen die Machtmittel genommen wurden, die sie brauchen würden, um ein halbwegs friedliches Zusammenleben der Schüler zu garantieren. Der grundlegende Irrtum besteht darin, daß sich eine menschliche Sozialität *ohne Macht* regulieren könnte, nämlich allein dadurch, daß die Regularien gemeinsam demokratisch beschlossen worden sind. Es gibt aber keine machtlosen sozialen Strukturen, – auch nicht in pädagogischen Feldern. Die Frage ist immer nur, *wessen* Macht *in welcher Weise* und *mit welcher Legitimation* sich zur Geltung bringt. Mit anderen Worten: *Pädagogische* Strukturen können nur gedeihen, wenn sie durch *politische* Rahmenbedingungen abgesichert sind. Neill setzte dagegen auf den inneren Kompaß der Kinder, darauf, daß sie, wenn sie von äußeren Zwängen befreit sind, vernünftigerweise ihre Interessen und Bedürfnisse mit denen der anderen Kinder in Einklang bringen würden. Eben diese seine Kombination von anti-autoritären Rahmenbedingungen und Vertrauen auf die Kraft der Subjektivität hat den neuen pädagogischen Zeitgeist wesentlich beeinflußt. Aber die Wirkung in *unseren* Schulen war auf die Dauer eine andere: Aus der Kritik an den alten Autoritäten erwuchsen keine neuen Ordnungsmuster, – weder aus der Innerlichkeit der Schüler selbst noch aus anderen, von außen kommenden Impulsen oder Instanzen; übrig blieb eine weitgehende institutionelle Verunsicherung, die nicht durch neue Regeln ausgeglichen werden konnte.

2. Neill hat Summerhill gegründet, nachdem er Lehrer an einer der damals in England üblichen Schulen gewesen war, deren zutiefst autoritären, angstauslösenden und repressiven Erziehungsstil er verständlicherweise verachtete. Vorzugsweise kamen in seine Schule Kinder, die in den »normalen« Schulen mehr oder weniger gescheitert waren, – geschickt von Eltern, die sich damit nicht abfinden wollten. Seine alternative Erziehungskonzeption bezog sich zumindest zunächst nicht auf Kinder überhaupt, sondern auf solche, die in eben jener autoritären Weise sozialisiert worden waren. Jedenfalls war diese Schule nicht erfunden worden für die deutsche 68er-Generation, die – gemessen jedenfalls an

Neills Erfahrungen und auch an denen früherer deutscher Jugendgenerationen – keineswegs autoritär, sondern durchaus liberal aufgewachsen und sogar verwöhnt worden war. Daß sie gegen ihre schrecklich autoritäre Erziehung revoltiert habe, die sie habe erleiden müssen, ist ein Mythos, an dem sie selbst gerne gestrickt hat. Das Problem dieser Generation war eher, daß sie sich in einem rapiden gesellschaftlichen Wandel befand, sich vor offenen gesellschaftlichen wie biographischen Horizonten sah, weil die alten Autoritäten längst zu schwinden begonnen hatten. Gerade das Nicht-Autoritäre ihrer Lebenssituation war ihr Problem. Erst recht für die gegenwärtig heranwachsende Generation kann daran nicht mehr der geringste Zweifel bestehen. Ihr, der kaum noch irgendwelche Grenzen gesetzt werden, mit anti-autoritären Erziehungsprinzipien zu kommen, wäre gänzlich verfehlt.

Neills Konzept war so lange plausibel, wie die Sozialisation seiner Schüler im übrigen von autoritären Erwartungen und rigider Sozialkontrolle geprägt war. Da machte es Sinn, ihnen eine pädagogische Provinz, einen Freiraum zur Entdeckung ihrer Bedürfnisse, Begabungen und Fähigkeiten zur Verfügung zu stellen. Selbst wenn diese Kinder – wie Kritiker immer wieder behaupteten – verhältnismäßig wenig Schulwissen mitnahmen, so gewannen sie auf diese Weise doch die Fähigkeit, im Leben, das sie anschließend wieder in die Zange nahm, sich einen Freiraum und eine Distanz zu schaffen und zu bewahren, die ihren Bedürfnissen wenigstens einigermaßen entsprachen.

Die unkritische Art und Weise, mit der seinerzeit Pädagogen der 68er-Generation die Thesen Neills für sich adaptierten und wie sie teilweise heute noch für richtig gehalten werden, ist ein charakteristisches Beispiel dafür, wie pädagogische Konzepte ideologisch werden können, wenn sie sich nicht mehr auf diejenige Sozialisationslage beziehen, für die sie einmal erdacht waren, sondern für allgemeingültig erklärt werden. Pädagogische Handlungskonzepte müssen aber innerhalb der *gesamten* Sozialisation Sinn machen und können nur in einem solchen Zusammenhang gerechtfertigt werden. Indem Neills Konzept aus seiner Zeitbedingtheit gelöst und einfach ohne Rücksicht auf die Bedingungen einer ganz anders gearteten Sozialisation übernommen wurde, geriet die politisch-soziale Dimension erzieherischer Überlegungen aus dem Blick, ein Mangel, der dem Zeitgeist bis heute anhaftet.

Horst-Eberhard Richter: Lernziel Solidarität

Wirkte Neill auf die 68er durch sein vom deutschen Verlag erfolgreich schon durch die Titeländerung vermarktetes *Summerhill*-Buch, so war Horst-Eberhard Richter auch persönlich in diese Bewegung involviert. Anfang der 70er Jahre wurde er – fachlich längst ausgewiesen durch eine Reihe von Veröffentlichungen wie *Eltern, Kind und Neurose* und *Patient Familie* – als Direktor der Psychosomatischen Universitätsklinik in Gießen von damals aus dem Boden schießenden Initiativ-Gruppen der verschiedensten Art um psychoanalytische Beratung und Betreuung gebeten. Seine Erfahrungen mit zwei Elterngruppen, einer Obdachlosen-Initiative und als Gutachter für das berühmt-berüchtigte »Sozialistische Patientenkollektiv Heidelberg«, aus dem einige Terroristen hervorgingen, hat er in dem Buch *Die Gruppe* (1972) niedergelegt, das innerhalb von zwei Jahren eine Auflage von 123000 erreichte. Zwei Jahre später folgten in *Lernziel Solidarität* (1974) weitere Berichte unter anderem über »Selbsterfahrungsgruppen« und »Randgruppenarbeit«; dieses Buch wurde allein von Januar bis April 1974 70000mal aufgelegt.

Die Berichte und die diese begleitenden Reflexionen haben auch nach mehr als zwanzig Jahren kaum etwas von der Faszination eingebüßt, die sie damals schon ausstrahlten, und es dürfte kaum einen anderen Text geben, der das sozio-emotionale Binnenleben des damals aktiven Teils der Protestgeneration so aufschlußreich dokumentiert und zugleich so sensibel kommentiert hat, wie es in diesen beiden Büchern geschieht.

Für unseren Zusammenhang müssen wir uns jedoch auf folgende Aspekte beschränken:

1. Richter *überschreitet* hier bewußt *die traditionellen Grenzen der Psychoanalyse* als einer medizinischen Teildisziplin. Sie gelte »ubiquitär«, also nicht nur für diejenigen, die aus innerpsychischen

Gründen Anpassungsprobleme an die Realität bzw. undurchschaute, weil unbewußte Konflikte mit dieser hätten, die ihrerseits auf innerpsychische Konflikte zurückzuführen seien. Die Expansion in die gesellschaftliche Normalität geht aber nach Richter nicht von der Psychoanalyse selbst aus, sondern von einem neuen Klienten-Typus, der die im gesellschaftlichen Alltag erlebte Frustration und Vereinsamung als Anlaß zur Selbstthematisierung nimmt, als Chance und als Hoffnung, sich von solchen in der Erziehung und Sozialisation erlernten Verhaltensmustern und deren Verinnerlichung befreien zu können, die die zwischenmenschlichen Beziehungen unbefriedigend machten. Diese Grenzüberschreitung war damals unter Psychoanalytikern keineswegs selbstverständlich, und Richter rechtfertigte sein Unterfangen deshalb ausführlich.

2. Um diese Expansion zu vollziehen, war es nötig, die *psychische Innenwelt* und die *politisch-soziale Außenwelt* in eine *Entsprechung* zu bringen: Eine defekte politische Außenwelt spiegelt sich demnach in einer ebenso defekten Innenwelt wider und umgekehrt. Dieser Ansatz zwingt Richter nun zu Thesen über die politisch-gesellschaftliche Umwelt, die die grundlegenden innerpsychischen Modelle der Psychoanalyse auf die Außenwelt übertragen. Politik und Gesellschaft werden aus psychoanalytischer Sicht gedeutet.

In dem Buch *Die Gruppe* ist es »die Krise des Individuums«, die seit der Mitte des 19. Jahrhunderts immer offenkundiger geworden sei. Fatalerweise habe auch die Psychoanalyse durch ihr Konstrukt der auf den einzelnen bezogenen innerseelischen Mechanismen zur Stützung des längst angeschlagenen Individuums beigetragen, indem es ihm auf diese Weise half, »seinen bedrohten Glauben an die eigene Omnipotenz zu retten« (S. 19). Überleben konnte es jedoch nur, indem es sich an Schwächere anklammerte und sie ausbeutete, – von der Familie bis zu den menschlichen Beziehungen in Politik und Wirtschaft. »Obwohl mit der fortschreitenden Industrialisierung der Spielraum für den Einzelnen notwendigerweise laufend enger geworden war, klammerte man sich in den bürgerlichen Schichten noch immer an den Traum von der

150

Möglichkeit einer allmächtigen Entfaltung des Individuums. Natürlich befand sich dieser Traum bereits in einem unaufhebbaren Widerspruch zu dem Druck der sich immer mehr verschärfenden Konkurrenz in der gesellschaftlichen Realität. Die freie Selbstentfaltung des einen verlangte die kompensatorische Unterdrückung des anderen. Die jeweils Mächtigeren mußten versuchen, die Schwächeren in Schach zu halten, um sich mit deren Hilfe nach wie vor den Traum einer omnipotenten Selbstentfaltung gestatten bzw. erfüllen zu können« (S. 19 f.).

Dies ist nun eine in mehrfacher Hinsicht stark verkürzte Sicht der politisch-gesellschaftlichen Realität und ihrer geschichtlichen Entwicklung seit der Mitte des vorigen Jahrhunderts. Zum einen ist dabei die tatsächliche Kompliziertheit der menschlichen Beziehungen im privaten wie öffentlichen Bereich, zu der gewiß *auch* die Relation von Macht und Unterwerfung gehört, aber auch von Kooperation, von Liebe, Opferbereitschaft und Hingabe, arg vereinfacht. Und in dieser Form, nämlich von einem einzigen Gesichtspunkte aus, wurde sie von den Adepten dazu benutzt, die tatsächlich viel komplexeren zwischenmenschlichen Beziehungen in Schule und Familie zu diskreditieren, verbunden mit der Forderung, sie in herrschaftsfrei-gleichberechtigte zu verwandeln, – was immer das im einzelnen heißen sollte. *Aber auf diese Weise wurde die politisch-soziale Realität dem pädagogischen und therapeutischen Handeln zugänglich gemacht.*

Zudem ist die Annahme nicht richtig, daß der Spielraum für den einzelnen immer enger geworden sei. Im Gegenteil ist – wie vorhin schon dargelegt wurde – der Handlungsspielraum der Menschen *in ihrem Alltag* größer geworden, und der damit verbundene *Optionszwang* ist ihnen gerade zum Problem geworden. Nicht der *Mangel* an individueller Freiheit wurde zur Last, sondern ihre *Erweiterung* bei steigendem Rückgang von sozialen Vorgaben für das persönliche Verhalten im Alltag.

Im Gegenteil zeichnet sich seit Mitte der 50er Jahre ein Prozeß der geradezu radikalen Individualisierung ab, dessen erste Opfer die 68er selbst waren, auch wenn sie das damals noch nicht so begriffen haben. In diesem Punkte ist Richter einfach der Interpretation der Jungen von damals gefolgt. Diese haben ihre subjektiven Unlustgefühle und Versagenserfahrungen auf die objektive gesellschaftliche Realität transponiert, die sie schon deshalb »autoritär« und »entfremdet« nannten, weil sie ihren Veränderungswünschen nicht *sofort* gehorchte. (Daß Richter gleichwohl nicht unrecht hat mit seiner Kritik des autonomen bürgerlichen Individuums, wenn er auf die in diesem Punkte illusionäre philosophische Tradition des Deutschen Idealismus anspielt, steht auf einen anderen Blatt und sei wenigstens am Rande vermerkt.)

In *Lernziel Solidarität* wird das Thema »Innen und Außen« variiert, als »Ende der Expansion«, die eine »Wendung nach innen« zur Folge habe. »Die großen Industrienationen können ihre Probleme nicht mehr expansionistisch lösen, durch Erweiterung politischer Macht mittels imperialistischer ›Siege‹, durch bedenkenlose technische Ausbeutung der Hilfsquellen der Erde, durch permanentes wirtschaftliches Wachstum« (S. 9). Die weitere politische Expansion der Machtblöcke würde einen Atomkrieg zur Folge haben, die Nutzbarmachung der Natur durch die moderne Technik habe zu ihrer Ausbeutung und zum ökologischen Desaster geführt. In dem Maße, wie diese imperiale Wendung nach außen z.B. wegen des atomaren Patts verstopft werde, entstünden neue Bedürfnisse, die aus der Innerlichkeit der Menschen erwüchsen. »Anti-expansionistische Wunschziele« seien im Vordringen, nämlich »Kommunikation« und »Solidarität«.

Hatte Richter also in seinem erstgenannten Buch die politische Welt durch die problematische Transferierung psychoanalytischer Kategorien zu erklären versucht, so verfährt er hier umgekehrt: Aus einer *politischen* Analyse wird die psycho-soziale Bedürftigkeit erklärt, die er in der Gruppensehnsucht der jungen Leute zu erkennen meint. Auf diese Weise wird die politisch-gesellschaftliche Situation allerdings nicht weniger einseitig gedeutet. Zum einen stützt sich die politische Analyse auf damals in aller Munde liegende besonders plausible Beispiele. Die »Expansion«, die ja in erster Linie die des kapitalistischen Wirtschaftens ist, muß aber nicht per se am Ende sein – was sie von heute aus gesehen auch keineswegs war – sie kann sich vielmehr auch andere Tätigkeitsfelder suchen, z.B. in einer ökologisch verträglichen Technik. Beachtenswert sind aber nicht Richters irrige oder doch zumindest einseitige politische Analysen, entscheidend für unseren Zusammenhang ist vielmehr seine Strategie, die politisch-gesellschaftlichen Außenverhältnisse in beiden Fällen so zu definieren, daß sie dem psychoanalytischen Tätigkeitsfeld, nämlich dem menschlichen Innenleben, zugute kommen können. Das Politische und das Soziale werden also nicht aus ihrer eigenen Dignität erklärt und bewertet, nicht an ihren eigenen Verfaßtheiten und Normen gemessen, sondern den Maßstäben der Subjektivität unterworfen, danach beurteilt, in welchem Maße sie der Erfüllung subjektiver Bestrebungen dienen. Fern liegt dabei der Gedanke, daß soziale und politische Realitäten und Normen ein Eigenrecht haben könnten, an dem sich Subjektivität zu disziplinieren hat, um gerade dadurch ihrer Erfüllung näher kommen zu können. Die Psychologisierung der gesellschaftlichen Realität, die nun in Mode kam, hat zu einem Niedergang des politischen und als Folge dessen auch des pädagogischen Denkens geführt, der auch die Vorstellungen über die Schule ergriffen hat.

3. Mit der »Wendung nach innen« geht eine deutliche *Aufwertung der Emotionalität* und eine *Abwertung der Rationalität* einher. Die Gruppen, von denen Richter berichtet, sind dafür ein besonders geeignetes soziales Medium. Was in ihnen gesprochen wird, wird weniger unter dem Gesichtspunkt seiner plausiblen Vernünftigkeit sortiert als vielmehr unter dem Aspekt der bewußten oder unbewußten Gefühle, die darin zum Ausdruck kommen. Die Mitglieder solcher Gruppen wollen nicht nur eine Realität verändern z.B. Obdachlose zur Verfolgung ihrer Interessen befähigen –, sondern sich selbst auch dabei beobachten, auf ihre innere Gestimmtheit hören, um zu erfahren, welche Barrieren in ihnen eine herrschaftsfreie, eben solidarische Kommunikation verhindern oder beeinträchtigen. Richter hat auf die Doppeldeutigkeit dieser Intentionen immer wieder warnend hingewiesen; denn es besteht natürlich stets die Gefahr, die anderen – z.B. die Obdachlosen –, um die man sich kümmern will, für die Selbstaufklärung und Selbsterfahrung zu mißbrauchen. Zudem läßt sich einwenden, daß bei diesen Initiativgruppen die professionelle Distanz der

klassischen Sozialarbeit aufgehoben war, die ja nicht zuletzt darauf beruht, daß der Profi seine eigenen inneren Motive – so schwer dies auch gelegentlich fallen mag – zurückstellt zugunsten seiner in erster Linie sachlich-rational verstandenen beruflichen Intervention. Einerseits verbleiben so die nach außen gerichteten Aktivitäten solcher Gruppen in einer halbernsten Sphäre des »Als-ob«, andererseits drang die auf der emotionalen Schiene laufende Aufhebung der professionellen Distanz in den pädagogischen Zeitgeist ein und fundierte sogar in vielen Fällen ein neues professionelles Selbstverständnis, das sich in einem entsprechend gewandelten Erziehungsbegriff offenbart; es will emotional auch für sich selbst etwas von den beruflichen Partnern, z.B. den Kindern, haben, und es ist zutiefst enttäuscht, wenn diese dabei nicht mitspielen wollen.

4. In den Initiativ-Gruppen der jungen Leute, die damals die Welt und sich selbst verändern wollten, sah Richter eine weitere Grenze fallen, nämlich die zwischen *gesellschaftlicher Normalität* und *Abweichung.* »Lange Zeit« sei »als bloße individuelle Niederlage, als ressentimentträchtiges persönliches Versagen erklärt (worden), was ja stattdessen häufig genug als besonders feine seismographische Reaktion auf änderungsbedürftige soziale Verhältnisse verstanden werden kann« *(Lernziel Solidarität,* S. 16f.). Ein solches Verständnis hafte »noch einseitig an den Werten der expansionistischen Periode fest« (S. 17).

Nun läßt sich in der Tat historisch mühelos nachweisen, daß zunächst verkannte Minderheiten Ideen vertraten, die über kurz oder lang Allgemeingut wurden bzw. – um bei unserem Thema zu bleiben - in den Zeitgeist eingingen. Aber erstens galt das nicht für alle, und zweitens konnten die erfolgreichen sich auch immer nur profilieren an einem Modell gesellschaftlicher Normalität, das jeweils den Ton angab. Zu dem historischen Zeitpunkt, an dem solche Minderheiten auftreten, kann niemand genau wissen, ob sie nun zu der einen oder anderen Sorte gehören werden. Die jungen Aktivisten, die Richter beschrieb, waren zweifellos eine Minderheit, deren Bedürfnisse nicht ohne weiteres auf die Allgemeinheit hochgerechnet werden konnten. Außer in bestimmten

Bereichen der professionellen Pädagogik hat sich die Verschmelzung von Innen und Außen, von Privat und Öffentlich, von Profi und Klientel nicht durchgesetzt. Aber die Tendenz, die Probleme von Minderheiten zu *allgemeinen* gesellschaftlichen Problemen zu deklarieren, zu solchen also, die im Prinzip *alle* Bürger betreffen, auch wenn sie dies noch nicht wissen oder wahrhaben wollen, hat im pädagogischen Zeitgeist überlebt.

5. Bei der Expansion der Psychoanalyse von einer medizinischen Teildisziplin zur allgemeinen Welterklärung wird zum Manko, was zuvor ihr Erfolgskriterium war, daß sie nämlich alles Menschliche, wie brutal und verheerend es sich auch präsentieren mag, zumindest im Prinzip - d.h bei Anwendung der richtigen Methode - erklären, jedenfalls als subjektiv sinnvolles Verhalten oder Fühlen zu deuten imstande ist. Diesem Prinzip ist ein eigentümlicher *Wertrelativismus* zu eigen, der im Umgang mit Kranken angebracht erscheinen mag, der aber bei der Beurteilung allgemeiner gesellschaftlicher Phänomene bei Strafe des sozialen und institutionellen Verfalls nicht ohne weiteres angewendet werden darf. Soziale Gebilde bedürfen, wenn sie nicht zusammenbrechen wollen, durchaus einer Orientierung an »richtig« bzw. »falsch«, an »erlaubt« und »nicht-erlaubt«. Sie können z.B. nicht jede menschliche Handlung – mag sie in ihrer subjektiven Logik auch noch so plausibel sein – in gleicher Weise akzeptieren; schließlich ist ja auch jedes kriminelle Handeln psychologisch plausibel zu deuten. Was in der medizinischen Nische – etwa in einer Klinik – gelten mag, kann nicht ebenso selbstverständlich auf der Straße, in der S-Bahn, im Parlament oder in einer Schule gelten. Mit der Auflösung der Grenzen zwischen Innen und Außen wurde auch die zwischen Privat und Öffentlich verwischt, so daß im pädagogischen Zeitgeist z.B. öffentliches Verhalten wie fremdenfeindliche Gewalttätigkeit nicht mehr als solches korrekturfähig erscheint, sondern nur noch auf dem Umweg über die Änderung der diesem Verhalten zugrundeliegenden inneren Gesinnung, auch wenn eine solche vielleicht gar nicht vorliegt.

Alice Miller: Am Anfang war Erziehung

Wurden bei Richter solche Einseitigkeiten jedoch spätestens dann kritisch reflektiert, wenn sie seinen psychoanalytischen Sachverstand berührten, so hat A. Miller diese Grenze vollends überschritten. Der Erfolg ihrer Bücher, vor allem *Das Drama des begabten Kinde«* (1979; in zwei Jahren 120 000 Auflage) und *Am Anfang war Erziehung* (1980; in zwei Jahren 150 000 Auflage) war enorm. Diese Arbeiten repräsentierten einen neuen Typus von Literatur, der – anders als bei Richter – nun mit einer *einzigen vorgängigen These* operierte, die unter allen Umständen durchzuhalten war. Das »Beweismaterial« dafür lieferte die psychoanalytische Praxis, deren Krankengeschichten entsprechend aufbereitet wurden. Solche Quellen kann niemand überprüfen, allenfalls kann der Art und Weise, wie die Autoren sie interpretieren, kritisch nachgegangen werden, was aber insofern wiederum nicht viel heißt, als ja die ursprünglichen Quellen grundsätzlich nicht bzw. nur in der vom Analytiker vorgelegten Fassung zugänglich sind.

Das Muster ist ebenso einfach wie schwer zu widerlegen. In die therapeutische Praxis kommen Menschen, die aus irgendwelchen Gründen mit sich oder der Umwelt oder mit beidem nicht zurechtkommen. Üblicherweise wird dann versucht, solche Menschen zu therapieren bzw. – im psychoanalytischen Sinne – ihnen durch Aufdeckung frühkindlicher Konflikte zu helfen. Da aber die Psyche nach der Lehre der Psychoanalyse bei allen Menschen die gleiche Grundstruktur hat, liegt es nahe, das, was sich in den therapeutischen Praxen offenbart, als die Spitze eines Eisberges zu deuten, als repräsentativ für die ganze Gesellschaft. In die Praxen kommen zwar nur Minderheiten, aber eigentlich müßten *alle* kommen.

Diese auf eine bestimmte These reduzierte Tendenzliteratur spricht offensichtlich die *Verkanntheit* von Unlust oder Leiden an und gibt ihr einen Namen. *Wenn Frauen zu sehr lieben* (1986) von Robin Norwood etwa schien mit einem Mal eine ebenso einfache wie alltagsplausible Erklärung dafür anzubieten, warum sich viele Frauen in ihren Beziehungen zu Männern nicht besonders glücklich fühlen. Männer seien eben per se unfähig zu lieben, und die

Frau müsse den Anteil des Mannes an emotionalem Glück immer noch mit übernehmen; daher komme die emotionale Selbst-Ausbeutung der Frau, nämlich ihre »heimliche Sucht, gebraucht zu werden«. In den USA und in Deutschland sind aufgrund dieses Buches Selbsthilfegruppen von Frauen entstanden. In Deutschland hinterließ Wilfried Wiecks Buch *Männer lassen lieben* (1985) ein männerspezifisches Therapiekonzept, das den gleichen Ton anschlug. Diese eher feministisch orientierte Literatur, die offensichtlich keineswegs nur von Frauen verfaßt wird, hat, wenn nicht schon ausdrücklich zum Ziel, so doch vielfach zum Ergebnis eine einfache Erklärung der jeweils erlebten persönlichen Krise, verbunden mit der Tröstung, daß man eigentlich selbst nichts dafür kann. Nur insofern tangiert sie den pädagogischen Zeitgeist und bleibt im übrigen »Bewegungsliteratur«.

Alice Miller, die Schweizer Psychoanalytikerin, ging von Patienten aus, bei denen sie eine »narzißtische Störung« diagnostizierte, die sich unter anderem in Depressionen äußerte. Die Ursache dafür sah sie darin, daß diese Patienten ihre eigenen Gefühle in der Kindheit nie erfahren und ausleben, also ihr »wahres Selbst« nie entdecken konnten, sondern den Gefühlshaushalt ihrer Eltern – vor allem der Mütter – stabilisieren mußten. Diesen Zusammenhang bezeichnete sie als »das Drama des begabten Kindes«. Auch im Falle Miller muß ich die fachinterne Problematik der psychoanalytischen Diskussion auf sich beruhen lassen und mich auf die Konsequenzen der Argumentation für den pädagogischen Zeitgeist beschränken.

1. Miller rechnet wie Richter ihre bei der Minderheit ihrer Patienten gewonnenen Erfahrungen hoch auf die Gesamtheit der Bevölkerung, indem sie das pädagogische Verhältnis von Eltern und Kindern prinzipiell psychopathologisiert: Eltern beuten ihre Kinder wissentlich oder unwissentlich, willentlich oder unbewußt aus, um emotional das zu bekommen, was ihnen in ihrer eigenen Kindheit an emotionaler Selbstbestimmung verwehrt geblieben war, und dieses Defizit wird von Generation zu Generation weitergegeben, – eine permanente kollektive Erziehungstragödie! Er-

ziehung befriedige nur Bedürfnisse von Erwachsenen, nicht die von Kindern. Diese hätten vielmehr die Kraft, sich selbst zu entwickeln, wenn man sie nur Erfahrungen mit sich und der Welt machen ließe, wozu vor allem auch gehöre, die Grenzen der eigenen Freiheit an der Freiheit anderer zu erleben (wie schon Neill gefordert hatte). Eingegangen in den Zeitgeist ist bezeichnenderweise diese anti-pädagogische Attacke, weniger Millers pädagogischer Defätismus, weil der natürlich wenig zur Stabilisierung einer Berufsideologie taugt. Wie sehr diese Tonart eine breite pädagogische Gestimmtheit in der alten Bundesrepublik traf, zeigt sich an dem Erfolg, den sogenannte »anti-pädagogische« Vorstellungen seit Ende der 70er Jahre hatten (vgl. Von Braunmühl; Von Schoenebeck). Die Bücher von A. Miller verdanken ihren Erfolg jener erwähnten subjektiven Wende, als ihr ursprünglicher politischer Ausgangspunkt bereits in Vergessenheit geriet.

2. Der grundsätzliche Verdacht, alle erzieherischen Einwirkungen seien in ihrem Kern psychopathologisch zu beschreiben, läßt eigentlich nur zwei Folgerungen zu: Entweder dürften solche Eingriffe nicht mehr vorgenommen werden, oder aber es müßten eigentlich alle, die mit Kindern umgehen – Eltern wie Lehrer – sich über ihre Motive klar werden, mit denen sie dies tun, und dazu bedarf es einer *flächendeckenden psychoanalytischen Selbstüberprüfung.* Die erste Konsequenz legitimierte einen antipädagogischen Affekt, der die pädagogische Verantwortung der zuständigen Erwachsenen auf ein Minimum reduziert, und die zweite plädiert faktisch für eine enorme Expansion der therapeutischen Berufe. Sie hat ja gerade im pädagogischen Sektor auch stattgefunden; auch heute noch werden z.B. Lehrern, die an ihrem Beruf verzweifeln, Kurse zu dem Zweck angeboten werden, sich angesichts der beruflichen Misere innerlich zu stabilisieren,- also möglichst resistent auszuhalten, was ihnen da zugemutet wird, und nicht etwa zu lernen, die disziplinarischen Bedingungen und Voraussetzungen ihrer Probleme politisch, also durch Sanktionen im Namen der Schule als öffentlicher Institution in den Griff zu bekommen.

3. Das Pädagogische reduziert sich bei Miller auf die *Beziehungs-ebene*, auf die unmittelbaren Beziehungen von Erwachsenen zu Kindern, und daran interessiert vor allem die emotionale Dimension, insbesondere die Unterdrückung der kindlichen Bedürfnisse und die Korrektur dieses Mangels. Daß diese Kinder nicht nur zu Hause und in der Schule leben, daß sie auch noch von anderen Instanzen sozialisiert werden, mit denen sie sich tätig auseinandersetzen müssen, gerät dabei aus dem Blick. Wirklichkeitsfremd wird so das tatsächliche Leben der Kinder auf diejenigen Faktoren reduziert, die die These vom umfassenden Erziehungsdesaster stützen können. Auf diese Weise wird ein Hauptübel der gegenwärtigen Erziehungsdiskussion verstärkt, nämlich ihre Ignoranz gegenüber der Tatsache der pluralistischen Sozialisation.

Millers Argumentation basiert dabei auf der Konstruktion des »wahren Selbst«, das vom tatsächlichen Selbst zu unterscheiden sei. Was die Menschen wirklich aus sich gemacht haben, wenn sie z.B. depressiv bzw. narzißtisch gestört in die therapeutische Praxis kommen, sei nur eine defizitäre Fassung dessen, was ihnen eigentlich möglich sei, sei eine durch Erziehung hervorgerufene Korrumpierung ihres eigentlichen Wesens.

Nun ist sicher unmittelbar plausibel, daß der Mensch mehrere Möglichkeiten seiner geistigen und sicher auch psychischen Entwicklung in sich trägt und daß er immer auch, indem er so wird, wie er ist, andere Variationen nicht zur Entfaltung kommen läßt, – wie die Darstellung des Zerfalls der pädagogischen Provinz schon gezeigt hat. Aber beim »wahren Selbst« geht es nicht um bessere oder schlechtere Variationen der tatsächlichen psychischen Entwicklung, sondern um eine angeblich objektiv vorgegebene und realisierbare Idealgestalt, die erreichbar wäre, wenn sie nicht durch Erziehung verhindert würde. Das ist nun aber reine Spekulation, die nur dann glaubhaft erscheinen kann, wenn man die gesellschaftliche Existenz des Menschen außer acht läßt, die ihn ja dazu zwingt, sich durch *Tätigsein* im Rahmen der ihm vorgegebenen sozialen und gesellschaftlichen Bedingungen individuell zu profilieren. Millers »wahres Selbst« hat unter anderem zur Voraussetzung, daß Kindheit etwas gesellschaftlich Exterritoriales ist, eine unpolitische Nische, eine pädagogische Provinz, die, wenn nicht ausschließlich, so doch wesentlich durch den emotionalen Kleinkrieg zwischen Eltern und Kindern determiniert ist.

4. Politik, gesellschaftliche Strukturen und insbesondere *Institutionen* kommen in diesem Denken entweder gar nicht oder nur als psychologische Konsequenzen der Erziehungspsychopathie vor. Auch bei Miller wird das psychoanalytische innerpsychische Deutungsmuster zur Erklärung von Politik und Gesellschaft verwendet, wobei deren Mängel personalisiert werden. Schreckliche, unmenschliche Politik resultiert demnach aus Menschen, die durch Erziehung kaputtgemacht wurden. *Am Anfang war Erziehung* enthält ein ausführliches Kapitel über Adolf Hitler, dessen rassistischer Wahn allen Ernstes auf seine rigide Erziehung durch den Vater zurückgeführt wird. Da kann man sich nur wundern, warum wir bisher nur *einen* Hitler ertragen mußten, während Millionen von Menschen, die gemäß dieser Theorie vor und nach Hitler ja unter der gleichen Erziehung gelitten haben, sich doch verhältnismäßig zivil in ihrem Leben verhalten haben.

Die erfolgreichen Bücher von Neill, Richter und Miller haben zweifellos den pädagogischen Zeitgeist vor allem durch diejenigen Prämissen und Implikationen mitgeprägt, die ich hier knapp skizziert habe. Es wäre aber zu einfach zu behaupten, sie hätten ihn im ganzen kreiert. Immerhin haben diese Autoren jedoch neben anderen dem Zeitgeist ein Flair von praxis- und wissenschaftsfundierter Reputation verschafft.

3. Plausible Irrtümer

Die pädagogische Praxis in Schule und Familie und das sie be-
stimmende pädagogische Bewußtsein, die uns hier in erster Linie
interessieren, sind natürlich nicht in jeder Einzelheit durch die
Maximen des Zeitgeistes bestimmt; dies anzunehmen wäre eine
grobe Vereinfachung. Dem widerspricht schon die Tatsache, daß
die eben genannten Protagonisten vielen Pädagogen gar nicht
mehr gegenwärtig sind. Gleichwohl ist nicht zu leugnen, daß eine
Reihe von »selbstverständlichen« pädagogischen Postulaten und
Annahmen die öffentliche Diskussion wie auch das Bewußtsein
der Handelnden in erstaunlicher Übereinstimmung beherrschen.
Dieses kollektive Moment ist außer unter Hinweis auf den Zeitgeist nicht zu verstehen; denn es beruht weder auf einer in sich
stimmigen Bildungstheorie noch auf Schlußfolgerungen aus fraglosen wissenschaftlichen Erkenntnissen noch – wie früher bei den
68ern – auf einer politischen Ideologie. Im Gegenteil würde sich
bei einer genaueren Analyse wohl herausstellen, daß es sich dabei
eher um in sich widersprüchliche Versatzstücke, also um eine se-
lektive Passung handelt, deren Tragfähigkeit im wesentlichen auf
ihrer Brauchbarkeit für das pädagogisch-therapeutische Berufsinteresse beruht.

Ohne Anspruch auf Vollständigkeit stelle ich einige dieser Versatzstücke abschließend vor, die teilweise bei der Kritik der litera-
rischen »Protagonisten« schon angesprochen wurden und die das
notwendige pädagogische Umdenken in besonderer Weise er-
schweren oder gar verhindern. Dabei ist zu bedenken, daß sie
nicht generell als falsch beurteilt werden können, denn dann
wären sie nicht plausibel und insofern nach unserer Definition
auch nicht tauglich als Elemente des Zeitgeistes.

So ist an und für sich unmittelbar einleuchtend,

1. daß *Täter* immer auch Opfer ihrer Umstände sind;

2. daß man also nach allgemeinen *Ursachen* für die Taten Ausschau
halten muß;

3. daß man diese Ursachen beseitigen bzw. schon ihre Entstehung
vorbeugend verhindern muß;

4. daß dabei insbesondere die unmittelbare persönliche *Beziehungsebene* eine wichtige Rolle spielt;

5. daß dabei wiederum die *emotionale Dimension* einer besonderen Aufmerksamkeit bedarf.

Die unmittelbare Plausibilität dieser Annahmen, zumal wenn es sich um den Umgang mit Kindern handelt, steht außer Frage; die Alltagserfahrung liefert immer wieder Beispiele für derartige Zusammenhänge. Die *problematischen* Implikationen dieser Erklärungsmuster sind jedoch auf Anhieb weit weniger erkennbar, weil sie sich nur einer Reflexion erschließen, die eben diese Alltagserfahrungen transzendiert; deshalb soll davon im folgenden etwas ausführlicher die Rede sein, und zwar am Beispiel jugendlicher Gewalttätigkeit, die ja die Öffentlichkeit in der letzten Zeit ausführlich beschäftigt hat.

Täter als Opfer

Das Eingehen auf die bewußten und unbewußten *Motive* und Beweggründe des *jugendlichen* Täters gehört zu den großen rechtspolitischen Errungenschaften der Moderne, an deren Durchsetzung gerade die Psychologie maßgeblich beteiligt war. Straftaten jugendlicher Rechtsbrecher anders zu beurteilen und vor allem anders zu ahnden als vergleichbare von Erwachsenen ist seit dem Jugendgerichtsgesetz (JGG) von 1923 nicht nur unter Juristen, sondern auch in der Öffentlichkeit selbstverständlich. Der jugendliche Täter wird noch als erziehungsfähig und als korrigierbar angesehen, und diesem Ziel wird – je nach Schwere der Tat – Vorrang eingeräumt. Deshalb sind psychologische Gutachter für ein Jugendgericht nicht nur im Hinblick auf die Beurteilung des Täters, sondern auch auf eine angemessene Würdigung der Tat unentbehrlich. Im Unterschied zu früheren Jahrzehnten hat die moderne Tiefenpsychologie die im Einzelfall angebrachten Erkenntnis- und Beurteilungsmöglichkeiten zweifellos erheblich verfeinert. Trotzdem bleibt der jugendliche Täter auch vor dem Jugendgericht ein Mensch, der gegen das Gesetz verstoßen und dafür die Verantwortung zu tragen hat. Lediglich die dem individuellen Fall angemessenen Ausmaße und Konkretisierungen stehen für das Gericht zur Debatte.

Die Sache ändert sich jedoch, wenn die Täterzentrierung den Gerichtssaal verläßt und zur öffentlichen, also auch politischen Maxime wird. Dann wird aus der individuellen Aufmerksamkeit eine Generalisierung des Problems, der Täter wird im allgemeinen, d.h. ohne Rücksicht auf seinen Einzelfall zum Opfer seiner Umstände stilisiert. Auf diese Weise wird sein Verhalten zwar immer noch mißbilligt, aber doch auch mit Nachsicht betrachtet. Aus dem individuellen Täter, der vor Gericht zu beurteilen ist, wird eine verallgemeinerte Täterschaft, und diese wird als ebenso allgemeines Opfertum entschuldigt. »Den« fremdenfeindlichen jungen Leuten – so heißt es etwa – gehe es eben schlecht, sie fühlten sich z.B. als Verlierer der deutschen Einheit, stammten aus zerrütteten Familien, wollten an sich akzeptable Wünsche nach Anerkennung und Gebrauchtwerden auf die falsche Weise geltend machen. Unter der Hand ist nicht mehr von ihren Opfern die Rede, sondern von ihnen selbst. Diese Interpretation in wissenschaftlichen Untersuchungen, politischen Erklärungen und TV-Sendungen bewirkt nun eine öffentliche Stimmung, aus der neue Täter eine Rechtfertigung abzuleiten glauben. Die täterbezogene Deutung der Geschehnisse kann so unter der Hand zu neuer Gewalt animieren. Die der Psychologie zu verdankende Einsicht, daß jede Handlung – auch die gewalttätige – ihre Motive und Gründe habe, die aufgedeckt werden müßten, wenn man die Tat verstehen wolle, läßt jedoch nicht nur die Opfer, sondern auch den Täter letztlich im Regen stehen, weil es – im Unterschied zum Gerichtssaal – nun gar nicht mehr um ihn geht, sondern um etwas Allgemeines, das er lediglich repräsentiert bzw. zum Ausdruck bringt. Wollte man sich hingegen ihm selbst zuwenden in seiner individuellen Verstrickung, müßte – wie vor Gericht – letztlich von seiner *Verantwortung* für sein Handeln die Rede sein, davon, daß er bei aller Berücksichtigung seiner persönlichen Bedingungen und Umstände letzten Endes für sich selbst einstehen muß. Vor dem Jugendgericht ist die Aufmerksamkeit für die Täterpersönlichkeit gleichsam gesellschaftlich kanalisiert, weil es hier eine Arbeitsteilung zwischen dem Richter und dem gutachtenden Psychologen gibt: Der Psychologe vermittelt dem Richter, was erklärend, verstehend, mildernd zu Tat und Täter zu sagen ist, der

Richter hingegen setzt durch das Strafmaß auf dieser Basis die Verantwortlichkeit des Täters fest. Die Psychologisierung ist hier begrenzt durch den Richter, der die Ansprüche der Rechtsgemeinschaft gleichwohl nicht aufgibt.

Der psychologisierende Zeitgeist kennt aber keine Richter mehr, sondern nur noch Alles-Erklärer und Alles-Versteher. Unter der Hand werden ihm alle Beteiligten zu Opfern, und die Differenz zu den wirklichen Leidtragenden verschwimmt. Als zu Opfern definierte sind beide Gruppen einer therapeutisch-pädagogischen Sicht ihrer Lage zugänglich zu machen. Diese Tendenz wird noch deutlicher, wenn der Blick auf andere, weniger spektakuläre Beispiele gerichtet wird: Erziehungsunfähige Eltern, disziplinlose Schüler, kriminelle Einheimische und Ausländer, »autonome« Steinewerfer, Geschiedene und getrennt Lebende, – sie alle gelten zumindest zunächst einmal als Opfer ihrer Verhältnisse. Eine solche Deutung kann sich auf eine jedermann zugängliche Alltagsplausibilität stützen; denn in fast jedem Einzelfall lassen sich Gründe angeben, die die Akteure zu ihrem Tun veranlaßt haben könnten: von der längst zum Topos gewordenen schwierigen Kindheit bis hin zu materieller Not oder beruflichem Mißerfolg. Inzwischen kann man von einer *Victimisierung* der unmittelbaren Beziehungsebene sprechen; die »eigentlich« Schuldigen sind auf einer anderen, abstrakten Ebene zu suchen, und sie bleiben eigentümlich anonym.

Eine bedeutsame Grenze des pädagogischen Zeitgeistes liegt also darin, daß er *von sich aus* weder die *soziale* Notwendigkeit von individueller Verantwortung noch eine dafür zuständige moralische Fundierung anzugeben vermag. Diese Tendenz hat auch in unseren Schulen Eingang gefunden, insofern Schüler, die sich undiszipliniert oder gar gewalttätig verhalten, nicht zur Not auch durch Sanktionen in ihre Grenzen verwiesen, sondern einer noch intensiveren pädagogischen Betreuung gewürdigt werden. Schulstrafen gelten fälschlicherweise als pädagogische Kapitulation.

Aus dem Blick gerät dabei, daß *jede* soziale Gemeinschaft die für ihren Bestand wichtigen Regeln auch einfordern muß und daß sie dabei die je subjektive Befindlichkeit nur bis zu einer bestimmten Grenze zu tolerieren vermag. Das Strafrecht ist jedoch nur ein besonders herausragendes Beispiel. Wenn Kinder also nicht lernen, sich an die jeweils gültigen sozialen Regeln zu halten, verlieren sie ihre Akzeptanz, isolieren sich und werden ausgegrenzt; dann aber kommen ihre subjektiven Bedürfnisse erst recht nicht zum Zuge. Ungebührliche Nachsicht zum Beispiel gegen disziplinlose Schüler schadet also in erster Linie diesen selbst.

»Eigentliche« Ursachen

Das Interesse an den Tätern auf Kosten der Opfer wird mit dem ständigen Hinweis auf die »eigentlichen« Ursachen für derartige Handlungen fundiert. Diese sind entweder in der biographischen Vorgeschichte zu suchen, z.B. als Mißhandlung, Lieblosigkeit in der Kindheit oder aber in gegenwärtigen gesellschaftlichen Umständen wie Arbeitslosigkeit, Perspektivlosigkeit, Ignorierung von Fähigkeiten oder auch in einer Kombination von allem. Weder für das eine noch für das andere könne das Individuum ernsthaft verantwortlich gemacht werden, nicht für Schäden während der Kindheit noch für die allgemeinen gesellschaftlichen Rahmenbedingungen, in denen es leben müsse. Also ist es in dieser Hinsicht zunächst einmal entschuldigt. Die biographischen Ursachen lassen sich nachträglich zwar nicht mehr beseitigen, wohl aber angeblich durch therapeutische Maßnahmen bis zu einem gewissen Grade »aufarbeiten«. Zudem ließen sich für die gegenwärtig aufwachsenden Kinder und Jugendlichen nach dieser Auffassung z.B. durch pädagogisch-therapeutische Aufklärung bzw. durch geeignete familienpolitische Maßnahmen bessere Bedingungen des Aufwachsens arrangieren, die unter anderem auch zur Verminderung des Gewaltpotentials beitragen könnten.

Wie erfolgversprechend solche Maßnahmen wären, muß fraglich bleiben; denn für junge Drogenabhängige werden unentwegt Therapieplätze gefordert, obwohl sich längst herausgestellt hat, daß das meiste davon vor allem deshalb erfolglos bleibt, weil die Betroffenen mangels anderer Gesellungen nach der Behandlung wieder in ihr altes Milieu zurückverwiesen werden, dessen wesentliches Thema eben die Einnahme von Drogen ist.

Darüber hinaus werden auch Illusionen geweckt, weil die »eigentlichen Ursachen« meist nicht so einfach beseitigt werden können. Vielmehr muß den Menschen, insbesondere auch jungen Menschen, eine vorhandene gesellschaftliche Rahmenlage manchmal auch *zugemutet* werden. Nichts ist gegen eine vernünftige Sozialpolitik zu sagen, aber andererseits kann jugendliche Gewalt nicht schon damit »erklärt« und implizit gerechtfertigt werden, daß sich eine junge Generation auch einmal durchbeißen muß. Wer sich in der Schule langweilt oder nicht sofort eine Lehrstelle findet oder gerade Liebeskummer hat oder in einer öden Vorstadt wohnt, kann doch daraus nicht die innere Erlaubnis ableiten, schwache Mitschüler zu quälen, Menschen zusammenzuschlagen oder gar bei lebendigem Leibe zu verbrennen. Abgesehen von psychopathischen Einzelfällen, die es in diesem Umkreis auch gibt und immer gab, kann im Ernst sich niemand auf seine Lebensumstände als Begründung für solche Taten berufen. Jede junge Generation findet eine Welt vor, die sie nicht geschaffen hat und die sie auch nicht nach Belieben ändern kann, in der sie eben nach den jeweils gegebenen Möglichkeiten zurechtkommen muß. Angesichts der »eigentlichen« Ursachen, die ins Feld geführt werden, werden Täter wie Opfer zum bloßen Symptom stilisiert, denn »eigentlich« verdienen ja nicht sie das öffentliche Interesse, sondern die »Ursachen«.

Da die Zuordnung der Ursachen zu den Gewalttaten im wesentlichen auf Spekulation beruht – wissenschaftlich beweisbar ist sie nicht –, eröffnet sie große Spielräume für politische Instrumentalisierungen. Wer die Frage nach den »eigentlichen« Ursachen ins Spiel bringt, weiß meist die Antwort im voraus. Sie erwächst aus seiner (partei)politischen Grundposition, die er sowieso hat und die er durch die Akte jugendlicher Gewalttätigkeit nur erneut bestätigt sieht. Die geschädigten Menschen interessieren in diesem Kontext gar nicht, sie sind nur ein Exempel für etwas, das genauso gelten würde, wenn ihnen kein Schaden zugefügt worden wäre.

Die offenkundige politische Instrumentalisierung der Opfer durch die Ursachen-Argumentation ist natürlich kein Einwand dagegen, weiterhin für eine Verbesserung der allgemeinen Lebensbedingungen zu sorgen. Wer das will, muß sich jedoch die Mühe einer gründlichen Analyse der politischen Gegebenheiten und der Möglichkeiten ihrer Veränderung machen, also in diesem Sinne *politisch* denken und argumentieren. Wer die »eigentlichen Ursachen« im vorhinein immer schon weiß, verzichtet aber gerade darauf.

Der Hinweis darauf bleibt also meist allgemein im Sinne von Postulaten, deren politische Realisierungschancen und Finanzierbarkeit selten durchgespielt werden. Er artikuliert sich im Klima eines dumpfen Verdachts gegen die Böswilligkeit der irgendwie auf einer höheren Ebene dafür Verantwortlichen und drückt dabei nur noch ein Ressentiment aus. Die »eigentlichen »Ursachen interessieren als solche gar nicht, sie treten nur an die Stelle der tatsächlichen und dienen so nur als Folie, gegenüber der sich die eigene berufliche Bedeutsamkeit zur Geltung bringen kann.

Prävention

Aus der Definition der »eigentlichen« Ursachen werden gleichwohl im Umkehrschluß *Präventivvorschläge* abgeleitet: Am besten sei, die Ursachen gar nicht erst entstehen zu lassen. Beruht nun schon die Ursachen-Definition auf Spekulation, so natürlich erst recht die Schlußfolgerung daraus. Wäre sie zwingend, so müßte z.B. mit steigendem Wohlstand die Kriminalität zurückgehen. Wir wissen aber, daß mit abnehmender Not sich die Delikte allenfalls verschieben. Die menschliche Bedürftigkeit ist offenbar nicht mit einem Faß zu vergleichen, dessen Auffüllung automatisch zur Zufriedenheit führt. Gerade die Entwicklung zur Wohlstandsgesellschaft hat uns dagegen gezeigt, daß die Ansprüche mit dem Wohlstand wachsen und auf einem höheren materiellen Niveau sogar entschiedener, ja aggressiver eingeklagt werden als auf einem niedrigeren. Es gibt gewiß überzeugende *pädagogische* Gründe, Jugendlichen z.B. in Gestalt von lokalen Freizeitstätten eine Anlaufstelle anzubieten, in der sie auf ihresgleichen, aber auch auf von der Gesellschaft eigens dafür bezahlte Erwachsene – eben Pädagogen – treffen, mit denen sie ihre Probleme besprechen und von denen sie sich Rat holen können. Die sinnvolle *pädagogische* Begründung beruht immer darauf, daß Jugendliche unterstützt und ermutigt werden sollen, ihre Fähigkeiten angesichts bestimmter Aufgaben zu entdecken und zu entwickeln. Im Falle *gewaltbereiter* Jugendlicher bedeutet das auch, ihren *körperlichen* Kräften eine vernünftige, Selbstbewußtsein erweckende Richtung anzubieten, die sich innerhalb der Legalität bewegt. Geschieht dies, dann bleibt zwar zu hoffen, daß damit auch die Gewaltbereitschaft zurückgeht; aber sicher ist das keineswegs. Ein solches Angebot kann auch dazu führen, die Ansprüche noch höher zu schrauben, so daß Zufriedenheit keineswegs automatisch einkehrt. Jede Bedürfnisbefriedigung hat bisher noch immer neue Ansprüche geweckt. Es ist also keineswegs sicher, daß der *politische* Hintersinn pädagogischer Freizeitangebote sich erfüllt; dieser könnte nämlich auf die Motivation der fraglichen Jugendlichen, an solchen Angeboten teilzunehmen, auch *negativ* zurückschlagen, wenn sie nämlich den Eindruck gewinnen müßten, es ginge gar nicht um sie selbst, sondern darum, ihnen ihre »rechten« politischen Überzeugungen aus dem Kopf zu treiben. Sie hätten sogar nicht einmal unrecht, wenn sie Attacken auf ihre Gesinnung zurückwiesen, denn nicht diese, sondern nur das *Verhalten* hat die Öffentlichkeit zu interessieren. Jugendpädagogische Angebote können zwar aus politischen Gründen ausgelöst werden – es wäre weltfremd, dies anders zu erwarten –, aber ihre Glaubwürdigkeit behalten sie nur dann, wenn der erwähnte pädagogische Sinn im Blick bleibt: als ein Lernangebot, das die Fähigkeiten der Betroffenen entwickeln und in sozial akzeptable Bahnen lenken will. Sozialpädagogen, die sich der Arbeit mit »schwierigen« Jugendlichen widmen, wissen, daß dabei falsche Sentimentalität fehl am Platze ist; denn es geht letztlich darum, kriminelle Karrieren zu verhindern, die die Lebensperspektive dieser Jugendlichen für lange Zeit zerstören können.

Im übrigen kann die deutsche Erziehungsgeschichte kaum mit Erfolgsmeldungen über politisch motivierte *Präventionen* aufwarten. Der Gedanke, man könne gesellschaftlichen Übeln *vorbeugen*, also präventiv begegnen zu einem Zeitpunkt, wo sie noch gar nicht eingetreten sind, stammt meines Wissens aus der Medizin. Deren große Erfolge vor und nach der Jahrhundertwende in der

Seuchenprophylaxe und bei der Entwicklung von Impfstoffen usw. haben die Vorstellung nahegelegt, man könne auch auf anderen Gebieten so verfahren. So plausibel die Idee der Prävention auf den ersten Blick erscheinen mag, so birgt sie doch eine Reihe von Gefahren, wie die Pervertierung schon der medizinischen Prophylaxe durch die rassenpolitischen und eugenischen Maßnahmen der Nationalsozialisten gezeigt hat.

Für die moderne deutsche Pädagogik kann die Übertragung des präventiven Denkens vielleicht mit dem Jahre 1900 angesetzt werden. Damals wurde in Preußen das »Fürsorgeerziehungsgesetz« verabschiedet, das ein Jahr später in Kraft trat. Es setzte unter anderem fest, daß Kinder über zwölf Jahre der Zwangserziehung bei verwandten oder nicht-verwandten Erwachsenen oder in entsprechenden Heimen zugeführt werden konnten, auch wenn der Vater – auf den es damals rechtlich als Repräsentanten seiner Familie allein ankam – nicht zustimmte, und auch wenn noch gar keine gesetzwidrige Tat vorlag; es genügte, wenn Verwahrlosung drohte. Abgesehen davon, daß diese »Erziehungsmaßnahme« rechtlich gesehen einer Verurteilung ohne Tat gleichkam, führte sie zu einem bemerkenswerten pädagogischen Desaster. Es gab keine zuverlässigen Diagnosen für eine Definition der sogenannten »Verwahrlosung« und infolgedessen auch keine erfolgversprechenden pädagogischen Maßnahmen. Dennoch wuchs die Zahl der in materiell wie personell meist schlecht ausgestatteten »Fürsorgeerziehungsheimen« überwiesenen jungen Leute (vgl. Peukert). Diese Kasernierung führte gegen Ende der Weimarer Zeit zu »Heimrevolten«, die auch die Gerichte beschäftigten und die sich Ende der 60er Jahre wiederholten. Inzwischen hat man diese Art der Prävention aufgegeben, und das neue Kinder- und Jugendhilfegesetz (KJHG) hat in Würdigung der historischen Tatsachen den Gedanken der Prophylaxe reduziert auf unmittelbare Hilfsangebote für Familien, wenn dort in irgendeiner Weise Erziehungsschwierigkeiten auftauchen. Auch wenn dieses Gesetz noch in der Tradition der Präventiv-Pädagogik steht, hat es faktisch den Gedanken der allgemeinen, durch die staatliche Ordnungsmacht zu sichernden Vorbeugung aufgegeben zugunsten einer jeweils konkreten Krisenintervention mit Zustimmung möglichst aller Beteiligten.

Obwohl uns dieses historische Beispiel skeptisch machen sollte im Hinblick auf die Chancen pädagogischer Prävention gesellschaftlicher Übel, hat dieser Gedanke in den letzten Jahrzehnten neuen Aufwind bekommen. Der wesentliche Grund dafür dürfte wohl im Überangebot an pädagogisch-therapeutisch Berufsfähigen und Berufswilligen liegen. Früher, in wirtschaftlich ärmeren Zeiten, war es umgekehrt; einer offensichtlichen gesellschaftlichen Notlage wie der Armut bestimmter Bevölkerungsschichten mußte mit einem möglichst geringen materiellen und personellen Aufwand begegnet werden. Die schon erwähnte enorme Erhöhung des allgemeinbildenden Niveaus eines immer größeren Teils der jungen Generation, die wachsende Zahl der entsprechenden Ausbildungsabsolventen und die Akademisierung des Bildungssystems haben nun dazu geführt, daß mehr Fachkräfte – z.B. Pädagogen und Psychologen – zur Verfügung stehen, als nach den früheren Maßstäben eigentlich gebraucht würden. Diesen droht nun entweder Arbeitslosigkeit, oder aber sie müssen sich – nicht zuletzt mit Hilfe und durch Propaganda ihrer Berufsverbände – neue Arbeitsplätze schaffen, indem sie die alten Probleme neu definieren. Eine der wichtigsten Möglichkeiten dafür ist das Konzept der pädagogische Prävention, daß man nämlich dazu beitragen könne, die Übel gar nicht erst entstehen zu lassen.

Bei den therapeutischen Berufen ist der Weg in die Prävention nicht minder deutlich erkennbar. Er begann Ende der 60er/Anfang der 70er Jahre damit, daß die klinische Praxis verlassen wurde, wie wir am Beispiel von Richter und Miller gesehen haben. Nun setzte eine Expansion ein, die im Prinzip jeden als potentiell psychisch krank und damit vorsorglich als behandlungsbedürftig definierte, auch wenn die Störung oder Krankheit noch gar nicht manifest geworden war. In den 70er Jahren wurde es in Kreisen der Mittelschicht geradezu Mode, nach Symptomen einer psychischen Defizienz bei sich zu suchen und eine vorbeugende Einzel- oder Gruppentherapie in Anspruch zu nehmen. Hintergrund

170

dafür war nicht zuletzt eine auch vom Zeitgeist propagierte Erwartung, die sich z.B. im Konzept von A. Miller artikulierte, daß einem im bisherigen Leben etwas entgangen sei, was nun einzufordern man ein Recht habe. Geblieben davon ist bis heute die schon erwähnte Strategie, alle gesellschaftlichen Probleme als primär psychische zu definieren und dementsprechende Behandlungs- und Vorsorgemaßnahmen zu propagieren. Fortwirkt diese Propaganda nicht zuletzt immer noch in manchen von der 68er-Generation dominierten Lehrerkollegien, insofern hier ein Bedürfnis nach Fortbildung besteht, die weniger die fachliche oder didaktisch-methodische Kompetenzerweiterung im Auge hat als vielmehr die emotionale Seite der internen Beziehungen thematisiert.

In allen sozialen und also auch pädagogischen Zusammenhängen bleibt die Idee der Prävention aber problematisch, weil diese Wirklichkeit durch menschliches *Handeln* bestimmt ist, das auch im Computer-Zeitalter letzten Endes unkalkulierbar bleibt. Die Komplexität der verschiedenen mit –, neben- und gegeneinander agierenden Handlungssequenzen macht verläßliche Voraussagen über die *Folgen* einzelner Aktionen kaum möglich. Zudem haftet dem prophylaktischen Denken ein Hang zu Allmachts-Phantasien an, als ließen sich soziale Probleme durch genaue Anwendung des Ursache-Präventions-Schemas lösen, wenn man nur wolle, was leicht zu dem Umkehrschluß führen kann, daß es am guten Willen oder an anders lautenden Interessen liegen müsse, wenn diese Probleme nicht zur allgemeinen Zufriedenheit gelöst werden, – ein Verdacht, mit dem die 68er erfolgreich operiert haben und der sich z.B. bei Lehrern dieser Generation bis heute als eine Art von Grundgewißheit hält. Die Phantasie von der Machbarkeit des Sozialen wirkt längst auf die Erwartungen der Menschen zurück. Mißlichkeiten welcher Art auch immer, die sie empfinden, haben gefälligst gelöst zu werden – von anderen, nicht von ihnen selbst –, sei es durch die Gesundmachpille des Arztes oder durch öffentliche Subvention aller möglichen privaten Bedürfnisse. Prävention ist längst zum Anspruch geworden, der die Beteiligten selbst außer der Mißbilligung unerwünschter Zustände wenig kostet, und der sogar zur Drohung animiert, das erwartete gesellschaftliche Übel – wie die Anwendung von Gewalt – tatsächlich herbeizuführen, wenn Abhilfe nicht wenigstens in Aussicht gestellt werde.

Präventive Maßnahmen z.B. sozialpolitischer oder pädagogischer Art können nur die *Rahmenbedingungen* des je individuellen Handelns verändern, aber nicht vorwegnehmen, wie die Handelnden diese Veränderung nutzen werden.

Pädagogisch macht Prävention nur in einer anderen Bedeutung Sinn, nämlich als *Antizipation der Zukunft* des *einzelnen* Kindes und Jugendlichen. Mit ihm umzugehen, ohne neben seiner gegenwärtigen Lage auch seine *künftigen* Chancen und Möglichkeiten in den Blick zu nehmen, ist kaum vorstellbar. Aber dabei handelt es sich um eine jeweils *individuelle* Perspektive, die die Vorgaben der politischen und sozialen Außenwelt zunächst einmal so berücksichtigen muß, wie sie sind.

Beziehung und Institution

Jede Wissenschaft wie auch jede berufliche Praxis bestimmt sich in wesentlichem Maße dadurch, daß sie versucht, den *Gegenstand* ihrer Tätigkeit möglichst genau zu definieren. Je umfangreicher nun die jeweilige Definition ist, um so größer wird folgerichtig auch das jeweilige Tätigkeitsfeld abgesteckt. Deshalb kann nicht weiter verwundern, daß auch die psychologischen Berufe in den letzten Jahrzehnten eine solche Expansion vorgenommen haben, indem sie möglichst viele und tendenziell alle gesellschaftlichen Probleme als psychische definieren, weil auf diese Weise die spezifische Berufskompetenz nicht nur in Aktion treten, sondern sich auch weiter auszudehnen vermag. Im Mittelpunkt des beruflichen Handelns standen zunächst innerpsychische Widersprüche und Konflikte, z.B. Verdrängungen, wie sie die klassische psychoanalytischen Lehre formuliert hatte. In Erweiterung dieses Ansatzes richtete sich der Blick dann auf die unmittelbaren *menschlichen Beziehungen*: Partnerbeziehungen, Familienbeziehungen, aber auch beruflich-dienstliche Beziehungen, insofern in ihnen innerpsychische Widersprüche konkret zum Ausdruck kämen. Schließlich kam, wie wir bei Richter und Miller gesehen haben, die Annahme hinzu, daß im Grunde alle gesellschaftlichen Probleme der psychologischen Betrachtung zugänglich seien, weil die daran beteiligten Personen einerseits innerpsychische Konflikte mit sich trügen, die sie notwendigerweise in ihren Umgang mit der Außenwelt einbrächten, und weil andererseits sich Widersprüche der Außenwelt in den unmittelbaren menschlichen Beziehungen manifestierten. So ließen sich im Prinzip alle gesellschaftlichen Strukturen auf Beziehungsstrukturen reduzieren.

Die gesellschaftliche Objektivität, wie etwa die *Institutionen*, die solchen Beziehungen einen wichtigen Teil ihrer objektiven Realität verleihen, wurden dabei verdrängt, weil sie ja nichts Psychisches darstellen. Wäre die psychologische Sicht geblieben, was sie einmal war, nämlich eine medizinisch-therapeutische Variante, wäre gegen sie wenig einzuwenden. Da sie aber inzwischen in Form des Zeitgeistes zu einer allgemeinen Weltanschauung geworden ist, führt sie folgerichtig zu einer eigentümlichen Realitätsverkennung. Die objektive, also außersubjektive Welt etwa in Gestalt der gesellschaftlichen Wirklichkeit ist ja nicht – von Gott oder den Menschen – zu *dem* Zweck eingerichtet worden, dem einzelnen Subjekt zur höchstmöglichen Befriedigung seiner Bestrebungen zu verhelfen oder dies einer bestimmten menschlichen Beziehung zu versprechen; vielmehr ist sie *widerständig*, um nicht zu sagen *gleichgültig* gegen diese Bestrebungen, – was übrigens Freud schon wußte, dessen Hauptthema ja gerade die Vermittlung der je subjektiven Triebe mit den objektiven gesellschaftlichen Anforderungen war.

Nun kommt die außersubjektive Welt im pädagogischen Zeitgeist natürlich auch vor, denn schließlich haben die Klienten in der Schule wie auf der Couch damit ja ihre Schwierigkeiten. Aber sie wird entweder als Ärgernis verstanden, das den subjektiven Bestrebungen im Wege steht, oder sie wird als eigenständige Realität psychologisch mißverstanden, also nicht wirklich begriffen. Der psychologische Zugang für sich genommen kann sie auch gar nicht verstehen, weil sie eben kein psychisches Konstrukt ist. So bleibt sie unaufgeklärt und wird überhäuft mit subjektiven Ansprüchen, wie daß sie »gerechter«, weniger »entfremdet« und nicht so »leistungsorientiert« sein soll. In den Schulen äußert sich das vielfach in einer tiefen Feindschaft gegen administrative Regelun-

173

gen sowie gegen die Benotung von schulischen Leistungen. Wichtiger seien vertrauensvolle Beziehungen zu den Lehrern, weil darauf gestützt die Schüler von sich aus schon ihre Fähigkeiten entfalten würden, ohne dafür auf objektivierte Ansinnen von außen angewiesen zu sein.

Hatten die Neomarxisten der 60er und 70er Jahre eine wenn auch ideologisch einseitige, so doch auf ihre Weise klare Vorstellung darüber, daß die objektive Welt nicht die Summe der subjektiven Wohlergehensbestrebungen sein könne, so spricht der Zeitgeist nur noch sehr vage und unpräzise von »der Gesellschaft«. Ihre reale Struktur, ihre konkreten Widersprüche, die tatsächlich gegebenen ökonomischen und politischen Probleme interessieren nur insofern, als sie sich in Beziehungsdimensionen darstellen lassen bzw. diesen als förderlich oder hinderlich erscheinen. So ist die undifferenzierte und pauschale »Politikverdrossenheit« ein legitimes Kind dieses Zeitgeistes. Daß Politiker mit anderen kungeln, in ihre eigene Tasche wirtschaften, sich materiell oder immateriell bestechen lassen oder Liebschaften unterhalten, erscheint plausibler, als sich mit den tatsächlichen politischen Entscheidungsspielräumen auseinanderzusetzen. Gewiß hat zu dieser »Intimisierung der Öffentlichkeit« (Sennett), die Nähebeziehungen als einen Wert an sich betrachtet, deren TV-Verwertbarkeit nicht unwesentlich beigetragen. Aber diese hätte sich ja nicht so erfolgreich ausbreiten können, wenn sie beim Publikum nicht auf eine entsprechende Gestimmtheit gestoßen wäre.

Die Übertragung von aus der privaten Sphäre stammenden Beziehungserwartungen auf die gesellschaftliche Ebene hat dort jedoch keineswegs zu mehr Sensibilität oder Verständnis geführt, wie man vielleicht hätte erwarten können, sondern nur zur Moralisierung der Politik und der in diesem Bereich agierenden Personen. Auf diesem Boden sind nicht Argumente gefragt, sondern Bekenntnisse, aber diese kann man nur teilen oder nicht, jedenfalls als solche nicht rational diskutieren. Das Verständnis, das die Mittelschicht für ihre therapiebedürftigen Kinder fordert, bringt sie für die Politiker keineswegs auf. Fast scheint es so, als habe hier eine Verlagerung stattgefunden: Nachdem Schuldzuweisungen

174

aus dem unmittelbaren Alltagsleben verbannt wurden, werden sie um so hartnäckiger jenseits des eigenen Alltags, auf der davon psychologisch weit entfernten politisch-gesellschaftlichen Ebene angesiedelt. Hier ist der ursprünglich aufklärerische und emanzipatorische Impetus der Psychologisierung ins Gegenteil umgeschlagen.

Unmittelbar bedeutsam für die Pädagogik z.B. in den Schulen ist die Aushöhlung oder zumindest die *Ignorierung der Institutionen*. Dem pädagogischen Zeitgeist erscheint die Schule nicht mehr als eine von der Gesellschaft eingerichtete und von den Steuerzahlern finanzierte Institution, die bestimmten Zwecken zu dienen hat, sondern als eine soziale Spielwiese, auf der sich Lehrer mit Schülern beziehungsharmonisch tummeln dürfen, – natürlich legitimiert durch entsprechende pädagogische Postulate der Bedürfnisbefriedigung.

Nun gehört aber die Institution zu den großen politischen Erfindungen der Menschheit, weil sie begrenzte öffentliche Tätigkeiten – wie das Richten oder das Lehren – nach allgemein bekannten Regeln und für jedermann kalkulierbar auf Dauer stellt, indem sie sie gerade *unabhängig* macht von der Befindlichkeit, den Absichten und Fehlern bestimmter einzelner Personen und von ihren unmittelbaren Beziehungen zueinander. Gerade die Institutionalisierung des öffentlichen Lebens gibt dem gesellschaftlichen und sozialen Handeln der einzelnen Orientierung, setzt ihnen Grenzen und macht es für andere berechenbar, weshalb wir ihr auch unsere modernen politischen Freiheiten verdanken; diese beruhen eben nicht auf wie auch immer therapeutisiert gedachten menschlichen Beziehungen, sondern auf partikularem Rollenhandeln: Der Richter darf urteilen, aber nicht verhaften, der Lehrer darf die Schüler unterrichten, aber nicht die elterliche Sorge für sie ausüben. Rechtsstaatlichkeit ist ohne den Eigenwert von Institutionen nicht einmal denkbar und schon gar nicht realisierbar, und deshalb ist es eine wichtige Aufgabe aller demokratischen Politik, die Dignität der Institutionen zu erhalten und sie vor Unterwanderung oder gar Zerstörung zur Not auch unter Einsatz von Gewalt zu schützen. Selbstverständlich müssen sich Institutionen wie etwa die Schule auch im historischen Prozeß *verändern*, aber die Veränderung kann nicht so vonstatten gehen, daß z.B. Lehrer und Schüler, vielleicht gemeinsam mit den Eltern, beschließen, als was sie ihre Schule nun definieren wollen.

Verständlicherweise sind Institutionen dem pädagogischen Zeitgeist ein Dorn im Auge, weil sie sich ihrem eigenen Sinne nach nicht nur der Psychologisierung im allgemeinen, sondern auch ihrer Auflösung in Beziehungsdimensionen im besonderen verweigern. Gewiß sind es immer *Menschen*, die Institutionen am Leben erhalten und mit Leben füllen, und diese Menschen treten natürlich auch in Beziehungen zueinander (bis hin zu »Seilschaften«), die den Aufgaben der Institution förderlich oder hinderlich sein können, aber dennoch muß die Institution etwas qualitativ anderes bleiben als die Summe dieser Beziehungen.

Die erwähnte »Intimisierung der Öffentlichkeit« hat durch ihre Reduktion auf Beziehungsdimensionen unter anderem zur Folge, daß das *Verhalten in der Öffentlichkeit* kaum mehr als eigenständige Norm gesehen wird. Auch dies läßt sich an der Beurteilung rechtsextremer Gewalttäter exemplarisch ablesen. Wenn diese Ausländer durch die Straßen jagen, fällt dem Zeitgeist vielleicht ein, Arrangements des persönlichen Kennenlernens zu inszenieren, damit Vorurteile »abgebaut« werden könnten. Dabei ist das gar nicht der entscheidende Punkt. Niemand muß ja Menschen, die wie Ausländer aussehen, lieben oder auch nur seine Zeit mit ihnen verbringen. Entscheidend ist, wie er *in der Öffentlichkeit* sich zu ihnen *verhält*, nicht, was er »privat« über sie denkt. Aber die Kultur des öffentlichen Verhaltens ist dem Zeitgeist nur insofern zugänglich, wie sie aus dem privaten zu erwachsen vermag. Tatsächlich beruht unsere Zivilisation in fundamentaler Weise aber auf dieser Unterscheidung, denn wir befänden uns ja in permanentem Bürgerkrieg, wenn jeder seine Vorurteile gegen andere mit dem Baseball-Schläger auf der Straße austoben würde. Die Forderung, so nicht zu verfahren, ist sich selbst Begründung genug, sie bedarf nicht erst der Korrektur von Kindheitserlebnissen, sondern entweder der Einsicht der Bürger oder zur Not auch des Einsatzes von rechtsstaatlicher Gegengewalt. Wer die Straße (oder die U-Bahn) verliert, hat auch über kurz oder lang den Rechtsstaat verloren, – das sollten wir aus den letzten Jahren der Weimarer Republik gelernt haben. Öffentliche Erziehung z.B. in der Schule kann sich durchaus damit begnügen, auf der Verhaltensebene anzusetzen. Zuhause kann jeder tun, was er will, aber nicht in der Schule oder sonstwo in der Öffentlichkeit, auf diesen Unterschied kommt es zunächst einmal an. Aber nicht erst der psychologisierende, sondern schon der bildungsbürgerliche Zeitgeist hat eine solche Beschränkung als bloß äußerlich, als uneigentlich verachtet. Was ist die pädagogische und therapeutische Zunft schon wert, wenn sie nicht ans Innere der Persönlichkeit, eben an ihre Gesinnung herankommt!? Eine so anspruchsvoll daherkommende Anthropologie ist aber nicht nur unrealistisch, sie widerspricht auch demokratischen Maximen. Weder in der Politik noch in der Pädagogik geht es um Meinungs- und Gesinnungskontrolle, sondern um eine (möglichst verinnerlichte) Verhaltenskontrolle.

Emotionalisierung

Aber der Zeitgeist setzt statt dessen auf *Emotionalität*, denn die Beziehungsdimension, die im Mittelpunkt des Interesses steht, wäre ohne ihre emotionale Seite professionell nicht ergiebig. Nun ist nicht zu leugnen, daß *jede* menschliche Beziehung, ob es sich nun um unmittelbare wie Liebe oder Freundschaft oder um institutionalisierte wie in der Schule, im Betrieb, in der Bundeswehr, beim Finanzamt, innerhalb von Verbänden oder Parteien handelt, emotionale Aspekte aufweist, die in ihr zum Ausdruck kommen. Diese Erkenntnis ist wahrlich nicht neu, aber die Psychologisierung der Öffentlichkeit hat mit dieser an sich richtigen Einsicht ein Programm der emotionalen Unterwanderung institutioneller Strukturen verbunden. Unsere moderne Zivilisation beruht jedoch nicht zuletzt auf unserer Fähigkeit, unterschiedliche Gefühle unterschiedlichen sozialen Orten zuzuordnen. Gefühle der Nähe gehören in den Bereich der Familie und der Freundschaft, sonst stören sie die gesellschaftliche Funktionalität. Der Finanzbeamte, der meine Steuern kassiert, oder der Polizist, der mich im Straßenverkehr zur Ordnung ruft, sind nicht meine »Freunde«, und ich darf sie nicht mit entsprechenden emotionalen Erwartungen belästigen. Angebracht sind hier emotional-distanzierte Verhaltensweisen wie etwa Höflichkeit. Die moderne gesellschaftliche Arbeitsteilung, der wir unsere alltäglichen Freiheiten verdanken, muß auch für die Plazierung unserer Gefühle gelten.

Die öffentliche Erziehung muß die Gefühle der Kinder und Jugendlichen im allgemeinen so akzeptieren, wie sie sind. Sie kann ihnen nicht beibringen, welche sie haben sollen. Wohl aber muß sie mit ihren Mitteln dafür sorgen, daß diese Gefühle je nach den sozialen Orten differenziert zum Ausdruck gebracht werden. Diese zivilisatorisch gebotene Unterscheidung kann sie jedoch nicht vermitteln, wenn z.B. die Lehrer ihre eigenen persönlichen Gefühle in die Beziehung zu den Schülern einbringen wollen, als sei überall, in Familie, Freundeskreis oder Schule, ein gleiches Maß und eine gleiche Form von Emotionalität angebracht.

Im Umgang mit gewalttätigen Jugendlichen ist diese Unterscheidung erst recht angebracht, weil diese nichts davon haben, wenn man ihnen familiär oder freundschaftlich begegnen will, *ohne* daß dabei die distanzierten Regeln der *öffentlichen* Kommunikation geltend gemacht werden. Diese lassen sich vielmehr auch im Sinne eines Verhaltenstrainings einüben.

Die Einsicht, daß alle menschlichen Beziehungen, die privaten wie die öffentlichen, emotionale Anteile haben, hat vielfach zur *Symptomatisierung* des real erkennbaren *Verhaltens* geführt. Wenn wir uns jedoch angewöhnen, das, was andere Menschen sagen, lediglich symptomatisch, als in diesem Sinne *uneigentlich* zu verstehen, über dessen Eigentlichkeit wir dann Vermutungen anstellen, zerstören wir die Grundlagen unserer öffentlichen Kommunikation. Grundsätzlich muß »normal« bleiben, daß wir das Gesagte auch als das Gemeinte betrachten, daß wir das Verhalten anderer Menschen so ernst nehmen, wie es sich uns präsentiert. Das aggressive, resistente, lernfaule Verhalten eines Schülers ist zunächst einmal so, wie es sich darstellt und der Korrektur bedarf. Nur wenn dies als »normal« gilt, kann bei Abweichungen davon dann auch nach pädagogischer und therapeutischer Hilfe Ausschau gehalten werden, weil diese sonst gar keine Zielrichtung haben könnte.

Minderheit und Mehrheit

Zu den großen Leistungen der gesellschaftlichen Psychologisierung gehört – wie schon betont wurde – das Verständnis für *Minderheiten*, das sich kulturell weitgehend durchgesetzt hat. Bezeichnungen wie »schwul« oder »lesbisch«, die noch vor wenigen Jahrzehnten irritierende Phantasien ausgelöst hätten, werden in der Öffentlichkeit und auch von den Betroffenen heute selbstverständlich verwendet. Eigentlich waren es überhaupt die Minderheiten, von denen her die Psychologie argumentiert und für deren Verständnis sie geworben hat: die Patienten in den therapeutischen Praxen; die schwierigen Schüler; die Schwulen und Lesben; die Geschiedenen und Verlassenen; die vergewaltigten Frauen; die (sexuell) mißbrauchten Kinder. Zum problematischen Zeitgeist wurden diese Engagements aber dadurch, daß von den Minderheiten auf die Mehrheiten hochgerechnet wurde. Die an den Minderheiten erkennbaren Probleme gelten demnach prinzipiell auch für die Mehrheiten, die es nur noch nicht wissen, und sie gelten sogar tendenziell für die ganze Gesellschaft. Solche Hochrechnungen sind nun aber nicht nur bar jeden Beweises, sie drücken vielmehr auch eine problematische, gönnerhafte Anbiederung aus. Politisch gesehen ist nämlich ein solcher Umgang mit den Problemen von Minderheiten diesen auf die Dauer nicht förderlich. Verständnis, Toleranz und Respekt setzen nämlich voraus, daß Minderheiten von sich selbst wie auch von anderen gerade *in dieser Besonderheit* akzeptiert werden. Wird dieser Status unklar, indem er durch psychologische Verallgemeinerung ausgedehnt wird, droht Identitätsstörung nicht nur bei den Betroffenen, sondern auch bei denen, die sich dieser Minderheit nicht zurechnen. Auch die jeweiligen Mehrheiten müssen die Beachtung finden, die ihnen gebührt, ohne daß ihnen dabei eine besondere moralische oder sonstwie herausgehobene Bewertung zukommt. Unsere Verfassung schützt Minderheiten in ihrem So-Sein, solange sie die Gesetze respektieren, aber sie verlangt nicht, daß sie in der Mehrheit aufgehen oder daß umgekehrt die Mehrheit sich mit derem Lebensstil verschmelzen muß. Entscheidend ist die Qualität des *öffentlichen* Umgangs der Gruppen miteinander und nicht, ob sie ansonsten

179

einander mögen oder zu freundschaftlichen Kontakten miteinander geneigt sind. Der Begriff »Verständnis« legt eine Intimisierung der Beziehungen nahe, die zwar möglich ist, nicht jedoch unbedingt erwartet werden kann.

Berufsideologie

Der psychologisierende pädagogische Zeitgeist, den es ebenso zu würdigen wie kritisieren gilt, setzt sich also aus einer Art von Syndrom zusammen, das im einzelnen wie im ganzen zu spezifischer Realitätsblindheit neigt, aber gerade dadurch, nämlich durch seine eigentümliche *Definition* dieser Realität den pädagogisch-therapeutischen Berufsinteressen entgegenkommt. Da diese Interessen aber stellvertretend für andere, also z.B. für Kinder und Jugendliche, formuliert werden und sich nur von daher letztlich rechtfertigen können, droht die Gefahr, diese Interessen und Bedürfnisse wenn auch unbewußt und ungewollt zu manipulieren und für die eigene Sache in Anspruch zu nehmen. Diese Gefahr ist zu unterscheiden von derjenigen, die unter Umständen von den *Motiven* dieser Berufsgruppen ausgeht. In seinem Buch *Helfen als Beruf* hat W. Schmidbauer beschrieben, daß die Entscheidung für solche Berufe zu tun haben kann mit eigenen psychischen Schwierigkeiten und Konflikten, die unbewußt auf die Klienten übertragen werden, wozu auch das prinzipielle Überlegenheitsgefühl ihnen gegenüber gehören kann. In der Tat fundieren sich die pädagogisch-therapeutischen Berufe ja durch das Gefälle, das zwischen ihren Mitgliedern und deren Partnern besteht, und wegen dieser *Differenz* werden diese Berufe ja gebraucht. Der Schüler braucht den Lehrer, der Student den Professor, der Drogenabhängige den Sozialarbeiter und/oder Therapeuten usw. Wie diese berufliche Beziehungsproblematik professionell souverän gehandhabt werden kann, ist ein Thema für sich, das hier nicht weiter verfolgt werden kann (vgl. Giesecke 1987).

Übrigens ist die Expansion von Berufsgruppen ein Thema, das weit über unseren Zusammenhang hinausweist. Kriminologen haben uns seit langem darauf aufmerksam gemacht, daß mit der Vermehrung von Polizisten die Verbrechensstatistik nicht etwa sinkt, sondern u.a. deshalb steigt, weil nun mehr Beamte unter Erfolgsdruck stehen und deshalb z.B. mehr Vorfälle zur Anzeige kommen, die früher eher unter der Hand oder im Rahmen der jeweiligen Milieus (z.B. der Familien) geregelt wurden. Die Vermehrung der Ärzte droht seit langem die öffentliche Gesundheitsfinanzierung zu ruinieren, die Konkurrenz der Anwälte die Prozeßwut anzuheizen. Und viele journalistische Machenschaften, die immer wieder beklagt werden, haben auch damit zu tun, daß die Branche in einem ruinösen Wettbewerb um Marktanteile steht, der u.a. zwischen Wichtigem und weniger Wichtigem kaum mehr unterscheiden läßt. Auch in diesen Berufen haben wir es mit einer Überfüllung von miteinander Konkurrierenden zu tun, aber dieser Wettbewerb spielt sich ebenfalls nicht auf einem begrenzt definierten Markt ab, sondern führt zu dessen möglichst unbegrenzter Ausdehnung und damit auch zu einer entsprechenden Erweiterung der berufsspezifischen Problemdefinitionen. Vermutlich ließen sich deshalb über diese Berufe ähnlich kritische Überlegungen anstellen wie in unserem Falle.

Die einzelnen Aspekte des pädagogischen Zeitgeistes lassen sich dahingehend zusammenfassen, daß er wenn nicht immer auch direkt zum Ziel, so doch aber zum Ergebnis hat die ideelle und materielle Expansion der pädagogisch-therapeutischen Berufe. Das geschah nicht im Stile einer Verschwörung, als habe es da eine Gruppe von Menschen gegeben, die über Jahrzehnte hinweg *planmäßig* die frühere kulturelle Dominanz des Bildungsbürgertums auf sich übertragen hätte. So laufen derartige Prozesse nicht ab, im Gegenteil: *Hätte* jemand diese Entwicklung so geplant, so wäre er damit höchstwahrscheinlich gescheitert. Der pädagogisch-therapeutische Zeitgeist hat sich einfach nicht zuletzt deshalb so ergeben, weil sein ursprünglich aufklärerischer und emanzipatorischer Impetus von breiten Teilen der Mittelschicht mitgetragen wurde und weil dessen Erklärungen und Lösungsvorschläge für viele Alltagserfahrungen plausibel schienen. So ist es fast selbstverständlich geworden, daß in Talkshows – die eine hervorragende Quelle des Zeitgeistes darstellen – bei nahezu allen gesellschaftlich relevanten Themen auch ein Psychologe seinen Platz einnimmt, dessen Darlegungen nicht selten vom Thema wegführen. Das liegt daran, daß im Unterschied zu den

181

60er und 70er Jahren, wo die psychologische Interpretation festgefahrene Deutungen aufbrechen konnte, diese oft nun selbst zum Klischee erstarrt ist und insofern nicht unbedingt mehr zur Aufklärung der Sache beiträgt: Mit der Zeit haben wir alle gelernt, daß persönliche Konflikte auf Verdrängungen in der Kindheit basieren können; daß die Menschen nicht immer sagen (können), was sie (von ihren Emotionen her) wirklich meinen; daß tatsächliches Verhalten (etwa Gewalttätigkeit) nur symptomatischen Charakter haben (z. B. Ängste ausdrücken) kann; daß vordergründig logische Handlungen auf unerkannten tiefgehenden Emotionen wie Angst und/oder Aggression zu beruhen vermögen.

Solche Zusammenhänge gibt es sicherlich immer wieder, aber sie dürfen nicht zum gesellschaftlichen Normalfall definiert werden. Dieser muß vielmehr darin bestehen, daß wir uns im öffentlichen, gesellschaftlichen Leben am äußerlich erkennbaren *Verhalten* der anderen orientieren können. Es ist unerwachsen, um nicht zu sagen infantil, mangelhaftes Benehmen, Verhaltensunsicherheit in standardisierten öffentlichen Situationen oder die Unfähigkeit, gewalttätige Impulse zu unterdrücken, mit irgendwelchen emotionalen Ungereimtheiten unseres früheren kindlichen Lebens entschuldigen zu wollen. Wer damit Schwierigkeiten hat, soll sich einer – wieder medizinisch verstandenen – Therapie ohne Diskriminierung unterziehen dürfen, aber das gesellschaftliche Leben würde ja im Chaos versinken, wenn wir nicht in diesem Sinne Regel und Ausnahme unterscheiden würden. Selbst die therapeutische Handlung würde ins Leere gehen, wenn sie nicht zumindest *auch* gesellschaftliches Normalverhalten im Blick hätte.

Der pädagogisch-therapeutische Zeitgeist, den ich im II. Teil skizziert habe, begann vor etwa dreißig Jahren als aufklärerisch-emanzipatorische geistige Bewegung, indem er zum damaligen tradierten pädagogischen Denken und Handeln auf *kritische Distanz* ging. Der Siegeszug der Psychologisierung im öffentlichen Ansehen und in der öffentlichen Meinung in den letzten Jahrzehnten ist deshalb verständlich, und zweifellos kommt ihr das Verdienst zu, den Individualisierungsprozeß unserer Gesellschaft erfolgreich vorangetrieben zu haben. Sie hat der Öffentlichkeit die Augen geöffnet für die Individualität des Kindes, für seine Bedürfnisse, Ängste, Schwierigkeiten und für die spezifischen Ausdrucksformen seiner Entwicklung. Sie hat für die Korrektur von Störungen therapeutische Verfahren angeboten und sie einer breiten Öffentlichkeit so selbstverständlich gemacht, daß jedenfalls in der aufgeklärten Mittelschicht kaum jemand es noch für eine Schande hält, wenn sein Kind einer entsprechenden Beratung oder Therapie bedarf. Für Schulen und Betriebe – also auch im Umgang mit Erwachsenen – sind psychologische Einrichtungen zur Selbstverständlichkeit geworden. Der aufklärerische Wert dieser allgemeinen Psychologisierung der Gesellschaft kann gar nicht hoch genug eingeschätzt werden, wenn man etwa daran denkt, daß die Verachtung der Nationalsozialisten für alles, was nach körperlicher oder seelischer Behinderung aussah, durchaus nach 1945 noch lange überlebte. Die Selbstverständlichkeit, mit der heute doch wohl der ganz überwiegende Teil der Bevölkerung bereit ist, die individuellen Probleme auch von Außenseitern ernst zu nehmen, ist zweifellos ein Fortschritt. Inzwischen ist der aus der Psychologisierung entstandene Zeitgeist aus den in diesem Kapitel genannten Gründen jedoch selbst kritikwürdig geworden und geht offensichtlich seinem historischen Ende entgegen. Wir brauchen einen neuen Zeitgeist als Inbegriff der Selbstverständlichkeiten des pädagogischen Alltags, aber er läßt sich ebensowenig planend aus dem Hut zaubern, wie der kritisierte gegenwärtige sich einer vorausschauenden Intentionalität verdankt. Produzieren wird auch ihn das gesellschaftliche Leben selbst, zu hoffen ist jedoch, daß er dabei die aufklärerischen Momente seines Vorgängers in sich aufnimmt.

4. Zusammenfassung: Zeitgeist und pluralistische Sozialisation

Unsere Kritik des pädagogischen Zeitgeistes hat nur scheinbar von den Argumentationen des I. Teils weggeführt. Sie läßt sich vielmehr im Hinblick auf das Phänomen der pluralistischen Sozialisation folgendermaßen zusammenfassen:

1. Der psychologisierende Zeitgeist vermag diese eigentümliche und historisch neue Form der Sozialisation nicht sachgerecht zu verstehen. Als Berufsideologie konzentriert er seine Aufmerksamkeit auf diejenigen Sozialisationsfaktoren, die professionellem pädagogisch-therapeutischen Handeln am ehesten zugänglich zu machen sind (Familie, Schule Jugendhilfe). Aber der *Gesamtzusammenhang* der Sozialisationswirkungen gerät ihm nur undeutlich in den Blick. Vom Standpunkt der jeweiligen Beziehungsebene (z.B. der Schule) aus betrachtet erscheinen die übrigen Faktoren eher pauschal als »Außenwelt«, die entweder keine weitere Beachtung verdient oder nur als negative Beeinflussung im Sinne der »eigentlichen« Ursachen verstanden wird. Die Bearbeitung und Korrektur menschlicher Beziehungen bleibt an den sozialen Ort gebunden, von dem aus sie erfolgt. Die beanspruchte ganzheitliche Sicht der Persönlichkeit beschränkt sich in Wahrheit auf diejenigen Aspekte, die an dem jeweiligen Ort zu Tage treten bzw. artikuliert werden; das gilt sogar im Verhältnis der einzelnen pädagogischen Felder – wie Schule und Jugendhilfe – zueinander, insofern es sich nicht in Beziehungskonflikten ausdrücken läßt. Das ist einer der Gründe für eine mangelhafte Kooperation zwischen diesen Feldern, und deshalb wirkt pädagogisches Denken aus der Sicht der Schule auch leicht realitätsfern im Hinblick auf das Leben der Schüler in anderen Sektoren der Sozialisation. Pluralismus kann der Zeitgeist nur denken als Widerspruch von Gefühlen, die in bestimmten Situationen die unmittelbaren menschlichen Beziehungen stärken oder beeinträchtigen.

Um pluralistische Sozialisation dagegen als einen widersprüchlichen Wirkungszusammenhang zu verstehen, der gleichwohl im einzelnen Kind zu einem sinnvollen Konstrukt immer wieder neu integriert werden muß, wäre es nötig, die jeweils eigentümliche Struktur der einzelnen Faktoren, ihre nicht pädagogisierbare gesellschaftliche Besonderheit zu verstehen und zu würdigen. Dann jedoch müßten sie als gesellschaftliche Objektivationen mit ihren jeweiligen besonderen Maximen – wie am Beispiel des Fernsehens, des Marktes und der Gleichaltrigen-Szenen gezeigt wurde – in den Blick genommen werden können. Das aber ist dem Zeitgeist wegen seiner Distanz zu allem, was nicht auf unmittelbare menschliche Beziehungen und überhaupt auf Psychisches zurückzuführen ist, nicht möglich.

2. Da der Zeitgeist als ideelle Fundierung pädagogisch-therapeutischer Profession seine Aufmerksamkeit nicht gleichmäßig auf alle Sozialisationsfaktoren verteilt, sondern auf diejenigen konzentriert, die wie Familie und Schule der professionellen Behandlung auch zugänglich sind, hat er zu diesen anderen auch insofern keinen unbefangenen, sondern einen von vornherein parteilichen Zugang, als er sie unter dem Gesichtspunkt betrachtet, was sie für die außerhalb dieser Orte agierenden Eltern und Lehrer hergeben. Lehrer wollen im allgemeinen z.B. nicht wissen, welche pädagogische Bedeutung die Massenmedien an und für sich haben, sondern nur, was sie für *ihre* Beziehung zu den Schülern bedeuten könnten. So ist der pädagogische Zeitgeist zwar nicht die alleinige Ursache für das notorische Mißverständnis der pluralistischen Sozialisation in Kreisen der Pädagogen, aber er reproduziert es immer wieder neu.

3. Aus diesem Grunde kann er auch den komplexen Sozialisationsprozeß der Heranwachsenden nur ungenügend verstehen. Die Notwendigkeit etwa, die eigene Persönlichkeit durch fortwährendes Balancieren zwischen den widersprüchlichen Anforderungen buchstäblich herauszu*arbeiten*, den Prozeß der Wertbildung in notwendigerweise konflikthaften Auseinandersetzungen zu gestalten, Werte dabei nicht in der Form abstrakter Tugend-

haftigkeit zu erwerben, sondern differenziert je nach den Situationen der sozialen Orte, die komplizierte Entwicklung zur Individualisierung nicht als Entfaltung der Innerlichkeit, sondern als Resultate harter sozialer Arbeit zu deuten, – für alle diese Aspekte des Heranwachsens ist der Zeitgeist zu eindimensional, ja, im Hinblick auf das Verständnis der dem Sozialisationsprozeß zugrundeliegenden politischen und gesellschaftlichen Fakten zu simpel gestrickt. Aus diesem Urteil folgt natürlich nicht, daß der einzelne Pädagoge sich derartige Einsichten nicht jederzeit erwerben könnte; hier ist vielmehr vom pädagogischen Zeitgeist, also von einem kollektiven Phänomen die Rede.

4. Weil der Zeitgeist den Gesamtzusammenhang der pluralistischen Sozialisation nicht realitätsgerecht verstehen kann, vermag er auch – wie im folgenden zu sehen sein wird – die *spezifischen* pädagogischen Möglichkeiten der im engeren Sinne pädagogischen Faktoren Familie und Schule nicht angemessen zur Kenntnis zu nehmen, weil dies u.a. voraussetzen würde, ihre *partikulare Begrenztheit* im Konzert der übrigen Sozialisationsfaktoren zu begreifen und von daher ihre eigentümlichen pädagogischen Chancen zu beschreiben.

III. Pädagogische Einwirkungen

Das Ergebnis der bisherigen Betrachtungen ist, daß die pluralistische Sozialisation, der die Heranwachsenden heute unterliegen, schon deshalb neue Überlegungen für die pädagogischen Aufgaben von Familie und Schule nötig macht, weil diese beiden pädagogischen Instanzen, denen das Aufwachsen traditionell anvertraut ist, die Gesamtverantwortung dafür aus den im I. Teil genannten Gründen nicht mehr übernehmen können. Die pädagogischen Vorstellungen, die in ihnen immer noch dominant sind, haben sich nach den Erörterungen des II. Teils als weitgehend unbrauchbar erwiesen für eine pädagogische Neuorientierung. Auf welcher Grundlage soll sie also erfolgen, wenn sie nicht willkürlich oder einfach durch bildungspolitische Machtanwendung geschehen soll?

Einfache Antworten wie die, man müsse eben nach dem offensichtlichen Scheitern der seit dem Ende der 60er Jahre installierten Reformpädagogik die Zügel wieder straffer ziehen, verbieten sich nach dem Gesagten von selbst. Wer soll da wohin ziehen? Sollen wir die Heranwachsenden kasernieren, damit wir sie von den Einflüssen des Fernsehens und der anderen Sozialisationsfaktoren fernhalten können? Eine vernünftige Antwort kann offensichtlich nur im Rahmen des beschriebenen Gefüges der pluralistischen Sozialisation selbst erfolgen, und davon soll nun die Rede sein. Fürs erste liegen folgende Schlußfolgerungen nahe:

1. Da die pädagogischen Instanzen Familie und Schule weder einzeln noch gemeinsam mehr die Verantwortung für ein gelingendes Aufwachsen übernehmen können, müssen sie sich als *Interventionen* in den Lebenslauf der Kinder verstehen, den sie im ganzen selbst weder herstellen noch planen noch kontrollieren noch garantieren können. In diesem Sinne wäre der Begriff »Erziehung« möglichst zu vermeiden, weil er traditionell auf jene ganzheitliche Verantwortung abhebt, und durch den Begriff der »Einwirkung«, der *Intervention* zu ersetzen. In dieser sprachlichen Veränderung käme zum Ausdruck, daß pädagogisches Handeln aus *Eingriffen* in das kindliche Leben besteht, so aus Unterricht in der Schule, der aber immer wieder beendet wird, oder aus Grenz-

setzungen im Rahmen der Familie, die aber dem Leben der Kinder im übrigen einen Autonomiespielraum gewährt. Der Gedanke einer Pädagogik als Intervention setzt also ein autonomes, selbstgestaltetes Leben des Kindes voraus, in das gerade nicht ständig interveniert wird. Der Begriff der Intervention als Leitmotiv des pädagogischen Handelns hat sich im übrigen in den letzten Jahrzehnten in der Sozialpädagogik weitgehend durchgesetzt, weil hier die berufliche Erfahrung früher als in der Schule zu der Schlußfolgerung zwang, daß sich mit einem umfassenden, ganzheitlich verstandenen Erziehungsbegriff etwa im Umgang mit Drogenabhängigen längst nichts mehr ausrichten läßt, wofür das früher schon erwähnte Scheitern der kasernierten Fürsorgeerziehung ein wesentlicher Erfahrungshintergrund war.

Die Schule scheint hingegen gerade in letzter Zeit eine Inflation von Erziehungsansprüchen zu erleben. Quer durch die politischen Gruppierungen von der CSU bis zu den Grünen, vom Philologenverband bis zur GEW scheint Einigkeit darüber zu bestehen, daß in der Schule wieder mehr erzogen werden müsse. Die Unterschiede werden erst bei genauerem Hinsehen deutlich, denn natürlich meint damit jeder etwas anderes: Der eine will die alten Werte wieder, der andere sie gerade durch neue ersetzen, der dritte will unter diesem Anspruch den Unterricht reduzieren, der vierte schwört auf spezifische schulische Methoden, die dem Übel der Unerzogenheit erfolgreich begegnen würden. Aber bei Licht besehen bleiben das Postulate, deren Realisierungschancen aus gutem Grund nicht weiter beleuchtet werden. Was soll konkret gemeint sein, wenn von »mehr Erziehung« in der Schule gesprochen wird? Der Eindruck ist nicht von der Hand zu weisen, daß es sich hier um verzweifelte Rückzugsgefechte einer pädagogischen Vorstellungswelt handelt, die die Fakten der pluralistischen Sozialisation über Jahrzehnte hinweg verdrängt hat, die vom pädagogischen Zeitgeist mit seiner unpolitischen Beschränktheit aufs Unmittelbare noch einmal angeheizt wurde, nun jedoch unübersehbar an der Wirklichkeit scheitert.

Da der Begriff der Erziehung jedoch so sehr in der Alltagssprache verwurzelt ist, daß man ihn – im Unterschied zu einem wissenschaftlichen Begriff – nicht einfach aus der Welt schaffen kann, soll unsere Formel nicht heißen: »Intervention *statt* Erziehung«, sondern: »Erziehung *als* Intervention«.

2. Die pluralistische Sozialisation gibt von sich aus jedoch keine zwingende Antwort auf die Frage nach den spezifischen, nun partikular zu verstehenden Aufgaben der Schule und der Familie. Aus der Analyse der Sozialisationsfaktoren im einzelnen wie ihres Gesamtzusammenhangs im ganzen folgt weder eine Schultheorie noch eine Theorie der Familienerziehung. Entsprechende Schlußfolgerungen wären willkürlich. Dazu gehört z.B. die schon erwähnte Auffassung, die Schule müsse dem Fernsehen auf dessen eigenem Gebiet durch entsprechende lust- und aktionsorientierte didaktische Inszenierungen den Rang ablaufen. Aber dann würde sie das im Umgang mit den Medien Erlernte im wesentlichen ja nur verstärken, und die Frage würde entstehen, warum in diesem Falle ein so aufwendiges Unternehmen wie die Schule noch nötig sei. Andererseits könnte die Schlußfolgerung gezogen werden, daß für den aus sich selbst heraus zu stellenden Auftrag der Schule die Wirkungen der übrigen Sozialisationsfaktoren gänzlich unwichtig seien; wie immer diese sein mögen, die Schule und ihre Arbeit gehe das nichts an. Beide Positionen sind insofern im Recht, als sie dem Gefüge der Sozialisation nicht widersprechen, mit ihm also vereinbar sind; es sagt uns nicht, was wir in Familie und Schule als »Erziehung« tun sollen.

Tatsächlich ergibt sich aus der pluralistischen Sozialisation eine andere Konsequenz, nämlich eine Art von *Emanzipation* der pädagogischen Ziele aus ihrer früheren Abhängigkeit von der übrigen Sozialisation. Am Beispiel der Konfessionsschule läßt sich das verdeutlichen. Die schulische Trennung der Schüler je nach ihrer Konfession war so lange sinnvoll, ja vielleicht sogar ohne vernünftige Alternative, wie deren Leben außerhalb der Schule im wesentlichen in ein dementsprechendes Milieu mündete, wie also Erziehung und Sozialisation in diesem Sinne weitgehend übereinstimmten. In diesem Falle ließen sich wichtige Funktionen der Schule aus dem sozialisatorischen Umfeld der Schüler ableiten, z.B. im Hinblick auf entsprechende christlichkonfessionelle Erziehungsziele, auf die der Unterricht bezogen bleiben sollte. Von einer derartigen Übereinstimmung von Erziehung und Sozialisation kann aber nach den Darlegungen des I. Teils keine Rede mehr sein; denn die Sozialisation verläuft heute im großen und ganzen mehrdeutig und nur noch in Restbeständen milieuspezifisch. Erziehung als das für Familie und Schule typische Verhalten gegenüber Kindern einerseits und die übrige Sozialisation andererseits sind auseinandergedriftet. Daraus muß u.a. die Konsequenz gezogen werden, daß die Sozialisation uns eben nicht mehr sagen kann, was wir als Erzieher in Schule und Familie zu tun haben, und genau dies macht die Schwierigkeit einer pädagogischen Neuorientierung aus. In der öffentlichen und vor allem auch schulpädagogischen Diskussion liest sich das jedoch meist ganz anders; da werden unentwegt, oft bis in didaktisch-methodische Einzelheiten hinein, pädagogische Konzepte mit dem – oft resignativen – Hinweis auf das übrige Leben der Kinder begründet. Darin drückt sich jedoch – vielfach gewiß unbewußt – nur eine Vorstellung aus, die noch aus nicht-pluralistischen Zeiten der deutschen Bildungsgeschichte stammt. Diese Tatsache verleiht einem großen Teil der gegenwärtigen Erziehungsdiskussion eine Attitüde von Antiquiertheit.

In diesem Zusammenhang ist übrigens die teilweise heftige Diskussion über das sogenannte »Kruzifix-Urteil« des BVG von aufklärendem Interesse, das eine Bestimmung des bayerischen Schulgesetzes außer Kraft setzte, wonach in den Klassenräumen Kruzifixe hängen müssen. In dieser Auseinandersetzung trifft nämlich gleichsam die nicht-pluralistische historische Phase mit der pluralistischen Gegenwart zusammen. Sieht man von der politischen Instrumentalisierung der Sache ab, dann kollidiert hier das vor allem in den ländlichen Gebieten noch vorhandene, wenn auch inzwischen weitgehend geschwächte katholische Milieu mit den – daran gemessen – anomischen Postulaten des normativen Pluralismus. Vermutlich wird der Streit in dem Augenblick sich fortsetzen, wo genauer geklärt werden muß, was eigentlich das Christliche an der im bayerischen Schulgesetz verankerten »christlichen Gemeinschaftsschule« sei und wie es sich im Unterricht zu konkretisieren habe.

3. Die erwähnte Emanzipation der Pädagogik von den Determinanten der übrigen Sozialisation gewährt den pädagogischen Institutionen wie der Schule einen Handlungsspielraum, den sie in ihrer bisherigen Geschichte nicht hatten, weshalb dort auch die unterschiedlichsten, einander teilweise ausschließenden Konzepte inzwischen zu finden sind. Gerade *weil* die Schule ihren »erzieherischen Auftrag« nicht mehr aus den Determinanten der übrigen Sozialisation ableiten kann, ist sie irritiert und zum Feld für alle möglichen pädagogischen Experimente und didaktisch-methodischen Konzepte geworden. In der Familie, als Gegenpol zur Öffentlichkeit, gelten – wie wir sehen werden – spezifische Regeln, weil sie primär keine pädagogische Veranstaltung, sondern eine Lebensgemeinschaft ist.

Um zu einem überzeugenden Selbstverständnis gelangen zu können, müssen die öffentlichen Erziehungseinrichtungen wie die Schule also Gesichtspunkte geltend machen, die gerade nicht sich aus der übrigen Sozialisation ergeben, sondern diesen übergeordnet sind. Man kann sich ja fragen, wie das Aufwachsen unter den heutigen Sozialisationsbedingungen vonstatten ginge, wenn es die Schule nicht gäbe. Was würde dem Nachwuchs dann vorenthalten bzw. fehlen?

Mindestens drei Antworten liegen auf der Hand:

a) Ohne Schule würde die nachwachsende Generation die für die wirtschaftliche und kulturelle Reproduktion und Weiterentwicklung der Gesellschaft nötige Qualifizierung nicht erlangen können. Das Leben, das die Heranwachsenden in den übrigen Sozialisationsinstanzen führen, erbringt diese Leistung nicht, weil diese gesellschaftlichen Felder dafür nicht konstruiert sind, sondern nur solche Fähigkeiten herausfordern, die auf die Bewältigung aktueller Lebensprobleme gerichtet sind. Zwar wäre denkbar, daß berufliche Qualifizierungen am Ort des Berufes selbst erfolgen könnten, aber auch dann wären schulische Formen der Unterweisung nötig, weil – im Unterschied etwa zur mittelalterlichen Meisterlehre – die nötige Abstraktionsebene, die Voraussetzung für einen disponiblen Einsatz in modernen Berufen ist, durch bloßes Mitmachen und Nachahmen nicht erreicht werden könnte.

b) Neben dem pragmatischen Gesichtspunkt der Qualifizierung für die überlebensnotwendige Reproduktion der Gesellschaft ist ein weiterer schon mehrfach genannt worden. Sinn des kindlichen Aufwachsens ist demnach, daß in diesem Prozeß sich die jeweiligen individuellen Fähigkeiten optimal entfalten können, damit das Kind sich in den realen Feldern der gesellschaftlichen Umwelt zufriedenstellend bewegen und an ihren Chancen teilnehmen kann.

Zu begründen ist diese Forderung vor allem mit einem *politischen* Argument: Die einzige *demokratische* Legitimation für *öffentliche* pädagogische Veranstaltungen wie in der Schule kann nämlich nur darin bestehen, daß durch sie Kinder und Jugendliche zur optimalen Entfaltung ihrer Fähigkeiten animiert werden. Würde dagegen eine Begrenzung eingeführt, so entstünde sofort der Verdacht, daß bestimmte Kinder – z.B. die aus reicheren Elternhäusern – grundsätzlich bevorzugt würden, was – so offen ausgesprochen – politisch nicht mehr durchsetzbar wäre. Welche Kinder sollten dann zugunsten welcher anderen eine bessere Ausbildung erhalten, und wie wollte man dies politisch rechtfertigen? Auch nach den Vorgaben des Bundesverfassungsgerichts unterliegt das öffentliche Bildungswesen (Schule und Hochschule) den Grundsätzen der im Grundgesetz garantierten freien Berufswahl, und die dürfen inzwischen nicht einmal mehr die Eltern für ihre Kinder beeinträchtigen, indem sie ihnen etwa vorschreiben, welchen Beruf sie ergreifen sollen. Würde aber die Sozialisation *ohne* ein derart demokratisch konzipiertes Schulwesen ablaufen, dann würden sich die gesellschaftlichen Ungleichheiten im wesentlichen in den nachfolgenden Generationen verfestigen. Ein demokratisch verstandenes Schulwesen ist also schon aus Gründen des politischen Konsens darauf angewiesen, den ungleichen ökonomischen Ausgangslagen der Kinder durch ein Bildungsangebot eine je subjektiv mögliche Korrektur anzubieten. Deshalb soll der *künftige* gesellschaftliche Status prinzipiell aller

Kinder sich auf (Schul-)Leistung und nicht auf irgendwelche Privilegien gründen.

c) Das Leben (in den übrigen Sozialisationsfeldern) bildet von sich aus nicht und klärt nicht auf. Es verbleibt in der Unmittelbarkeit der Teilnahme, weist wenig über sich hinaus. Ohne die aufklärerische Forderung, sich die Welt systematisch verständlich zu machen, liefe das demokratische Postulat der optimalen Entfaltung der Fähigkeiten des Kindes ins Leere. *Aufklärung* ist also Voraussetzung für die Realisierung der beiden eben genannten pädagogischen Leitmotive, die sich aus der übrigen Sozialisation nicht von selbst ergeben kann. Ihre Veranstaltung und Verwirklichung bedarf also eines zusätzlichen gesellschaftlichen Aktes, für den im wesentlichen das Schulwesen vorgesehen ist; darüber hinaus aber sind dafür Erwachsene – z.B. Eltern oder Berufsausbilder – nötig, die ihrerseits eine schulisch-systematische Aufklärung durchlaufen haben und deshalb entsprechende Partner für Kinder sein können. Das öffentliche Bildungswesen kann also nur auf einem *politischen Willen* der Gesellschaft beruhen, und der kann sich nur auf Gesichtspunkte beziehen, die der übrigen Sozialisation *übergeordnet* sind; denn sonst würden die üblichen Sozialisationswirkungen ja für die Aufzucht des Nachwuchses ausreichen.

4. Familie und Schule müssen demnach im Konzert der übrigen Sozialisationsfaktoren eine jeweils *eigenständige* Kompetenz gewinnen, die nicht aus den anderen ableitbar ist, sondern sich aus ihrem spezifischen sozialen bzw. institutionellen Zweck ergibt. Wenn also in der gegenwärtigen schulpädagogischen Diskussion die Aufgaben der Schule immer wieder aus Diagnosen der sonstigen Sozialisation ihrer Schüler abgeleitet werden – ihnen fehle eine hinreichende familiärer Erziehung, sie würden durch das Fernsehen verdummt, ihnen mangele es an unmittelbarer sinnlicher Erfahrung usw. –, dann drückt sich darin noch jene alte Vorstellung von der Übereinstimmung von Erziehung und Sozialisation aus, die auf irgendeine Weise wieder hergestellt werden müsse.

Aus der Sicht der Kinder bzw. Schüler wäre jedoch wichtig, daß sie nicht nur beim Fernsehen oder im Kaufhaus oder in der Diskothek mit einem außersubjektiven Anspruch konfrontiert werden, mit dem sie sich auseinandersetzen müssen, sondern auch in ihrer Familie und in der Schule. *Intervenieren* als pädagogische Handlungsstrategie heißt demnach, die für die Familie bzw. Schule typischen Erwartungen mit demselben Nachdruck zu vertreten, wie dies die anderen Faktoren auf ihre Weise auch tun.

5. Allerdings müssen Familie und Schule damit rechnen, daß das Leben der Kinder im Rahmen der übrigen Sozialisationsfaktoren ihre *Erfahrungen* in besonderer Weise bestimmt. Die pluralistische Sozialisation dringt also über die durch sie hervorgerufenen spezifischen Erfahrungen, die sich von denen früherer junger Generationen teilweise erheblich unterscheiden, in die pädagogischen Felder Familie und Schule ein. Weil jedoch Lernen einerseits im Grunde immer Austausch von Erfahrungen zwischen Menschen ist, andererseits immer nur an bisherige Erfahrungen anknüpfen kann, also Vor-Erfahrungen voraussetzt, konkretisiert sich die pluralistische Sozialisation in eigentümlicher Weise im pädagogischen Umgang in Familie und Schule. Aus der übrigen Sozialisation der Kinder sind also nicht die *Aufgaben* der Schule ableitbar, wohl aber bestimmt sie die Art und Weise entscheidend mit, in der schulische Lernprozesse verlaufen können. Lernen, gerade auch unterrichtliches, setzt also ein Vorverständnis voraus, auf dem sich aufbauen läßt, und so ist es im Kern immer Erweiterung, Differenzierung, Korrektur der jeweils bereits vorhandenen Erfahrung; diese schreitet fort wie das junge Leben im ganzen.

Weil nun aber, wie wir gesehen haben, die Erfahrungen, die Kinder im Rahmen der pluralistischen Sozialisation machen, nicht mechanisch zu verstehen sind, sondern sich aufgrund der je subjektiven Aneignung individualisieren, können sie hier auch nur sehr eingeschränkt generalisiert werden. Gleichwohl lassen sich folgende Hinweise geben:

a) In *sozialer* Hinsicht dürften die Schüler im Normalfall sich in ihren außerschulischen Lebensbereichen erfolgreich bewegen. Daß die Schule mit diesen außerschulischen Erfahrungen nichts anfangen kann, zeigt zunächst nur, daß schulische Erwartungen außerhalb ihrer Mauern nicht erfüllt werden müssen. Daraus wiederum folgt nicht, daß die Schüler solche Erwartungen nicht erfüllen würden, wenn sie von ihnen entschieden verlangt würden. Schließlich erstrecken sich die außerschulischen Sozialerfahrungen der Schüler auch nicht auf die Bereiche Politik und Arbeitswelt, ohne daß man daraus schließen dürfte, sie würden die dort benötigten Verhaltensweisen nicht lernen, wenn sie sie eines Tages für erfolgreiches Handeln benötigen. Insofern offenbart undiszipliniertes Verhalten in der Schule keineswegs unbedingt einen Charakterfehler, der außerhalb ihrer Mauern erworben wurde und nun hingenommen werden muß. Anpassung an soziale Regeln haben auch diese Schüler in der Regel durchaus bereits gelernt.

b) In *kognitiver* Hinsicht ist die heutige Schülergeneration im Vergleich zu früheren in vielen Alltagsfragen – einschließlich der zwischenmenschlichen Probleme von Erwachsenen – sehr viel besser informiert. Wenn die Schule diese Vorerfahrungen durch ihre didaktisch-methodischen Inszenierungen unterbietet, verfehlt sie leicht ihren Zweck und ihre Akzeptanz und infantilisiert die Schüler.

c) In *kommunikativer* Hinsicht werden Schüler heute in ganz anderem Maße als Persönlichkeiten geachtet als früher. Diese Tatsache muß auch in den Umgang von Schülern und Lehrern eingehen, was nicht ausschließt, daß die Lehrer dabei die spezifischen Forderungen der Schule zur Geltung bringen. Aber rein »autoritäres« Verhalten dürfte inzwischen aussichtslos geworden sein.

1. Schule – Ort des Unterrichts

Über Sinn, Zweck, Aufgaben, Ziele und Methoden der Schule herrscht offensichtlich eine ziemliche Konfusion. Lehrer, Eltern und Schüler wissen nicht mehr genau, wozu sie eigentlich da ist. Aus der Öffentlichkeit werden alle möglichen Wünsche an sie herangetragen: Sie soll die Defizite der Familie kompensieren, also in diesem Sinne wieder stärker »erziehen« ; sie soll den Rechts- und Linksradikalismus unter Jugendlichen eindämmen; sie soll präventiv gegen Kriminalität und Verwahrlosung wirken, die Wehrbereitschaft erhöhen, AIDS verhindern, die Verkehrstoten minimieren. Es gibt inzwischen kein gesellschaftliches Problem mehr, das nicht lauthals der Schule zur Lösung aufgetischt wird. Betrifft das Problem in erster Linie die Erwachsenen, so soll die Schule langfristig vorbeugen, betrifft es die Kinder und Jugendlichen selbst, soll sie möglichst schnell und effektiv intervenieren. Jedes halbwegs für wichtig gehaltene politisch-gesellschaftliche Problem – und davon gibt es gegenwärtig wahrlich genug – wird zumindest *auch* als *pädagogisches* formuliert und damit zur Aufgabe der Schule erklärt. Da man in die Familien kaum hineinregieren kann, konzentriert sich die Aufmerksamkeit der Öffentlichkeit auf die Schule, denn schließlich sind dort fast alle Kinder anzutreffen, und die Kultusminister müssen nur dazu veranlaßt werden, die richtigen Erlasse in die Welt zu setzen. Die eigentliche Aufgabe der Schule, nämlich zu unterrichten, ist dabei weitgehend aus dem Blick geraten.

Dabei hat unser Durchgang durch die pluralistische Sozialisation ergeben, daß die Kinder in deren Rahmen vieles lernen können und teilweise aufgrund des sozialen Druckes auch lernen müssen, was für ihr gegenwärtiges und künftiges Leben wichtig ist. Aber eines lernen sie dabei nicht, nämlich sich systematisch ihre Welt, in der sie leben, aufzuklären. Selbst wenn sie das Fernsehen z.B. ausschließlich als Bildungsanstalt nutzen wollten, wäre ihnen dies ohne vorgängigen systematischen Unterricht durch die Schule nicht möglich; sie würden schon über den dabei benötigten Wortschatz nicht verfügen. Aus diesen Überlegungen ergibt sich deshalb, daß der zentrale Bildungsauftrag der Schule das *Unterrichten* ist. Diese Form des Lernens kommt in der sonstigen Sozialisation nicht vor, ist aber für jene drei Maßstäbe von entscheidender Bedeutung, die soeben als der übrigen Sozialisation übergeordnete bezeichnet wurden: ohne systematischen Unterricht wären weder gesellschaftliche Reproduktion und Weiterentwicklung noch die Ausbildung wichtiger individueller Fähigkeiten noch – als Voraussetzung für beides – Aufklärung über die Außenwelt – und damit auch über die Subjektivität des Kindes selbst – möglich. Die kulturelle Erfindung Unterricht ermöglicht uns, was sonst nicht möglich wäre, nämlich die an und für sich diffus bleibende Realität in geordnete Vorstellungen zu bringen und diese für künftige, noch unbekannte Verwendungssituationen zur Verfügung zu halten. Alle im Leben sowieso ablaufenden Lernprozesse bleiben dagegen an dessen Aktualität gebunden und dienen seiner *unmittelbaren* Bewältigung.

Bei den folgenden Erörterungen beschränke ich mich auf das allgemeinbildende Schulwesen und lege die genannten übergreifenden Gesichtspunkten zugrunde, um sie näher zu erläutern. Auf diese Weise schränke ich die Möglichkeiten, die Funktion der Schule im gegenwärtigen Sozialisationsprozeß zu deuten, bewußt ein; denn gerade *weil* die Schule sich von den Determinanten der übrigen Sozialisation emanzipieren konnte, ist ihr Zweck von daher auch nicht mehr festgelegt. Deshalb können sich auch diejenigen Vorstellungen, die ich im folgenden kritisieren werde, von daher rechtfertigen: Man kann selbstverständlich auch eine Schule einrichten, in der das geschieht, was die dort versammelten Lehrer, Schüler und Eltern wollen; die alle Lernprozesse von der jeweiligen Motivation der Schüler abhängig macht; die auf Zensuren verzichtet usw. Auch solche Vorstellungen ließen sich auf die Tatsachen der pluralistischen Sozialisation beziehen. Aber sie sind nur deshalb auf den ersten Blick plausibel, weil dieses Sozialisationsgefüge von sich aus verhältnismäßig beliebige Schlußfolgerungen in dieser Frage zuläßt. Erst wenn die erwähnten übergreifenden Gesichtspunkte einbezogen werden, können sich auch präzisere Konsequenzen ergeben.

Schule als demokratische Institution

Unsere Gesellschaft leistet sich nicht deshalb ein 60 Milliarden Mark teures Schulwesen, für das schließlich alle Steuerzahler aufkommen müssen, um die nachwachsende Generation bei Laune zu halten und zu amüsieren oder um Pädagogen eine sozio-emotionale Spielwiese zur Erprobung weltfremder Kindheits-Vorstellungen zur Verfügung zu stellen. Vielmehr hat die Gesellschaft ein vitales Interesse daran, ihren Nachwuchs so auszubilden, daß er den jeweils erreichten Standard an Kenntnissen, Fähigkeiten und Fertigkeiten zumindest erreichen, möglichst sogar übertreffen kann. Da diese Gesellschaft eine demokratische ist – was bekanntlich nicht immer so war –, muß sie nicht nur an der Förderung herausragender Begabungen interessiert sein, sondern auch an einer höchstmöglichen Bildung für alle (Bildung als »Bürgerrecht«). Alles Nachdenken über Schule muß also bei ihrer *gesellschaftlichen Funktion* ansetzen und darf nicht von den individuellen Bestrebungen der Schüler ausgehen. Zwischen beidem muß sie zwar vermitteln, aber die gesellschaftliche Außenwelt steht für die Okkupation durch die kindlichen Bedürfnisse nicht einfach zur Disposition. Die Chance für Individualisierung, die unser Schulwesen anbietet oder jedenfalls anbieten sollte, ist kein prinzipielles Gegenargument; vielmehr ist sie *Teil* seiner gesellschaftlichen Funktion, ihr nicht etwa übergeordnet. Individualisierung ist nur in solchen Gesellschaften funktional, in denen sie auch gebraucht wird, und insofern ist sie eine *historische* Errungenschaft.

Die primär gesellschaftliche Funktion der Schule zeigt sich im einzelnen in folgenden Aspekten:

Wirtschaftlichkeit

Sie ist *ökonomisch* gesehen ein verhältnismäßig aufwendiges Unternehmen. Die beschriebene Demontage der Schule als Institution durch die politischen Ambitionen der 68er-Bewegung einerseits, und der erwähnte anti-institutionelle Affekt des Zeitgeistes andererseits haben diese ökonomische Dimension weitgehend aus dem Blick geraten lassen. Volkswirtschaftlich gesehen ist Schule insbesondere dann ein knappes Gut, mit dem sorgsam umzugehen ist, wenn die erwähnte demokratische Maxime der höchstmöglichen Bildung für alle aufrecht erhalten bleiben soll; die Reichen können sich zur Not ihre Schulen aus eigenen Mitteln leisten. Deshalb ist es keineswegs unangebracht, die Effektivität des Schulsystems auch unter betriebswirtschaftlichen Gesichtspunkten zu untersuchen.

Das Pädagogische könne man so nicht messen, lautet zwar ein verbreiteter Einwand. Aber messen kann man es auch nicht auf andere Weise, trotzdem muß die Frage erlaubt sein, ob das teure Lehrpersonal auch tatsächlich effektiv eingesetzt wird, ob nicht viele Tätigkeiten, die Lehrer außerhalb des Unterrichts und deshalb unter Befreiung von Unterrichtsstunden ausüben müssen, nicht preiswerter erledigt werden könnten. Wie schon betont wurde, ist unser Zeitgeist ein Luxusgeschöpf, das sich wenig darum schert, woher die Mittel für seine Ambitionen genommen werden können. Sie werden unter Berufung auf die pädagogisch-therapeutische Berufsideologie einfach gefordert.

Dabei war schon in der Mitte der 70er Jahre klar, daß die Expansion des Bildungswesens nicht einfach fortgeschrieben werden kann, ohne an eine finanzielle Grenze zu stoßen, und die Kosten auf diesem Sektor für die deutsche Einheit haben das Problem noch verschärft. Zudem deutet alles darauf hin, daß mit dem Schrumpfen des Lehrstellenangebotes der Wirtschaft im Rahmen des sogenannten »dualen Systems« der Berufsausbidung weitere Kosten auf die öffentliche Hand zukommen, weil der Staat, ob er nun will oder nicht, die durch diese Minderung hinterlassene Lücke durch eigene Angebote wird ausfüllen müssen, so wie er in den östlichen Bundesländern bereits jetzt etwa 60% der Ausbildungsstellen subventioniert.

Verteilungskämpfe auch innerhalb des Bildungssektors selbst sind also vorprogrammiert, und die bisherige einseitige Förderung des gebührenfreien Studiums unter Vernachlässigung etwa der Meisterqualifizierung im Handwerk und in der Industrie ist mit dem eben erwähnten Grundsatz der chancengerechten Bildungsangebote kaum zu vereinbaren.

Daß diese beiden Seiten des Bildungswesens selten im Zusammenhang betrachtet werden, mag damit zu tun haben, daß die Kompetenzen und damit auch die Finanzierungen unterschiedlich geregelt sind: Das Schulwesen einschließlich der Berufsschule ist Sache der Länder, die Berufsausbildung Sache des Bundes; aber die Steuerzahler müssen schließlich beides finanzieren.

Kostenbewußtheit und damit auch Konzentration auf die eigentlichen Aufgaben der Schule sind angesagt, und schon aus diesem Grunde ist wichtig zu wissen, welche an und für sich ebenfalls notwendigen Lernaufgaben genau so gut an anderen Orten der Sozialisation bzw. im Rahmen außerschulischer Lernangebote vielleicht preiswerter erledigt werden könnten. Was das Leben sowieso leistet, muß die Schule jedenfalls nicht wiederholen. Unter Kostengesichtspunkten muß die pädagogische Qualität jedoch nicht unbedingt leiden, der Zwang zum Rechnen kann vielmehr auch zu Innovationen führen, auf die sonst schon aus Bequemlichkeit verzichtet würde.

Möglichst effiziente Organisation ist auch in Einzelfragen nötig, so im Hinblick auf die Größe von Schulen, auf ihre lokale Nähe zur Schülerschaft, die z.B. aufwendige Schülertransporte entbehrlich machen könnte. Ein weiteres Beispiel ist die Frage der *Lernmittelfreiheit*. Problematisch ist sie, wenn sie wie in Niedersachsen nicht nur für Bedürftige gilt, sondern für alle Eltern, auch für die mit hohem Einkommen. Dieses Gießkannen-Prinzip wird vor allem durch den Hinweis darauf gerechtfertigt, daß sonst die Bedürftigen sich offenbaren müßten, was sie wiederum in den Augen der anderen, etwa ihrer Mitschüler, diskreditiere. Dieses Argument ist jedoch insofern antiquiert, als materielle Bedürftigkeit längst nicht mehr schichtenspezifisch ist, sondern viele, z.B. als Folge einer Scheidung, treffen kann, wie ja überhaupt »Armut« ihren sozialen Charakter erheblich verändert hat (vgl. Hanesch u.a.). Zudem sind die Bundesbürger sonst nicht für ihre Zurückhaltung bekannt, wenn es darum geht, etwas aus den Töpfen der Allgemeinheit für sich zu beantragen. Ökonomisch gesehen ist Schule jedenfalls ein teures Gut, mit dem sorgsam zu wirtschaften ist, und dessen zweckmäßige Verwendung angestrebt werden muß, damit möglichst viele Schüler auch etwas davon haben können.

Sanktionen

Jede Institution muß nun den *Zweck*, dem sie dient, auch *durchsetzen* können. Wenn Zweck der Schule Unterricht im weitesten Sinne ist, dann folgt daraus, daß sie als Institution auch *Sanktionen* ergreifen können muß, um ihren Zweck zu sichern. Solche Sanktionen dienen zunächst einmal dem Selbsterhalt der Institution, sind in diesem Sinne also eine *politische* Maßnahme, keine pädagogische. Das pädagogische Moment tritt vielmehr im Hinblick auf Art und Ausmaß hinzu, weil der Zweck der Institution schließlich ein pädagogischer ist und die Schüler – je nach Alter – noch lernen müssen, was andererseits von ihnen schon gefordert werden muß. Die Schule muß also *Strafmaßnahmen* gegen solche Schüler ergreifen können, die z.B. durch Disziplinlosigkeit oder gar Gewalttätigkeit die ordnungsgemäße Durchführung des Unterrichts erheblich behindern. Nun hat der pädagogische Zeitgeist aber weitgehend erreicht, daß »Schulstrafen« in der Praxis fast völlig abgeschafft wurden. Keine Institution wie auch darüber hinaus keine menschliche Gemeinschaft kann aber fortdauernd auf Sanktionen verzichten, ohne dabei ihre Existenz aufs Spiel zu setzen. Übersehen wird dabei meist, daß Sanktionen ja nicht nur die Abweichler, die »Störer« im Zaum halten, sondern gerade dadurch auch die anderen, nämlich die Lernwilligen *schützen* sollen. Der eigentliche Skandal an vielen Schulen ist, daß eine kleine Minderheit von undisziplinierten Schülern die Mehrheit der lernwilligen terrorisieren darf und dafür dann nicht nur die besondere Aufmerksamkeit der Lehrer erhält (»Täterorientierung« des pädagogischen Zeitgeistes), sondern auch noch als prototypisch für die Probleme *aller* Schüler bzw. Jugendlichen ausgegeben wird,- im Sinne der erwähnten Hochrechnung des pädagogischen Zeitgeistes von Minderheiten auf Mehrheiten.

Strafen sind interne *soziale* Maßnahmen, sie drohen einen zeitweisen oder dauerhaften Ausschluß aus der jeweiligen Gemeinschaft an. Es gibt inzwischen Insiderliteratur (Block; Korte; Pauly), die offenlegt, mit welchem geradezu lächerlichen bürokratischen Aufwand die wenigen noch verbliebenen Schulstrafen verbunden sind, so daß ihre Wirkung geradezu ins Gegenteil verkehrt wird: Ein cleverer Schüler kann seine Lehrer nach dieser

Melodie mühelos zum Tanzen bringen, – von den Eltern ganz zu schweigen, die leicht einen Anwalt in Marsch setzen können, der selbst dann, wenn alles wie das Hornberger Schießen ausgeht, den Lehrer zur Produktion einer Menge beschriebenen Papiers zwingen kann. Sogenannte »pädagogische« Strafen wie Nachsitzen oder Strafarbeiten haben, wo sie überhaupt noch eine Rolle spielen, ihre Wirkung längst verloren; diese setzt nämlich voraus, daß der Schüler sein Vergehen einsieht und die Strafe – das Nachsitzen in der Schule, die zusätzliche Hausarbeit – als ein weiteres Lernangebot verstehen kann, daß er also die Definition des Normalfalles, Schule sei zum Lernen da, akzeptiert. Wenn dieser Zusammenhang von Schulstrafe und Schulzweck verloren geht, muß Orientierungslosigkeit um sich greifen.

Nicht die Lehrer, sondern die Eltern sind dafür veranwortlich, daß der Schüler den Schulzweck akzeptiert und eine hinreichende Lernfähigkeit und Lernwilligkeit mitbringt. Viele Eltern sind jedoch oft selbst nicht in der Lage, sich gegen ihre Kinder entsprechend durchzusetzen, weil diese unter Berufung auf ihre Bedürfnisse und Wünsche auch in den Familien das Szepter übernommen haben. Deshalb reagieren Eltern auf Vorhaltungen von Lehrern oft mit dem resignierten Hinweis, sie könnten da wenig ausrichten, und je weniger sie dies können, um so mehr erwarten sie alles pädagogische Heil von den Lehrern. Gerade im Interesse der Kinder, die ja sonst in einer fiktiven sozialen Welt aufwachsen, müssen jedoch die Lehrer darauf bestehen, daß die Eltern für die Schul- und Unterrichtsfähigkeit ihrer Kinder verantwortlich bleiben und daß diese erst – unter Umständen mit Unterstützung der Jugendhilfe – hergestellt werden muß. Würden die Schulen konsequent so verfahren, würden viele Eltern zur Besinnung kommen und sich anders mit ihren Kindern befassen. Die Schule darf den Eltern ihre erzieherische Verantwortung nicht abnehmen.

Statt Sanktionen zu ergreifen, empfiehlt der Zeitgeist, *Vereinbarungen* mit den Schülern über die für alle notwendigen Regeln zu treffen. In der Tat ist diesem Verfahren schon deshalb der Vorzug zu geben, weil es die individuelle Verantwortungsfähigkeit der Schüler zu stärken vermag. Allerdings hängt der Erfolg von zwei

Voraussetzungen ab: einmal muß der Schüler auch *kontraktfähig*, d.h. in der Lage sein, Vereinbarungen einzuhalten oder dies zumindest bei solchen Gelegenheiten lernen zu wollen. Zum anderen muß er den grundlegenden *Zweck* der Schule akzeptieren, denn Vereinbarungen können diese prinzipielle Akzeptanz nicht ersetzen, sondern nur innerhalb des Spielraums erfolgen, den dieser Zweck begrenzt. Mit anderen Worten: Die Institution Schule kommt nicht darum herum, den »Normalfall« zu definieren, und der kann nur heißen, daß die Schüler *grundsätzlich* bereit und in der Lage sind, dem Unterricht zu folgen. »Abweichungen« können *von daher* überhaupt erst wahrgenommen und *daraufhin* (wohin sonst?) korrigiert werden. Erst wenn diese Klarstellung erfolgt ist, ergibt es Sinn, den abweichenden Schülern eine angemessene *besondere* Förderung zuteil werden zu lassen, nämlich im Hinblick auf ihre Integration in den »Normalfall«.

Politisch gesprochen ist die Definition des Normalfalles eine Machtfrage. Wenn die Schule als Institution dieser Frage ausweicht, verwechselt sie die pädagogische mit der politischen Dimension ihrer Existenz. Klärt die Institution die Machtfrage nicht, werden dies andere tun, z.B. die »Diktatoren der letzten Bank«. Es gibt keine machtlosen sozialen Gebilde, die Frage ist immer nur, *wessen* Macht sich *mit welcher Legitimation* Geltung verschafft, – wie schon am Beispiel des Konzepts von Neill gezeigt wurde.

Die *Definition des Normalfalles* ist in diesem Zusammenhang von großer Bedeutung. Sie erstreckt sich nämlich nicht nur auf die eben erwähnten Sanktionen, sondern zunächst auf den institutionellen Zweck selbst; denn dieser ist schließlich die logische Voraussetzung für jene. Die im Zuge der 68er-Bewegung erfolgte Demontage alter schulischer Autoritäten und ihrer Rechtfertigungen kann selbstverständlich weder faktisch rückgängig gemacht werden, noch wäre dies wünschenswert, weil sie auf überlieferten politischen und kulturellen Selbstverständlichkeiten u. a. des Bildungsbürgertums beruhten, deren Basis entschwunden ist. Daraus kann jedoch nicht der Schluß gezogen werden, daß der personen- und situationsübergreifende Charakter der Institution überhaupt aufgegeben werden und statt dessen der Betrieb den unmittelbar beteiligten Personen – Lehrern, Schülern, Eltern – überlassen werden könnte. Vielmehr muß, wenn traditionelle, im wesentlichen für selbstverständlich gehaltene Bestimmungen nicht mehr greifen, der Normalzustand *definiert* werden von denjenigen politischen und rechtlichen Instanzen, die dafür zuständig sind, wobei in einer demokratischen Gesellschaft bestimmte Verfahren zu beachten sind. Die Schule ist Teil unseres *repräsentativen* politischen Systems und kann nicht einfach dem Willen der zufällig daran Beteiligten unterliegen. Ohne die Möglichkeit jedenfalls, zwischen »normal« und »nicht-normal« unterscheiden zu können, kann keine Institution handeln. So kann keine Schule existieren, ohne klarzustellen, was ein schul- bzw. unterrichtsfähiges Kind ist und welches Mindestmaß an Disziplin für die Abhaltung von Unterricht vorausgesetzt werden muß.

Die eben erwähnten Sanktionen dienen der notwendigen Durchsetzung des Normalfalles und haben mit dem *pädagogischen* Zweck der Institution Schule zunächst einmal nichts zu tun, sondern geben diesem erst einen realitätsgerechten Spielraum. Lernhilfe, das Leitmotiv des pädagogischen Handelns, kann nicht oder allenfalls nur in einem äußerlich bleibenden Sinne durch Sanktionen erzwungen werden, insofern sind Schulstrafen keine pädagogischen, sondern politische Maßnahmen, auch wenn sie pädagogisch produktive Formen annehmen sollen; allerdings dürfen sie nicht im Rahmen des pädagogischen Zwecks angewandt werden, sondern nur im Sinne einer allgemeinen *Grenzsetzung*. Aber ohne diese wäre Lernen durch Unterricht andererseits gar nicht möglich. Insofern hat der pädagogische Zeitgeist unrecht, wenn er institutionelle Vorgaben von vornherein als Zumutungen an die individuelle Entfaltung der Schüler verteufelt und sich alles Heil von deren Selbstorganisation erwartet. Nur die Macht der per definitionem überindividuellen Regeln der Institution kann vielmehr die Voraussetzungen dafür schaffen, daß individuelle Lernprozesse sich überhaupt zu entfalten vermögen. Insofern ist die Institution kein antagonistischer Feind der kindlichen Individualisierung, sondern ermöglicht diese erst durch das Setzen von Grenzen.

Ton und Stil

Die Institution muß nicht nur die Realisierung ihres Zweckes durchsetzen – nämlich Unterricht abzuhalten –, sondern auch eine dementsprechende *Ästhetik der Kommunikation.* Im Rahmen ihrer pluralistischen Sozialisation müssen die Schüler, wie wir gesehen haben, lernen, sich an unterschiedlichen sozialen Orten unterschiedlich je nach den dort geltenden Regeln zu verhalten, – anders in der Diskothek als in der Schule, anders im Kaufhaus als in der Kirche, in der Familie anders als unter Gleichaltrigen. Keine dieser Erwartungen ist per se von Übel oder auch nur weniger bedeutsam als die anderen. Alle diese sozialen Orte fordern vielmehr Lernleistungen heraus, die die anderen so nicht abverlangen. Deshalb sind sie unter dem Aspekt der Sozialisation auch nicht transferfähig, etwa in dem Sinne, daß z.B. in der Schule alles Wichtige gelernt werden könnte, was sich an den anderen sozialen Orten dann nur bewähren müßte. In der Schule kann man nicht lernen, wie man sich erfolgreich in einer Diskothek verhält. Derartige Vorstellungen verkennen die Substanz der pluralistischen Sozialisation. Aufgabe der Schule ist vielmehr, Verhaltensweisen einzufordern, die für ihren Zweck, nämlich zu unterrichten, unabdingbar sind, – ohne Rücksicht darauf, ob und inwieweit diese Anforderungen denen anderer sozialer Orte entsprechen oder nicht. Indem vielmehr die Schule die für ihren Zweck eigentümlichen Verhaltenserwartungen stellt, leistet sie ihren spezifischen, von keinem anderen sozialen Ort sonst zu leistenden Beitrag zur pluralistischen Sozialisation ihrer Schüler; andererseits verfehlt sie diese Chance, wenn sie sich bei den an anderen sozialen Orten gestifteten Erfahrungen der Schüler anbiedert und sich auf diese Weise besonders modern oder jedenfalls verständnisvoll präsentiert. Der Auftrag der Schule kann auch in diesem Sinne nicht von den Maximen und sozialen Regeln der anderen Sozialisationsfaktoren abgeleitet oder begründet werden.

An manchen dieser Orte – z. B. in der Gleichaltrigen-Gruppe – verwenden junge Leute nun einen eigentümlichen »Jugendjargon« – was im übrigen nicht neu ist. Wenn die Schule nun in falsch verstandener Anbiederung diesen Jargon *generell* – in Aus-

nahmen kann dies durchaus anschaulich sein – als Unterrichts-
sprache zuläßt oder Schimpfkanonaden und andere Verbalaggres-
sionen in Gegenwart von Lehrern oder gar während des Unterrichts hinnimmt, verhält sie sich nicht etwa »kindgerecht«,
sondern verwahrlosend und betrügt die Schüler um wichtige Sozialerfahrungen. Schule ist eben Schule, keine Diskothek und kein
Fußballplatz, und was als Schimpfkanonade während eines Kon-
fliktes in der großen Pause vielleicht noch toleriert werden kann,
ist während des Unterrichts fehl am Platze.

Damit ist kein generelles Werturteil gegen den Jugendjargon gesprochen, sondern nur auf die Notwendigkeit einer sozialen und
damit auch sprachlichen Differenzierung aufmerksam gemacht. So
wenig es Sinn ergäbe, von Jugendlichen die Verwendung der Un-
terrichtssprache in einer Diskothek zu erwarten, so abwegig ist es,
umgekehrt im Unterricht eine Sprache zu verwenden, die für ganz
andere soziale Zwecke gedacht ist. Zurück geht diese Verwechs-
lung auf die 68er-Bewegung, die ihre fehlende soziale Erfahrung
mit Unterschicht- bzw. Arbeiterkindern, als deren Avantgarde sie
gelten wollte, durch Anbiederung an deren Sprachgebrauch zu
kompensieren trachtete. Die damals in Mode gekommene, aus den
USA importierte Sozialisationsforschung schien die sprachliche
und damit auch die kognitive Benachteiligung solcher Kinder gegenüber der in den Schulen üblichen »Mittelschicht-Sprache« zu
belegen. Abgesehen davon, daß schon damals die amerikanischen
Schichtstrukturen und vor allem die dort anzutreffende ethnische
Gemengelage nicht so ohne weiteres auf die deutschen Verhältnisse
zu übertragen waren, war auch das pädagogische Ziel von vornherein insofern verfehlt, als die sogenannte »Mittelschicht-Sprache« nicht irgend eine beliebige und deshalb austauschbare war und
ist, sondern diejenige, in der die offizielle gesellschaftliche Kommunikation in Politik und Beruf nun einmal stattfindet, weil sie gerade nicht an ein subkulturelles Milieu gebunden ist. Wer diese
Sprache nicht beherrscht, bleibt eben auch in diesen Kommunikationen behindert. Das, was die Schule im Unterricht an Aufklärung
zu bieten hat, wird konterkariert, wenn die »Arschlöcher« nur so
durch die Luft fliegen. Wer das zuläßt, läßt seine Schüler nicht lernen, wie man sich erfolgreich in der Öffentlichkeit bewegt.

In der *Deutschen Lehrerzeitung* (Nr. 27/94) wird folgende Szene beschrieben:

»Es ist an einem Montagmorgen in einer Realschule. Frau S., die Deutschlehrerin, unterrichtet die 8b in der ersten Stunde. Die Klasse ist unruhig und unaufmerksam. Es fliegen Papierschnitzel, es wird getuschelt und gelacht. Frau S. ruft einen Schüler an die Tafel. Während dieser nach vorne geht, wird ihm auf dem Weg dorthin von einem Schüler ein Bein gestellt, so daß er stolpert und hinfällt. Wutentbrannt stürzt er sich auf den erstbesten Tatverdächtigen und prügelt auf ihn ein. Schnell bildet sich ein Schülerknäuel um beide herum. Frau S. versucht, die Schüler auseinanderzubringen, aber ihre Stimme dringt gar nicht zu ihnen durch. So bleibt sie hilflos stehen und versucht, wenigstens die anderen, die noch auf ihren Plätzen sitzen geblieben sind, zu beschwichtigen. Vergebens. Ein Tohuwabohu beginnt in der Klasse, und Frau S. schafft es nicht, die Schüler und Schülerinnen zu beruhigen.«

Die Schüler verhalten sich hier offensichtlich derart undiszipliniert, weil sie gewohnt sind, daß keine Macht sie daran hindert. Kein Schüler kommt einfach in die Klasse mit dem festen Vorsatz zu randalieren. Vielmehr wird er selbst dann, wenn er eine aggressive Grundstimmung mitbringt, erst einmal sehen, wie weit er gehen kann. Trifft er von vornherein auf eine Gegen-Macht – die keineswegs nur durch den Lehrer, sondern auch durch die Klassengemeinschaft repräsentiert werden kann –, wird er sich normalerweise auch im Rahmen der ihm gesetzten Grenzen verhalten.

Eine der bis zum Überdruß wiederholten Erklärungen des Zeitgeistes ist, daß die Schüler ihre Probleme mit in die Schule brächten und sie dort eben auch ausleben müßten. Das ist allenfalls die halbe Wahrheit, denn *jeder* Mensch schleppt seine Probleme überall mit hin, aber der Prozeß der Zivilisierung besteht ja gerade darin, daß man seine Probleme nicht an jedem sozialen Ort jedermann um die Ohren haut. Die andere Hälfte der Wahrheit ist, daß die Schule in diesem Beispiel das Problem selbst produziert, indem sie den Schülern einen gegen Disziplinlosigkeit und

Gewalt machtvoll abgesicherten Raum verweigert, in dem vielleicht ihre mitgebrachte Aufregung und Labilität zur Ruhe kommen könnten. Die Schule ist hier Täter, nicht Opfer.

Außerdem bleibt in diesem Beispiel das Sozialverhalten der Kinder in einer dumpfen Primitivität stecken. Natürlich ist es in diesem Alter nicht ungewöhnlich, einem Gleichaltrigen ein Bein zu stellen und sich anschließend mit ihm zu prügeln, – aber das gehört nicht in den Unterricht. Anstatt, wie der Zeitgeist nahelegt, auf die Gesinnung zu zielen – »Seid lieb zueinander!« –, wäre auf diese soziale Differenz aufmerksam zu machen. Dies nicht zu leisten und zur Not auch rigoros durchzusetzen ist pädagogisch unentschuldbar, denn schließlich ist die Schule die erste öffentliche Institution, mit der die Kinder ausführlich und für lange Zeit zu tun haben. Welches politisch-gesellschaftliche Weltbild muß sich in ihnen auftun, wenn sie diese Institution als ein permanentes Chaos erleben? Wie werden sie andere gesellschaftliche Institutionen aufgrund dieser Erfahrung verstehen, die unser Zusammenleben ordnen, z.B. Polizei, Gericht, Finanzamt, Arbeitsplatz oder Parlamente? In solchem sozialen Chaos züchtet eine heruntergekommene Institution die Verwahrlosung des öffentlichen Verhaltens.

Selektion

Ein besonders bedeutsamer Zweck der Schule als öffentlicher Institution ist die »Selektion« (Fend), d.h. die Gesellschaft sieht in den aufeinander aufbauenden Phasen des Bildungssystems mit den aufeinander folgenden Abschlüssen (z. B. Hauptschulabschluß, Abitur) und den daraus weiter erwachsenden Berechtigungen (z.B. Lehre; Studium) *die* entscheidende Möglichkeit der Statuszuweisung. Wer also möglichst weit kommt in diesem System, erhält auch eine höhere Chance, sich dabei eine herausragende gesellschaftliche Stellung (einschließlich eines entsprechenden Einkommens) zu sichern. Andere müssen sich je nach ihrer Schulleistung mit einem geringeren Status zufriedengeben.

Nun ist dieses Selektionsverfahren per Schulbildung schon deshalb prekär, weil, wie jeder aus der Lebenserfahrung weiß, höhere Schulbildung von sich aus keineswegs auch schon beruflich erfolgreich oder sonstwie lebenstüchtig werden läßt. Andererseits gibt es prinzipiell keine bessere Möglichkeit der Statuszuweisung in einer demokratischen Gesellschaft, seit die Stände abgeschafft sind und »blaues Blut« allein keine Privilegien mehr verschafft. Jedenfalls ist eine konsensfähige Alternative nicht in Sicht.

An der Selektionsfunktion der Schule und deren Folgen hat sich der Zeitgeist in besonderem Maße festgebissen. Da aus Abschlußzeugnissen Berechtigungen und insofern Rechtsfolgen erwachsen, müssen Schulleistungen bewertet werden, schon um den juristischen Grundsatz der Gleichbehandlung zu erfüllen und nicht den Eindruck der Willkür aufkommen zu lassen. Die »Betroffenheit« des Zeitgeistes darüber macht sich nun vor allem an folgenden Punkten fest:

a) Die Vergabe von numerischen Zensuren von »sehr gut« bis »mangelhaft« unterwerfe die Lernleistungen des Schülers von außen kommenden Maßstäben und berücksichtige weder die je individuelle Anstrengung noch die jeweils vorliegende Begabung. Jeder, der eine Schule besucht hat, weiß, daß dieser Einwand nicht von der Hand zu weisen ist, und deshalb ist die Diskussion über »gerechte Noten« eine unendliche. Andererseits haben die Lehrer durchaus einen gewissen Spielraum, bei der Festlegung der Noten die subjektiven Faktoren zu berücksichtigen. Generell jedoch gilt das Leistungsniveau der ganzen Klasse als Maßstab.

Problematisch an der Benotung ist, daß es sich dabei um rechtlich relevante Akte handelt, die sich grundsätzlich auch einer rechtlichen Überprüfung stellen müssen. Deshalb gibt es eine ganze Reihe von Vorschriften darüber, unter welchen Voraussetzungen Zensuren gültig sein sollen, z.B. Klassenarbeiten geschrieben werden dürfen. Diese Vorschriften schützen nicht zuletzt auch den Schüler vor der Willkür von Lehrern. Sie setzen aber voraus, daß die Klasse so zusammengesetzt ist, daß in ihr »Chancengleichheit« herrscht, d.h. daß jeder Schüler bei zumutbarer Anstrengung eine wenigstens mittlere – also »befriedigende« – Leistung erbringen könnte. Ist dies nicht der Fall, dann droht durch solche Vorschriften der Leistungsanspruch unaufhaltsam zu sinken, und die Schüler erhalten in Kenntnis dieser Zusammenhänge die Chance, sich entsprechend zu verhalten. Je größer die

Leistungsbreite in einer Lerngruppe ist, desto niedriger muß der Leistungsmaßstab werden, wenn etwa die Vorschrift gilt, daß höchstens 30% einer Arbeit normalerweise schlechter als »ausreichend« bewertet werden dürfen. Für den leistungsschwächeren Schüler wäre dies jedoch nur vordergründig von Vorteil, weil ihm dadurch seine tatsächlichen Fähigkeiten letztlich unbekannt bleiben. Wenn also ein Schüler Chancengleichheit im Vergleich zu seinen Mitschülern nicht nur zeitweise, sondern *grundsätzlich* – aus Gründen der Begabung oder des Willens oder wegen einer Behinderung – entbehren muß, dann muß er eine andere Klasse oder Schule aufsuchen, die seinen Fähigkeiten angemessener ist. Schließlich soll die Schule ihm ja helfen, seine Fähigkeiten zu entfalten und ihn nicht schicksalhaft ins Abseits drängen.

b) Die Selektionsfunktion der Schule – so der Zeitgeist weiter – bringe die Schüler unter hohen *Leistungsdruck* und in einen unsolidarischen Wettbewerb gegeneinander. Die letzte Schlußfolgerung ist wenig überzeugend. Kein »guter« Schüler hat in der Schule etwas davon, daß ein anderer »schlechter« ist als er. Später, am Arbeitsplatz, ist das teilweise anders. Wenn die Schüler auch in chancengleichen Klassen oder Kursen tatsächlich unsolidarisch miteinander umgehen sollten, muß das andere Gründe haben als die Leistungserwartung.

Der »Leistungsdruck« ist nicht zu leugnen. Er ergibt sich einerseits aus der zeitlichen Begrenzung, in der das Pensum erledigt, der Lehrplan erfüllt werden muß. Die Schule kann nicht einfach das Lerntempo nach dem Willen oder Vermögen der Schüler ausrichten; denn dann könnten diese das Zeitmaß nach Lust und Laune bestimmen. Auch im außerschulischen Leben hat aber Leistung immer mit der Erledigung einer Aufgabe in einer bestimmten Zeit zu tun. Insofern ist die oft zu vernehmende Forderung weltfremd, das Lerntempo *nur* nach den Wünschen und Bedürfnissen der Schüler auszurichten. Der vielfach kritisierte »Leistungsdruck« setzt sich andererseits in dem erwähnten Zusammenhang von Schulleistung und Berechtigung fort. Aber es ist höchst zweifelhaft, ob er primär wirklich von den Unterrichtsanforderungen ausgeht. Noch nie zuvor in diesem Jahrhundert ist die Schule den individuellen Bedürfnissen und Problemlagen der

Schüler so entgegengekommen wie heute. Vieles spricht dafür, daß die Hauptbelastung der Schüler eine kommunikative ist, die aus der Notwendigkeit ständiger sozialer Selbstbehauptung erwächst, wie sie die pluralistische Sozialisation, der Optionszwang, aber auch die institutionelle Deformation der Schule erfordern, wenn dort z.B. Disziplinprobleme so viel sozio-emotionale Energie verbrauchen, daß für die aufmerksame Teilnahme am Unterricht nur noch wenig davon übrig bleibt. Grundsätzlich jedenfalls darf die Schule nicht soweit aus den allgemeinen gesellschaftlichen Verhaltenserwartungen aussteigen, daß sie als »pädagogische Provinz« prinzipiell andere Maximen durchsetzt, als die Schüler später im gesellschaftlichen Leben benötigen. Die Schule »kindgerecht« zu gestalten, wie der Zeitgeist fordert, kann nicht heißen, sie als Fortsetzung der kindlichen Bestrebungen und Bedürfnisse zu organisieren, sondern umgekehrt dafür zu sorgen, daß das Kind einen Schultyp findet, der *seinen* besonderen Fähigkeiten gemäß ist. Abgesehen davon ist die Leistungserwartung schließlich der Grund dafür, daß die Gesellschaft so viel Geld in das Bildungswesen investiert, und die Schüler wollen im allgemeinen auch wissen, »wo sie stehen«, weil sie diese Informationen für ihre Selbsteinschätzung brauchen.

In diesen Zusammenhang gehört auch das leidige *Sitzenbleiben*. Diese Maßnahme ist inzwischen insofern umstritten, als sie vielleicht durch rechtzeitige Förderung verhindert werden könnte. Wo dies versäumt wurde, ist Sitzenbleiben in der Tat eine unangemessene Konsequenz. Aber nicht jede Förderung kann den Willen zum Mitmachen provozieren. In vielen Fällen ist das Nichtversetzen auch ein Signal dafür, daß etwas mit dem Schüler nicht stimmt. Vielleicht gehört er zur Förderung seiner tatsächlichen Fähigkeiten in eine andere Schule oder Schulform; vielleicht gibt es aber auch außerunterrichtliche Gründe, z.B. Familienkrisen, die ja oft zu einem Leistungsabfall führen, weil die Energie dann für andere Zwecke gebraucht wird. Ohne das Signal der Nichtversetzung würde dann das eigentliche Problem nicht zum Vorschein kommen. Das Nichtversetztwerden kann also für Kinder auch eine Chance sein, sich in einer anderen Klasse oder Schulform und unter anderen Klassenkameraden neu zu orientieren. Andererseits kann gerade der Verlust der bisherigen Klassengemeinschaft besonders schmerzlich und deshalb bei ohnehin labilen Schülern auch pädagogisch bedenklich sein.

Das eigentliche Problem ist jedoch nicht die Maßnahme als solche, wenn sie denn gerechtfertigt ist, sondern die Reaktion der Umwelt, vor allem auch der Eltern darauf. Oft steht dabei nicht die *Chance* im Mittelpunkt des Interesses, sondern die scheinbare Diskriminierung. Grundsätzlich kann jedoch die Schule als Institution nicht auf dieses Mittel verzichten, weil sonst die Folge wäre, daß die Lerngruppen (Schulklassen) immer chancenungleicher zusammengesetzt würden.

Leistungsanspruch und Selektion sind *im Prinzip* – in Einzelfällen läßt sich darüber immer streiten – keine gleichsam natürlichen Feinde des Kindes; sie orientieren sich vielmehr dabei an Maßstäben, die auch für das spätere Leben des Kindes von Bedeutung sind.

Ein ebenso wichtiges Signal wie die Nicht-Versetzung ist der ständige, nicht nur vorübergehende Bedarf an Nachhilfeunterricht. Dafür geben Eltern angeblich inzwischen 1,5 Milliarden Mark pro Jahr aus (vgl. Struck 1995, S. 25). Wenn das zutrifft, kann man daraus schließen, daß die Schule leistungsschwächere Schüler zu wenig gefördert hat, aber auch, daß zu viele Schüler sich in einer für ihre Fähigkeiten falschen Schule befinden.

Soziale Integration

Unser demokratisches Schulsystem muß grundsätzlich *allen* Kindern offenstehen, die in unserem Land aufwachsen; Grenzfälle, wie Kinder von Kriegsflüchtlingen, die in absehbarer Zeit wieder in ihre Heimat zurückkehren wollen, seien in diesem Zusammenhang einmal ausgeklammert, obwohl auch ihnen gewiß damit gedient wäre, wenn sie in der Wartezeit unterrichtet werden könnten. Normalerweise aber hat die Schule eine soziale *Integrationsfunktion* gegenüber der gesamten jungen Generation; in ihr müssen deshalb alle gesellschaftlichen Gruppen und alle Begabungen unterrichtet werden. Ob dies jedoch in jedem Falle auch *in gemeinsamen Lerngruppen* (Schulklassen) oder gar in einer einzigen, nach Begabungen innerlich zu differenzierenden Schule zu geschehen habe, wie es etwa die radikalen Befürworter der Gesamtschule vertreten, steht auf einem anderen Blatt.

Man muß hier zwischen einem *politischen* und einem *pädagogischen* Argument unterscheiden. In der gegenwärtigen schulpädagogischen Diskussion vermischen sich beide Ebenen leicht. So heißt es etwa bei Peter Struck (1995):

»Schule soll . . . ein Modell für die ganze Gesellschaft und das Zusammenleben ihrer höchst unterschiedlichen religiösen, weltanschaulichen, politischen und nationalen Gruppen und für Menschen mit unterschiedlichem Einkommen und Vermögen, unterschiedlicher Bildung und Leistungsfähigkeit und unterschiedlichen sozialen Förderungsbedingungen werden« (S. 213).

Historisch betrachtet ist in der Tat die sozial-integrative Funktion der Schule nicht zu übersehen. Seit dem 19. Jahrhundert hat sie zunehmend eine wesentliche Aufgabe darin gesehen, auseinanderstrebende Gruppen der Gesellschaft wie die sozialen Klassen und die Konfessionen in ihren Mauern wenigstens in Gestalt der nachwachsenden Generationen miteinander zu versöhnen, sie an Gemeinsamkeiten zu binden. Ein wichtiges Produkt dieser Bemühungen war die Einführung der gemeinsamen Grundschule im Jahre 1920. Von ihren Befürwortern wurde sie allerdings damals vor allem deshalb als notwendig angesehen, weil vorher der Weg der bürgerlichen Kinder im Unterschied zu denen etwa der Arbeiter über die sogenannten »Vorschulen« unmittelbar zum Gymnasium führte, was eine eklatante Chancenungleichheit für die Bildungswege beider Gruppen zur Folge hatte. Diese Auseinandersetzungen sind aber im wesentlichen abgeklungen, was nicht ausschließt, daß neue, etwa im Rahmen der Migrationen, entstehen könnten. So groß heute die Startunterschiede der Kinder in wirtschaftlicher und sozialer Hinsicht auch noch sein mögen, sie rechtfertigen keine vergleichbare integrative Anstrengung der Schule mehr. Strittig war jedoch auch früher nicht, daß die Chancengerechtigkeit sich nur auf gleichartige Begabungen bzw. Leistungsfähigkeiten erstrecken könne, daß z.B. nur solche Kinder das Gymnasium besuchen sollten, die dessen Anforderungen auch gewachsen waren. Der Streit ging immer darum, daß zu viele Kinder aus nicht-bürgerlichen Schichten keine Chance dafür bekamen.

In dem Maße nun, wie die objektive *politische* Notwendigkeit der sozialen Integration durch die Schule entschwunden ist, scheint sie als bloße *pädagogische* Forderung sich erneut zu Wort zu melden.

»20 bis 30 % der deutschen Schüler haben einen besonderen Förderbedarf, der im Sonderschulbereich, aber auch in Gesamtschulen ganz gut aufgefangen wird. . . . Und fast jeder Hauptschüler hat mittlerweile einen enormen Zuwendungsbedarf. . . . Werden jedoch solche Schüler in Gemeinschaften mit einem hohen Anteil an »pflegeleichten« Jungen und Mädchen integriert, werden erstens durch die mitreißenden Effekte ihre Devianzen nicht so schlimm, und zweitens bleibt dem Lehrer mehr Zeit und Kraft für ihre Sozialisation« (Struck 1995, S. 127).

Der Grundgedanke ist also, daß lernschwächeren Schülern durch ihre möglichst lange gemeinsame Unterrichtung mit leistungsfähigeren Schülern insofern ein Vorteil erwachse, als die »guten« die weniger guten Schüler einerseits mitreißen könnten, so daß diese andererseits zusätzliche Zeit für ihre Entwicklung finden würden, anstatt frühzeitig selektiert zu werden. Auf einem pädagogischen Umweg wird so die frühere politische Integrationsfunktion wieder ins Spiel gebracht, indem die Förderung der Schwächeren zur allgemeinen politischen Aufgabe der Schule erklärt wird.

Dieses politisch kaschierte pädagogische Konzept kann aber insofern kein »Modell« für die ganze Gesellschaft sein, als dort, wie in der Wirtschaft, Leistungsschwächere eben nicht mitgetragen, sondern entweder entlassen, gar nicht erst eingestellt oder bestenfalls an einen anderen Platz gestellt werden, der ihren Fähigkeiten im Rahmen des Marktes entspricht. Politisch gesehen handelt es sich bei diesem pädagogischen Postulat also nicht um Integration in die Gesellschaft, wie sie ist, sondern um die Vorwegnahme einer anderen, für besser gehaltenen, durch das Modell einer solchen Schule. Nun hat natürlich jeder Bürger das Recht, für eine Gesellschaft zu votieren und sich zu engagieren, die er für besser als die vorhandene hält; die Frage ist nur, ob es erlaubt sein kann, mit derartigen Visionen eine gegenwärtige pädagogische Institution wie die Schule gestalten zu wollen, und wem das nützen könnte.

216

Ob es den betroffenen Schülern zugute kommt, ist u. a. eine Frage der Dauer. Bei den leistungsschwächeren Schülern stellt sich längerfristig nämlich leicht ein permanentes Unterlegenheitsgefühl und bei den »besseren« schnell Überheblichkeit ein. Dies behaupten nicht nur außenstehende Kritiker, sondern neuerdings auch engagierte langjährige Gesamtschullehrer selbst; sie halten sogar inzwischen das dreigliedrige Schulsystem für geeigneter zur Förderung der unterschiedlichen Begabungsformen als die Gesamtschule, die »Integration« ja in besonderem Maße auf ihre Fahne geschrieben hat (vgl. Sprenger; Etzold). Die dem Schulwesen obliegende Selektion liegt also im wohlverstandenen Interesse der Schüler selbst, solange sie mit der optimalen Förderung ihrer Fähigkeiten verbunden bleibt. Gemessen an diesem pädagogischen Anspruch ist »Integration« lediglich ein *Mittel*, das auf seine Tauglichkeit zu überprüfen ist. Die optimale Förderung auch des lernschwachen Kindes ist selbstverständlich im demokratischen Postulat des »Rechts auf Bildung« enthalten, allerdings hat auch der begabte Schüler darauf einen Anspruch, der ihm schwerlich zuteil werden kann, wenn er sich ständig nach dem Tempo der Lernschwachen richten muß.

Politisch jedenfalls kann »Integration« heute nur bedeuten, daß kein Kind aus religiösen oder ethnischen oder sonstigen Gründen, die nichts mit seiner schulischen Leistungsfähigkeit zu tun haben, benachteiligt wird. Die Frage jedoch, welche Schule bzw. Lerngruppe seinen Fähigkeiten entspricht, steht auf einem anderen Blatt. Die eben begründete Forderung nach einer chancengleichen Zusammensetzung der Lerngruppen (Schulklassen) darf also auch unter dem Gesichtspunkt der »Integration« nicht unterschritten werden.

Aus objektiven wie subjektiven Gründen muß die Schule also auch *ausgrenzen*. Sie trennt im Verlaufe des Bildungsganges die Schüler, indem sie Berechtigungen erteilt oder verweigert, und dies in der Tat mit der Folge, daß daraus unterschiedliche, z. B. berufliche Chancen für das künftige Leben entstehen. Aber wären die Aussichten denn wirklich größer, wenn die Schule lernschwache Schüler zu »höheren« Abschlüssen durchschleppen würde? Sind die Realschulen, die Gymnasien, ja sogar die Hochschulen inzwischen nicht voll von jungen Leuten, die permanent und über Jahre hinweg überfordert sind und das Gefühl geistiger Deklassierung ertragen müssen? Niemand kann behaupten, daß dies »kindgemäß« sei.

Das gilt auch im Hinblick auf die Integration von *behinderten* Kindern, wie sie von einigen Bundesländern zumindest für die Grundschule teils bereits verwirklicht, teils geplant ist. Integrierbar sind in der Tat alle Formen der Behinderung, die einer Teilnahme am Normalunterricht grundsätzlich nicht im Wege stehen. Im medizinischen Sinne geistig Behinderte z.b. bedürfen jedoch einer besonders intensiven Förderung durch ein entsprechend ausgebildetes Lehrpersonal, um ihre eingeschränkten Fähigkeiten optimal entfalten zu können, weshalb Sonderschulen auch teurer sind als Normalschulen. Sie können in einer Normalschule nicht annähernd auf ihre Kosten kommen. Selbst wenn sie dort zusätzlich durch spezielle Fachkräfte gefördert werden, würden sie immer im Schatten der Nicht-Behinderten verbleiben, oder deren schulische Förderung müßte vernachlässigt werden. In dieser Frage darf die Schule sich kein unrealistisches Idealbild von den gegenwärtigen und vor allem künftigen Sozialchancen von Behinderten zum pädagogischen Leitbild machen. Was hätten solche Kinder schließlich davon, wenn sie nach kurzer Zeit – etwa nach der Grundschulzeit – aus der Gemeinsamkeit mit den nicht-behinderten ohnehin ausscheiden müßten? In diesem Punkte muß der pädagogische Zeitgeist aufpassen, daß er die Politik nicht zum Sparen am falschen Ort animiert. Eine andere Frage ist natürlich, ob die notwendigen speziellen Klassen bzw. Lerngruppen – wie im Rahmen einer Gesamtschule – unter einem Dach mit den übrigen Schülern plaziert werden können.

Die sehr ernstzunehmende Frage jedoch, wie unsere Gesellschaft mit denen umgeht bzw. umgehen soll, die aller Voraussicht nach in beruflicher Hinsicht keine marktgerechten und in anderer Hinsicht von vornherein eingeschränkte Partizipationschancen haben werden, muß letzten Endes außerhalb der Schule entschieden werden, dort nämlich, wo die Betroffenen rund um die Uhr mit anderen Menschen zusammenleben. Insofern die Notwendigkeit der späteren Teilnahme am Arbeitsmarkt nicht im Vordergrund stehen muß, kann sich die Bildung auf die Herausarbeitung anderer Fähigkeiten für ein zwar eingeschränktes, aber dennoch subjektiv befriedigendes Leben konzentrieren.

In dieser Frage stößt die Schule als Institution an die Grenzen ihrer Möglichkeiten. Sie kann nicht auch noch die *sozialpolitische* Verantwortung dafür übernehmen, daß Schüler, die dem normalen Unterricht nicht zu folgen vermögen, möglicherweise auch gesellschaftlich ins Abseits geraten. Darum hat sich die Politik zu kümmern, nicht die Schule. *Sie* kann nur versuchen, *jeden* einzelnen Schüler so gut wie möglich zu fördern. Mehr kann sie nicht tun, aber weniger darf sie auch nicht tun.

Lehrplan
In der Schule geht es nicht um *irgendwelche* Lernprozesse, die etwa einfach aus den aktuellen Bedürfnissen der Schüler oder aus den Vorlieben der Lehrer erwachsen. Solche Lernarrangements sind möglich und sinnvoll im Rahmen außerschulischer Bildungsangebote z.B. der Jugendarbeit. In diesem pädagogischen Bereich gelten nämlich die Marktbedingungen des Freizeitsystems, wozu auch gehört, daß man auf die unmittelbaren Wünsche der Beteiligten eingehen muß. Nach allen Erfahrungen können aus dieser Lage spezifische pädagogische Chancen erwachsen, die aber immer nur zu zeitlich begrenzten Vorhaben (»Kurzzeitpädagogik«) führen. Demgegenüber ist das Kernstück des schulischen Unterrichts der *Lehrplan*. Seiner Idee nach enthält er ein Programm, das Zug um Zug die Welt erschließt, dabei dem Alter der Schüler entsprechend fortschreitet und zu immer neuen Schwierigkeitsgraden führt, bis der jeweilige Abschluß (Hauptschule, Realschule, Abitur) erreicht ist. Auf diese Weise kann die Schule, anders als alle anderen denkbaren und im Leben sonst vorkommenden Lerninszenierungen, den über Jahre sich erstreckenden Bildungsgang planen. Je nach der Höhe des dabei erreichten Abschlusses erhält der Schüler eine Berechtigung für die weitergehende Teilnahme an Formen der nun nicht mehr allgemeinbildenden, sondern berufsorientierten Qualifizierung.

Der Lehrplan wird der Schule als staatlicher, hoheitlicher Auftrag von den dafür vorgesehenen demokratischen Organen – den

Kultusministern bzw. Kultursenatoren der jeweiligen Bundesländer – vorgegeben. Darin drückt sich der Anspruch aus, *allen* Kindern und Jugendlichen, wenn auch nach Anspruchsgraden (Schulabschlüssen) unterschieden, eine *gemeinsame* Wissensgrundlage zu verschaffen. So sollen z.B. alle zumindest Lesen und Schreiben lernen, aber auch über wichtige Aspekte der natürlichen, politischen und kulturellen Umwelt informiert werden. Solche *gemeinsamen Grundlagen* werden benötigt, damit die nachfolgenden Generationen Staat und Gesellschaft übernehmen und weiterentwickeln können. Zudem werden auf diese Weise die Fundamente für die dabei benötigte Kommunikation vermittelt; sonst wäre ja die Übernahme der Verantwortung als *gemeinsame* Verpflichtung gefährdet. Lediglich subjektiv gesteuerte Lernprozesse würden diese gemeinsame Grundlage nicht garantieren.

Wie die Geschichte des modernen Schulwesens zeigt, hat der Staat damit immer auch *politische* Ambitionen verbunden, die einmal Loyalität zu ihm sichern, zum anderen aber vielfach, wenn auch nicht immer offen ausgesprochen, Privilegien einzelner Schichten, Klassen oder Gruppen schaffen oder verteidigen sollten. Auch heute ist die Entscheidung über Lehrpläne letztlich eine politische, wenn sie natürlich auch fachlich vorbereitet wird. Aber unter den Bedingungen der repräsentativen Demokratie einerseits und der pluralistischen Wertdifferenzen innerhalb der Bevölkerung andererseits müssen Lehrpläne weitgehend *konsensfähig* sein, sie dürfen also nicht von vornherein politische und religiöse Gruppen ausschließen oder diskreditieren. Daß dies nicht immer gelingt, haben die zum Teil erbitterten Lehrplan-Auseinandersetzungen der 70er Jahre gezeigt. Allerdings kann der Konsens nur ein *politischer* sein, d.h. sich auf die Akzeptanz der wesentlichen politischen und weltanschaulichen Gruppen in der Gesellschaft beziehen, er kann sich nicht auf einzelne Personen erstrecken; nicht alle Eltern z.B. müssen den Lehrplänen zustimmen können.

Um in diesem politischen Sinne akzeptabel zu sein, müssen die Lehrpläne zumindest folgende Anforderungen erfüllen:

a) Sie müssen das *Toleranzgebot* beachten. Das bedeutet z.B., daß Unterrichtsthemen, die von der Sache her verschiedene Interpretationen vor allem im Hinblick auf Werteinstellungen und daraus resultierende Verhaltensstrategien zulassen, auch in dieser Offenheit vorgegeben (und in der Schule behandelt) werden müssen. Nicht zuletzt aus diesem Grunde sind aus »Lehrplänen« »Richtlinien« geworden, die der notwendigen Offenheit Rechnung tragen sollen.

b) Aus dem Toleranzgebot folgt ein *Agitations- und Indoktrinationsverbot*. Die Stoffe dürfen nicht so vorgeschrieben und selbstverständlich auch nicht so vermittelt werden, daß der Lehrer einseitig für bestimmte politische oder weltanschauliche Tendenzen Propaganda betreibt bzw. den Schülern die Offenheit der möglichen unterschiedlichen Interpretationen beschneidet, nur seine eigene Auffassung gelten läßt und sie vielleicht sogar zum Maßstab seiner Benotung macht.

c) Der Lehrplan muß *wissenschaftsorientiert* sein. Diese Forderung hat der »Deutsche Bildungsrat« 1970 für alle Schulen in seinem »Strukturplan für das deutsche Bildungswesen« erhoben, und sie hängt aufs engste mit der Pluralisierung der Gesellschaft zusammen. Die Alternative wäre nämlich, daß die Stoffe sonst nach irgendeinem ideologischen Maßstab ausgewählt würden, der wiederum nur einer gesellschaftlichen Teilgruppe, z.B. einer Konfession oder einer weltanschaulich fundierten politischen Partei, entsprechen würde, womit wiederum die Konsensfähigkeit gefährdet wäre. Ein nicht-wissenschaftlich orientierter Lehrplan wäre, anders ausgedrückt, an ein spezifisches Milieu gebunden. So war die frühere Volksschule auf das Konzept der »volkstümlichen Bildung« fixiert, die einen »lebenskundlich« begründeten Ansatz vertrat und davon ausging, daß ihre Schüler, von Ausnahmen des sozialen Aufstiegs durch höhere Bildung abgesehen, im wesentlichen in dem Arbeiter- oder Bauernmilieu auch nach ihrer Schulzeit verbleiben würden, aus dem sie stammten. So gesehen entspricht die Wissenschaftsorientierung der Schule besser als die frühere »volkstümliche Bildung« dem Anspruch auf »Bildung als

Bürgerrecht«, insofern sie Kindern die Chance gewährt, sich durch Schulbildung vom eigenen Herkunftsmilieu zu emanzipieren und dadurch auch ihren Anspruch auf Individualisierung ihres Lebens geltend zu machen.

Die »volkstümliche Bildung« brauchte nicht unbedingt den Fachlehrer, im Zentrum stand vielmehr der Klassenlehrer, der die meisten, wenn nicht – wie in ein- oder zweiklassigen Schulen – alle Fächer in der Schule unterrichtete. Die Wissenschaftsorientierung verlangt jedoch den fachlich ausgebildeten und insofern auch spezialisierten Lehrer; denn die Lehrinhalte dürfen nun – bei aller didaktisch gebotenen Einschränkung – wissenschaftlichen Ergebnissen zumindest nicht eklatant widersprechen, weil wir dann wieder auf der Ebene ideologischer Verkürzungen oder Instrumentalisierungen wären.

Seit es staatliche Lehrpläne gibt, unterliegen sie einer intensiven teils politischen, teils fachlichen oder auch lebenspraktischen Diskussion. Darauf hier näher einzugehen würde den Rahmen sprengen. In unserem Zusammenhang ist nur der Hinweis wichtig, daß der Begriff der »Wissenschaftsorientierung« sich keineswegs nur auf die jeweiligen Fachwissenschaften bezieht, sondern auch die Fachdidaktiken einschließt, die zwischen den Wissenschaften einerseits und den Lernmöglichkeiten der Schüler einer bestimmten Altersstufe oder Schulform andererseits vermitteln sollen. Da die Fachdidaktiken jedoch so etwas wie eine pädagogische Berufswissenschaft darstellen, stehen sie in der Gefahr, sich zu einer Berufsideologie zu verkürzen, wie sie im II. Teil beschrieben wurde; dadurch könnte die Konsensfähigkeit des Lehrplans erneut gefährdet werden. Die auf das Lehrerhandeln orientierte Fachdidaktik neigt nämlich dazu, das Lehrplanwissen von vornherein *erzieherischen Vorgaben* zu unterwerfen, »alle Probleme dieser Welt als abhängig von der Mitverantwortung und Mitgestaltung auch der Schüler zu sehen« (Gutte, S. 110).

Rolf Gutte führt als Beispiel den Bremer Lehrplan Deutsch für Haupt-, Realschule und Gymnasium an. Demnach sollen Schüler der Klasse 7 durch »kommunikative Übungen« lernen, »die Folgen, die soziale Ungleichheit für Kommunikation hat, zu er-

222

kennen und zu deren Überwindung beizutragen. Damit helfen die Schüler mit, humanere Lebensbedingungen herzustellen« (S. 110 f.).

Und im Lehrplan Sachkunde heißt es:

»Der Schüler kennt mindestens eine typisch norddeutsche Landschaft, deren Nutzung und Gefährdung durch den Menschen. – Der Schüler weiß um die Bedeutung des Umwelt- und Naturschutzes. – Der Schüler kann die Trinkwasserversorgung darstellen. Er kennt die Gefahr durch Umweltverschmutzung und ist sensibilisiert worden, über Fragen des Umweltschutzes nachzudenken und dafür einzutreten . . . – Er hat gelernt, preisgünstig und umweltbewußt einzukaufen« (S. 111).

Nun mögen diese erzieherischen Moralisierungen im Unterschied zu politisch wirklich relevanten zu unbedeutend sein, als daß sie den gesellschaftlichen Konsens gefährden könnten. Gleichwohl sind sie so, wie sie im Lehrplan formuliert sind, in der Sache problematisch. »Soziale Ungleichheit« ist in unserer Demokratie nur insofern ein Malus, als es die daraus resultierenden politischen Rechte und Partizipationen berührt. Die »Gefährdung« einer Landschaft »durch den Menschen« ist eine Frage der Interpretation, die wesentlich durch einschlägige Interessen an dieser Landschaft bestimmt ist, wie immer wieder in Konfliktfällen deutlich wird. »Preisgünstig« einkaufen muß jeder, der mit dem Pfennig rechnen muß, aber als allgemeine Maxime durchgesetzt würde es wohl der einheimischen Wirtschaft schaden.

Vielleicht kommt ja Rührung auf, wenn »kleine Kinder« »Umweltbewußtsein« »demonstrieren«, »indem sie einzeln und in (Klassen-)verbänden ihre Umwelt mit ihren dogmatischen Ansprüchen drangsalieren, die ihnen der Lehrplan nahegelegt hat«.

Guttes Kritik ist jedoch grundsätzlicher und richtet sich gegen die Differenz von Wissen und moralischem Anspruch:

»Die Liste der von Wissen ungetrübten moralischen Lernziele und schulisch geförderten Werthaltungen, deren Geltung unterstellt statt begründet und geprüft wird, ist lang . . .

Derlei ›Probleme‹ werden unter Aufgebot von viel Meinungsstreit und gängigen Ideologien, d. h. mit wenig korrektem Wissen, dafür umso mehr Betroffenheit, Verantwortungsgefühl und moralischer Sensibilität abgehandelt in Fächern, die nicht umsonst als ›Laberfächer‹ in Verruf stehen« (Gutte, S. 112 f.).

Die Beispiele zeigen, daß unter den Bedingungen der pluralistischen Gesellschaft die Formulierung von Lehrplänen bzw. Richtlinien schwieriger geworden ist. Gleichwohl muß sich der Staat aus den genannten Gründen weiterhin dieser Aufgabe unterziehen, die hier nicht genauer erörtert werden kann. Einige Aspekte werden uns später unter didaktischem Gesichtspunkt noch genauer interessieren. Hier geht es nur um die Begründung dafür, daß schulisches Lernen sich grundsätzlich von allem anderen Lernen unterscheidet, das sich sonst im Leben anbietet, und daß der staatliche Lehrplan ein wesentliches Merkmal der Schule als Institution ist. Der Staat kann zwar zulassen, daß je nach Schulträger – z.B. bei Privatschulen – besondere Modifizierungen berücksichtigt werden, aber die grundsätzlichen Leitlinien müssen in seiner Hand bleiben, weil sonst der politische Sinn der Schule in Frage steht.

Schule als Lehr- und Lerngemeinschaft

Die Beschreibung der Aufgaben der Schule mit ihrer institutionellen Objektivität und ihren gesellschaftlichen Zwecken zu beginnen ist angesichts des charakterisierten pädagogischen Zeitgeistes insofern zweckmäßig, als der Blick sich dabei auf den politischen Horizont richtet, in dem die ganze Diskussion verankert werden muß. Erst danach kann das Leben näher erörtert werden, das sich in den Mauern dieser Institution abspielt und ihren *pädagogischen* Zweck ausmacht.

Lehrer und Schüler gehen hier eine *Lehr- und Lerngemeinschaft* miteinander ein, wobei zunächst einmal nebensächlich ist, daß dies im allgemeinen unter (Schul-) Zwang geschieht. Bedeutsam wäre dies nur, wenn es zum Schulzwang eine Alternative sowohl für die gesellschaftliche Reproduktion der benötigten Fähigkeiten als auch für die individuelle Entfaltung des Kindes in dieser Gesellschaft gäbe. Das aber behauptet niemand, jedenfalls keine politisch relevante gesellschaftliche Gruppe.

Ich bevorzuge den Begriff »Lerngemeinschaft« für das, was sich in der Schule abspielt bzw. abspielen sollte. Herman Nohl hat von einer »Bildungsgemeinschaft« gesprochen, und Hartmut von Hentig verwendet das Bild von der »Polis«. Beide Metaphern hängen jedoch – zumindest im Normalfall – die Sache zu hoch. Im Begriff der Bildungsgemeinschaft schwingt mit, daß das schulische Lernen eine transzendierende Bedeutung entweder sowieso habe oder jedenfalls haben sollte, die im Begriff Bildung aufscheinen soll; bloßes Lernen gilt demnach als zu wenig, als für sich genommen der Mühe nicht wert. Nun kann man gewiß die grundsätzlich nicht unberechtigte Hoffnung haben, daß das, was die Schüler in der Schule lernen, in der Tat Wirkung auf ihre Persönlichkeit hat, ihre Wertorientierung z.B. zu fördern oder langfristige geistige Interessen zu wecken vermag, die gegen andere Bedürfnisse etwa des trivialen Fernsehkonsums durchgehalten werden können. Aber zumindest läßt sich dies nicht einplanen, und es wäre fatal, wenn das berufliche Selbstverständnis des Lehrers sich danach bewerten müßte, inwieweit es ihm gelungen sei, diesen Anspruch zu verwirklichen.

Der Begriff der »Polis« verweist auf Exemplarisches, darauf, daß die Schule, wenn sie denn richtig veranstaltet würde, in nuce Erfahrungen über das Gemeinwesen überhaupt zulasse, über die dort geltenden Regeln, Ansprüche und Perspektiven.

»Die Schule ist ein überschaubares Gemeinwesen. Sie kann die verlorengegangene Erfahrung von der Polis in sich wiederherstellen. In ihr könnte der junge Mensch konkret erleben, daß und mit welchen Mitteln der einzelne auf das Ganze Einfluß nimmt; er könnte lernen, was Institutionen leisten, wie man Regeln macht und ihre Einhaltung sichert, welchen Schutz sie geben. Er könnte an der Schule den contrat social nachvollziehen, den niemand in der Geschichte geschlossen hat und der doch unser friedliches Zusammensein verbürgt. Er erkennt auch, was die gewünschte Ordnung stört, was Macht ist und vermag und vollends organisierte Macht. Die Verwaltung meist uninteressanter Ämter in der machtfreien Domäne einer machtlosen Schülermitverwaltung vermittelt diese Erfahrung nicht.

Wie sieht das konkret aus? Die Kinder machen die Regeln für das Zusammenleben – das wird an einer Schule, die auch Lebensort ist, einen großen Raum einnehmen – in ihren Klassen. Das ist gleichsam Gruppeninnenpolitik. Gruppenaußenpolitik – das Verhältnis zu den anderen Gruppen – läuft über Verhandlungen . . .

Es gibt außerdem Kurse und Zeiten, über die die Schüler durch Debatte und Abstimmung verfügen. Der Unterricht aber ist Sache der Erwachsenen. Darüber werden diese ›mit sich reden lassen‹, aber es wird nicht abgestimmt. Die Lehrer treffen die Entscheidungen« (von Hentig, S. 215).

Schon Kerschensteiner hat um die Jahrhundertwende mit ähnlichen Vorstellungen seinen Zeitgenossen und vor allem denen, die damals bildungspolitisch das Sagen hatten, seine schulreformerischen Ideen schmackhaft machen wollen. Vielleicht kann man darüber streiten, ob damals die Schule wenigstens in dem Sinne Exempel für den Staat war, daß in beiden relativ rigide Erwartungen an den Gehorsam der Staatsbürger dominierten – was Kerschensteiner übrigens in Grenzen für die Schule ändern wollte. Heute jedenfalls, unter den Bedingungen der pluralistischen Gesellschaft und der aus ihr resultierenden pluralistischen Sozialisation, ist die Schule nur noch Exempel für sich selbst. Ihre innere Ordnung kann weder nach dem Muster politischer Organe noch der Familie, der Kirche oder irgendeiner anderen gesellschaftlichen Teilrealität geregelt werden. Sie ist eine bestimmte Institution unter vielen anderen, mit partikularen Zwecken, für die sie eine begrenzte Zeit zur Verfügung hat. Auch für die Schüler hat sie eine nur noch eingeschränkte Funktion, sie interveniert in ihr Leben, bestimmt es aber nur teilweise. Ihre Unentbehrlichkeit verdankt sich nicht einem irgendwie gearteten exemplarischen Zug, sondern eher ihrer einzigartigen Funktion: ohne sie, d.h. ohne den systematischen Unterricht, den sie anbietet, kann die Welt nicht aufgeklärt und nicht verstanden werden und umgekehrt das Kind sich nicht für diese Welt zu seiner Befriedigung entwickeln. Je mehr der pädagogische Blick diese schlichte funktionelle Perspektive verläßt und gleichsam nach Höherem strebt, um so mehr besteht die Gefahr, daß die Schule sich in irgendwelchen für erzieherisch gehaltenen Beiläufigkeiten verliert und ihren eigentlichen Zweck verfehlt.

Sieht man das innere Gefüge der Schule hingegen realistisch, dann ergeben sich in der Tat mehrere Partizipationsmöglichkeiten, die genutzt werden können. Die Schulgesetze haben dafür auch rechtliche Konstruktionen geschaffen. Die Frage ist jedoch immer, welche Angelegenheiten tatsächlich zu regeln sind und welcher Aufwand z.B. an Zeit als dafür sinnvoll erscheint. Die Regeln des Zusammenlebens sind im wesentlichen durch den Zweck der Institution vorgegeben, sie müssen von den Schülern nicht neu erfunden, sondern allenfalls mit Leben erfüllt und für ihre jeweilige Situation präzisiert werden. Aber es wäre pädagogisch eher schädlich, den Schülern darüber hinaus Illusionen über die tatsächlichen Machtverhältnisse zu machen. In einer *repräsentativ* verfaßten Demokratie sind die Möglichkeiten einer *unmittelbaren* Mitbestimmung aus gutem Grund eingeschränkt, weil auf diese Weise z.B. einerseits die Macht kontrollierbar bleibt, die Menschen andererseits aber auch davon entlastet werden, in immer wieder neuen Sitzungen und Verfahrensweisen sich mit den Grundlagen ihrer Kommunikation zu beschäftigen. Institutionelle Vorgaben sind nicht per se undemokratisch.

Wichtig wäre sicher, diese Vorgaben, wie sie sich etwa in der Notwendigkeit des Lehrplans und von Zeugnissen, Versetzungen, Berechtigungen ausdrücken, aufzuklären. Deren politischer Sinn wie auch die damit verbundenen Ungerechtigkeiten im Einzelfall könnten bearbeitet werden. Es ist erstaunlich, daß sich in der schulpädagogischen Literatur diese doch so naheliegende Chance einer politischen Bildung am Beispiel der eigenen Institution kaum niedergeschlagen hat. Die Schule will offensichtlich über alles mögliche aufklären, aber kaum über sich selbst, wie von Hentig es vorschlägt.

Die tatsächlichen Mitbestimmungsmöglichkeiten der Schüler bleiben jedoch in der Normalschule – im Unterschied etwa zu Internatsschulen – beschränkt, wenn, wie von Hentig zu Recht betont, Entscheidungen über den Unterricht Sache der Lehrer bleiben müssen. Sie würden vielleicht größer, wenn die Schule über einen eigenen Haushalt so entscheiden könnte, daß über Ausgaben disponibel verfügt werden und insofern auch an der einen Stelle gespart werden kann, um Mittel an einer anderen Stelle aus eigenem Willen einzusetzen. In diesem Falle könnten die Schüler in Entscheidungsprozesse über einen Haushalt eingebunden werden. Ein weiteres Beispiel wäre, die Arbeitszeit der Lehrer zu entlasten, indem Schüler den Lehrern Aufgaben wie Verwaltung der Bibliothek und der Lehrmittel abnehmen. Eine derartige Arbeitsteilung zwischen Lehrern und Schülern ergäbe jedoch nur Sinn, wenn beide Seiten ein *gemeinsames* Bewußtsein davon entwickeln könnten, daß es sich dabei um die Lösung *gemeinsamer* Aufgaben handelt, die den optimalen Einsatz der personellen und materiellen Ressourcen erfordert.

Diese Vorstellung wäre insofern nicht abwegig, als das objektive Interesse des Schülers, seine Fähigkeiten optimal entfalten zu können, weitgehend mit dem professionellen Selbstverständnis des Lehrers in Einklang zu bringen ist. Zudem lernen dabei nicht nur die Schüler, sondern auch die Lehrer, indem sie einerseits die Inhalte, die sie unterrichten, selbst für wichtig halten und sich entsprechend weiter fortbilden, und andererseits ihren Unterricht immer wieder didaktisch-methodisch zu verbessern trachten. Sie lernen ferner durch die Konfrontation mit den generationsspezifischen und individuellen Erfahrungen ihrer Schüler. Diese wiederum sind durch ihre Beiträge ebenfalls lehrend tätig. Die »Lehr- und Lerngemeinschaft« stellt sich also ein komplexes dialogisches Gefüge dar. »Aufklärung« kann nicht einseitig von einer Seite zur anderen hin bewegt werden, sondern ist ihrer Natur nach immer auf Wechselwirkung angelegt. Lediglich *erzieherische* Absichten sind eindimensional. Eine derartige Bindung der Schüler an gemeinsame Aufgaben setzt jedoch das Klima einer ästhetisierten Kommunikation voraus, deren Ton und Stil von allen Beteiligten als wohltuend empfunden werden kann. Ohne diese, auch den disziplinierten Umgang mit einander einschließende Grundlage bleiben alle schulinternen Gestaltungsabsichten Makulatur.

Als Institution ist die Schule so verfaßt, daß die Schüler durch die einschlägigen Schulgesetze Mitbestimmungsrechte erhalten haben, die sich teilweise bis auf die Teilnahme an Zeugniskonferenzen erstrecken. Die Vernünftigkeit solcher Regelungen soll hier im einzelnen nicht interessieren. Sinn ergeben sie jedoch nur unter der Voraussetzung, daß der Schüler gegenüber der Schule – und damit auch gegenüber den Lehrern – auch unabhängig von seinen Eltern *Interessen* hat, die er im Rahmen der Mitbestimmung sowohl allein als auch mit Hilfe seiner gewählten Repräsentanten vertreten darf. Es wäre eine bedenkliche Pädagogisierung, wenn seine Mitbestimmung nur auf die Schule insgesamt, nämlich auf ihr »großes Ganzes«, gelenkt würde. Die institutionellen Vorgaben, denen der Schüler ausgesetzt ist, die Chancen und Grenzen der aus den Schulleistungen erwachsenden oder entschwindenden Berechtigungen, das Verhalten der Lehrer, – all das führt – auch unter Berücksichtigung der erwähnten Gemeinsamkeiten – zu einer strukturell bedingten, also nicht allein aus persönlichen Fehlern entstehenden *Interessenkollision*. Die eben erwähnten Chancen der Orientierung auf *gemeinsame* Ziele ist nur realistisch, wenn sie als immer wieder neu herzustellende Konklusion aus *unterschiedlichen* Ausgangspunkten erfolgt. Der Lehrer verfügt z.B. über das Recht der Notengebung und damit über künftige Berechtigungen, von denen der Schüler abhängig ist, der wiederum ein Interesse daran haben muß, daß seine Anstrengungen auch richtig gewürdigt werden.

Viele Lehrer wollen diesen strukturellen Interessengegensatz nicht wahrhaben und versuchen statt dessen, die *Unmittelbarkeit* ihrer Beziehung zu den Schülern harmonisierend in den Mittelpunkt zu rücken. Das wäre natürlich eine politische Fehleinschätzung der ganzen Sache und könnte die unmittelbare Beziehung, wenn die Schüler den Zusammenhang durchschaut haben, nachhaltig beeinträchtigen. Die Schule als Institution verlangt also eine spezifische *Distanz* zwischen Lehrern und Schülern.

Eine Besonderheit der Schule als *pädagogischer* Einrichtung besteht nun darin, daß die Schüler mit Hilfe ihrer Lehrer zugleich *lernen* müssen, ihre schulbezogenen Interessen zu entdecken, sie in Sprache und Tonfall angemessen zu formulieren und entsprechend zu vertreten. Auch in diesem Punkte bleibt die Schule primär eine *Lerngemeinschaft* im Unterschied etwa zu einer politischen Partei oder Organisation, in denen zwar auch gelernt wird – wie überall im Leben –, wo es aber in erster Linie um die Vorbereitung und Durchsetzung politischer Entscheidungen geht.

Dieser Unterschied wird nicht immer beachtet. Statt dessen identifizieren sich Lehrer oft vordergründig mit den oft noch unaufgeklärten Interessen ihrer Schüler, was diesen vielleicht im Augenblick schmeichelt, ihnen jedoch nicht weiter nutzen kann. Formale Mitbestimmungsrechte der Schüler müssen im Rahmen des Schulzwecks auch *pädagogisch* gesehen werden, nämlich als Lernmöglichkeit, und die Lehrer müssen die daraus sich ergebenden Chancen nutzen und dürfen den Schülern nicht einfach nach dem Munde reden.

Ein weites Feld für die Gestaltung der Schule als »Lerngemeinschaft« sind natürlich interne oder öffentliche Veranstaltungen, in denen künstlerische oder aus anderen Projekten resultierende Arbeitsergebnisse vorgestellt oder auch einfach nur Feste gefeiert werden, wobei die Schüler Fähigkeiten entfalten können, die sonst im Unterricht im allgemeinen nicht so abgerufen werden. Meine These, daß die Schule im Kern eine auf Unterricht beruhende Lerngemeinschaft ist, schließt solche Veranstaltungen keineswegs aus, solange den Beteiligten klar bleibt, daß es sich hier um ein schulisches, eben aus dem Lernzweck erwachsendes Arrangement handelt; denn Feste feiern kann man auch außerhalb der Schule.

Es geht also nicht um eine Anbiederung an Bedürfnis und Geschmack der Schüler oder darum, sie in Konkurrenz zum Fernsehen bei Laune zu halten, sondern um die Gestaltung des »Schullebens« und damit um den Versuch, eine Identifizierung der Schüler mit »ihrer« Schule zu ermöglichen, ohne deren besonderen Zweck aus den Augen zu verlieren; diesem widerspricht ja nicht, wenn die Schüler sich in ihrer Schule wohl fühlen und dort vielleicht sogar ein Moment von Zugehörigkeit und Geborgenheit erleben. Deutlich bleiben muß nur, daß die Schule, was immer in ihr geschieht, ein *besonderer* sozialer Ort für die Schüler ist, sonst brauchen sie sie nicht.

Was ist eine »kindgerechte« Schule?

Eine realistische Einschätzung der innerbetrieblichen Struktur der Schule als wechselseitige »Lerngemeinschaft« setzt Überlegungen darüber voraus, was das Kind eigentlich selbst von der Schule hat, weshalb sie für seine optimale Entwicklung unentbehrlich ist. Die vorhin erwähnten institutionellen Zwecke der Schule müssen ja nicht per se mit den wohlverstandenen Interessen der Schüler übereinstimmen. In ihrer alltäglichen Sicht und Erfahrung ist die Schule ja ein höchst widersprüchliches Phänomen. Sie macht Spaß und sie frustriert, gewährt Erfolgs- und Mißerfolgserlebnisse. Die Lehrer werden je nach ihrer persönlichen, fachlichen und didaktischen Kompetenz und Wirkung unterschiedlich erlebt. Beurteilen kann der Schüler jedoch immer nur seine jeweils aktuelle Befindlichkeit in der Schule; ihren auf seine Zukunft gerichteten Zweck, nämlich den eines langfristig geplanten Bildungsganges, kann er von sich aus nicht entdecken. Wird ihm dieser Zweck nicht im Rahmen des Schulehaltens bzw. von seinen Eltern erklärt, wird er ihn auch aus eigenem Antrieb kaum wahrnehmen können. Was also hat das Kind von der Schule?

Der schulpädagogische Zeitgeist mißtraut seit seiner Geburt aus der 68er-Bewegung den von außen kommenden Zwecken der Schule, die er als Zumutungen für die kindliche Innerlichkeit empfindet, und setzt statt dessen auf die kindliche Subjektivität. Diese Perspektive führt aber nicht sehr weit. Das Kind kann nämlich nicht einfach wählen, ob es in der Schule lernen will oder nicht. Die Entwicklung seiner Fähigkeiten ist kein Luxus und kein Selbstzweck, vielmehr ist es darauf angewiesen, um einmal damit seinen Lebensunterhalt verdienen zu können. Nur wenn es einen Dummen findet, der dies heute und vor allem morgen für es besorgt, muß es nicht lernen. Nun wird jedoch diese Begründung für schulisches Lernen vielfach unter Hinweis auf die verbreitete Arbeitslosigkeit und die darin zum Ausdruck kommende *Krise des Erwerbslebens* in Frage gestellt. Es gibt Prognosen, nach denen wir auf dem Weg zu einer Zwei-Drittel-Gesellschaft seien, in der selbst bei guter Konjunktur etwa ein Drittel aller Arbeitsfähigen arbeitslos bleiben würden.

Die politischen und pädagogischen Implikationen dieses Problems dürfen in der Tat nicht unterschätzt werden. Bisher nämlich war unser öffentliches wie privates Leben um die Erwerbsarbeit herum organisiert. Als Kinder und Jugendliche wurden wir in Schulen und Hochschulen auf sie vorbereitet, in den »besten Jahren« übten wir sie aus, um uns im Rentenalter von ihr wieder zu verabschieden. Auch unsere Moral war im wesentlichen arbeitszentriert: Ausgeben sollten wir nur, was wir uns vorher erarbeitet hatten oder doch voraussichtlich guten Willens in Zukunft erarbeiten würden, – weshalb im begrenzten Rahmen auch Kreditaufnahme moralisch zulässig war. »Erholung« in Form von Urlaub für alle Erwerbstätigen wurde erfunden und durchgesetzt zu dem Zweck, die *Arbeitskraft* zu regenerieren, damit sie anschließend dem Arbeitgeber – der den Urlaub schließlich bezahlt – wieder ausgeruht zur Verfügung stehen kann. Mehr noch: Die Fähigkeit, seinen Lebensunterhalt auf legale Weise zu erwerben, galt als bedeutsamstes Merkmal sozialer Integration. »Wer nicht arbeitet, soll auch nicht essen«, sagt der Volksmund noch heute. Soziale Abweichung von Jugendlichen wurde vor allem durch die Unfähigkeit definiert, regelmäßig zur Schule und zur Arbeitsstelle zu gehen, und die korrigierenden »Fürsorgeerziehungsmaßnahmen«, denen jahrzehntelang »arbeitsscheue« Jugendliche unterworfen wurden, hatten zum Ziel, diese Fähigkeit (wieder) herzustellen. Wenn sich nun bewahrheiten sollte, daß etwa ein Drittel der Arbeitsfähigen in unserer Gesellschaft von vornherein von der Erwerbsarbeit mangels Nachfrage ausgeschlossen werden, dann fällt das überlieferte Hauptziel der Resozialisierung in sich zusammen. Dann können z.B. die jungen Drogenabhängigen sich sagen: »Wenn schon so viele von vornherein keine Arbeit bekommen, warum sollen wir uns nicht freiwillig gleich zu dieser Gruppe rechnen? Wir sichern doch den anderen die Arbeitsplätze, wenn wir auf den Wettbewerb um sie verzichten.«

Die Frage, ob jemand reelle Chancen hat, seinen Lebensunterhalt selbst zu verdienen, berührt also nicht nur die persönliche Existenz, sondern ist auch ein wichtiges Fundament unseres gesellschaftlichen Selbstverständnisses. Selbst wenn unsere Gesellschaft reich genug bleiben sollte, den Lebensunterhalt dieser von vornherein von der Erwerbsarbeit Ausgeschlossenen durch Umverteilung zu finanzieren, ist die Vorstellung von einem Heer jugendlicher Rentner politisch wie pädagogisch ein Alptraum. Die politische Brisanz, die von einer solchen Gruppe ausgehen könnte, liegt auf der Hand, und sie würde nicht geringer dadurch, daß ein Teil von ihnen vielleicht in der Drogenszene oder in anderen gesellschaftlichen Nischen relativ ruhig dahindämmern würde, ohne »die öffentliche Sicherheit zu gefährden«, zumal wenn die Politik dazu übergehen würde, durch kontrollierte Freigabe von Drogen bzw. Ersatzdrogen die Beschaffungskriminalität zu mindern.

Die vorausgesagte Zwei-Drittel-Gesellschaft würde zu einer neuen gesellschaftlichen Qualität der Arbeitslosigkeit führen; diese hat es immer wieder in mehr oder weniger erheblichem Umfang gegeben, aber sie galt als *vorübergehend* wirtschaftlich bedingt. Erwerbsfähigkeit als das neben Legalität vielleicht bedeutsamste öffentliche Erziehungs- und Bildungsziel wurde dadurch nur zeitweise, nicht aber grundsätzlich in Frage gestellt.

Die *politische* Dimension dieses Problems kann hier nicht weiter erörtert werden. Bekanntlich sind seit geraumer Zeit Vorschläge in der Diskussion, die es beseitigen oder zumindest mildern sollen. Die vorhandene Erwerbsarbeit soll z.B. auf möglichst viele Arbeitnehmer verteilt werden. Zu kurz gekommen sind in dieser Debatte aber bisher die Folgen, die für das *pädagogische* Handeln entstehen würden, wenn dieses Problem nicht gelöst werden kann. Wie und nach welchen Maximen junge Menschen erzogen werden sollen, wenn sie grundsätzlich keine Chancen haben, ihren Lebensunterhalt künftig zu verdienen, ist einstweilen völlig offen. Diese Seite des Problems ist wohl auch deshalb bisher übersehen worden, weil der pädagogische Zeitgeist die gesellschaftliche Dimension der Erziehung hat aus dem Blick geraten lassen; aber der Rekurs auf die Innerlichkeit des Kindes – so viel ist sicher – kann dafür kein Ersatz sein, weil dadurch allein noch keine gesellschaftliche Partizipation zustande kommt. Wie eine Erziehung ohne erwerbsorientierte Perspektive aussehen könnte, darauf hat bisher – soweit ich sehe – niemand eine Antwort.

Einstweilen aber können die *pädagogisch* Verantwortlichen nicht von sich aus eine entsprechende Selektion vornehmen, indem die Eltern etwa von vornherein ihrem Kind sagen, es müsse nichts lernen, sondern könne sich gleich zu diesem letzten Drittel rechnen. Auch die statistischen Sterbeprognosen der Lebensversicherungen wollen ja schließlich niemanden zum Selbstmord animieren. So schwierig das Problem *politisch* zu lösen sein mag, eine *pädagogische* Antwort ist einstweilen insofern einfacher, als jedem Kind seine Chance gewährt werden muß, unabhängig davon, wie weit es später diese Chance auch zu realisieren vermag. So will es auch unser Grundgesetz. Aber diese Strategie kann auf die Dauer nur dann überzeugen, wenn die daran geknüpften Hoffnungen auch realistisch bleiben.

Die Bedingungen von hoher Arbeitslosigkeit und die Aussicht auf eine Gesellschaft, in der vielleicht nur zwei Drittel der Arbeitsfähigen Arbeit finden werden, haben jedoch schon heute eine andere problematische Konsequenz. Sie schlagen sich natürlich als elterlicher oder von den Kindern verinnerlichter Druck auf Schullaufbahn und Schulerfolge nieder. Abbau der Hauptschule und Andrang aufs Gymnasium und auf die Hochschule sind ein Hinweis darauf. Aber solche Daten, wie problematisch sie auch für einzelne Kinder sein mögen, zeigen nur, daß auch unter diesem Aspekt die Bedeutung der Schule keineswegs abgenommen hat; denn selbst die einfachsten Erwerbsmöglichkeiten, die unsere Gesellschaft zur Verfügung hält, bedürfen eines Mindestmaßes an systematischer geistiger Vorbildung, um sachgerecht und sozial kalkulierbar ausgeübt werden zu können. Das gilt auch für sogenannte »angelernte« Tätigkeiten, die keine besondere Berufsausbildung voraussetzen. Die Zeiten sind schon lange vorbei, wo es genügte, ohne besondere Schulbildung bei einem Meister in die

Lehre zu gehen, um dort das für den Rest des Arbeitslebens Nötige durch Zusehen und Nachmachen zu lernen. Im Gegenteil werden inzwischen Ausbildungsformen, wie das »duale System«, die primär berufspraktisch ausgerichtet waren, immer mehr durch schulische bzw. hochschulische Anteile ersetzt, weil nur der systematische Unterricht jene geistige Disponibilität verschaffen kann, die für eine flexible Anpassung an schnell sich verändernde betriebliche Bedingungen nötig ist; aus dem gleichen Grunde dringen Abiturienten und sogar Fachhochschulabsolventen immer mehr in Berufe ein, für die früher ein Haupt- oder Realschulabschluß ausgereicht hätte.

Die kulturelle Erfindung »Unterricht« erlaubt uns nämlich, unsere ursprüngliche Verhaftung an die Unmittelbarkeit des alltäglichen Lebens zu überschreiten und »auf Vorrat« zu lernen, nämlich für noch unbekannte spätere Verwendungssituationen. Diese Chance der Schule, über lange Zeit hinweg durch Unterricht die Welt zu erschließen, ist keiner anderen Sozialisationsinstanz gegeben, und deshalb markiert sie die einzigartige Bedeutung der Schule im Konzert der übrigen Sozialisationsfaktoren. Unter den Bedingungen der pluralistischen Sozialisation ist sie eher noch gewachsen. In der früheren Klassengesellschaft, als die Lebensperspektiven für die meisten Menschen weitgehend festgelegt und die beruflichen Optionen deshalb sehr begrenzt waren, hatte auch die Schulbildung eine geringere Bedeutung, da sie den durch die Eltern erlangten sozialen Status im wesentlichen reproduzierte und bestätigte. Heute hat zumindest prinzipiell jedes Kind die Chance, sich vom Status seiner Eltern zu emanzipieren und durch eine zielgerichtete Nutzung des Bildungsangebotes sich seinen eigenen beruflich-sozialen Status zu verschaffen. Voraussetzung dafür ist allerdings nicht nur die Erfüllung von Schulleistungen, sondern auch die im wesentlichen durch die Schule – teilweise auch durch das Elternhaus – vermittelte Fähigkeit, mit den übrigen im I. Teil erwähnten Sozialisationsfaktoren souverän im Sinne der eigenen Lebensziele umzugehen, z.B. den Fernsehkonsum entsprechend zu regulieren. Zwar ist nicht zu leugnen, daß faktisch die Herkunftsfamilie immer noch in erheblichem Maße den künftigen Status ihrer Kinder beeinflußt, aber schließlich kann die Politik die Ursachen für die ökonomischen Statusunterschiede der Kinder nicht gänzlich abschaffen; sie kann diese nur kompensieren durch ein Schulangebot, das die Schüler in die Lage versetzt, herkunftsbedingte Benachteiligungen *selbst* zu korrigieren. Zweifellos ist unser Schulsystem heute dafür offen wie nie zuvor. Allerdings kann es die *Anstrengung* nicht eliminieren, die dem Schüler für dessen optimale Nutzung abverlangt werden muß.

Es geht jedoch nicht nur um die Vorbereitung auf künftige Erwerbsmöglichkeiten zur Sicherung des Lebensunterhaltes. Auch alle übrigen gesellschaftlichen Partizipationsmöglichkeiten, vor allem die kulturellen und politischen, bedürfen einer höchstmöglichen schulischen Bildung, wenn sie im Sinne der eigenen Fähigkeiten und Interessen genutzt werden sollen. Der Hinweis auf die kulturelle Teilhabe mag manchem als eher nebensächlich erscheinen, aber ein hinreichend klarer Durchblick durch die politischen Bedingungen und Determinanten der eigenen Existenz ist wahrlich kein Luxus, wenn man bedenkt, daß in unserer demokratischen Verfassung jeder seine Interessen letzten Endes selbst vertreten und dabei verhindern muß, daß sie von anderen zu ihrem Vorteil manipuliert werden.

Es gibt also nach wie vor genug wichtige Gründe für das Schulkind, das schulische Lernangebot zu nutzen, und es besteht kein Anlaß zu der Vermutung, ein erfolgreicher Schulbesuch läge in erster Linie in anderer Leute Interesse und deshalb müsse es dafür unentwegt umworben und mit ständigen Belohnungen bedacht werden. »Leistungen«, die die Schule fordert, sind keine Kontributionen, die eine Art von Besatzungsmacht gegen das Kind erhöbe, sondern unabdingbar für seine aktuelle persönliche Entfaltung wie für seine spätere Lebenserfüllung. Mit dieser Feststellung ist natürlich keine kritiklose Anerkennung des Schulehaltens verbunden, so wie es ist; selbstverständlich ist immer wieder zu fragen, ob die notwendige individuelle Förderung auch wirklich praktiziert, ob der dafür geeignete didaktisch-methodische

Einfallsreichtum auch wirksam wird, ob die Lehrpläne der Schulen modernen Ansprüchen genügen, was am Beispiel der Medien schon bezweifelt wurde. Aber selbst wenn alle inhaltliche Kritik an der Schule unberechtigt wäre, bliebe erfolgreiches Lernen mit Mühe und Anstrengung verbunden, würde die Individualität des Schülers nicht wie von selbst sich entfalten, sondern nur durch die Konfrontation mit Aufgaben, die bewältigt werden müssen. So geht es auch sonst im Leben zu.

Die immer wieder geforderte »Kindgerechtigkeit« der Schule kann also nicht darin bestehen, daß die aktuellen Bedürfnisse oder Interessen des Schülers zum dominierenden Maßstab erhoben werden. Er kann nämlich noch gar nicht wissen, wie diese sich entfalten werden, wenn er sie einer Erprobung durch neue unterrichtliche Anstrengung ausgesetzt hat; möglicherweise eröffnen sich daraus ja neue, unvermutete Perspektiven für die Entfaltung der Subjektivität. Alle jeweils vorhandenen Persönlichkeitsmerkmale des Kindes wie Motive, Interessen, Bedürfnisse, Fähigkeiten sind so, wie sie sind, für die weitere Lebensbewältigung nicht hinreichend, sondern müssen sich weiter entwickeln können. Dafür wird das schulische Lehrangebot benötigt.

»Kindgerecht« ist die Schule also nicht dann, wenn sie ihre Ansprüche aufgibt, sondern wenn sie diese mit der nötigen Sensibilität für die Persönlichkeit des Kindes aufrechterhält in dem Bewußtsein, daß das Kind das, was es können soll, immer auch noch lernen muß. »Kindgerecht« ist eine didaktisch-methodische Inszenierung, die ihm das Lernen erleichtert, ohne die Ansprüche aufzugeben, und die Freude am gemeinsamen Lernen aufkommen läßt. »Kindgerecht« ist ein Klima, das Verständnis für die Schwierigkeiten des Kindes aufbringt, es andererseits aber auch schützt vor (noch) unangemessenen Forderungen und aggressiven Zumutungen.

Sinnkrise des Unterrichts

Nachdem von den institutionellen Vorgaben der Schule, von ihrer inneren Verfaßtheit und von ihrer allgemeinen Bedeutung für das Kind und seinen Lebensweg die Rede war, kann sich der Blick nun auf ihre eigentümliche Tätigkeit richten.

Die zentrale Aufgabe der Schule ist nach dem bisher Gesagten die Erteilung von Unterricht, dies allerdings in einem weiten Sinne verstanden, d.h. zunächst einmal ohne Beschränkung auf eine bestimmte Methode. Dies von vornherein zu betonen ist deshalb wichtig, weil man beim Stichwort »Unterricht« oft zunächst ausschließlich an den Lehrervortrag denkt, den die Schüler dann rezeptiv in sich aufnehmen. Allerdings ist auch in dieser umfassenden Bedeutung das Unterrichten offensichtlich in eine Sinnkrise geraten, wie die unermüdlichen Versuche zeigen, der Schule darüber hinaus oder gar statt dessen immer neue Aufgaben wie »soziales Lernen«, erzieherische Kompensation für familiäre Defizite und anderes aufzubürden. Für diese Sinnkrise lassen sich vor allem folgende Gründe nennen.

1. Die 68er-Bewegung hatte die Schule als Produktionsstätte des autoritären Charakters gebrandmarkt und sie damit bis ins Mark verunsichert. Davon hat sie sich bis heute nicht erholt, weil inzwischen die damals geprägte Lehrergeneration in den Schulen die Mehrheit bildet; die folgenden Generationen konnten nicht in angemessenem Umfange nachrücken, weil in den 70er Jahren eine personelle Expansion mit jungen Leuten eintrat, die später wegen knapper öffentlicher Mittel nicht mehr fortgeschrieben wurde. Die Überalterung der Lehrerkollegien ist inzwischen zumindest in den alten Bundesländern flächendeckend.

2. Aber die Kritik zerstörte nur, was ohnehin morsch geworden war. Baufällig geworden war z.B. schon in den 60er Jahren die Konstruktion des Stoff- und Fächerkanons: Was soll eigentlich warum in der Schule gelehrt und gelernt werden und warum nicht lieber etwas anderes? Es hatte sich herausgestellt, daß der überlieferte Fächerkanon an eine bestimmte Vorstellung über das »Ge-

238

bildetsein« des Menschen gebunden war und darüber, wie Kinder und Jugendliche dazu durch Unterricht gebracht werden könnten. Wie wir im II. Teil gesehen haben, zerbrach jedoch dieses bildungsbürgerliche Ideal, weil es politisch auf einer bürgerlichen Vormachtstellung beruhte und insofern als undemokratisch erschien und weil es modernen gesellschaftlichen Entwicklungen in der Berufswelt, aber auch im Bereich der Massenmedien nicht mehr entsprach. Der neue, psychologisierende Zeitgeist konnte diese Lücke schon deshalb nicht füllen, weil ihn die objektiven geistigen Gehalte, auf die ein Bildungsideal ja angewiesen bleibt, gar nicht interessieren; ihm geht es statt dessen um die psychische Innenwelt.

Da nun die Frage nach einem *objektivierbaren* und insofern auch konsensfähigen Bildungskanon von der Sache her unentscheidbar geworden war, versuchte man es auch hier mit einer »subjektiven Wende«. Jahrelang kam das »Curriculum-Verfahren« in Mode, von dem heute kaum noch jemand spricht, das aber seinerzeit die Arbeit der Schule – man kann wohl sagen – »belästigt« und die Überlegungen über einen vernünftigen Unterricht in die Irre geführt hat. An den Universitäten wurden eigens dafür neue Lehrstühle etabliert, die für eine unermüdliche Produktion von Lernzielkatalogen und deren Evaluierungen sorgten und die Schulen damit überschütteten. Die Ausgangsüberlegung war, solche Qualifikationen herauszufinden, die die Schüler im späteren Leben – im Beruf, in der Freizeit, als politische Bürger usw. – benötigen würden, um von daher die im Unterricht zu lernenden Stoffe und Fähigkeiten festzulegen. Eine Faszination ging für viele, die sich damit beschäftigten, vor allem von der Hoffnung aus, auf diese Weise das schulische Lernen technisch perfekt und erfolgreich zu gestalten, wenn es nämlich gelänge, dafür die richtigen Lernschritte zu inszenieren.

Gescheitert ist dieser Versuch einer optimalen Unterrichtstechnologie, die man dann allen Lehrern hätte beibringen können, im Grunde an Trivialitäten, die eigentlich der gesunde Menschenverstand von vornherein hätte ins Feld führen können. Wenn man nämlich alle für das Leben benötigten Qualifikationen auflisten würde – vorausgesetzt, dies wäre überhaupt möglich –, dann käme man zu endlosen, nicht zu realisierenden Katalogen. Träfe man jedoch eine praktikable Auswahl aus diesen Listen, dann wäre sofort die Diskussion auf dem Tisch, welche Qualifikationen denn aus welchen Gründen für weniger gewichtig gehalten würden als andere und welchen Interessen diese Auswahl schließlich diene. Die alte Debatte, welche Fächer warum in der Schule anzutreffen seien und welche anderen warum nicht, und welche Stoffe unter Vernachlässigung anderer, an sich doch auch möglicher, zu bevorzugen seien, wäre also in neuer Form wieder entfacht. Was im Kern eine *politische* Entscheidung ist, kann nämlich auf Dauer nicht nur *technologisch* entschieden werden.

Das andere Problem war, daß die Schüler in diesem Denken kaum mehr waren als Objekte der technisch-logisch konstruierten Lernorganisation. Zwar hatte diese auch deren *gegenwärtiges* Leben teilweise im Blick, aber im wesentlichen die »Qualifikationen« für *künftige* Bewährungen im Auge.

Schließlich stellte sich schnell heraus, daß auf diese Weise komplizierte Lernziele, die wie im politischen Unterricht z.B. unterschiedliche Interpretationen der Wirklichkeit mit einschließen müssen, überhaupt nicht zu beschreiben waren. Im Grunde war das Curriculum-Verfahren nur für begrenzte Lernzielsequenzen brauchbar.

Hängengeblieben aus dieser Diskussion ist aber eine Tendenz zur pädagogischen Instrumentalisierung der Lernstoffe. Es kam ja gar nicht auf diese selbst an, nicht auf die Kenntnis einer bestimmten Literatur, eines Gedichtes, einer geschichtlichen Tatsache, einer mathematischen Regel, eines fremdsprachlichen Vokabulars, sondern darauf, was der Schüler *später*, in Beruf, Freizeit und als politischer Bürger, damit anfangen, wie er sein Wissen in diesen Lebensbereichen *verwerten* sollte. Aus seiner geistigen Aufklärung sollte ein bestimmtes Verhalten folgen. Auf diese Weise bekam der schulische Unterricht einen Hauch von Uneigentlichkeit und insofern eine manipulative Tendenz. Da jedoch die Unterrichtsstoffe von sich aus nicht verraten, wie sie später wirken werden – ob sie die Schüler z.B. ausländerfreundlich werden lassen oder nicht –, wurden sie im Grunde austauschbar und insofern für sich genommen unwesentlich. Natürlich drängt alles schulische Lernen auch dazu, lebenspraktisch brauchbar zu werden, aber der Schüler lernt z.B. nicht nur deshalb das Lesen, damit er zur Kenntnis nehmen kann, was der Lehrer – oder eine andere Autorität – ihm vorlegt, sondern damit er *alles* lesen und sich darüber auch seine eigenen Gedanken machen kann. Im Grunde hat die Curriculum-Strategie die ursprüngliche Idee des allgemeinbildenden Unterrichts, nämlich Vorstellungen hervorzurufen, die für prinziell noch *unbekannte* spätere Verwendungssituationen zur Verfügung stehen können, untergraben, indem sie vorgab, diese Situationen bereits hinreichend zu kennen.

Der Curriculum-Rausch ist zwar Geschichte, geblieben ist aber in vielen Schulen das Hantieren mit Lernziel-Sequenzen, weil ohne diese ein kontrollierbarer Unterricht nicht möglich erscheint. In anderen hat aus Frustration eine subjektivistische Kehrtwende eingesetzt, die sich in erster Linie nach den Bedürfnissen der Schüler richtet und den Versuch eines streng sachbezogenen Unterrichts weitgehend aufgegeben hat.

Nicht unerwähnt bleiben darf, daß die Curricularisierung der Lehrstoffe auch den *Prüfungsdruck* verschärft hat. Weil nun die Lernziele präziser als vorher beschrieben wurden, konnten sie auch konsequenter als vorher in Prüfungsvorschriften verwandelt werden. Das Lernen wurde nun folgerichtig weniger als innerer geistiger Vorgang verstanden, wie es im alten Begriff der »Bildung« noch anklang, sondern stärker als von den Inhalten weitgehend losgelöste, instrumentell getätigte Leistungsanforderung – eben in diesem Sinne als »Prüfungslernen«.

»Hier geht es um Lernziele, deren qualitatives Merkmal darin besteht, quantifizierbare Operationen auszuweisen, die ein Lernender als überprüfbares Verhalten am Ende eines Lernprozesses zeigen soll . . . Lernzielorientierung paßt eben deshalb so gut zur Vorbereitung, Durchführung und Leistungsüberprüfung von Unterricht, weil sich darin der schulische Wille zum Messen von Leistungen sein adäquates Instrumentarium geschaffen hat. Das verleiht dem Ideal einer ›objektiven Leistungsbewertung‹ bei der Rangplatzzuweisung der Schüler einen Schein von wissenschaftlicher Plausibilität« (Gutte, S. 116).

Dem kommt entgegen, daß die lernzielorientierten Stoffkataloge im wesentlichen tatsächlich »Kataloge« sind, d.h. sie stellen sich dar als additiv zueinander gefügte Stoffmengen, die im wesentlichen ohne innere geistige Struktur und vor allem auch ohne erkennbaren zeitlichen Aufbau blieben, wie es in der Idee des über Jahre *fortschreitenden* Lehrplans ursprünglich eigentlich gedacht war. Aus dem Lehrplan als Bildungsgang des Kindes wurden willkürlich erscheinende Stoffmengen, die ohne erkennbaren inneren Sinn nacheinander zu bewältigen sind.

3. Die Instrumentalisierung der Stoffe hat die Schule in eine *didaktische Krise* manövriert. Ging es vor der Curriculum-Zeit darum, die Welt Zug um Zug aufzuklären und die dafür benötigten didaktischen Konstruktionen primär von der Sache her zu formulieren, so wurden sie nun primär unter dem Gesichtspunkt der Verwertbarkeit in standardisiert gedachten Situationen entworfen. Äußerlich erkennbar ist dieser Wandel etwa am didaktischen Vokabular. Von der »Elementarisierung« von Sachverhalten, von ihrer Reduktion auf das »Exemplarische«, also von Verfahren, die Lehr- und Lernbarkeit der Stoffe in den sachlichen Strukturen selbst zu suchen, ist kaum noch die Rede.

Die Curriculum-Konstruktion läßt sich zwar prinzipiell auch von der Sache her zeichnen, indem übergeordnete Strukturen in Teillernziele zerlegt werden. Aber dieser Weg ist nicht weiter verfolgt worden, weil sich die Legitimation des Lehrplans durch das situationsorientierte Konzept durchgesetzt hat. Er enthält überdies ebenfalls spezifische Schwierigkeiten, weil diese Zerlegung – konsequent angewandt – in vielen Fällen zu sinnentleerten Lernsequenzen führt; denn der Schüler kann sich dabei streng genommen immer nur an die jeweiligen Teilstücke halten. Zudem ist zumindest bei allen interpretationsbedürftigen Stoffen, also im Grunde bei allen geisteswissenschaftlichen, jedenfalls bei allen, die auch *normative* Implikationen aufweisen, eine solche Stückelung auch der Sache selbst nicht angemessen.

Die an standardisiert gedachten Lebenssituationen orientierten Lernziele lassen sich jedenfalls – entgegen den Hoffnungen der Curriculum-Strategen – nicht aus schlüssigen Stoffpensen und

Fächern kombinieren; deshalb wirken sie nicht zufällig willkürlich addiert. Der Sinn des Unterrichts kann dagegen letztlich nur in der Erarbeitung der Stoffe selbst liegen, insofern diese ein Stück der außersubjektiven Realität repräsentieren, nicht in ihrer noch unbekannten späteren Verwertung z.B. im Beruf. Alle anderslautenden Überlegungen gehen uferlos in die Irre. Die künftige Verwertung bleibt eine *nicht konkret zu antizipierende Hoffnung*, sie ist keine Gewißheit, die sich auch noch planen ließe. Die alte Frage, *was warum* in der Schule gelernt werden soll, ist also offen, und sie ist einstweilen nicht mehr im Sinne eines in sich stimmigen Bildungsideals zu beantworten.

Heute betonen z.B. Naturwissenschaftler, daß Abiturienten ohne eine gründliche Kenntnis der Mathematik und naturwissenschaftlicher Fächer kein entsprechendes Fachstudium mehr erfolgreich aufnehmen könnten, woraus sogar der Schluß gezogen wird, daß in der Oberstufe des Gymnasiums bereits eine Spezialisierung vorgenommen werden müsse im Sinne eines naturwissenschaftlich akzentuierten Abiturs, wie es vor einiger Zeit z.B. aus dem sächsischen Kultusministerium vorgeschlagen wurde. Noch nach dem Zweiten Weltkrieg waren die Naturwissenschaftler dagegen überwiegend ganz anderer Meinung. Sie plädierten für das humanistische Gymnasium – also für Griechisch und Latein als Hauptsprachen –, weil nur die grundlegende geistige Bildung dieser Schulart durch deren eigentümliche Stoffe und Fächer eine geeignete Vorbereitung für die spätere naturwissenschaftliche Spezialisierung sei. Die eine Position ist jedoch so spekulativ wie die andere. Vermutlich wird eine Antwort in Richtung einer Neuformulierung der Allgemeinbildung zu suchen sein, nachdem sich das Qualifizierungsmuster als nicht tragfähig erwiesen hat, und es ist gewiß kein Zufall, daß in den letzten Jahren eine neue Diskussion über den Begriff der »Bildung« entstanden ist.

4. Die *didaktische Verunsicherung* der Schule, was sie nämlich eigentlich warum lehren soll, hat nun gleichwohl – oder vielleicht auch gerade deshalb – zu einer vorher nicht gekannten *Bürokratisierung der Stoffe* geführt. Bis in die 60er Jahre waren die Lehrpläne sehr allgemein gehalten, ihre Ausfüllung blieb weitgehend den

Lehrern überlassen, ihre Präambeln enthielten recht optimistische, aber auch wenig nachprüfbare Forderungen im Hinblick darauf, was für ein Mensch der Schüler sein solle, wenn er die Schule durchlaufen habe. Erst der Lernziel-Fetischismus der Curriculum-Ära hat die Schulbürokratie auf den Plan gerufen, möglichst zu präzisieren, was die Schüler lernen sollen. Aber auf diese Idee ist die Administration nicht von sich aus gekommen, es waren Universitätspädagogen und Lehrer, die sie mit ihren Unterrichtskonstruktionen nicht nur darauf gebracht, sondern sie dazu auch politisch genötigt haben.

Dabei gingen verschiedene Interessen eine Allianz miteinander ein. Ein *politisches Motiv* bestand darin, auf diese Weise »fortschrittliche« Lernziele gegen die »reaktionären« alten zur Geltung zu bringen; dazu mußte der Beweis erbracht werden, daß die offenen Zielvorgaben der alten Richtlinien überwiegend von konservativen Lehrern ausgefüllt würden, die unter dem Schutzschild der »erzieherischen Verantwortung« für ihre Interpretationen eigentlich niemandem Rechenschaft ablegen müßten. Lernzielkataloge sollten deshalb darüber eine öffentliche Diskussion erzwingen, und weil »das Erzieherische« oder »das Pädagogische« sich nun einmal nicht ebenso vorteilhaft und plausibel präsentieren lassen wie ein ausgefeilter Lernzielkatalog, war diese Auseinandersetzung von vornherein ein ungleicher Kampf. Der verhältnismäßig große Raum, den die alten Richtlinien offengelassen hatten, wurde nun gefüllt durch wahre Lernziel-Orgien, die auch die Nebenfächer erfaßten und sich in immer dicker werdenden Richtlinientexten niederschlugen, die für die Lehrer bald nicht mehr handhabbar waren und die Energie der Schüler bei weitem überforderten. Die Kommissionen, die diese Texte produzierten, gerieten notwendigerweise in einen Perfektionismus und Vollständigkeitswahn, der sehr schnell den Boden der praktisch vorgegebenen Beschränkungen – z.B. die begrenzten Stundenzahlen der Fächer – unter den Füßen verlor. Jedes Fach tat dabei so, als ob es die anderen gar nicht gäbe, und jedes Kommissionsmitglied erschien als um so bedeutsamer, je mehr es dabei zum besten gab, zumal es in der Regel im Namen irgendeiner Interessengruppe delegiert worden war.

Hinzu kam ein *ökonomischer Druck*. Die Expansion des Bildungswesens in den 70er Jahren vom Kindergarten bis zur Universität verlangte einen Finanzbedarf, der bald kaum mehr aufzubringen war und deshalb nach politischer Rechtfertigung verlangte, wofür dann ansehnliche Lernzielkataloge als Potemkinsche Dörfer präsentiert wurden.

Der als ständig steigend angenommene Bedarf an Absolventen war wiederum die Basis für die enorme Expansion des Bildungswesens seit Ende der 60er Jahre, in deren Gefolge die pädagogischen Berufe in einen Profilierungszwang gerieten, für dessen Lösung sich auch die scheinbar wissenschaftlich zu fundierende Lernzielkonstruktion anbot; Pädagogik schien nun endlich sowohl in den Ausbildungsstätten als auch in der Praxis selbst sich als wissenschaftlich fundierte Tätigkeit zu erweisen. Diese Hoffnung erfüllte sich jedoch im Kern nicht, und deshalb berief sich die pädagogische Zunft zunehmend auf den erwähnten Zeitgeist.

Geblieben von all dem ist auf den unteren Bildungsstufen ein weitgehender Zusammenbruch des planmäßigen, Zug um Zug fortschreitenden Unterrichts zugunsten additiver Aneinanderreihungen von Einzelthemen, wobei die erwähnte »subjektive Wende« sich auswirkte in einem Methodenfetischismus, der ebenso ausschweifend wie erfolglos um die innere Zustimmung der Schüler buhlt. Auf den höheren Rängen der gymnasialen Oberstufe und der Universität hat sich dafür der »Kanon-Mythos« ausgebreitet, der nun aber nicht mehr auf einer in sich schlüssigen Idee von Bildung, sondern entsprechend dem Curriculum-Modus auf lediglich additiven Stoffmengen beruht, für deren Definition wie Begrenzung kein plausibles Kriterium mehr zu erkennen ist. Er ist ein Gremien-Produkt und lebt von der Vorstellung, der Abiturient z.B. müsse eine bestimmte Menge Wissen – eben einen Kanon davon – sich einverleiben, um damit ein Studium beginnen zu können, an dessen Ende wiederum eine bestimmte Wissensmenge in seinem Kopf sich zu befinden habe, damit er so ausgestattet erfolgreich einen Beruf ergreifen könne. Im Berufsleben jedoch verlaufen geistige Entwicklungen, herausgefordert durch Bewährungssituationen, ganz anders. Da wird kein Kanon abgefragt, da muß vielmehr das vorhandene und durch weitere Erfahrung und Bewährung sich vertiefende Potential an Wissen immer wieder zur Lösung von Aufgaben neu mobilisiert und strukturiert werden.

Diese Fehlentwicklung ist auch deshalb so bedenklich, weil von der puren Stoffmenge her ein schulischer Lehrplan nicht mehr überzeugend zu gestalten ist, weil sich das an und für sich verfügbare Wissen unentwegt vermehrt. Schon deshalb ist es Aufgabe der didaktischen Reflexion, nach grundlegenden Fundamenten und Modellen des Verstehens, nach exemplarischen Verdichtungen Ausschau zu halten, deren wesentliches Ziel ist, einerseits die Menge des Wissens zu reduzieren, andererseits Einstiege in komplexere Zusammenhänge anzubieten, von denen aus sich jederzeit weiterlernen läßt. Dazu gehören auch elementare *formale Fähigkeiten* wie selbständig zu recherchieren, Informationsquellen zu kennen und zu nutzen und das Recherchierte anderen verstehbar mitteilen zu können.

5. Die 68er-Bewegung hat zu einem dafür längst historisch obsolet gewordenen Zeitpunkt den *Erziehungsauftrag* der Schule noch einmal nachhaltig ins Spiel gebracht. Davon war natürlich auch vorher schon die Rede, aber doch eher in dem vagen Sinne, wie sie die alten Richtlinien zum Ausdruck brachten, daß nämlich der bildende Unterricht per se auch erzieherische Wirkungen haben werde. Oder die jeweilige Schulform sah sich erzieherisch ihrem konfessionellen oder bildungspolitischen Milieu verpflichtet. Nun jedoch wurden auf der einen Seite die »autoritären« erzieherischen Implikationen des Schulunterrichts »entlarvt«, um sie auf der anderen Seite durch anti-autoritäre, Selbsttätigkeit und Selbstverantwortung der Schüler herausfordernde, also in diesem Sinne subjektbezogene Konzepte abzulösen. Dadurch aber verlagerte sich die Tendenz des Unterrichts von der objektiven, an »Wahrheit« und »Richtigkeit« orientierten Grundrichtung auf subjektive Perspektiven, wie sie in der gegenwärtigen Schulpädagogik allenthalben zu finden sind. Dabei sind die ursprünglichen politischen Voraussetzungen weitgehend aus dem Bewußtsein entschwunden, und die daraus entstandenen didaktisch-methodischen Kon-

zepte begründen sich statt dessen aus ihrer angeblichen Kindgerechtigkeit. Diesem Maßstab werden dann im Konfliktfalle auch methodische Solidität und aufklärerische Strategie geopfert. So ist aus einer politischen Ideologie eine pädagogische geworden. Ohne die ursprüngliche politische Begründung hängt jedoch das subjektorientierte Methoden-Repertoire in der Luft. Den Lehrer nicht nur institutionell zu entmachten, indem man Mitbestimmung und überhaupt die Artikulation und Durchsetzung von Schülerinteressen fordert, sondern auch intellektuell zu destabilisieren, indem man das, was er der Sache nach vertritt, als »affirmativ« kritisiert und durch Selbstorganisation des Lernens zu ersetzen sucht, macht nur so lange Sinn, wie es überhaupt etwas zu entmachten gibt. Ist dies erreicht, sind die betreffenden pädagogischen Konstrukte wertlos geworden und entwickeln sich zu unaufgeklärten Selbstläufern.

Der »Erziehungsanspruch« der Schule verbindet sich mit dem Konzept der Lernzielorientierung insofern, als beide zur Instrumentalisierung der Stoffe führen, die daran gemessen uneigentlich und austauschbar werden. Dabei werden die erzieherischen Möglichkeiten der Schule unter den Bedingungen des Pluralismus bei weitem überschätzt. Abgesehen von der erzieherischen Wirkung, die von der Bearbeitung der Stoffe selbst ausgehen kann, kann die Schule nur noch für sich selbst erziehen, d.h. diejenigen Verhaltensweisen einfordern, die für die Erfüllung ihres Zweckes unabdingbar sind. Inwieweit die dabei erzielten Ergebnisse wie Disziplin und Toleranz auf das übrige Leben der Schüler übertragen werden, steht jedoch in jedem Einzelfall dahin.

Didaktischer Subjektivismus

Die eben genannten Verunsicherungen der unterrichtlichen Aufgaben der Schule verstärken einander. Wer sich heute jedoch darüber beklagt, muß sich daran erinnern, daß es in erster Linie *Pädagogen* waren, die diese Zustände herbeigeführt haben. *Sie* haben sich seinerzeit für Mammutschulen mit Tausenden von Schülern stark gemacht, in denen sich soziale Kälte ausbreitete; *sie* haben dabei die Klassenverbände aufgelöst zugunsten von sozial bindungslosen Gruppen und Kursen; *sie* haben die Bürokratisierung der Lernstoffe und damit die Perfektionierung des Leistungsdrucks entweder in den einschlägigen Gremien mit inszeniert oder sie wenigstens akzeptiert, weil sie darin eine Modernisierung des Schulehaltens und nebenbei auch eine Aufwertung ihres Status erblickten. Nun versucht der schulpädagogische Zeitgeist, aus dieser Misere die Flucht nach vorne mit nicht minder problematischen didaktischen Szenarien anzutreten, von denen einige kurz vorgestellt werden sollen, weil sie mir in besonderem Maße den spezifischen Part der Schule im Konzert der Sozialisationsfaktoren zu gefährden scheinen. Gemeinsam ist ihnen ein anti-kognitiver Affekt, die Fixierung auf die Subjektivität des Kindes, ein gewisser Kult der Nähe, überhaupt eine Überbetonung der unmittelbaren menschlichen Beziehungen und damit auch ihrer emotionalen Dimension.

»Die Beschäftigung mit der Seele des einzelnen blüht. Seelische Verarmung, heißt es, habe unsere Gemüter erfaßt, und wir litten unter unserer eigenen Entfremdung. Verlorengegangen sei die Ganzheitlichkeit im Erkennen, stückwerkhafte Wahrnehmung degradiere uns zu fachblinden Denkeinsiedlern, des kreativen Kombinierens unfähig. Dankbar greift die Pädagogik nach dieser theoretischen Untergangsvision. Es gibt keinen empirischen Beleg für die These, aber sie wird stereotyp nachgeschwätzt« (Frech-Becker).

Im einzelnen zeigt sich dieses Stereotyp in den folgenden Variationen:

»Verkopfung«

Weit verbreitet in der schulpädagogischen Literatur findet sich eine Kritik an der »Verkopfung« der Schule, verbunden mit dem Postulat, die Schule dürfe nicht nur Stätte der Wissensvermittlung sein, in ihr müsse vielmehr »mit Kopf, Herz und Hand« gelernt werden können. Pestalozzi, von dem dieser Hinweis stammt, meinte damit vor allem *Anschaulichkeit* des Unterrichtens, denn zu seiner Zeit bestand der Schulunterricht über weite Strecken darin, daß die Kinder z.B. Sentenzen aus der Bibel ohne Rücksicht auf

Verstehen und Anwenden auswendig lernen mußten. Seine Kritik richtete sich also gar nicht gegen Wissensvermittlung überhaupt, sondern dagegen, daß gerade dies mit solchen Methoden nicht möglich war. Dieses didaktische Pensum haben wir nun alle längst gelernt. Aber auch dem pädagogischen Altmeister war klar, daß der *Lehrer* wissen muß, was die Schüler zu lernen haben, und daß diese nicht von selbst darauf kommen können. Es ging ihm darum, das, was gelernt werden *mußte*, so zu lehren, daß die Kinder es möglichst als ihre eigene gegenwärtige oder zukünftige Sache begreifen konnten, und dies war, wie er entdeckte, nicht möglich, ohne ihnen die Stoffe so zu präsentieren, daß sie nicht nur ihren Verstand, sondern auch ihr Gemüt berührten, wobei man hinzufügen muß, daß die damaligen Kinder »des Volkes« – und nur um sie ging es zunächst – angesichts ihres Bildungsstandes über ihren Verstand allein ohnehin kaum erreichbar waren. Jedenfalls hatte Pestalozzi nicht die Absicht, das, was die Kinder lernen sollten, vom Zustande ihres Gemüts (»Herz«) her zu bestimmen. Vor einer solchen didaktischen Infantilisierung schützte ihn schon die ziemlich genaue Kenntnis der harten Umstände, denen sie ihr Leben lang ausgesetzt waren, und ihre »Hand« war deshalb besonders ansprechbar, weil sie damit von klein auf zu ihrem Lebensunterhalt beitragen mußten.

Sein Zitat hat in der gegenwärtigen Diskussion jedoch einen ganz anderen Akzent, als ob es nämlich darum ginge, *neben* dem Erwerb von Wissen noch andere Vermittlungen ins Auge zu fassen, bzw. nur *solches* Wissen zu lehren, das »Herz und Hand« unmittelbar anzusprechen vermöge.

»Aktive Auseinandersetzung und handelnder Umgang mit der Wirklichkeit könnten helfen, eines der Grundübel des verkopften Unterrichts an der Wurzel zu packen: die Dominanz ständiger Belehrung und des Beredens von Wirklichkeit anstelle der Erfahrung und des aktivierenden und lernmotivierenden Umganges mit der Wirklichkeit« (Gudjons, S. 346).

Lernen kann jedoch nur der »Kopf«, genauer: das Gehirn; die »Hand« lernt nur, insofern sie die entsprechenden Befehle von Gehirn erhält – abgesehen davon, daß sie natürlich auch von

Geburt an einen physiologischen Entwicklungsprozeß durchläuft, der bekanntlich durch Training – etwa im kindlichen Spiel – unterstützt werden muß. Das »Herz« lernt, so könnte man ironisch anmerken, offenbar kaum, wenn man etwa an die Unausrottbarkeit des Liebeskummers denkt. Wenn wir auf der Ebene der Gefühle ebenfalls lernen können, dann doch wohl auch wieder nur auf der Schiene der aus Erfahrung und Kommunikation wachsenden *Einsicht*, wie es uns jedenfalls die Psychoanalyse nahelegt, die ja nicht ohne Grund vornehmlich auf Verbalisierung setzt.

Normalerweise lernt niemand etwas, ohne dabei einen *Sinn* zu suchen, das Gelernte also in seinen bisherigen Vorstellungszusammenhang zu integrieren, seiner bisherigen Erfahrung hinzuzufügen. Geschieht dies nicht, wie oft beim bloßen Prüfungslernen, dann wird es nicht lange Bestand haben und vor allem nicht für künftige Verwendungssituationen verfügbar sein. Da aber »Sinn« nicht nur mit dem Verstand, sondern immer auch mit dem Gefühl zu tun hat, drückt sich in dem Pestalozzi-Zitat für unser heutiges Verständnis nur eine Binsenweisheit aus. Darum aber geht es dem Zeitgeist gar nicht, sondern darum, die vermutete Gefühlslage der Schüler selbst zu einem didaktischen Zentrum, möglichst sogar unter dem Stichwort der »Betroffenheit« zum entscheidenden Ausgangspunkt des Unterrichtens zu machen. Nun ist es jedoch ein erheblicher Unterschied, ob man so direkt verfährt oder sich darauf beschränkt, auf entsprechende Fragen der Schüler einzugehen, die aus einer solchen Betroffenheit resultieren, die übrigens angesichts eines Themas in einer Lerngruppe (Schulklasse) selten in gleicher Weise zutage tritt.

»Betroffenheit« unmittelbar zum Thema zu machen ist jedoch schon deshalb problematisch, weil auch der minderjährige Schüler ein Recht auf Persönlichkeitsschutz, auf seine emotionale Intimität hat und weil die angebliche »Offenheit«, mit der junge Menschen über sehr Persönliches sprechen, leicht die Grenze zur Intimität überschreitet und darüber hinaus dazu führen kann, die eigene Befindlichkeit zu wichtig zu nehmen. Wenn die Schule dies fördert oder gar dazu animiert, greift sie die Schutzhülle der Persönlichkeit an, diejenige Grenze nämlich, die den Menschen davor zu bewahren vermag, gleichsam restlos von anderen kommunikativ konsumiert zu werden. Um »Betroffenheit« subjektiv souverän steuern zu können, brauchen Schüler wie Lehrer immer die »gemeinsame Sache«, – einen Text, einen Film, einen Vortrag –, über den es nachzudenken, zu sprechen und zu urteilen gilt. Zudem ist fraglich, ob die dabei erhoffte Kultivierung der Gefühle so wirklich eintreten kann oder ob diese dabei nicht lediglich kommunikativ so verwertet werden, wie sie sind und auch bleiben.

»Betroffenheit« zu erzeugen wird jedoch als erzieherisch besonders wertvoll angesehen.

»Schüler sollen aufgrund ihrer persönlichen Betroffenheit innerlich Partei ergreifen für Unterdrückte, Verfolgte, Diskriminierte und gegen Unmenschlichkeit, Ungerechtigkeit und Mißstände aller Art« (Gutte, S. 166 f).

Rolf Gutte, selbst ein Lehrer, hat dazu sehr nachdenklich stimmende Überlegungen am Beispiel der Behandlung des Nationalsozialismus angestellt, die nicht weiter kommentiert werden müssen:

»Mal abgesehen von der Frage, ob es überhaupt gefühlsmäßige Urteile gibt: Mit einer Erklärung der Gründe, warum die nationalsozialistische Ideologie die Verfolgung der Juden propagierte und betrieb und welche staatsdienlichen nationalen Zwecke sie damit verfolgte, hat das Betroffen-Machen der Schüler nichts zu tun. Die Anliegen eines faschistischen Staates einfach als Untaten moralisch zu disqualifizieren und die daraus resultierende Empörung im Gefühl festzuhalten, ist etwas anderes, als sich einen Begriff von einer Sache zu machen, damit man sie richtig beurteilen kann, statt in einem Gefühl der Ablehnung oder Zustimmung zu verharren« (S. 166).

Seine Kritik am emotional spekulierten Betroffenheitsansatz faßt Gutte folgendermaßen zusammen:

»1. Die Erzeugung von Betroffenheit bei den Schülern ist überhaupt kein zuverlässiges Mittel, ein bestimmtes, vom Lehrer angestrebtes Urteil über einen Sachverhalt oder Vorgang in der Welt hervorzubringen. Die in den Gefühlen der Schüler aus welchen Gründen auch immer eingenisteten ›Vorurteile‹ können nämlich sowohl für wie auch gegen das vom Lehrer erwünschte Mitfühlen ausschlagen ... Wer nur mit dem Gefühl seines Betroffenseins ›urteilt‹, hat überhaupt kein sachlich begründetes Urteil, sondern folgt eben seinem Gefühl, das sich in Übereinstimmung oder auch nicht mit einem Vorgang in der Welt befindet und dementsprechend reagiert: positiv bei Übereinstimmung, negativ bei Abweichung.

2. Der Sache nach ist ein Gefühl ... überhaupt nicht zu einem Urteil fähig ...

3. Die gefühlsmäßigen Urteile von Schülern kommen auch nicht anders zustande denn als Quintessenz dessen, was sie sich bisher über diese Welt zurechtgedacht haben ... Das sogenannte natürliche Empfinden von Kindern ist ein Gerücht ...

4. Schüler reproduzieren in ihrer Betroffenheit nichts weiter, als was sie ohnehin im Herzen und im Kopf haben. Ein Fortschritt im Erkenntnisprozeß, im Begreifen eines Vorgangs, durch den sie betroffen gemacht wurden, wird deshalb mit Unterrichtsprojekten, die auf Betroffenheit zielen, nicht geleistet. Das ist aber auch gar nicht intendiert. Vielmehr wird direkt auf eine Verhaltensänderung gezielt, die sich durch Einfühlung und mehr Verständnis haben für die Lage von Benachteiligten einstellen soll« (Gutte, S. 168 ff.).

Bei Licht besehen zeigt sich also in der gegenwärtigen schulpädagogischen Verwendung des scheinbar so plausiblen Pestalozzi-Zitats ein anti-aufklärerischer Affekt, denn sonst wäre ja die Einsicht nicht von der Hand zu weisen, daß der Mensch Gefühle sowieso hat, nicht jedoch Verstand; den muß er vielmehr durch Lernen erst entwickeln, und das ist bekanntlich mühsam.

»Handlungsorientierung«

Ein weiteres, damit zusammenhängendes didaktisches Postulat des schulpädagogischen Zeitgeistes ist die »Handlungsorientierung« des Unterrichts. Dabei kommt wieder die eben schon erwähnte »Hand« ins Spiel.

»Im handlungsorientierten Unterricht versuchen Schüler und Lehrer gemeinsam, etwas zu tun, zu praktizieren, zu arbeiten unter Einbeziehung des Kopfes, des Gefühls, der Hände, Füße, Augen und Ohren, der Nase, des Mundes und der Zunge, also möglichst viele Sinne in die Gegenstandserfahrung einzubeziehen« (Gudjons, S. 345).

Nun lernt im allgemeinen wohl niemand etwas, ohne damit irgendeine praktische Tendenz im Sinn zu haben, – sei es, daß er über das Gelernte einfach mit jemandem kommunizieren, daß er damit später sein Brot verdienen, eine Prüfung bestehen oder allgemein politisch oder kulturell partizipieren will. Unterricht ist immer selbst auch eine Form des Handelns, des kommunikativen nämlich; er findet in Form von Rede und Gegenrede, im Dialog statt mit der Absicht, einander von den eigenen Gründen zu überzeugen.

Darum geht es aber im gegenwärtigen schulpädagogischen Kontext gar nicht, es geht vielmehr auch unter diesem Aspekt darum, dem eigentlichen Schulunterricht auszuweichen, ihm nicht nur eine eingeplante Anwendung zu geben, sondern diese Anwendung zugleich zum eigentlichen Kriterium für seine Gestaltung selbst zu machen. Die Schule soll in diesem Sinne etwa sich öffnen für die Welt außerhalb ihrer Mauern, z.B. zur Gemeinde hin. Oder sie soll Projekte machen, an denen sich einerseits etwas lernen läßt, die andererseits als politische Handlung in die Öffentlichkeit hineinzuwirken vermögen. Oder die Schüler sollen im wörtlichen Sinne mit ihrer Hand etwas tun und herstellen und von daher sich ihre Welt erschließen.

Nun kann nicht strittig sein, daß auch auf diese Weise etwas gelernt werden kann, und das »duale System« unserer Berufsausbildung beruht im wesentlichen darauf. Zugestanden sei ferner, daß derartige Unterrichtsprojekte als *didaktische Variation* im Schulunterricht ihren Platz haben können wie alle anderen auch, deren Übertreibungen hier kritisiert werden. »Methodenwechsel« hat nämlich u.a. den Sinn, den Schülern *unterschiedliche* Ansätze der Lernens und ihre spezifischen Chancen (und Grenzen!) erfahrbar zu machen. Aber der *Kern* des Unterrichts ist damit nicht getroffen.

»Es mag ja sein, daß Handeln (Brotbacken, Drucken, eine Ausstellung arrangieren und Leute befragen) Schülern mehr Spaß macht, als über Büchern zu hocken. Aber auch diese Handlungen kommen nicht ohne vorheriges Nachdenken, das Handeln begleitendes Denken und auch nicht ohne eine nachträgliche Beurteilung aus. Deshalb ist es unvernünftig, Denken und Handeln, die unterschiedlichen Zwecken dienen (nämlich sich etwas klarzumachen bzw. etwas Gedachtes in die Tat umzusetzen) gegeneinander abwägend zu bewerten . . .

Im Prinzip aber ist die Erwartung unbegründet, daß Schüler, die mit Feuereifer bei irgendeinem praktischen Tun dabei sind, dadurch angeregt werden, sich auf die dazugehörigen Lerninhalte einzulassen und nun eifrig ihren Kopf zum Lernen zu benutzen. Das liegt daran, daß man einen Menschen nicht, auch Kinder nicht, in eine geistige Anstrengung hineinbetrügen kann. Die verdankt sich nämlich allemal einem willentlichen Beschluß, der mit einem praktischen Tun weder einhergeht noch sich aus diesem irgendwie ergibt. Die Lust am Produzieren von etwas mag sich angesichts eines ansonsten öden Schulalltags ja einstellen, aber das Interesse an chemischen, biologischen oder politischen Erkenntnissen muß ganz getrennt von der praktischen Tätigkeit aufgebracht werden« (Gutte, S. 160 ff.).

Die unterschiedlichen Methoden des Unterrichts erschließen die Sache nicht in gleicher Weise, sodaß es lediglich darauf ankäme, diejenige herauszufinden, die den Schülern den meisten Spaß bereitet. Jede Methode beleuchtet vielmehr die Sache in je besonderer Weise, wirft auf sie ein spezifisches Licht. Deshalb ist auch keine Methode – ebensowenig wie in der Wissenschaft – per se unsinnig.

Zu warnen ist jedoch davor, bestimmte Methoden im Unterschied zu anderen mit einer gewissen Zauberkraft auszustatten; dann nämlich werden sie ideologisch. Nichts ist zu sagen gegen eine *gelegentliche* Anwendung handlungsorientierter Unterrichtsprojekte, solange sie nicht zum *eigentlichen* Modus des Schulehaltens propagiert werden.

»Handlungsorientierung« fixiert nämlich für sich genommen auf den Augenblick, auf die Gegenwärtigkeit der Existenz, und was dabei gelernt wird, bezieht sich zunächst einmal nur auf das jeweilige Projekt und ist *ohne* systematische Verallgemeinerung nicht ohne weiteres auf andere Situationen übertragbar. Handlungsorientierung als didaktisches Prinzip würde insofern am spezifischen Sinn der Schule vorbeigehen, gleichsam in vorschulische Zeiten zurückfallen.

»Handlungsorientiert« war z.B. die mittelalterliche Meisterlehre, aus der das »duale System« hervorgegangen ist, oder auch die frühere Unterweisung der Töchter durch ihre Mütter im Hinblick auf hauswirtschaftliche Fähigkeiten. Dafür aber brauchte man keine Schule, sie wurde vielmehr erst dann tendenziell für alle Kinder benötigt, als die Handlungssituationen, denen das Lernen dienen sollte, wegen nicht mehr hinreichend voraussehbarer gesellschaftlicher Veränderungen ebenfalls nicht mehr hinreichend antizipierbar wurden.

Gerade beim eben erwähnten »dualen System«, das ja aus einer Kombination von praktischer Ausbildung und darauf möglichst bezogenem Schulunterricht besteht, zeigt sich in den letzten Jahrzehnten ein deutlicher Wandel, der äußerlich am Rückgang der Ausbildungsplätze zu erkennen ist. Das Bedürfnis nach Erweiterung der schulischen Unterweisung nimmt zu, weil nur auf diese Weise die nötige Flexibilität für sich ändernde Anforderungen am Arbeitsplatz erworben werden kann.

Je höher der Standard der schulischen bzw. universitären Allgemeinbildung, um so disponibler für wechselnde Tätigkeiten wird der Absolvent; der Rest wird dann jeweils spezifischen Anlernprozessen überlassen. Historisch gesehen war die »Handlungsorientierung« des dualen Systems immer eine Notlösung, weil wegen des niedrigen Allgemeinbildungsstandards der großen Mehrheit der Bevölkerung nur so die für Handwerk und Industrie benötigten Fachkräfte ausgebildet werden konnten. Wären alle Heranwachsenden fähig, das Abitur abzulegen, wäre dieses System im wesentlichen entbehrlich. Aus der Not, daß viele junge Menschen solchen verschärften schulischen Ansprüchen nicht ohne weiteres gewachsen sind, darf man daher nicht die Tugend einer darauf basierenden didaktisch-methodischen Ideologie ableiten. Wer also das Panier der »Handlungsorientierung« vor sich her trägt und damit mehr als eine gelegentliche didaktische Variation meint, muß wissen, daß er damit ein historisch überlebtes Konzept vertritt.

Dennoch lohnt sich darüber nachzudenken, welche handlungsorientierten didaktischen Inszenierungen der Schule einigermaßen gemäß sind. Zu erwähnen sind in diesem Zusammenhang etwa künstlerische Aufführungen oder Arrangements von Feiern und Festen, vielleicht auch die Herstellung von Wandzeitungen, Ausstellungen u.ä. Zu bedenken ist jedoch, daß derartige Projekte fast immer mit einem erheblichen Zeitaufwand verbunden sind und daß immer abgewogen werden muß, ob sich das Lernresultat nicht auf anderem Wege einfacher und zeitsparender erzielen läßt. Zudem muß das Ergebnis des Handelns so gut sein, daß die Schüler sich damit gegenüber anderen präsentieren, sich mit ihm als Produkt ihrer Leistung auch identifizieren können, sonst sind sie anschließend eher frustriert; das aber kostet wiederum Zeit und Geduld.

Nach außen gerichtete Aktivitäten geraten leicht dilettantisch oder zu vollmundig angesichts des doch recht bescheidenen Sachverstandes, der zumindest von jüngeren Schülern dabei mobilisiert werden kann, wie veröffentlichte Beispiele zeigen (vgl. Beutel/Fauser). Stärker noch als bei schulinternen Projekten müssen hier die realen Handlungsmöglichkeiten auch tatsächlich dem Aufwand entsprechen können, der dafür benötigt wird. Insofern kann »Handlungsorientierung« nicht auf Serie gelegt werden. Zeitgeschichtliche Lokalrecherchen, ein beliebtes Projekt in diesem Zusammenhang, sind schon von den möglichen, von Schülern auch bearbeitbaren Themen her bald erschöpft. Schon aus diesem Grunde kann die Schule darauf ihren Unterrichtsplan im ganzen nicht gründen.

Im strengen Sinne des Wortes ist soziales Handeln im Unterschied zum technischen zudem immer parteilich ausgerichtet, es will entweder bestimmte soziale und/oder politisch-gesellschaftliche Verhältnisse ändern oder zumindest auf die Überzeugung anderer in einer bestimmten Richtung einwirken. »Unparteiliches« Handeln kann es nicht geben. Daraus folgt, daß entweder die didaktische »Handlungsorientierung« ein pädagogischer Trick ist, oder die Frage taucht auf, mit welcher Berechtigung Schüler *als Schüler* außerhalb der Schule sich parteilich einmischen dürfen. Der Trick besteht nicht selten darin, worauf Gutte am Beispiel der unterrichtlichen Behandlung des Nationalsozialismus schon hingewiesen hat, politische und soziale Zustände zu moralisieren; die Schüler bringen dann weniger Sachverstand als vielmehr das moralisch Bessere zur Geltung, das der Politik im allgemeinen abgehe.

Die pluralistische Sozialisation ermöglicht den Schülern außerhalb der Schule Handlungsräume mit Ernstcharakter und mit je eigenen Regeln, und wenn es gutgeht, bringen sie die in der Schule erworbene Bildung mit in diese Felder ein. Ein Ort des sozialen und politischen Handelns für Jugendliche sind z.B. die Jugendverbände, die – im Unterschied zur Schule – auch die mit jedem solchen Handeln verbundenen parteilichen Standpunkte artikulieren dürfen. Handeln und systematisches Denken, das im schulischen Unterricht in erster Linie gelernt werden soll, sind also keineswegs deckungsgleich, sondern *unterschiedliche* Formen der geistigen Inanspruchnahme.

»Fächerintegration«

Dem kritisierten schulpädagogischen Denken sind verständlicherweise die *Schulfächer* ein Dorn im Auge, widersetzt sich doch deren geistig unverbundenes Neben- und Nacheinander den bisher erwähnten schulpädagogischen Absichten. Wird das Lernen und damit das Denken nicht unnötig zerstückelt, wenn das Schulkind jeden Tag in mehreren Fächern unterrichtet wird, deren Stoffe und Fragestellungen keinen inneren Zusammenhang haben? Muß die Schule nicht statt dessen einen inneren Sinn dessen stiften, was sie unterrichtet, z.B. indem sie fächerübergreifende

»Schlüsselprobleme« in den Mittelpunkt stellt, um die herum sich die einzelnen Fächer gruppieren lassen?

»Fachübergreifender Unterricht soll . . . die künstlich geschaffene Schubladenwelt schulischer Bildungspläne vernetzen, in der es wichtiger ist, daß ›wir jetzt Geschichte haben und nicht Deutsch‹, als daß durch Verknüpfung von Inhalten und Qualifikationen beider Fächer Lernen als sinnhaftes Ganzes erfahrbar wird« (Minderop).

Historisch läßt sich zeigen, daß diese Idee anti-pluralistisch ist und immer der Durchsetzung einer verblasenen Ideologie gedient hat bzw. auf einer solchen beruhte. Schon die Reformpädagogik seit der Jahrhundertwende brachte dabei völkische Ganzheitsvorstellungen ins Spiel, an die die nationalsozialistische Volksgemeinschaftsideologie mühelos anknüpfen konnte. Die 68er-Bewegung, die die »Fächerintegration« auch an den Universitäten durchsetzen wollte und damit bei den Erziehungswissenschaften den größten Erfolg erzielte, setzte auf eine neomarxistische Gesamtschau, und der gegenwärtig herrschende Zeitgeist bevorzugt die Subjektivierung der Realität: Nur was darauf zugeschnitten werden kann, gilt als der geistigen Mühe wert. Die Disposition zur ideologischen Auffüllung kommt u.a. im Begriff der »Vernetzung« zum Ausdruck, der lediglich darauf hinweist, daß die Dinge irgendwie miteinander zusammenhängen, aber über die Art und Weise derartiger Verknüpfungen keine genauere Auskunft gibt. Ins Spiel gebracht wurde er für die Beschreibung unmittelbarer menschlicher Beziehungen, um etwa zu erklären, unter Zuhilfenahme welcher Personen Alleinerziehende ihre Kinder betreuen. Einen darüber hinausgehenden, objektivierenden Aufklärungswert hat er jedoch nicht.

Bei Licht betrachtet entspricht die Separierung der Fächer und damit auch der Stoffe und Themen durchaus dem Umgang, den wir auch sonst mit der Umwelt haben; er ist nicht spezifisch schulisch – wenn wir etwa an die für sich genommen sinnlose Addition eines abendlichen Fernsehprogramms denken. Wer sollte es auch mit welcher Legitimation »sinnvoll« zusammenfügen außer dem Benutzer gemäß seiner jeweiligen Intention selbst? Das Schulkind muß im Rahmen der pluralistischen Sozialisation täglich eine

Fülle widersprüchlicher Eindrücke und Erfahrungen in sein Bewußtsein integrieren. Das ist ihm nun wahrlich nicht fremd. Vermutlich geht die Fächerintegration eher auf ein weltanschauliches Bedürfnis von Lehrern als von Schülern zurück.

»Integration« des per se Disparaten kann nicht ohne Zuhilfenahme einer irgendwie gearteten Weltanschauung für eine Gruppe von Menschen veranstaltet werden, sondern bleibt eine je schöpferische Leistung des Individuums. Außerhalb von Weltanschauungen, die natürlich neben der Schule, z.B. in religiösen Gemeinschaften, ihren Ort haben dürfen, ist überprüfbare Aufklärung der Umwelt eben immer nur von partikularen Ansätzen her möglich. In diesem Punkte ist das System der Wissenschaften als Vorbild auch für die schulische Aufklärung zu sehen, obwohl die Schulfächer sich im übrigen schon wegen der Notwendigkeit der Auswahl und Reduktion der Stoffe nicht einfach aus den Wissenschaften ableiten können. Nur das Individuum selbst kann disparate Erfahrungen und Erkenntnisse ohne *vorgängige* ideologische Vereinnahmung »integrieren«, und darüber, *wie* es dies tut, muß es niemandem Rechenschaft ablegen. Im Dialog kann der Unterricht dem Schüler dafür Hilfen und Hinweise anbieten, aber die unterrichtliche Erschließung der Wirklichkeit bedarf des je partikularen Zugangs zu ihr, wofür die Schulfächer und ihr wissenschaftlicher Bezug unersetzbar sind. Ganzheitliche, umfassende Interpretationen menschlicher und gesellschaftlicher Zusammenhänge, wie sie etwa die Philosophie anbietet, können zwar auch im Unterricht behandelt werden, aber wohl erst in der Oberstufe des Gymnasiums. Vorher gibt es keinen Grund, dafür ersatzweise Weltanschauung aus dritter Hand anzubieten; vielmehr reicht es, die entsprechenden *Fragen* der Schüler aufzugreifen und sie in einem vorläufigen Sinne zu erörtern, die pure Subjektivität solcher frühen Bemühungen akzeptierend und nach vorne offenhaltend.

Wenn es so sein sollte, daß etwa in der Grundschule die Schüler einem strikt begrenzten Zugang zu neuem Wissen und Können zunächst noch nicht zu folgen vermögen, dann muß darauf selbstverständlich Rücksicht genommen werden, aber mit der

Tendenz, sie möglichst bald aus dieser Verfassung herauszuführen.

Zudem sind die unterschiedlichen Fächer mit ihren unterschiedlichen Zugängen zur Wirklichkeit und ihren spezifischen Verständnismodellen wichtig für die geistige Selbsteinschätzung des Schülers. Er muß nämlich im Laufe seiner Schulzeit herausfinden, wo seine Stärken und Schwächen liegen, welche Fächer ihm »mehr liegen« als andere, damit er auf dieser Erfahrung seine weitere Bildungs- und Lebensplanung gründen kann. Dieser Prozeß wird erschwert, wenn wie bei der Handlungsorientierung die fachlichen Zugänge ineinander übergehen und auf diese Weise unklar werden; die Schüler suchen sich bei entsprechenden Projekten dann leicht solche Teilaufgaben heraus, für die sie sich besonders befähigt halten, und vermeiden, andere auszuprobieren.

Auf einer höheren diaktischen Ebene wird mit Blick auf die erwünschte »Handlungsorientierung« des Unterrichts vorgeschlagen, den Lehrplan überhaupt auf sogenannte »Schlüsselprobleme« der Menschheit insgesamt zu konzentrieren, wobei u.a. Fragen wie Friedenssicherung, das Verhältnis der Industrie- zu den Entwicklungsländern und das Umweltproblem ins Auge springen. Den Fächern käme dann die Aufgabe zu, ihren Beitrag zur Aufklärung dieser Probleme zu leisten, und die Schüler wüßten immer genau, wovon eigentlich die Rede ist, und vor allem, wozu nützlich sein könnte, was sie in der Schule lernen.

Nun ist wieder nichts dagegen einzuwenden, wenn so *auch* gelegentlich verfahren wird, weil Problemorientierung dem Denken und Nachdenken eine eigentümliche Struktur verschafft. Im allgemeinen organisiert sich das Denken dann problemorientiert, wenn es für eine Handlung im Rahmen dieses Problems benötigt wird. Dieser Aspekt ist für die Schule unerheblich, weil die Schüler weder die Macht noch die Gelegenheit haben, derartige Probleme lösen zu helfen, und deren kognitiv oberflächliche Moralisierung würde niemandem nützen. Aber auch ohne ernsthafte Handlungsorientierung kann problemorientiertes Denken natürlich sinnvoll trainiert werden, was ja z.B. auch in Ausbildungszusammenhängen geschieht, wenn etwa mit Scheinfirmen geübt wird.

Vorbehalte sind jedoch wieder anzumelden gegen eine Generalisierung dieses didaktischen Ansatzes. Zunächst einmal sind »Probleme« ja nicht einfach gegeben, sie werden vielmehr definiert, und diese Bestimmungen können so divergent sein, daß wie beim weltweiten Definitionsstreit um die Menschenrechte höchst unklar werden kann, *worin* das Problem eigentlich besteht und als *wessen* Problem es *warum* letzten Endes gelten kann. So gesehen sind die »Schlüsselprobleme« ein höchst unsicheres Fundament für den schulischen Bildungsgang im ganzen – abgesehen davon, daß von ihnen im abendlichen Fernsehen unentwegt die Rede ist, zu ihrer Formulierung also nicht unbedingt Pädagogen benötigt werden.

Andererseits ist es gar nicht so einfach, wie Versuche an der Universität gezeigt haben, einzelne Fächer an Problemlösungszusammenhänge zu binden. Soll dies nämlich sachlich und fachlich vertretbar geschehen, dann wird der Unterrichtsprozeß viel komplexer und komplizierter, als es im normalen Fachunterricht der Fall ist; insofern ist ein didaktischer Gewinn nicht unbedingt zu erkennen. Weil das so ist, besteht in der Schule immer die Gefahr, diese Komplexität wieder durch vordergründige Ideologisierung oder Moralisierung kurzzuschließen. »Sachverhalte handelnd zu erobern« ist leicht postuliert.

»Hier gilt es nämlich, eigene Fragen an ein Problem zu stellen, sich weitgehend selbständig Informationen zu verschaffen, um schließlich Lösungen entwickeln zu können. Soweit also die Problemlösung Sachinformationen notwendig macht, wird sie abgefordert werden« (Minderop).

Diese Strategie kann leicht zur Denkfalle werden, wenn nämlich eine Lösung des Problems nicht auch verantwortbar vertreten werden muß, wozu Schüler im allgemeinen nicht in der Lage sind. In sozialen Zusammenhängen ist problemorientiertes Denken gebunden an das *Praxiskriterium*, ob der erwartete Erfolg sich nämlich tatsächlich auch einstellt. Für *fiktive* Problemlösungen genügen dagegen Vorurteile. Außerdem muß *jeder* Unterricht Fragen der Schüler zulassen, weil sie ja sonst ihre bisherige Erfahrung gar nicht mobilisieren könnten, und um die Vernünftigkeit selbständiger Recherchen durch Schüler zu begründen, kann ich mich durchaus im Rahmen des traditionellen Unterrichts bewegen.

Leichter als im sozialen Bereich läßt sich das Praxiskriterium im technisch-naturwissenschaftlichen anwenden. Hier lassen sich bis zu einem gewissen Grade Lösungen durch eigene Entdeckungen und Experimente der Schüler durchaus finden. Die Schule ist in erster Linie dazu da, *Grundlagen* des Weltverstehens durch die einzelnen Schulfächer zu schaffen, damit der Schüler, darauf aufbauend, von Anfang an auch unter Verwendung außerschulischer Informationen sein Wissen und seine Vorstellungen über die Welt weiter entwickeln kann.

»Soziales Lernen«

Die »erzieherischen« Zwecke der Schule sollen nach dem Willen mancher Schulpädagogen jedoch nicht nur den Unterricht in besonderer Weise konstruieren, sondern auch die Erfahrungsmöglichkeiten in der Schule selbst ausweiten, wie schon in der Metapher der »Polis« deutlich wurde. Über den üblichen Unterricht hinaus sollen dabei noch alle möglichen anderen Kommunikationszwecke zum Zuge kommen, die meist im Begriff »soziales Lernen« zusammengefaßt werden. Begründet wird dies vor allem damit, daß viele und immer mehr Schüler wichtige soziale Erfahrungen außerhalb der Schule, z.B. in ihrer Familie, nicht mehr machen könnten.

Daraus wird jedoch meist nicht abgeleitet, Verhaltensweisen schlicht einzufordern, die für das Unterrichten unabdingbar sind, z.B. ein Mindestmaß an Disziplin. Von Vorgebenem hält der Zeitgeist nichts, also setzt man auf eine Selbstdisziplin, die möglichst von innen kommen soll; davon war schon kritisch die Rede.

Andererseits hat die Schule in der Tat eine Reihe von Möglichkeiten, von ihrem eigentümlichen Zweck her bestimmte soziale Verhaltensweisen lernen zu lassen, *nachdem* sie die für alles andere grundlegende Disziplin eingefordert hat. So kann sie z.B. Konflikte, die es in der Klasse tatsächlich gibt, zum Thema machen und deren produktive Austragung und Regelung fördern. Ferner kann der Unterricht tolerantes Verhalten durch die Erfahrung unterstützen, daß die Suche nach Wahrheit – bei dafür relevanten Unterrichtsthemen – immer nur *gemeinsam* möglich ist. Soziales Lernen kann aus der weiteren Erfahrung erwachsen, daß in der Regel menschliche Begabungen ihre Schwerpunkte und demzufolge auch ihre Schwächen und Lücken haben oder daß die Meinung eines Schülers nur dann auf Dauer toleriert wird, wenn er umgekehrt ebenso mit den Gedanken und Positionen anderer verfährt. Es gibt sie also durchaus, die Gelegenheiten zum sozialen Lernen in der Schule, wenn sie aus der Sache selbst erwachsen oder aus den Problemen des Zusammenlebens in der Institution Schule. Aber sie bleiben von daher eben auch begrenzt, reichen nicht aus, dem Schüler all das beizubringen, was er für eine produktive Gestaltung seines Lebens an sozialen Fähigkeiten braucht.

Zu warnen ist deshalb vor darüber hinausgehenden pädagogischen Inszenierungen, die dem »sozialen Lernen« dienen sollen, aber nicht aus der zu behandelnden Sache oder aus der dafür nötigen Kommunikation selbst erwachsen. »Gruppenarbeit« z.B. muß den Sachverhalt *besser* oder zumindest signifikant *anders* erschließen können als der Frontalunterricht des Lehrers, sonst wird er leicht zum methodischen Mätzchen.

»Soziales Lernen« erfolgt auch, was Lehrer nicht gerne hören, durch *Solidarisierung gegenüber der Schule* und ihren Ansprüchen und gegenüber einzelnen Lehrern. Das hängt mit der schon erwähnten Interessendifferenz zwischen Lehrern und Schülern zusammen. Dieser Zusammenhalt kann sich dumpf und unaufgeklärt verfestigen, er kann aber auch, wie in der Mitbestimmung der Schüler vorgesehen, institutionell für alle Beteiligten produktiv gemacht werden. Schließlich kann er sich auch darin äußern, daß die »guten« den »schlechten« Schülern helfen, wie es insbesondere Verfechter der Gesamtschule fordern. In der ehemaligen DDR gehörte dies zu den sozialen Pflichten aller Schüler. Aus meiner eigenen Schulzeit während des Krieges erinnere ich mich deutlich daran, daß ich in einer einklassigen Dorfschule von älteren Schülern das Rechnen lernte, während der Lehrer in einer anderen Ecke des Raumes von anderen Schülern ein Diktat schreiben ließ. Voraussetzung dafür, daß dies funktionierte, war jedoch äußerste Disziplin, die wiederum nicht zuletzt dadurch ermöglicht wurde, daß der Lehrer den Wechsel von Arbeit und Pause ohne Klingelzeichen selbst bestimmen konnte. Zweifellos kann man »gute« Schüler nicht nur sozial, sondern auch intellektuell dadurch fördern, daß man sie dazu animiert, ihre Kenntnisse anderen weiterzugeben. Das hängt damit zusammen – jeder Lehrende weiß es –, daß die *didaktischen* Überlegungen, die anzustellen sind, wenn man anderen etwas beibringen will, immer auch die eigene Sachkenntnis präzisieren. Aber dieses didaktische Szenario ist begrenzt, und es wird dann pädagogisch problematisch, wenn *durchweg*, also in fast allen Fächern, die »guten« Schüler »besser« sind als die »schlechten«. Dann entsteht nämlich in der Lerngruppe (Klasse) eine nicht zu verhindernde Hierarchie, und die »schlechten« Schüler müssen sich ständig als Versager fühlen. Pädagogischen Sinn ergäbe das ganze nur, wenn die Kompetenzen je nach Unterrichtsfach wechseln könnten: Die einen sind z.B. in Mathematik besser, die anderen in Deutsch, usw.

Die sozialen Lernmöglichkeiten in der Schule erwachsen also aus dem *Zweck* des Unterrichts, aus den dadurch sich ergebenden *kommunikativen Anforderungen*, aus dem allgemeinen Zusammenleben von Lehrern und Schülern und nicht zuletzt auch aus dem *Sinn* des Unterrichts, daß er nämlich die normativen Fragen, die aus dem Unterricht erwachsen, *begründbaren* unterschiedlichen Meinungen öffnet. Das ist nicht wenig, wenn die Schule es nutzt, aber es ist auch im Vergleich zum gesamten Leben der Schüler begrenzt.

»Schülerorientierung«

Die Subjektivierung der Schule kommt vielleicht am deutlichsten zum Ausdruck in der Forderung nach »Schülerorientierung«. Damit ist sowohl ein unterrichtliches wie ein soziales Motiv gemeint.

»Da soll es Lehrer geben, die Hemmungen haben, ihren Schülern einfach etwas beizubringen, weil sie meinen, sie so als ›Objekte‹ ihres Wissensvorsprungs zu behandeln oder dadurch Macht auszuüben (ausgerechnet durch größeres Wissen!). Mal abgesehen davon, daß ein Mensch als Objekt nicht notwendigerweise etwas Schlimmes ist – das hängt sehr davon ab, was man diesem Objekt an Gutem oder Bösem angedeihen läßt – , so ist es überhaupt falsch, aus der Differenz an Wissen und Können, die ja die Voraussetzung jeglicher Unterweisung ist, ein Problem zu machen« (Gutte, S. 150).

Diese Lehrer haben offensichtlich die frühere anti-autoritäre Kritik an der Schule und an deren »affirmativen« Bildungsgütern nach wie vor verinnerlicht. Der nicht nur wissensmäßige, sondern auch noch durch Macht definierte Vorsprung des Lehrers vor den Schülern sei undemokratisch; es komme darauf an, im Prozeß des Unterrichts gemeinsam dirigistisches Verhalten abzubauen und dafür zu sorgen, daß die Schüler zunehmend an Selbständigkeit und Mitbestimmung gewinnen. Der Lehrer soll die Unterschiede einebnen, sich zunehmend als Berater verstehen und die Lerninteressen von den Schülern selbst entdecken lassen (»entdeckendes Lernen«).

Wie schon früher betont wurde, ist dies politisch gesehen eine reichlich naive Vorstellung von »Demokratie«, die institutionelle Differenzierung, gesellschaftliche Arbeitsteilung und Repräsentativität nicht zu kennen scheint. Wissenschaftliche Protagonisten dafür waren die Psychologen Reinhard und Anne-Marie Tausch, die in den 70er Jahren in ihrem Buch *Erziehungspsychologie* Beschreibungen von Unterrichtsverläufen veröffentlichten. Sie fanden u. a. heraus, daß der Unterricht stark lehrerzentriert war (»Frontalunterricht«) und die Schüler überwiegend rezeptives Verhalten an den Tag legten. Besonders publikumswirksam wurden präzise Berechnungen über die Redezeit der Lehrer und Schüler während des Unterrichts, die eine überwältigende Dominanz des Lehrers ergaben.

Nun mochte diese Kritik an der damaligen Schule im allgemeinen berechtigt sein, denn lehrerzentrierter Frontalunterricht, darüber sind sich heute alle Kundigen einig, ist eine einseitige und nur eine begrenzte Zeit zu ertragende didaktische Konstruktion. Sogar an der Universität können die Studierenden aus gutem Grund zwischen Vorlesungen und Seminaren wechseln, und selbst der willigste Studiosus wäre außerstande, sechs Stunden hintereinander mit Gewinn thematisch wechselnde Vorlesungen in sich aufzunehmen. Andererseits ist rezeptives Verhalten, wenn es denn zu Lernerfolgen führt, nicht per se abwegig.

Ebenso einseitig ist jedoch die Vorstellung, die Schüler könnten von ihren jeweiligen Interessen und Bedürfnissen her selbst die thematische Erschließung der Welt leisten.

»Schülerzentrierter Unterricht ist offenbar eine Veranstaltung, die mit einer sachgerechten Bestimmung von Unterricht nichts gemein hat. Letztere kennt nämlich einen notwendigen Unterschied zwischen Lehrenden und Lernenden als Voraussetzung ihres Zusammentreffens: das Bedürfnis oder die Pflicht, sich als Lernender ein Wissen anzueignen, über das ein anderer verfügt . . .

Diese konstitutiven Merkmale, die jedem ernsthaften Unterricht zugrunde liegen (warum sonst müßte ein Mensch studieren und sich in Methoden der Vermittlung von Kenntnissen und Fertigkeiten üben, wenn er Lehrer werden will?), kommen in der Definition dieses schülerorientierten Unterrichts überhaupt nicht vor. Statt dessen wird über Unterricht in einer Weise geredet, als ginge es darin um einen von jeglichem Inhalt abstrahierten ›Prozeß‹ . . .

Zu einer solchen Fehleinschätzung könne man nur gelangen, »wenn man jeden konkreten inhaltlichen Lerngegenstand wegdenkt und sein Augenmerk auf die daran Beteiligten und die Modalitäten des Lernprozesses richtet und feststellt, daß da – wie sollte es auch anders sein! – immer zwei ungleiche Beteiligte am Werk sind: ein Unterrichtender und die Unterrichteten« (Gutte, S. 153 f.).

Was in der außerschulischen Jugendbildung seinen Platz haben mag, verfehlt also offensichtlich den Kern des schulischen Unterrichtens. Zudem wird dabei die selbstmotivierte Leistungsbereitschaft überschätzt. Unterstellt wird, daß die Schüler in ihrem Inneren eine Art unentdeckter Lernbereitschaft zur Verfügung haben, die nur richtig angesprochen werden müsse. Aber nicht einmal Erwachsene sind ohne äußeren Druck jederzeit bereit, das

Notwendige und sogar das als notwendig Erkannte auch zu tun, und um so weniger verstehen sie sich im allgemeinen dazu, wenn die Notwendigkeit nicht auch von außen geltend gemacht wird.

Es gibt inzwischen viele methodische Arrangements in den Schulen, die die Leistungswilligkeit der Schüler zu hintergehen trachten, aber in der Regel zum Scheitern verurteilt sind.

»Wenn Anstrengung und Ausdauer nötig sind, um einer Sache auf den Grund zu gehen, zeigt sich, wie ernst ein vorgetragenes Schülerinteresse gemeint ist« (Gutte, S. 156 f.).

Schließlich ist der Appell an das Schülerinteresse nicht selten auch ein Trick, weil auf diese Weise die Bereitschaft der Schüler zur Mitarbeit gewonnen werden soll; schließlich würde Verweigerung dann ja bedeuten, gegen die eigenen Interessen zu verstoßen.

Falsch an diesem Konzept ist die Vorstellung, daß die Entwicklung der Schülerinteressen *linear* verlaufen könne, als sei sie im wesentlichen ein innerpsychisches Programm. *Richtig* jedoch ist, daß die jeweils aktuellen Interessen der Schüler aus ihrer bisherigen *Erfahrung* resultieren, die sie mit der Welt gemacht haben und zu Recht in den Unterricht einbringen. Der Unterricht muß nun ein Wechselspiel veranstalten zwischen diesen Erfahrungen einerseits und neuen Stoffen und Einsichten andererseits, woraus die Schüler wiederum einen neuen Erfahrungszusammenhang aufbauen können.

Sozialpädagogisierung

Auf der Schiene der »Schülerorientierung« bewegt sich auch, was man die *Tendenz zur Sozialpädagogisierung* der Schule nennen könnte. Im Verhalten der Schüler, wozu ja auch gehört, was sie interessiert und was nicht, komme, so lautet die an sich richtige These, immer auch zum Ausdruck, was sie außerhalb der Schule erlebten, und vor allem, was sie dort entbehrten. Problematisch ist jedoch die Schlußfolgerung, daß die Schule erzieherisch diese Erfahrungen kompensieren müsse. Je negativer diese nun gedeutet werden, für um so wichtiger wird die Schule weit über ihre unterrichtliche Funktion hinaus eingeschätzt.

Der Normalfall ist jedoch, daß die Schüler mit ihren außerschulischen Erfahrungen zurechtkommen und daß diese, wie schon im I. Teil betont wurde, für ihre Persönlichkeitsentwicklung eine positive Bedeutung haben. Ist dies nicht der Fall, kann die Schule diese Mängel jedoch nicht in ihr eigenes Programm aufnehmen, ohne ihren Sinn zu gefährden.

»Viele Schulleiter und Lehrer . . . übernehmen klassische familiäre Aufgaben, indem sie den Unterrichtstag mit einem gemeinsamen Frühstück beginnen, weil immer mehr Kinder ohne Frühstück oder falsch ernährt in die Schule kommen«. Sie sehen sich genötigt, »Familienleben durch Schulleben zu ersetzen« (Struck 1995, S. 160).

Wenn Eltern ihre Kinder regelmäßig ohne Frühstück in die Schule schicken, vernachlässigen sie ihre Fürsorgepflicht, und die Schule muß in solchen Fällen die Eltern daran erinnern. Übernimmt sie statt dessen solche Aufgaben selbst, unterläuft sie nur die elterliche Verantwortung dafür. Bei schwerwiegenden Verstößen muß sie sogar, wenn Interventionen bei den Eltern nicht helfen, das Jugendamt einschalten. Und was eine »richtige Ernährung« ist, weiß niemand so genau, daß man es in der Schule lehren könnte. Daß Auswüchse wie der ständige Verzehr von Cola, Fanta, Pommes und Chips der Gesundheit nicht guttun, ist den Schülern auch ohne Hinweise ihrer Lehrer meist bekannt, aber wie Raucher wider besseres Wissen am Tabakkonsum festhalten, wird auch hier bloße, gar noch moralisierende Belehrung wenig helfen. Das Thema gehört in den Biologieunterricht, wo ihm vielleicht wegen seines sachlichen Zusammenhangs mit anderen Lebensfunktionen größere Beachtung geschenkt wird, und allenfalls noch in die disziplinarische Weisung, daß während des Unterrichts nichts verzehrt werden darf. Weder in dieser Frage noch in anderen kann Schulleben Familienleben ersetzen; wo das versucht wird, gibt man sich Illusionen hin.

»Schule braucht einen anderen Typus Lehrer, der bereit ist, als Klassenlehrer mit seinen Schülern zusammenzuleben, und der sich auch zur Wahrnehmung des Erziehungsauftrages als Gemeinwesenarbeiter an den Gelenkstellen Schule und Familie sowie Schule und Nachbarschaft versteht« (Struck 1995, S. 202).

Mit einem solchen umfassenden Erziehunsauftrag der Schule wird nun die pädagogische Arbeitsteilung zwischen Familie,

Schule und Jugendhilfe gänzlich aufgehoben und schulischer Omnipotenz das Wort geredet. Das könnte ja im Interesse der Kinder noch hingenommen werden, wenn es nicht so illusionär wäre. Einmal sind die Lehrer nicht für sozialpädagogische Tätigkeiten ausgebildet, zweitens ist die Schule im Unterschied zu den Trägern der Sozialpädagogik schon wegen ihrer rechtlichen Struktur für derartige pädagogische Aufgaben nicht geeignet, und drittens wird hier die Beliebtheit der Lehrer bei den Schülern weit überschätzt; denn aus der Sicht der Schüler ist die Schule nur zu ertragen, wenn sie täglich zu kalkulierbaren Zeiten auch wieder beendet ist.

Logisch zu Ende gedacht, steckt in solchen Konzepten eine weltfremde schulische Expansionstendenz: eigentlich muß sie als Ganztagsschule, möglichst sogar rund um die Uhr als Internat stattfinden, und die Zahl der Lehrer muß entsprechend vermehrt werden. Solche Versuche sind schon deshalb zum Scheitern verurteilt, weil sie die Begrenzung, die der Schule im Rahmen der pluralistischen Sozialisation gesteckt sind, zu überschreiten trachten, denn die Schüler führen ja auch noch ein Leben außerhalb der Schule, wo die Regeln der Schule entweder nur teilweise oder gar nicht gelten, und die meisten würden deshalb einer solchen Aufgabenerweiterung weder zustimmen noch auch bedürfen.

»Offener Unterricht«

Die beschriebenen didaktischen Einseitigkeiten finden sich gleichsam konzentriert im Konzept des »offenen Unterrichts« in einer »offenen Schule«. Der »offene Unterricht« ist in der Grundschule entwickelt werden, seine Verbreitung steckt wohl noch in den Anfängen.

Er »wandelt die Schule von einer Unterrichtsanstalt in eine Lernwerkstatt, und er verändert die Rolle des Lehrers vom Stundengeber zum Lernberater und Interaktionsanwalt. Er fördert Erziehungsziele wie vernetzendes Denken, Sozial- und Sprachkompetenz, multikulturelle und integrative Kompetenz, Erkundungs- und Handlungskompetenz, Selbständigkeit, Kooperations- und Konfliktfähigkeit, Frustationstoleranz und Solidarität, Teamfähigkeit, Durchhaltevermögen und Konzentration sowie Kompensation, weil ein Teil der Schüler schon früh in das selbstbestimmte Lernen entlassen werden kann und der Lehrer dadurch Zeit gewinnt, sich um so mehr einzelnen schwachen oder problembeladenen Schülern zuwenden zu können« (Struck 1995, S. 184).

Beeindruckend ist die Zahl der Ziele, die durch dieses Unterrichtskonzept erreicht werden sollen; allerdings bleiben Zweifel an ihrer Realisierbarkeit, wenn man allein an die weit verbreiteten Klagen über Disziplinschwierigkeiten denkt. Es führt jedenfalls nicht weit, Listen des Wünschbaren aufzustellen und sie mit einer bestimmten pädagogischen Methode zu verbinden.

Charakteristisch für den »Offenen Unterricht« ist, daß in der Klasse ein Wochenplan aufgestellt wird, aufgrund dessen die Kinder selbst entscheiden können, in welcher Reihenfolge sie Lernaufgaben bearbeiten wollen. Ein Teil des offenen Unterrichts ist die »freie Arbeit«, »in der jeder Schüler selbst entscheiden kann, welche Elemente des Wochenplans er zunächst bewältigen will und ob er es allein versucht oder ob er die Partner- oder Gruppenarbeit bevorzugt, ob er auf die Arbeitsmittel, die im Raum angeboten wurden, zurückgreift oder ob er den Lehrer oder einen anwesenden Elternteil um Hilfestellung bittet« (Struck 1995, S. 184).

Nicht nur der Unterricht wird auf diese Weise »offen«, sondern auch die Schule im ganzen; sie wendet sich dem Leben außerhalb ihrer Mauern zu.

»Wenn die Schule sich nicht mehr als Schonraum versteht und sich öffnet, ist die ganze Umgebung ein praktischer Lernanlaß für die Kinder – der Supermarkt, die Tankstelle, der Bäcker, die Gärtnerei u. a. Solche außerschulischen Lernorte ermöglichen den Kindern, der Entfremdung schulischen Lernens von ihren unmittelbaren Erfahrungen zu begegnen und den häufig im Unterricht zu erlebenden Widerspruch zwischen der in Schulbüchern und Arbeitsbogen dargestellten Sach- und Erfahrungswelt und den konkreten außerschulischen Erfahrungen der Kinder aufzulösen« (Wallrabenstein 1994, S. 68).

Nun ist nicht zu bestreiten, daß Grundschulkinder wegen ihres jungen Alters und weil sie ja erst in die Regeln des typisch schulischen Lernens eingeführt werden müssen, spezifische methodische Inszenierungen brauchen; dazu gehört gewiß auch die Erkundung der heimischen Umgebung, um das in der Schule zu Lernende »anschaulich« vor Augen haben zu können. Lassen wir einmal dahingestellt, ob die Kinder die genannten Beispiele – Tankstelle, Bäcker usw. – nicht längst kennen dürften und ob es deshalb nicht vielleicht interessanter für sie wäre, Einrichtungen in Augenschein zu nehmen, die ihnen in ihrem Alltag nicht ohne weiteres zugänglich sind wie das Wasserwerk oder die Kläranlage; vernünftig ist jedenfalls, die Gegenstände, die auf dem Unterrichtsplan stehen, möglichst auch in der Wirklichkeit kennenzulernen. Aber die »Entfremdung« des schulischen Lernens von den übrigen Erfahrungen ist dadurch nicht aufzuheben, weil diese Distanz für das Unterrichten konstitutiv ist; schließlich soll es ja gerade die Unmittelbarkeit der persönlichen Existenz transzendieren, sonst wäre die teure Schule überflüssig.

Auch gegen die »freie Arbeit« im Rahmen des Unterrichts ist so lange wenig einzuwenden, wie sie eine gelegentliche Variation bleibt. Dann kann sie z.B. die Erfahrung vermitteln, wie schwierig es ist, Aufgaben selbst zu wählen, mit anderen dabei zu kooperieren, die dafür gebotene Disziplin zu wahren und vor allem einen eigenen Leistungsanspruch durchzuhalten.

Der »offene Unterricht« macht nämlich eigentlich nichts leichter, sondern alles nur komplizierter. Die »Wochenplanung« verlangt eine verhältnismäßig komplexe und für die Kinder nicht leicht zu durchschauende Organisation, wenn jeder Schüler angemessen gefordert und gefördert werden soll. Da verschiedene Tätigkeiten in einem Raum ausgeübt werden müssen, entsteht selbst bei größter Disziplin ein unvermeidlicher Lärmpegel und eine durch ständige Bewegung ausgelöste Unruhe. Mag sein, daß manche Kinder diesen Pegel gewöhnt sind und daß andere sich daran nicht stoßen, aber als Hintergrundmusik für konzentrierte geistige Arbeit ist er sicher nicht geeignet.

Dieses Konzept rechtfertigt sich insbesondere unter Hinweis auf die dadurch angeblich forcierte Selbständigkeit und Selbstverantwortung der Schüler im Hinblick auf ihre Lernprozesse. Das ist zunächst insofern plausibel, als diese Fähigkeiten im Rahmen der pluralistischen Sozialisation, wie der I. Teil gezeigt hat, unbedingt entwickelt werden müssen. Die Frage ist nur, ob ihre Entfaltung in einer solchen Unterrichtskonstruktion nicht eher behindert wird. Natürlich werden Erstkläßler den Lehrern mangels alternativer Erfahrungen zunächst einmal abnehmen, daß Schule eben so sein müsse, wie sie ihnen da präsentiert wird. Ob dabei jedoch mehr herauskommt als ein Überlebenstraining für diese so arrangierte Situation, muß fraglich bleiben, wenn man die immer wieder betonten sozialen und emotionalen Schwierigkeiten dieser Kinder ernst nimmt. Erziehung zur Selbständigkeit muß nicht unbedingt und vor allem nicht immer wieder dadurch erfolgen, daß die Kinder nun alles selbst erfinden, wählen, entscheiden und verantworten sollen. Wird nicht die Last der Optionen, die die Sozialisation den Kindern ohnehin aufbürdet, nur unnötig verstärkt, wenn sie in der Schule nun auch noch zwischen relativ Belanglosem wählen sollen, nämlich zwischen dem, was ohnehin »dran« kommt? Selbständigkeit und Selbstverantwortung können doch wohl nur dann als für die eigene Persönlichkeit bedeutsam erlebt werden, wenn dabei auch gelernt wird, zwischen Wichtigem und weniger Wichtigem zu unterscheiden, also auch eine Vorgabe, z.B. durch den Lehrer, einfach zu akzeptieren. Kein Mensch, schon gar nicht ein Grundschulkind, kann rund um die Uhr »autonom« leben; weil dies anstrengend ist, muß es auch dosiert, auf wirklich Wichtiges konzentriert werden können. Sonst macht die Schule wie früher »Disziplin« nun »Selbständigkeit« zu einer abstrakten Generaltugend. Jedenfalls wird die Entwicklung zu persönlicher Autonomie nicht schon dadurch behindert, daß der Lehrer aufgrund seiner Einsicht in den Lehrplan sagt, wo es langgehen soll.

Im Zusammenhang unserer Argumentation muß der Grundschule deshalb besondere Aufmerksamkeit gewidmet werden, weil das Kind hier zum ersten Mal erfährt, wozu die Schule überhaupt da sein soll, und die Einstellung, die es in den ersten Jahren dazu erwirbt, wird es so schnell nicht wieder ändern können.

Es gibt Grundschulen, die sich für besonders »fortschrittlich« halten und deshalb die Eltern der Schulanfänger schon ein halbes Jahr vor der Einschulung zu einem ersten »Elternabend« einladen, damit der Übergang in den neuen Erfahrungsraum möglichst in beiderseitigem Einvernehmen (das Einverständnis des Kindes wird einfach unterstellt) vonstatten gehen kann. Bei einem der nächsten Elternabende basteln dann die Mütter vielleicht gemeinsam die Zuckertüten. Aber der Schuleintritt muß gar nicht erst »versüßt« werden, denn an ihrem ersten Schultag finden die Idötze ein Transparent über dem Schuleingang: »Schule macht Spaß!« Vielleicht ist eigentlich damit gemeint, daß die zu erwartende Anstrengung des Lernens tatsächlich auch Freude z. B. über die fortschreitenden Erfolge der Bemühungen bereiten kann. Aber unter »Spaß« verstehen die Kinder in der Regel aufgrund ihrer bisherigen Fernseh- und Konsumsozialisation eher das Gegenteil, daß alles nämlich so weitergehen könne wie bisher. So wird der Grundstein für eine Schule als »Erlebnisraum« (Frech-Becker) gelegt.

Zweifellos bedarf die Grundschule einer besonderen Zusammenarbeit mit den Eltern; denn die Eingewöhnung des Kindes in die schulischen Regeln und Ansprüche erfordert nicht nur eine besondere pädagogische Sensibilität seitens der Lehrer, sondern auch eine erhöhte Aufmerksamkeit der Eltern für die Art und Weise, wie ihre Kinder diese Erfahrung seelisch verarbeiten. Gleichwohl ist ein solches Bemühen um Verstehen immer auch ambivalent; es kann in den Augen des Kindes auch erst etwas zum Problem machen, was sonst vielleicht problemlos verlaufen würde.

Die Anwesenheit oder gar Mitwirkung von Eltern im Unterricht, wie es in den mir bekannten Konzepten der »Offenen Schule« vorgesehen ist, schießt jedoch weit über eine wünschenswerte Kooperation hinaus. Abgesehen davon, daß schon aus beruflichen Gründen nur wenige Eltern dazu in der Lage wären und deshalb die beteiligten eine einseitige Auswahl darstellen würden, müssen auch in der Erfahrung des Kindes die beiden sozialen Orte Schule und Familie als grundverschieden erlebt werden können. Sonst bekommen die Schüler vom Schulanfang an eine falsche Vorstellung davon mit, was sie in der Welt außerhalb der elterlichen Fürsorge eigentlich erwartet; denn viele Eltern sind überzeugt, daß zumindest in den ersten Schuljahren die Schule nur die Fortsetzung ihres Erziehungswillens sei, und deshalb wird das subjektive Wohlbefinden ihres Kindes (»Spaß«) als Maßstab für die pädagogische Qualität der Einrichtung genommen. Inzwischen kann es für Lehrer sehr unangenehm werden, wenn sie die Erwartungen der Eltern nicht erfüllen, und es gibt längst Beispiele für ein Mobbing des nicht-fügsamen Lehrpersonals.

Eltern sind verständlicherweise befangen im Hinblick darauf, was ihren Kindern zugemutet werden kann und muß. Deshalb leuchtet vielen ohne weiteres ein, daß die Schule möglichst Spaß machen solle und die Kinder möglichst aus eigenen Antrieb lernen. Aber ihre Schullaufbahn geht ja weiter. So kommen sie nach vier Jahren – mit zehn – in die Orientierungsstufe, wo die Erwachsenen immer noch darauf warten, daß sie ihre Lerninteressen und Begabungen kundtun. Vielleicht wechselt ein solches Kind danach in eine weitere »fortschrittliche« Schule, wo es nicht mit den üblichen Zeugnisnoten traktiert wird – was der Zeitgeist für unerträglich hält –, sondern statt dessen durch »Lernentwicklungsberichte« gewürdigt wird, weil auf diese Weise die individuellen Lernfortschritte besser bewertet werden könnten. Das folgende Beispiel eines solchen Berichtes bezieht sich auf einen Schüler, der offensichtlich auch nach der siebten Klasse noch nicht herausgefunden hat, was er warum in der Schule lernen soll, und der nun hinausgeworfen wird und – da er noch schulpflichtig ist – eine andere Schule besuchen muß, in der er ebenfalls nicht zum Zuge kommt und aus der er dann später ohne Abschluß wegen Überalterung entlassen wird:

»Lieber Peter,

es ist uns in diesem Schuljahr nicht gelungen, Dich zu einem einigermaßen sinnvollen Schulbesuch zu bewegen.

Vor Beginn des letzten Halbjahres haben wir zusammen mit Dir und Deinen Eltern ein Gespräch geführt, das u.a. zu zwei festen Absprachen geführt hat:

1. Du besuchst künftig die Schule regelmäßig und versäumst keinen Tag mehr ohne triftige Ursache und ohne schriftliche Erklärung.

2. Du verhältst Dich künftig in der Schule so, daß Dir, Deinen Mitschülern und den Lehrern die Arbeit . . . möglich bleibt.

Diese Absprachen hast Du nur insofern eingehalten, als Du bis zu den Osterferien einigermaßen regelmäßig in der Schule gewesen bist. Seit . . . fast zwei Monaten bist Du aber wieder nur an ganz wenigen Tagen zum Unterricht erschienen; in den letzten Wochen fehlst Du wieder ganz, ohne daß wir dafür eine schriftliche Erklärung haben.

Als Du vor den Osterferien in der Schule warst, ist es, entgegen den Absprachen, fast täglich zu Konflikten mit Mitschülern oder Lehrern gekommen, so daß Du nicht in der Lage warst, in einer Tischgruppe mitzuarbeiten. Du hast in dieser Zeit an einem Einzeltisch gesessen; aber auch von dort gingen weiterhin viele Störungen aus.

Infolge dieser schwierigen Situation entspricht Dein Leistungsstand in den verschiedenen Fächern in keiner Weise den Anforderungen im siebten Schuljahr.

Soweit sich die Fachlehrer trotz der vielen Fehltage ein Bild von Deinen Leistungen machen können, ist dazu folgendes zu sagen:

Im Mathematik warst Du trotz vieler Sonderhilfen und Erklärungen nicht in der Lage, die Grundanforderungen zu erfüllen.

Das gleiche galt für Englisch, wo Du auch zu einfachen Abschreibübungen kaum in der Lage warst. Ganz einfache Texte konntest Du kaum verstehen; ebenso waren auch ganz einfache Äußerungen in der Fremdsprache kaum möglich.

In Deutsch hast Du vor den Osterferien die vier schriftlichen Arbeiten zum Thema ›Mitteilungen über sich selbst‹ fertiggestellt. Darüber habe ich mich gefreut. Allerdings sind sie zu Hause und weitgehend nicht selbständig entstanden. Immerhin hast Du Dir in Deutsch wenigstens manchmal Mühe gegeben. Vieles scheiterte aber daran, daß Du die Grundtechniken des Erlesens und richtigen Schreibens nur sehr lückenhaft beherrschst und auch die Dir angebotenen Fördermöglichkeiten . . . kaum oder gar nicht genutzt hast.

In Gesellschaftslehre hast Du Dich um die Aufgabenstellungen gar nicht bemüht. An den Gruppenarbeiten hast Du mangels Bereitschaft zur Zusammenarbeit nicht teilgenommen. Die Dir zugewiesenen Einzelarbeiten hast Du nur unwillig und weitgehend ohne Sinn und Verständnis durchgeführt.

Naturwissenschaften war das einzige Fach, in dem Du einen Wiederholungsbogen so bearbeiten konntest, daß wenigstens die Hälfte der Grundanforderungen erfüllt war.

In AWT und Kunst kamen unter für alle stressigen Bedingungen zwei Arbeitsergebnisse zustande, die aber schließlich – nach Einschätzung des Fachlehrers – mehr die Arbeit des Lehrers als Deine eigene war.

Am Sportunterricht hast Du nicht teilgenommen.

Lieber Peter, es tut uns aufrichtig leid, daß wir mit unseren Bemühungen um Dich und Dein Lernen bisher keinen Erfolg hatten. Wir wünschen uns sehr, daß Du bessere Bedingungen für Deine Entwicklung und Dein Lernen bekommen wirst, als wir sie Dir offenbar an unserer Schule schaffen konnten«.

Natürlich ist es Spekulation sich zu überlegen, ob dieser Schüler nicht in einer anderen Schule, die weniger auf seine innere Motivation gewartet hätte, sondern an ihn einfach mit Willen und Anstrengung erfüllbare Forderungen gestellt hätte, besser zu Rande gekommen wäre. Immerhin ist er schließlich in einem viel umfassenderen Sinne schulisch gescheitert, als wenn er an einer altmodischen Schule einmal sitzengeblieben wäre. Welche Schule sollte anschließend noch in der Lage sein, diese offensichtlich bodenlose Kenntnislosigkeit aufzufangen und zu korrigieren? Bei der Lektüre derartiger Beurteilungen fragt man sich irritiert nach der pädagogischen Verantwortung der zuständigen Eltern und Lehrer.

Vieles, nicht zuletzt auch Erfahrung aus Gesamtschulen, spricht dafür, daß die auf die innere Motivation der Schüler und auf deren Selbständigkeit setzenden Unterrichtskonzepte gerade nicht den per se Leistungsschwächeren zugute kommen, sondern denen, die das alles »mit der linken Hand« schaffen, ohne daß sie dabei allerdings ebenfalls genügend herausgefordert werden.

Zusammenfassend läßt sich über die eben skizzierten didaktisch-methodischen Vorlieben des reformpädagogischen Zeitgeistes folgendes festhalten: Zunächst einmal verführen sie auf Anhieb durch die sinnfällige Plausibilität ihrer Zielsetzungen. Wer kann schon etwas dagegen haben, daß Lernen Spaß machen soll, daß die Schüler sich dabei wohlfühlen, daß sie außer Wissen auch noch vieles andere und Wichtige lernen, daß alles möglichst praktisch und lebensnah arrangiert wird. Es gibt gegenwärtig eine Inflation von pädagogischen Zielversprechungen, die des Beifalls aller Wohlgesinnten sicher sein und die durch die Anwendung der richtigen Methode angeblich auch realisiert werden können. Zudem ist nicht zu leugnen, daß für sich genommen alle diese Konzepte tatsächlich einen begrenzten Nutzen haben, weil keine Unterrichtsmethode per se unsinnig ist. Jede hat vielmehr ihre spezifischen Chancen und Grenzen, und die pädagogische Meisterschaft besteht in der optimalen Kombination der möglichen Varianten. Methodenvielfalt kann im Ernst ebensowenig kritisiert werden wie die Tatsache, daß der Lehrer je nach der verwendeten Methode unterschiedliche Rollen im Unterrichtsprozeß einnimmt, manchmal dominierend, dann wieder eher beratend, anregend, initiierend oder korrigierend. Die problematischen Aspekte des schulpädagogischen Zeitgeistes erschließen sich vielmehr erst bei genauerem Hinsehen.

1. Die kritisierten Konzepte zeigen die Tendenz, den Normalfall des schulischen Unterrichts außer Kraft zu setzen: daß der Lehrer nämlich den Schülern etwas beizubringen hat und daß dies mit optimalem methodischen Geschick, aber auch mit möglichst hoher Fachkompetenz zu geschehen hat. Erst auf diesem Hintergrund ergeben auch davon abweichende didaktisch-methodische Variationen einen Sinn. Gewiß kann der Normalfall bei jüngeren Schülern zunächst nur teilweise erreicht werden, deshalb sind z. B. in der Grundschule bestimmte methodische Zugeständnisse nötig, weil noch nicht erwartet werden kann, was erst noch gelernt werden muß. Aber auch die Grundschule muß den Normalfall immer im Blick haben, sonst gerät sie auf Abwege und weckt bei den Schülern falsche Erwartungen an die künftige Schulperspektive und damit auch an die spätere berufliche Lebensbewältigung. Es ist nicht ehrenrührig, wenn jemand etwas noch nicht kann, wohl aber, wenn man ihm einredet, daß es darauf nicht ankomme.

2. In diesem Punkte ist die Schule vielfach auf eine falsche Weise »kindgerecht« geworden. Um den fernsehverwöhnten Schülern das Lernen so angenehm wie möglich zu machen, wurde in den letzten Jahren erhebliche Phantasie in die Erfindung solcher didaktisch-methodischer Konstruktionen gesteckt, die möglichst »Spaß« machen sollen. Nun ist natürlich nichts dagegen zu sagen, daß es in der Schule auch lustig zugeht, aber problematisch wird ein solches Verfahren spätestens dann, wenn Schüler mit dem Hinweis, es mache ihnen eben keinen Spaß mehr, die Mitarbeit verweigern und mit dieser Begründung bei ihren Eltern auch noch Zustimmung finden. Die mit dem schulischen Lernen notwendig verbundene Mühe kann letztlich nicht hintergangen werden, jedenfalls gibt es dafür keine auf Dauer wirksame Unterrichtsmethode. Deshalb ist es nur fair, den Schülern dies vom ersten Schultag an klarzumachen.

3. Charakteristisch für den reformpädagogischen Zeitgeist ist ein antikognitiver Affekt, der längst das Ausmaß eines anti-aufklärerischen Ressentiments angenommen hat und in dieser Form auch als politisch relevante Ideologie problematisch geworden ist. Er richtet sich gegen den systematischen Unterricht, gegen dessen Wissenschafts- und Fächerorientierung, weil diese klassischen Formen der schulischen Lehre die Schüler angeblich von ihren Interessen und Bedürfnissen und somit von ihrem sonstigen Leben entfremden. Dabei gerät aus dem Blick, daß der Schulunterricht gerade dazu dienen soll, die unmittelbare Existenz zu überschreiten, um gerade dadurch diese aufklären und vielleicht sogar in neue Bahnen lenken zu können. Alles andere bringt das Leben sowieso bei.

4. Im Zentrum dieser Vorstellungen steht eine unaufgeklärte Spekulation über die Subjektivität des Kindes. Möglichst aus seinem psychischen Inneren sollen die Motive und Gegenstände des Lernens entstehen. »Selbständigkeit« wird wesentlich als psychische Kraft gedeutet, die sich nur entwickeln könne, wenn sie von äußeren Ansprüchen möglichst nicht behindert werde. Übersehen wird dabei, daß Subjektivität gerade der Auseinandersetzung

mit nicht Subjektivem bedarf, um sich entfalten und sich ihrer selbst vergewissern zu können. Die subjektorientierten didaktisch-methodischen Konzepte haben viele Schüler längt »methodenresistent« gemacht, wie Lehrer immer wieder berichten. Das erinnert an die schon aus der Reformpädagogik der Weimarer Zeit kolportierte genervte Schülerfrage: »Müssen wir heute wieder lernen, was wir wollen, oder dürfen wir lernen, was wir sollen?« Da das Kind gar nicht wissen kann, was es lernen soll, weil es die Welt noch nicht kennt, für deren Bewältigung es lernen muß, wird es durch Fixierung auf seine gegenwärtige Befindlichkeit um entsprechende Erkenntnisse und Einsichten betrogen.

5. Dahinter steckt ein Mißverständnis des Sozialen, als ob dieses sich freiwillig und Regeln setzend aus der inneren Willenskraft ergeben könnte, ohne sich auf den Druck äußerer Ansprüche einlassen zu müssen. Soziales Verhalten entsteht aber primär durch soziale Einwirkungen, erst sekundär auch durch psychische Ansprache. Das Kind wird dadurch zum sozialen Wesen, daß es in vorgegebene soziale Strukturen hineinwächst, und nicht dadurch, daß man ihm zumutet, sozial angemessenes Verhalten jedesmal selbst wieder zu erfinden. Erst im Rahmen eines solchen sozialen Anpassungsprozesses können darauf bezogene kritische Perspektiven entstehen.

6. Ursache für solche Fehlentwicklungen des Schulehaltens ist jedoch nicht nur der pädagogische Zeitgeist. Vielmehr spielt auch die Erfahrung eine entscheidende Rolle, daß von der Grundschule an zu viele Schüler dem normalen Unterrichtsanspruch und der damit notwendig verbundenen Selbstdisziplin nicht gewachsen erscheinen. Ohne diesen Hintergrund wäre die Empfänglichkeit der Lehrer für die kritisierten didaktisch-methodischen Einseitigkeiten gewiß geringer. Zu fragen ist jedoch, inwieweit dieses Schülerverhalten nicht auch das Ergebnis einer Schule ist, die keine entsprechenden Forderungen stellt, sondern den bereits erreichten Erfahrungshorizont der Schüler unterschreitet, weil die didaktischen Arrangements, mit denen sie traktiert werden, eher

einer weltanschaulichen Verunsicherung der Lehrer entsprungen sind.

7. Unterricht ist immer eine konstruierte, künstliche Situation, die im normalen Leben nicht vorkommt und deshalb mit diesem auch nicht verwechselt werden darf. Das Leben unterrichtet nicht. Wer unterrichtet wird, verläßt zu diesem Zwecke das »normale« Leben, um anschließend wieder zu ihm zurückzukehren. Das gilt für die Grundschule wie für jede betriebliche Fortbildung; immer geht es darum, daß jemand, der etwas weiß, es anderen mitteilt, die es von ihm lernen wollen oder sollen. Die Fähigkeit also, einer unterrichtlichen Belehrung diszipliniert, konzentriert und mit Gewinn zu folgen, wird lebenslang benötigt, nicht nur in der Schule.

8. Am leichtesten verständlich ist nach wie vor ein vom Lehrer geführter Unterricht, der didaktisch-methodisch gut überlegt ist. Alle anderen Variationen, gerade auch die eben kritisierten, sind viel komplizierter und für die Schüler viel schwerer zu durchschauen. Das liegt daran, daß es ja gerade Aufgabe der Didaktik ist, die Fülle des Stoffes und seiner Aspekte zu bändigen, zu verdichten und in lernbare Schritte aufzuteilen. »Leichter« sind die anderen Variationen nur dann, wenn ihre Reichweite und ihre sachliche Struktur vom jeweils aktuellen Interesse der Schüler (welcher Schüler?) diktiert und begrenzt wird, wenn also der Zugewinn an Wissen und Einsicht gar nicht im Vordergrund steht. Aber dafür lohnt sich die Mühe nicht, die die Schüler sich damit machen sollen.

9. Getreu der Devise des Zeitgeistes, Probleme von Minderheiten auf Mehrheiten hochzurechnen, orientieren sich die kritisierten didaktisch-methodischen Konzepte an den kognitiven und sozialen Schwierigkeiten von vielleicht 10% aller Schüler; die übrigen sind im großen und ganzen in der Lage, einem normalen Unterricht zu folgen, wenn sie die ihren Fähigkeiten angemessene Schulform bzw. Leistungsebene wählen. Deshalb gibt es keinen vernünftigen Grund, die allgemeine schulpädagogische Diskus-

sion von der Lage dieser Minderheit her zu führen; allerdings hat auch sie natürlich einen Anspruch auf optimale Förderung, die aber letzten Endes den Willen zum Mitmachen voraussetzt.

10. Aus den genannten Gründen bieten die subjektorientierten Konzepte nur vordergründig Hilfen zur Individualisierung des Schülers an, weil sie seiner je subjektiven empirischen Befindlichkeit im Grunde nur auf den Leim gehen. Die im I. Teil beschriebene Notwendigkeit der Individualisierung des Kindes wird dadurch jedoch gerade nicht gefördert, sondern behindert. Wo der Widerspruch zwischen Subjekt und Außenwelt und zwischen den Sektoren der Außenwelt selbst nicht zum Thema und als Herausforderung an das Ich verstanden wird, können persönliche Autonomie und Souveränität schon deshalb nicht gelernt werden, weil sie im Rahmen eines derartigen pädagogischen Arrangements gar nicht gebraucht werden.

Schule und Familie

Die Sinnkrise des Unterrichts geht also zurück auf die Verunsicherung der Schule als Institution einerseits und der didaktisch-methodischen Subjektivierung andererseits. Beide Tendenzen werden nun unterstützt durch eine fragwürdig gewordene Beziehung zwischen Elternhaus und Schule.

Der Niedergang des Lehrerberufs korrespondiert mit dem Aufstieg der Elternmacht. Je nach den schulgesetzlichen Vorgaben in den einzelnen Ländern muß heute ein Schulleiter schon eine Dienstversammlung seiner Kollegen einberufen, wenn er ohne Eltern- und Schülervertreter einmal eine offene Diskussion über Probleme seiner Schule führen will. Bei allen anderen formell vorgesehenen Konferenzen ist die Lehrerschaft nicht mehr unter sich, selbst an den Zeugniskonferenzen dürfen neben den Eltern- auch Schülervertreter teilnehmen – was erstaunlicherweise noch keinen Widerstand aus Gründen des Datenschutzes provoziert hat. In manchen Bundesländern geht die Tendenz sogar dahin, den Elterneinfluß auch auf den Unterricht selbst auszudehnen, und in manchen Konzepten der »Offenen Schule« ist dies sogar ausdrücklich vorgesehen.

Nun kann man dieses hohe Maß an Elternbeteiligung für einen Fortschritt an Demokratisierung halten. Ein Blick in die Geschichte zeigt jedoch, daß das Gegenteil der Fall war, daß nämlich die Mobilisierung der Eltern immer zur politischen oder ideologischen Disziplinierung der Lehrer benutzt wurde. In den 20er Jahren setzten die christlichen Kirchen – vor allem die katholische – ihre Eltern in Marsch, um unter Berufung auf das »Elternrecht« unliebsame bildungspolitische Entscheidungen – z. B. die Errichtung weltlicher, also konfessionsfreier Schulen, die die Verfassung durchaus zuließ – zu verhindern (vgl. Wagner-Winterhager). Unsere gegenwärtige Elternmitbestimmung in den Schulen geht auf die bildungspolitischen Auseinandersetzungen der 70er Jahre zurück. In Hessen z.B. hatte damals die Parlamentsmehrheit Schul- und Unterrichtsreformen verabschiedet, die der konservativen parlamentarischen Minderheit nicht paßten. Daraufhin mobilisierte diese ihre Anhängerschaft unter den Eltern, was zur Gegen-Mobilisierung der Befürworter führte. Ähnlich verlief die Entwicklung in Nordrhein-Westfalen. Ein »Eltern-Schulkampf« entbrannte, dessen Befriedung u.a. durch eine gesetzlich geregelte Elternmitbestimmung an den Schulen erfolgte. Keine Seite hatte dabei primär die Schüler und ihr Schulschicksal im Blick, jeder ging es in erster Linie nur darum, ihre schulpolitischen Überzeugungen mit Hilfe der Eltern durchzusetzen.

Politisch betrachtet ist dies höchst problematisch. Schließlich bezahlen die Eltern die Schule nicht, die ihre Kinder besuchen, unterhalten wird sie von allen Steuerzahlern. Folglich wäre plausibel, daß auch alle Steuerzahler durch gewählte Repräsentanten in den Schulen ihres Wohnbereichs vertreten wären. Aber das würde auf eine parteipolitische Mitbestimmung hinauslaufen, die natürlich niemand will. Immerhin gäbe es dann aber einigermaßen klar definierte Verantwortungsstrukturen, an denen sich jeder orientieren könnte. Die Elternveteter in einer Schule repräsentieren jedoch nur sich selbst. Eltern sind als solche keine politische Gruppe, die gemeinsame Interessen zur Geltung bringen könnte; wäre dies anders, könnten sie ja eine darauf fundierte politische Partei gründen. Das Elterninteresse ist ein je individuelles und bezieht sich auf das wohlverstandene Interesse des eigenen Kindes, dessen Rechte und Bedürfnisse es im Auge hat. Abgesehen davon haben Eltern keinerlei Kompetenz, sich z. B. zur Qualität des erteilten Unterrichts zu äußern oder gar darauf bezogene Beschlüsse zu fassen. Plausibel wäre Eltern-Engagement vor allem im Hinblick auf die jeweiligen äußeren Bedingungen des Schulehaltens (Lehrermangel; mangelhafte Ausstattung usw.) sowie natürlich im Hinblick auf die Mitgestaltung des Schullebens bei Feiern, Festen und anderen Präsentationen der Schule gegenüber der Öffentlichkeit. Nun mag das Engagement der Elternschaft für eine bestimmte Schule, die ihre Kinder besuchen, noch Sinn ergeben; jedenfalls gibt es genügend Fälle einer gelungenen Kooperation, die dann im wesentlichen darauf beruht, daß die unterschiedlichen Rollen und Kompetenzen beachtet werden. Schulübergreifende Elternvertretungen – z. B. auf der Ebene eines Bundeslandes – sind jedoch nicht mehr zu rechtfertigen. Sie dienen denn auch einzelnen Politikern als Hausmacht oder propagieren bildungspolitische Forderungen, für die sie kein Mandat haben.

Die Elternmitbestimmung in der Schule hat nicht zu einer Verbesserung des rationalen Diskurses über pädagogische und unterrichtliche Fragen geführt, sondern eher den familiären Egoismus in die Schule transportiert. Die Lehrer werden von manchen Eltern, die sich auf ihr pädagogisches Wissen viel zugute halten, nicht selten als Dienstboten, als neue kollektive Hauslehrer für den zu garantierenden Schulerfolg der Sprößlinge in Anspruch genommen. Nach der eingangs erwähnten GEW-Befragung haben viele Lehrer »den Eindruck, daß die Gesellschaft – und konkret die Eltern – ihre verwöhnten und unsozialen Sprößlinge bei ihnen abliefern und sie dann mit ihnen allein lassen« (Frankfurter Rundschau, 8. 12. 94). Und Horst Hensel schreibt über die »Neuen Eltern« :

»Eltern nehmen inzwischen sehr häufig ihren Erziehungsauftrag nicht mehr wahr. Sie delegieren ihn an die Schule. Zugleich sind Eltern sich ihrer Rechte und Möglichkeiten sehr bewußt. Eine jüngere Elterngeneration ist sehr kritikfreudig und anspruchsvoll, ohne dabei pflichtbewußt zu sein« (S. 64).

Genau genommen sind es in erster Linie Mütter, die die Konferenzen bevölkern. D. Dieckmann hat aus eigener Erfahrung deren neuen Typus vorgestellt. Seine »Mutti-Kultur« (Dieckmann) überträgt demnach die der Mutter wohltuende, aber auch machtvolle Mutter-Kind-Dyade nicht nur als normative Erwartung auf die politische und kulturelle Umwelt, vielmehr versteht sie auch die Schule als Fortsetzung des mütterlichen Bindungsstrebens mit anderen Mitteln und damit natürlich auch als Verlängerung der mütterlichen Macht, die ja sonst durch die Lehrer gebrochen werden könnte. Dieser Wille markiert aber einen Besitzanspruch, keinen Erziehungsanspruch.

Diese Grundeinstellung ist pädagogisch höchst problematisch, denn der Eintritt des Kindes in die Schule ist auch sein Eintritt ins öffentliche Leben, und der pädagogische Sinn der Schule besteht nicht zuletzt darin, daß das Kind sich auf diese Weise Zug um Zug von seinen Eltern emanzipieren kann, indem es einen Erfahrungsraum betritt, den die Eltern gerade nicht gestalten und kontrollieren können und aus dem es zu Hause zu berichten und zu erzählen vermag.

Zudem muß sich die Schule als öffentliche Institution auch im inhaltlichen Sinne abgrenzen von der privaten Perspektive der Familie. Die Familie darf in ihren vier Wänden z.B. fremdenfeindliche, rassistische und andere Weltanschauungen verbreiten, jedenfalls kann sie daran niemand hindern; die Schule jedoch ist den universellen Werten der Gesamtgesellschaft wie Toleranz, Gleichbehandlung und Gerechtigkeit verpflichtet. Insofern wird sie auch gebraucht zur Korrektur elterlicher Weltvorstellungen. Unter den Bedingungen der pluralistischen Sozialisation schadet dies den Kindern auch im allgemeinen nicht weiter, weil sie ohnehin Widersprüche zu integrieren gelernt haben.

Die politisch letztlich nicht legitimierbaren Elternvertretungen in der Schule, wie sie heute oft vorzufinden sind, haben die alte politische Einflußnahme durch die politischen Parteien und Parlamente weitgehend abgelöst. Eine pädagogische Begründung dafür liegt im angeblichen Erziehungsauftrag der Schule. Da der Staat jedoch nicht mehr oder jedenfalls nur noch auf einer sehr abstrakten Ebene als oberster Erzieher in einer pluralistischen Gesellschaft in Erscheinung treten kann und insofern ideologisch begründete »Schulkämpfe«, wie sie die Weimarer Zeit bestimmt und in den 70er Jahren noch einmal die Gemüter bewegt haben, historisch gegenstandslos geworden sind, treten die Eltern in die vom Staat hinterlassene Lücke; denn schließlich obliegt ihnen nach dem Grundgesetz (Art. 6) in erster Linie die Erziehung ihrer Kinder. Nun haben aber, wie schon dargelegt wurde, Staat und Gesellschaft diesseits der Strafgesetze – also für den normalen Alltag – die Werte und Normen freigegeben. In dieser Lage können nun die Eltern mit gewissem Recht geltend machen, daß für sie und ihre Erziehung diese Freigabe nicht nur nicht gelte, sondern daß Erziehung im Klima normativer Unverbindlichkeit gar nicht möglich sei; also müsse die Schule in grundlegenden Erziehungsfragen mit ihnen kooperieren. Konflikthaft gerieten in der Vergangenheit denn auch bestimmte Themen, bei denen dieser Erziehungsanspruch in besonderem Maße virulent wurde, z. B. die Sexualerziehung und die politische Erziehung. Insbesondere bei jüngeren Schülern läuft die elterliche Intervention in die Schularbeit über die Schiene des Erziehungsanspruches der Schule, gleichgültig wie hoch dieser tatsächlich eingeschätzt werden darf.

Nun ist die Schule aber faktisch kaum noch in der Lage, die von der Öffentlichkeit unter Führung des Zeitgeistes an sie herangetragenen Erziehungsansprüche zu realisieren. Im Vergleich zu dem, was in der Schule tatsächlich geschieht, was dort Lehrer und Schüler miteinander tun, erweisen sich die in der Öffentlichkeit herumgeisternden Erziehungsansprüche als schlichte Fiktion. Wäre nämlich die Schule noch eine Erziehungsinstitution, dann müßte sich dies ja zumindest in einer gemeinsamen Haltung des Kollegiums gegenüber den Schülern niederschlagen. Jedes Schulkind trifft jedoch auf Lehrer, die nicht nur in politisch-weltan-schaulichen und in normativen Fragen unterschiedlich orientiert sind, die vielmehr auch in der Unterrichtspraxis unterschiedlich reagieren. Der eine fordert strenge Disziplin im Unterricht, der nächste läßt eine gewisse Disziplinlosigkeit zu, weil sie ihm auch ein Zeichen von Kreativität zu sein scheint; ein dritter hält Ko-operationsfähigkeit und Solidarität für wichtiger als abfragbares Wissen, was ein vierter wiederum nicht akzeptiert; ein fünfter wählt die Stoffe so aus, daß sie möglichst emotionale Betroffen-heit bei den Schülern auslösen, ein sechster bevorzugt dagegen Stoffe, die gerade Distanz zur Unmittelbarkeit bewirken sollen. Alle solche Variationen sind subjektiv plausibel begründbar und erfolgen entweder mit erzieherischen Absichten oder haben zu-mindest derartige Implikationen. Aber sie repräsentieren keinen einheitlichen Erziehungswillen der Schule mehr, sondern bringen sich je individuell zur Geltung. Individualisierung und Pluralisie-rung haben also längst auch das Innere der Schule erfaßt. Wer heute mit Schulkindern über ihre Lehrer spricht, die sie an einem Tag erlebt haben, wird diese Beschreibung in ihren Worten leicht wiederfinden – gewürzt mit zustimmenden und ablehnenden Kommentaren. Diese Pluralisierung von Erziehungserfahrungen, die das Kind in der Schule erlebt, muß nun keineswegs pädago-gisch nachteilig sein. Im Gegenteil kann seine soziale Einsicht durch das Erleben verschiedener persönlicher Variationen, wie ein und derselbe Beruf gestaltet wird, ebenso wachsen wie die Fähig-keit, Kommunikationen zu differenzieren, indem die eigene Zu-stimmung oder Distanz dabei produktiv mit ins Spiel gebracht wird: Der Schüler darf auch den einen Lehrer für »besser« halten als den anderen.

»Erziehen« kann die Schule nur noch als Institution, indem sie Verhaltensweisen einfordert, die für die Durchsetzung ihres Zwecks – Unterricht zu erteilen – notwendig sind: ein Mindest-maß an Disziplin, zumutbare Mitarbeit, Verzicht auf – auch ver-bale – Gewalt, Toleranz gegenüber anderen Meinungen und sach-lich fundierten Positionen. Anders gesagt: Die Schule kann nur noch für sich selbst erziehen, aber sie darf hoffen, daß die Verhal-tensweisen, die sie auf diesem Wege herausfordert, auch außerhalb der Schule eine positive Wirkung haben werden. Insofern beruht die erzieherisch begründete Einwirkung der Eltern in die Schule auf einer antipluralistischen Fiktion.

Beschädigte Professionalität

Die Einschränkung des Erziehungsauftrages der Schule ist für das berufliche Selbstverständnis der Lehrer von entscheidender Bedeutung, und der Niedergang des Lehrerberufes wird kein Ende nehmen, solange dessen eigentümliche Professionalität nicht wiederentdeckt wird. Der immer noch auch von vielen Lehrern selbst geltend gemachte umfassende Erziehungsanspruch hat nämlich nicht nur die erwähnte Elternmacht mobilisiert, obwohl er durch den schulischen Alltag längst nicht mehr gedeckt werden kann, er verhindert auch die Ausbildung eines professionellen Selbstbewußtseins. Alle modernen Berufe sind nämlich charakterisiert durch die Partikularität ihres Auftrags, daß sie ihr Handeln auf bestimmte Aspekte der Wirklichkeit – auch der menschlichen – zu begrenzen haben.

Der Kern der beruflichen Tätigkeit des Lehrers ist das Unterrichten, und alles, was er sonst tut, ist darauf bezogen bzw. daraus abgeleitet. Das ist eine begrenzte, jeweils einigermaßen präzisierbare Berufsaufgabe, die aber verunklart wird, wenn sie mit dem Vehikel des Erziehungsbegriffs auf die Gesamtpersönlichkeit des Schülers ausgedehnt wird. Erziehen, so muß dagegen eingewandt werden, kann der Lehrer nur noch in dem Maße, wie dies im Umkreis des Unterrichts möglich ist, wozu natürlich auch gehört, die dafür erforderlichen disziplinarischen Voraussetzungen geltend zu machen. Diese berufliche Spezifität kann er weder mit den Eltern seiner Schüler teilen, noch können diese umgekehrt eine gleichartige Kompetenz für sich in Anspruch nehmen.

Das Gegenteil von professioneller Begrenzung findet sich in den schon erwähnten Konzepten einer »sozialpädagogischen Schule«. Ein Vertreter dieser Auffassung, Peter Struck, fordert z. B., der Lehrer »sollte bereit und fähig sein, den Schüler jederzeit, auch zu ›Unzeiten‹ wie abends, nachts, an Wochenenden und in Ferien, anzuhören, mit ihm zu kommunizieren und zu interagieren«. Die »sozialpädagogische Schule« müsse »einspringen für die Ausfälle an Lebenserfahrung, an Geborgenheit, an Emotionalität, an Kommunikation und an vorgegebenen Orientierungsnormen, die die gesellschaftliche Veränderung mit sich gebracht hat«. Die Schule müsse »sich bemühen, selbstverständliche Lebensformen, die außerhalb ihrer Mauern gepflegt werden, zur Ergänzung und Stützung ihres Unterrichtsbetriebes hineinzunehmen. Dazu gehören das gemeinsame Essen und Trinken von Lehrern und Schülern, das gemeinsame Feiern, das gemeinsame Spielen, das gemeinsame Sporttreiben, das gemeinsame Reisen, das gemeinsame Wohnen, das gegenseitige Besuchen. Lehrer, die viel Zeit in den außerschulischen und außerunterrichtlichen Bereich mit Fahrradtouren oder Zeltlagern, mit Hausbesuchen, mit Einladungen an die Schüler zum Klönen und Kuchenessen, mit gemeinsamen Wochenendfahrten oder Feriengestaltungen, mit der wohnlichen Einrichtung des Klassenraumes, mit einem abendlichen Sport- oder Laienspielkreis, mit gemeinsamen Besuchen von Kinos, Theatern oder Ausstellungen verbringen, sparen sehr viel physische und psychische Kraft im Unterricht« (Struck 1994, S.184 ff.).

Dieser Aufgabenkatalog ist so grenzenlos, daß er einerseits noch weiter ausgedehnt werden könnte – wenn man etwa die Beratung und Betreuung der Eltern noch hinzunähme –, andererseits aber wegen seines Umfangs und wegen seiner Heterogenität für eine präzise Berufsbeschreibung untauglich ist. Lehrersein wird hier als eine Art von totalem Job verstanden, der keine Distanz mehr zwischen privater und öffentlicher Rolle, zwischen Beruf und Familienleben kennt. Das Ganze gerät zur Addition von Wünschen und Erwartungen, die keinen inneren Kern mehr haben. Gewiß ist einiges für sich genommen vernünftig, wenn es nämlich in einem für die Schüler erkennbaren Zusammenhang mit dem Unterricht steht. Warum soll nicht gemeinsam ein Theater oder ein Kino aufgesucht werden, wenn das Stück im Deutschunterricht behandelt wird oder wenn das Thema des Films in den politischen Unterricht paßt?

Das meiste aber, was Struck hier anführt, gehört in den Bereich der außerschulischen Jugendarbeit. Zudem weist der letzte Satz des Zitates auf den eigentlichen Hintergrund hin: Die Schüler seien dem Unterricht zugänglicher, wenn man sich auch außerhalb des Unterrichts um sie kümmere. Wenn das so ist, was ich für die große Mehrheit der Schüler bezweifle, dann käme darin jedoch nur eine infantile Regression auf die ursprüngliche Mutter-Kind-Symbiose zum Ausdruck; in diesem Falle aber müßte eine solche Erwartung im Rahmen der schulischen Ansprüche so schnell wie möglich verlernt werden, weil sie einem angemessenen Zugang zu außerfamiliären sozialen Horizonten überhaupt im Wege steht.

Was vorhin über die didaktischen Einseitigkeiten des reformpädagogischen Zeitgeistes kritisch gesagt wurde, berührt offensichtlich in seinem Kern auch das berufliche Selbstverständnis, die Professionalität des Lehrers. Offensichtlich bleibt es für viele Lehrer unbefriedigend, wenn es sich nur auf die begrenzte Aufgabe des Unterrichts beschränkt. Seine Ausdehnung auf ein darüber hinausgehendes, umfassendes Erziehungsverständnis erst scheint der eigenen Tätigkeit den gebührenden Glanz zu verleihen. Es gehe doch um eine ganzheitliche Sicht des Schülers; denn der Mensch bestehe doch nicht nur aus Verstand, der im Unterricht in erster Linie angesprochen werde. Je düsterer die außerschulische Sozialisation definiert werden müsse, für um so wichtiger müsse doch der Lehrerberuf als ein erziehender angesehen werden. Deshalb erscheint vielen Lehrern der Niedergang ihres öffentlichen Ansehens unverständlich und ungerecht.

Wer mit Lehrern über die Probleme der Schule diskutiert, wird oft die Erfahrung machen, daß sie geradezu fixiert sind auf ihre angebliche Erziehungsaufgabe, die sie sich als ständig umfangreicher werdend vorstellen. Deren Reduzierung auf das mit dem Unterricht Zusammenhängende empfinden sie leicht als Attacke auf ihre berufliche Identität.

Zutreffend ist jedoch das Gegenteil. Solange die Lehrer an ihren umfassenden Erziehungsvorstellungen festhalten, wird die Öffentlichkeit sie auch dafür in Haftung nehmen, und die Eltern werden auf dieser Schiene Ansprüche einklagen, die eigentlich ihrer eigenen Verantwortung unterliegen. Weil ein derart umfassendes professionelles Selbstverständnis unter den Bedingungen der pluralistischen Sozialisation unrealistisch ist, gleichwohl aber auch von der öffentlichen Meinung aufrechterhalten wird, kann es nur immer wieder scheitern; indem die Lehrer daran festhalten, machen sie ihren Beruf zu einem solchen, der notwendigerweise immer wieder im Mißerfolg endet. Die vorhin kritisierten didaktischen Fluchtbewegungen zeigen auch, daß viele Lehrer sich in einem Teufelskreis von unrealistischen Ansprüchen und Selbstbezichtigung bewegen.

»Sie machen sich selbst zum Problem und damit zum Grund für ge- oder mißlingenden Unterricht. Sie kritisieren ihre eigene Ausbildung als zu kopflastig, fachspezifisch und zu wenig pädagogisch-psychologisch orientiert. Sie bemängeln ihre eigene Inkompetenz in Sachen ›Konfliktlösung‹, Umgehen mit ›abweichendem Verhalten‹ und jugendlicher ›Gewaltbereitschaft‹ und landen schließlich beim nachträglichen Fitmachen ihrer werten Person für den berufsgerechten Einsatz derselben« (Gutte, S. 31).

Nur eine konsequente Beschränkung des beruflichen Selbstverständnisses auf Unterricht und auf das, was als dessen Voraussetzung und Umfeld anzusehen ist, kann professionelles Ansehen fundieren. Zwar sind alle Berufe, die mit Menschen und ihren Problemen zu tun haben, darauf angewiesen, sich eine realistische Vorstellung über den ganzen Menschen und die Totalität seines Lebens zu machen. Das gilt nicht nur für Pädagogen, sondern auch z.B. für Ärzte, Psychologen, Rechtsanwälte, Innenarchitekten, Richter und viele andere einschlägige Berufe; wenn sie nur ihren eigentümlichen, spezifischen Handlungsaspekt im Blick haben, steht ihr professioneller Erfolg in Frage. Auch unsere Beschreibung der pluralistischen Sozialisation erfolgte ja zu dem Zweck, sich eine zusammenhängende Vorstellung vom Aufwachsen der Kinder im ganzen machen zu können. Aber keiner der genannten nichtpädagogischen Berufe schließt daraus, daß auch die berufsspezifische Intervention auf die Ganzheit der jeweiligen Person gerichtet sein müsse. Kein erfahrener Psychologe käme auf eine solche Idee, und sogar das moderne sozialpädagogische Berufsverständnis, das doch mit dem ganzheitlichen Elend der Klienten in ganz anderem Maße als die Lehrer tagtäglich konfrontiert ist, hat inzwischen gelernt, sich auf eine jeweils begrenzte Intervention zu beschränken, weil das Leben der Klienten im ganzen gar nicht kontrollierbar ist und weil diese mit dem Gegenteil auch gar nicht einverstanden wären; denn was bei Struck auf den ersten Blick als fürsorgliches Engagement erscheint, ist ja in seiner Kehrseite auch die Wiederherstellung einer massiven Sozialkontrolle des außerschulischen Lebens durch die Schule.

Eine moderne, von vornherein begrenzte pädagogische Professionalität hat jedoch keineswegs, wie vielfach abwehrend befürchtet wird, Gleichgültigkeit gegenüber dem Schüler zur Folge. Im Gegenteil gehören dazu ein hinreichendes Verständnis seiner sozialen und emotionalen Situation, Rücksichtnahme auf erkennbare Schwierigkeiten, Zuwendung, Rat, Ermutigung, Unterstützung und Hilfe, aber unter Aufrechterhaltung professionell begründeter Distanz und daraus resultierender Beschränkung der Einwirkung.

Die endlich angebrachte Kehrtwendung wird allerdings durch die schon erwähnte Tatsache behindert, daß der übliche Generationswechsel nicht zum Zuge kommt. Das Durchschnittsalter vieler Kollegien liegt bei 50 Jahren. Lehrer, die seit Jahrzehnten ein bestimmtes, z. B. durch die 68er-Erfahrung geprägtes pädagogisches Konzept verfolgt haben, können nicht so einfach umdenken, ohne bei den Schülern unglaubwürdig zu werden oder ohne ihre professionelle Identität in Frage zu stellen. Überalterung und fehlende Generationsmischung der Kollegien schaden der Schule und vor allem den Schülern mehr, als die Öffentlichkeit und vor allem die Bildungspolitiker wahrhaben wollen, deren Aufmerksamkeit in erster Linie auf die »Versorgung« der Schüler mit Unterrichtsstunden gerichtet ist.

Bildungspolitische Konsequenzen

Da über das, was in der Schule geschieht, nicht nur dort, sondern auch auf der politischen Ebene entschieden wird, schließen sich folgerichtig einige bildungspolitische Schlußfolgerungen an, die als Leitmotive einer mittelfristigen Strategie dienen, die aber natürlich nicht die Bildungspolitik im ganzen jetzt zum Thema machen können.

1. Die Selektionsfunktion der Schule, wie sie sich in ihren Leistungsbewertungen und Abschlußzeugnissen ausdrückt, kann sowohl unter demokratischen als auch vor allem unter pädagogischen Aspekten nur hingenommen werden, wenn keine Schul- und Bildungsentscheidung unwiderruflich bleiben muß. Zu Recht wird immer wieder darauf hingewiesen, daß die Entscheidung nach dem sechsten oder gar schon nach dem vierten Schuljahr für einen weiterführenden Bildungsweg (Gymnasium) oder für die Haupt- bzw. Realschule für viele Kinder zu früh erfolgt, wobei es ganz gleichgültig ist, ob dafür schichtenspezifische Retardierungen maßgeblich sind oder einfach nur verzögerte Entwicklungstempi.

Jedenfalls haben sich Prognosen über den künftigen Schulerfolg als ziemlich ungenau erwiesen. Etwa ein Drittel der Empfehlungen am Ende des vierten Grundschuljahres für den Besuch der Hauptschule, der Realschule oder des Gymnasiums haben sich als Fehleinschätzung herausgestellt.

Jedenfalls muß eine Korrektur von Bildungsentscheidungen bis weit ins Erwachsenenalter möglich sein. Davon kann gegenwärtig allenfalls in der Theorie die Rede sein. Immer noch ist unser Bildungswesen so konstruiert, daß die Selektion im Kindes-, spätestens im Jugendalter stattfindet. Selbst die Universitäten sind noch kaum darauf eingerichtet, daß Erwachsene, die vielleicht ein Jahrzehnt Berufserfahrung hinter sich haben, sich dort weiter qualifizieren können. Und der »zweite Bildungsweg«, der bereits Erwerbstätigen erlauben soll, das Abitur nachzuholen und danach eventuell zu studieren, ist immer noch mit unnötigen Hürden versehen. Die »Ungerechtigkeit«, die darin liegen mag, daß ein

Schüler den rechtzeitigen Anschluß an das weiterführende Bildungswesen verpaßt, weil er oder die Lehrer oder seine Eltern seine Begabungen falsch einschätzten oder weil er ein »Spätentwickler« ist, also erst später merkt, daß ihn eine höhere Qualifizierung doch zu interessieren vermag, kann eigentlich nur dann akzeptiert werden, wenn Korrekturen der früher getroffenen Bildungsentscheidung ohne unnötige Behinderungen möglich sind. Ob dies realisiert wird durch Seiteneinstiege in das bestehende Bildungssystem oder durch die Etablierung eines eigenständigen zweiten Systems, das über eine zunehmende berufliche Weiterqualifizierung verläuft, ist eine eher organistorische Frage. Jedenfalls wird das gegenwärtige Bildungssystem der Notwendigkeit einer möglichst individuellen Entwicklung der Fähigkeiten möglichst vieler Bürger nur wenig gerecht, weil es dafür zu unflexibel ist. Die nötige Revision wird deshalb schwierig sein, weil alle am gegenwärtigen System beteiligten Nutznießer – die Administration wie die betroffenen Berufsverbände – mit ihren Interessen fest in ihm verankert sind, während die »Kunden« keine Lobby haben. Wahrscheinlich wird ein Wandel nur dadurch möglich werden, daß das erstarrte System durch zunächst begrenzte Schul- und Hochschulversuche aufgelockert wird, wodurch miteinander konkurrierende Formen entstehen können.

2. Unter dem Aspekt der optimalen individuellen Förderung des Kindes muß bedenklich stimmen, daß die Hauptschule inzwischen austrocknet; die Eltern versuchen zunehmend, ihre Kinder zumindest auf die Realschule zu schicken. Die Sonderschulen etwa für »Lernbehinderte« sollen – so wird vielfach gefordert – abgeschafft werden. »Integration« der leistungsfähigen mit den weniger leistungsfähigen Schülern heißt die sozialromantische Parole, die vom Zeitgeist mit Beifall quittiert wird. Aber dient dies wirklich den Schwächeren? Es gibt inzwischen Erfahrungen mit Schülern, die den Hauptschulabschluß nicht geschafft hatten und anschließend in einem Kursus diesen Abschluß in Zusammenarbeit mit Betrieben nachholten. Der Erfolg beruhte offensichtlich darauf, daß die meisten dieser Schüler durch die Begegnung mit »handfesten« Aufgaben eines Betriebes sowohl motiviert als

auch geistig in die Lage versetzt wurden, den Hauptschulabschluß doch noch zu erreichen. Die gegenwärtige Tendenz nach immer höheren Schulabschlüssen bricht jedoch solche Überlegungen ab, denn ihre Leitvorstellung ist das Abitur, das im wesentlichen auf verbalen Fähigkeiten beruht. Wessen Abschluß darunter bleibt, gilt per se schon als ein Schüler zweiter Klasse. Mit anderen Worten: Wir favorisieren zunehmend ein Schulsystem, das die Fähigkeiten, die ein großer Teil der nachwachsenden Generation hätte, gar nicht zur Kenntnis nimmt, sondern gerade das von ihnen erwartet, was sie nicht können, nämlich verbalisierende Abstraktionen. Es gibt nicht wenige Hauptschüler, die kaum den Abschluß schaffen, aber Fahrräder und sogar Autos reparieren und – im landwirtschaftlichen Betrieb ihrer Eltern – den Trecker fahren. Gemessen daran müssen ihnen die »handlungsorientierten« didaktischen Inszenierungen der Schule – wenn da z.B. irgend etwas gebastelt werden soll – als pädagogische Mätzchen erscheinen. Wenn es jedoch Aufgabe der Schule ist, die Fähigkeiten der Schüler zu fördern, soweit dies mit ihren Mitteln möglich ist, muß ihr Angebot so differenziert sein, daß sie nicht nur einen bestimmten Begabungs- bzw. Lerntypus fördert, wie dies zunehmend der Fall geworden ist. Bis in die 60er Jahre hinein war diese Einsicht auch nicht unbekannt, als die Volks- bzw. Hauptschule von einer »praktischen« Begabung ihrer Schüler ausging und davon, daß ein Schüler nicht erst durch das Abitur zum vollen Menschen wird. Der danach folgende »Bildungswahn« hat die Schule erst zum Ort der sozialen Ausgrenzung gemacht, obwohl das Gegenteil beabsichtigt war. Alle Bildungsförderung konnte seitdem nicht darüber hinwegtäuschen, daß die Begabungen, Fähigkeiten und Bildungsmotive von Schülern sehr unterschiedlich sein können, woran immer das liegen mag – ob etwa eher an den Genen oder an Umwelteinflüssen. Ob die notwendige Differenzierung des Schulangebotes besser unter dem gemeinsamen Dach einer Gesamtschule aufgehoben ist oder in unterschiedlichen Schulsystemen, mag hier offenbleiben. Jedenfalls müssen wieder unterschiedliche Begabungsmaßstäbe gelten, nämlich solche, die den verschie- denen Lerntypen auch angemessen sind, denen sie bei gutem Willen auch entsprechen können; es nützt sogenannten lernschwachen Schülern nichts, wenn sie in zusätzlichen Kursen getrimmt werden, bloß um sich doch wieder am Abitur-Ideal oder an einem seiner Vorstufen (z. B. Realschulabschluß) zu orientieren. Das gegenwärtige Schulsystem produziert massenhaft »Schulversager« wie keines davor, und alle spielen dieses Spiel mit: die Politiker, die Lehrer, die Eltern und inzwischen auch viele Arbeitgeber. Kaum jemals zuvor hat eine pädagogische Ideologie so vielen Schülern ge- geschadet wie die, die dem gegenwärtigen Schulwesen zugrunde liegt.

In diesem Zusammenhang muß auch das bereits erwähnte »duale System« der Berufsausbildung stärker beachtet werden. Seine Kombination von praktischer und schulisch-systematischer Unterweisung ist für viele Jugendliche geeigneter, ihre Fähigkeiten zu entfalten, als wenn sie höhere allgemeinbildende Schulen besuchen. Wenn sich, wie es den Anschein hat, für viele Betriebe die Ausbildung nicht mehr rechnet und sie sich deshalb daraus zurückziehen, muß der Staat einspringen; denn die Hochschulabsolventen stellt er der Wirtschaft ja auch kostenlos zur Verfügung.

3. Flexibilisierung ist jedoch auch im Hinblick auf das Lerntempo des einzelnen Schülers angesagt; insofern sie dies anstreben, haben die kritisierten reformpädagogischen Konzepte recht. Nicht vertretbar ist allerdings, die Lösung darin zu sehen, daß alle Schüler sich nach dem Tempo der Langsamen richten sollen, weil auch die Begabteren das Recht haben, optimal gefördert zu werden, und nicht in eine soziale Zwangshaft genommen werden dürfen. Sozialromantik hat noch nie den Schwächeren geholfen. Schon die Orientierungsstufe, die das fünfte und sechste Schuljahr umfaßt, ist für die problemlos Lernenden unterfordernd und insofern weitgehend unergiebig. Beispielhaft sind dagegen Überlegungen, das Abitur nach 12 wie auch nach 13 Schuljahren ablegen zu können. In der handwerklichen Berufsausbildung gibt es Modelle, nach denen die Ausbildung in längerer oder kürzerer Zeit absolviert werden kann. Organisatorisch gesehen sind solchen Bemühungen gewiß Grenzen gesetzt, aber sie weisen in die richtige Richtung. Zumindest besondere Förderkurse lassen sich in jeder Schule einrichten. Eine innere Differenzierung des Schulwesens nach Leistungsstandards ist aktuell wie eh und je.

4. Die Schulen müssen wieder organisatorisch wie rechtlich in die Lage versetzt werden, ihren öffentlichen Bildungsauftrag auch gegen den Willen von Eltern und solcher politischer Gruppen, die sich ihrer für ihre eigenen Ziele bedienen wollen, zu begreifen und durchzusetzen. Daß z.B. Unterricht nicht durch Disziplinlosigkeit regelrecht blockiert wird, muß zum Normalfall werden. Geschieht dies nicht, dann ist abzusehen, daß diejenigen Eltern, die sich dies leisten können, ihre Kinder aus den normalen Schulen abziehen und für sie solche Schulen erzwingen werden, in denen sie nicht die Zeit mit weltfremden pädagogischen Experimenten vergeuden. Wünschenswert wäre eine solche Entwicklung nicht, aber sie wäre angesichts des gegenwärtigen Schuldesasters verständlich. In diesem Falle bekämen wir eine neue »Klassenschule«, die der des 19. Jahrhunderts nicht unähnlich wäre, aber sich nun nicht mehr in erster Linie ökonomischer Zwänge, sondern einer pädagogischen Ideologie verdanken würde. Das zunehmende Interesse an Privatschulen bestätigt diese Tendenz.

5. Revidiert werden muß unter Beibehaltung eines angemessenen Leistungsanspruchs die Manie der Administration, unentwegt Stoffmengen im Sinne des erwähnten »Kanon-Mythos« in die Welt zu setzen. Im Zeitalter der pluralistischen Sozialisation und der damit verbundenen Optionen und offenen biographischen Perspektiven ist diese Vorstellung weltfremd geworden. Die Studierfähigkeit eines Abiturienten hängt nicht von der Summe der in seinem Hirn gespeicherten Wissensmengen ab, sondern von seiner formalen Fähigkeit, sich Wissen zu beschaffen und sich geistig flexibel auf neue Anforderungen einzustellen. Und der Hauptschulabgänger ist nicht schon deshalb berufsuntüchtig, weil er sich nicht druckreif ausdrücken kann. Schulisches Lernen ist kein Selbstzweck, sondern ausgerichtet auf die Fähigkeit, unter neuen Bedingungen und Situationen weiterlernen zu können. Ein Qualitätsbeweis ist deshalb niemals die Menge des Gelernten, sondern der dabei gewonnene Tiefgang und ob es zum selbständigen Weiterlernen taugt. Die Lernstoffe als solche können schnell veralten, übertragbar auf weitere Lernprozesse sind aber die formalen Fähigkeiten einschließlich übrigens der Disziplin und

Selbstdisziplin, die dabei erworben werden konnten. An diesem Punkte hat die Reformpädagogik immer recht gehabt. Wer heute eine vernünftige, dem Individualisierungsprozeß der Kinder dienliche Schule will, muß sich dafür einsetzen, daß sie in Geduld und Gelassenheit und ohne unnötigen Stoffdruck ihren Unterricht gestalten kann. Im Zeitalter der Massenmedien und des Computers ist die Schule nicht mehr die einzige öffentliche Instanz, von der Wissen und Informationen zu bekommen sind. Alle Versuche, von den Wissensmengen her den Schul- und damit den Lebenserfolg zu versprechen oder gar zu garantieren, sind Interessentengeschwätz und sachlich und didaktisch unsinnig. Solche Verfahren sind nur überzeugend auf dem Hintergrund einer konsensfähigen Bildungstheorie, und die ist mit dem Ende des Bildungsbürgertums einstweilen verloren.

Stoffkataloge können nur noch pragmatisch vereinbart werden, und das einzige plausible Auswahlkriterium dafür ist ihre allgemeinbildende Bedeutung: Welches Stück der Welt machen die Stoffe fürs erste zugänglich, so daß man von ihrer Kenntnis aus unter Nutzung der öffentlichen Informationsmittel weiterlernen kann, wenn man es will bzw. wenn man es braucht? Auch dafür gibt es zwar keine konsensfähige pädagogische Theorie, aber deshalb bedarf es auch keiner ideologischen Aufgeregtheit mehr, wie sie noch die Lehrplandiskussionen der 70er Jahre beherrschte. Die aufgeblähten Lernzielkataloge sollten drastisch reduziert werden zugunsten der Beschreibung von Themen und Stoffen sowie der durch ihre Bearbeitung zu lernenden formalen Fähigkeiten. Dabei sollte auf »erzieherisch« gemeinte Wunschlisten verzichtet werden.

Die Wiederentdeckung der Allgemeinbildung kommt nicht von ungefähr, nachdem selbst die Berufsausbildung sich als um so wirksamer erwiesen hat, je unspezifischer sie angelegt ist. Unmittelbare »Verwertbarkeit« kann in einer sich ständig verändernden Welt nicht einmal mehr auf Hochschulebene direkt und strikt ins Visier genommen werden; sie ist auf der Grundlage einer möglichst weitreichenden geistigen Disponibilität immer nur in Anlernprozessen möglich.

6. Deshalb sollten sich auch diejenigen politischen Parteien und Berufsverbände, die sich für besonders »fortschrittlich« in dieser Frage halten, nicht mit einer bestimmten schulpädagogischen Ideologie verbünden, sondern die bildungspolitischen Maximen von ihren pädagogischen Realisierungsversuchen wieder trennen. Die demokratische Begründung für unser gesamtes Bildungswesen kann nur darin bestehen, daß es in bestmöglicher Weise jedem Kind die Chance zur Entfaltung seiner Fähigkeiten gewährt, soweit dies durch Unterricht überhaupt möglich ist. Ob dies aber z. B. optimal in einer bestimmten Schulform wie der Gesamtschule oder im Rahmen eines bestimmten didaktischen Konzeptes geschehen kann und soll, ist eine daran gemessen technisch-organisatorische Frage, die immer wieder neu beantwortet werden muß.

7. Nicht wenige Pädagogen und auch Bildungspolitiker sehen eine Chance für notwendige Revisionen darin, daß die einzelne Schule ein größeres Maß an Autonomie erhält, so daß sie ihren Stunden- und Stoffplan, ihren Haushalt und vielleicht sogar ihre Personalpolitik – z. B. die Einstellung von Lehrern – weitgehend selbst entscheiden kann (vgl. Daschner u.a.).

Selbst wenn, wie es rechtlich unabdingbar ist, ein Mindestmaß an staatlicher Einflußnahme etwa zur Sicherung der Chancengerechtigkeit und der Gleichheit der Lebensverhältnisse dabei erhalten bliebe, ist Vorsicht angebracht; denn die damit verbundene Lokalisierung der Schulpolitik würde auch den Elterneinfluß noch verstärken, den kritisierten Distanzmangel zwischen Schule und Familie noch vergrößern und damit den öffentlichen Charakter der Schule als Institution weiter mindern; eine borniert Regionalisierung des pädagogischen Denkens unter dem Diktat des Zeitgeistes könnte vielfach die Folge sein. Die Lehrer würden dann unter Umständen noch mehr dem Druck der lokal dominierenden Elternschaft ausgesetzt, sich diesem vielleicht anpassen und dienstbar machen und somit die Schule noch mehr in eine weltfremde Idylle überführen. Abgesehen davon bestünde die Gefahr, daß der Staat sich z.B. finanziell aus der Verantwortung zurückzieht. Eine Autonomisierung der Schule, die in der Tat eine

Reihe von Vorteilen bringen könnte, ist nur vertretbar, wenn dabei ihre Stellung gegenüber den Eltern wieder gestärkt wird.

8. Auch die Schuladministration muß im Hinblick auf ihre Kompetenz wie auf ihre Effektivität einer Revision unterzogen werden. Dabei darf jedoch nicht außer acht gelassen werden, daß eine ihrer wichtigsten Aufgaben ist, das Schulehalten abzusichern, es gegen unzulässigen Druck und falsche Erwartungen aus der Öffentlichkeit wie aus der Elternschaft zu verteidigen und somit auch die Lehrer zu schützen. Dafür ist ein unnötig aufgeblähter Apparat eher hinderlich, von seinen Kosten ganz abgesehen. Die immer wieder aus den Schulen zu hörenden Vorwürfe über aufgabenwidrige, sinnlose und hinderliche bürokratische Gängelungen müssen ernst genommen und einer öffentlichen Diskussion unterworfen werden.

9. Die Feminisierung der Lehrberufe sollte quantitativ begrenzt werden. In einer Schule sollten etwa 40% der Lehrkräfte Männer bzw. Frauen sein. Zumindest im Bereich der Grund-, Haupt- und Realschulen sind inzwischen die Jungen im Vergleich zu den Mädchen insofern benachteiligt, als Männer in ihrem Leben eine zu geringe Rolle spielen. Viele Jungen wachsen heute bei alleinerziehenden Müttern auf und treffen in Kindergarten, Grundschule, Haupt- und Realschule ebenfalls überwiegend auf Frauen. Sie brauchen aber gerade in der Schule auch männliche Lehrer, um sich an ihnen abarbeiten und dadurch eine souveräne Geschlechtsidentität gewinnen zu können. Rein fachlich gesehen ist der Unterschied natürlich bedeutungslos, aber offensichtlich spielen geschlechtsspezifische Nuancen im unmittelbaren Umgang doch eine größere Rolle, als in den letzten Jahrzehnten angenommen wurde, wie auch die in die gleiche Richtung weisenden Bestrebungen zeigen, Mädchen zumindest zeitweise und in bestimmten Fächern wieder getrennt von den Jungen zu unterrichten. Die Koedukation der Geschlechter war eine jener früheren großen Integrationsaufgaben der Schule, weil sonst das historisch entstandene Bildungsprivileg der Jungen und jungen Männer nicht hätte gebrochen werden können. Da dies inzwischen

geschehen ist, kann man über die Frage der Verteilung der Geschlechter unter den Lehrern wie unter den Schülern pragmatisch neu nachdenken.

2. Familie – Ort sozialen Lernens

Die Schule läßt sich bis zu einem gewissen Grade in eine gewünschte Form verfassen, weil sie im Kern eine zweckrationale
Einrichtung der Gesellschaft ist wie andere Institutionen auch.
Deshalb ergeben bildungspolitische Diskussionen über sie auch
einen Sinn.

Die Familie dagegen ist von ganz anderer Art. Sie ist im engeren Sinne eine Lebensgemeinschaft von Erwachsenen und Kindern »rund um die Uhr« und im weiteren Sinne eine nicht an einen einzigen Ort gebundene Struktur von mehr oder weniger
nahen menschlichen Beziehungen, die durch verwandtschaftliche
Bande zusammengehalten werden. Im folgenden interessiert nur
die engere Fassung des Begriffs, weil es um das Alltagsleben der
Kinder im Rahmen des Pluralismus geht. Im Unterschied zur
Schule muß die Familie im wesentlichen so hingenommen werden, wie sie ist. Sie ist ein Teil des gesellschaftlichen Lebens, und
ihre innere Verfassung spiegelt gesellschaftliche Veränderungen
besonders sensibel wider. Zwar wirkt die Gesellschaft mannigfach
auf sie ein durch rechtliche Bestimmungen, durch ökonomische
und politische Vorgaben, aber ihren Kern, die Qualität ihres alltäglichen Lebens und vor allem auch ihre pädagogische Kompetenz vermag sie nicht zu bestimmen und deshalb auch nicht zu garantieren.

Über Familie zu sprechen ist deshalb besonders schwierig, weil sie
– anders als die Schule – tief in den Emotionen der Menschen verankert ist, – gleichgültig ob das eigene Zuhause als Stätte des
Glücks oder eher des Unglücks erfahren wird. Zwar sind solche
Erfahrungen subjektiv und deshalb kaum objektivierbar – auch
mit noch so vielen wissenschaftlichen »Erklärungen« kann man
niemandem weismachen, daß er glücklich oder unglücklich mit
seiner Familie sei –, aber gerade deshalb können sie so leicht öffentlich mobilisiert werden. Die psychoanalytische Rückblende in
die Kindheit – als Kern der therapeutischen Methode – hat das
immer wieder bewiesen, wobei der Skeptiker sich fragen mag, ob

dabei nicht allzuoft auch frühere Konflikte »aufgedeckt« werden, die im wörtlichen Sinne nur »herbei-geredet« wurden, um aktuelles Versagen des Erwachsenen auf eine Weise zu erklären, die ihn selbst entschuldigt.

Wegen der besonderen emotionalen Bedeutung der Familie sind auch wissenschaftliche Forschungen über sie mit Vorsicht zu bewerten. Schon oft ist sie totgesagt bzw. -gewünscht worden, hat sich jedoch immer wieder, wenn auch verändert, als höchst lebendig erwiesen. Gegenwärtig ist viel von ihren Erziehungsdefiziten die Rede, andererseits wird sie hofiert, wenn es um ihre Mitbestimmung in der Schule geht. Sie präsentiert sich heute in verschiedenen Formen wie Zweitfamilie, Stieffamilie, Adoptionsfamilie, Ein-Elternteil-Familie, und die klassische Normalform der Erstfamilie, in der ein Paar gemeinsam gezeugte Kinder aufzieht, lebenslang zusammenbleibt und somit sich dauerhaft in einen größeren Familienzusammenhang einfädelt, scheint zumindest statistisch rückgängig zu sein. Galten in früheren Jahrzehnten alle anderen Familienformen als abweichend von der Normalform und somit auch als problematisch für das Aufwachsen der Kinder in ihr, so finden wir heute eine Fülle von Variationen einschließlich des unverheirateten Paares mit Kindern vor, die gewiß jeweils unterschiedliche Chancen und Schwierigkeiten der Lebensbewältigung haben, die aber kaum mehr als von der Norm abweichende Sonderformen verstanden werden (vgl. Nave-Herz).

Verunsicherungen

Diese Entwicklung hat frühere Diskriminierungen beseitigt, aber auch Verunsicherungen darüber hinterlassen, was nun für den einzelnen als Norm zu gelten habe. Sie betreffen schon die Erwachsenen in ihrem Paarverhältnis und erst recht natürlich die Frage, wie die gewählte oder auch unfreiwillig eingegangene Familienform – etwa der Alleinerziehung – im Hinblick auf das Wohl der davon betroffenen Kinder zu beurteilen bzw. wie eventuelle Defizite zu beheben oder wenigstens zu kompensieren seien.

Die folgenden Überlegungen können das Thema »Familie«

nicht in seiner ganzen Komplexität erfassen; weder ihre unterschiedlichen Formen noch ihr Innenleben stehen hier zur Debatte. Es geht vielmehr um das Verhältnis der Familie zu den anderen erwähnten Sozialisationsfaktoren – betrachtet aus der Perspektive des Kindes und seines Aufwachsens. Dabei müssen vor allem drei Aspekte der pädagogischen Verunsicherung erörtert werden, denen die Familie heute nicht zuletzt unter dem Druck der Medienbotschaften und damit des Zeitgeistes ausgesetzt ist: die erzieherische Überforderung, die emotionale Übersteigerung und das Verhältnis zur Schule.

1. Auch die Familie ist – wie die Schule – nur einer der Sozialisationsfaktoren, mit denen das Kind zu tun hat, und sie kann die Wirkung der übrigen nur in begrenztem Maße beeinflussen. Darin drückt sich nur in neuer Form die bekannte Tatsache aus, daß das Kind vom Tage seiner Geburt an seine Herkunftsfamilie verläßt. Während es zunächst total auf die Fürsorge der zuständigen Erwachsenen angewiesen bleibt, wird diese im materiellen, vor allem aber im sozialen und emotionalen Sinne immer entbehrlicher. Jedes Stück des Selbständigwerdens ist auch ein Stück Emanzipation von der Familie. Das war schon immer so, aber früher, unter den Bedingungen einer nicht-pluralistischen Sozialisation, war der soziale und gesellschaftliche Horizont dafür durch die Herkunft begrenzt und weitgehend vorgegeben. Im Rahmen der pluralistischen Sozialisation sind nun die außerfamiliären Sozialisationsinstanzen unentbehrlich geworden, weil sie die Familienerfahrungen durch andere an anderen sozialen Orten (Schule, Gleichaltrigen-Szene, Freizeitsystem) relativieren und ergänzen können; ohne sie könnte sich die Emanzipation von der Familie gar nicht konkret vollziehen, sie hätte einfach keine realistischen Anknüpfungspunkte. Individualisierung in einer Welt des Pluralismus und der Optionen wird also erst durch das Balancieren zwischen den unterschiedlichen Sozialisationserwartungen möglich. Je älter das Kind wird, umso weniger kann die Familie diesen Individualisierungsprozeß im ganzen steuern oder gar gestalten. Versucht sie dies dennoch, z.B. durch ständige, nicht nur gelegentlich unmißverständlich Grenzen setzende Gebote und

Verbote, so nimmt sie dem Kind die Möglichkeit zur zunehmenden Autonomie; denn diese spielt sich nicht in der Innerlichkeit seiner Seele primär ab, sondern ergibt sich durch Tätigsein im Rahmen der ihm zugänglichen sozialen Orte.

Die Familie ist also keineswegs mehr »die Keimzelle des Staates« bzw. der Gesellschaft. Zwar bleiben soziale und emotionale Grunderfahrungen, die das Kind in der Familie machen kann, auch wirksam für die Art und Weise, wie es sein gesellschaftliches Leben einzurichten trachtet. Aber schon in den 50er Jahren hatte Helmut Schelsky in seinem Buch *Die skeptische Generation* einen sozial-strukturellen Widerspruch zwischen der Familie und den gesellschaftlichen Großorganisationen festgestellt. In der Familie werde das Kind in seiner menschlichen Ganzheitlichkeit akzeptiert, in den Großorganisationen würde dagegen partikulares Rollenhandeln von ihm erwartet; deshalb könne das Kind in der Familie auch nicht alles lernen, was es zu seiner gesellschaftlichen Selbstbehauptung brauche, und der Soziologe Eisenstadt hat dann die jugendliche Gleichaltrigen-Gruppe als Zwischenglied zwischen familiären und gesellschaftlichen Strukturen und Erwartungen gedeutet, als eine Gesellungsform, in der zwischen beiden vermittelt werden könne. In der Gleichaltrigen-Gruppe finden sich demnach diejenigen zusammen, die die gleichen Probleme im Übergang von der Kindheit zum Erwachsenenstatus haben.

Der Sozialisationsfaktor Familie kann also weder durch andere vollständig ersetzt werden, noch kann er die anderen einfach entbehrlich machen. Die Familie vertritt nur sich selbst, nicht den Sozialisationsprozeß im ganzen, mag sie auch von Eltern und Kindern als einzigartige Sozialität erlebt werden. Lernen können Kinder in der Familie nur das, was sie dort auch brauchen, und was sie dort nicht brauchen, lernen sie auch nicht.

2. Die soziale Bedeutung der Familie wird heute im allgemeinen zugunsten der emotionalen unterschätzt. Nur in der Familie lebt das Kind rund um die Uhr mit anderen Menschen zusammen, nur hier hat es seinen fraglosen Platz »in guten wie in schlechten Zei-

ten«, nur hier ist es »zu Hause«, wird es in seiner ganzen Menschlichkeit akzeptiert. Für alle anderen Sozialisationsfaktoren, mit denen es in Berührung kommt, gilt dies so nicht, sie sind zeitlich begrenzt und interessieren sich nur für Teilaspekte seiner Persönlichkeit (für bestimmte »Rollen« und damit verbundene Leistungen, die von ihm erwartet werden). Das muß auch, wie schon begründet wurde, für die Schule gelten.

Diese Skizze einer unbedingten sozialen Zuverlässigkeit ist natürlich idealisiert, aber sie kennzeichnet doch das, worauf es ankommt, und es ist etwas, was jeder Erwachsene Kindern gegenüber im Prinzip auch gewähren kann, ohne emotionalen Suizid begehen zu müssen. Natürlich setzt dies ein Minimum an Zuwendung voraus. Aber eine emotional übertriebene »Kindesliebe« geht am Kern der kindlichen Bedürfnisse vorbei, zumal wenn sich auch nicht-leibliche Eltern (Stief- und Pflegeeltern) ihr verschreiben wollen oder sollen, was nicht selten zu verqueren Gemütsverfassungen führt. Sowohl aus der wissenschaftlichen Literatur als auch aus der Lebenserfahrung ist hinreichend bekannt, wie »machtvoll« emotionale Umklammerungen sein können, wenn sie vom Stärkeren zum Schwächeren hin erfolgen. Die Überschätzung der emotionalen Dimension bringt ein Bedürfnis der Erwachsenen zum Ausdruck, nicht der Kinder; sie ist ein Produkt des Zeitgeistes und geht mit zunehmender Ignorierung der ökonomisch-sozialen Bedingungen einher, weshalb sie auch überwiegend in Mittelschichtfamilien anzutreffen ist, deren Kinderwunsch gewissermaßen auch materiell kalkuliert ist: Man kann sich Kinder »leisten«. Für »schlechte Zeiten« ist diese Emotionalisierung wenig geeignet, sie ist ein Luxus, der eine wirtschaftliche Prosperität voraussetzt, wie sie die alte Bundesrepublik mit unaufhaltsamer Tendenz nach oben zu bieten schien.

Die historisch ältere Bindekraft der Familie ist eine soziale, geprägt durch die Notwendigkeit des Zusammenhaltens auch in schlechten Zeiten, die allen Mitgliedern, auch den Kindern, Einschränkungen zugunsten der Gemeinschaft abverlangte. Nun ist gestiegener Wohlstand gewiß nicht per se von Übel, aber bisher hat er die Beziehung von Eltern und Kindern in diesen Schichten eher korrumpiert. Die Kinder sind vielfach zum emotionalen

Konsumgut geworden, zum Prestigeobjekt, in das materiell wie emotional investiert wird wie in ein vielversprechendes Geschäft. Dafür geben sie den Ton an als Mittelpunkt des familiären Konsumlebens, worauf sich die Werbespots längst eingestellt haben. Zum Preis dafür wiederum werden sie in anspruchsvolle Schullaufbahnen gedrängt, ob sie nun deren Anforderungen gewachsen sind oder nicht, und zum Ausgleich für diese Zumutung werden sie von der Mitverantwortung für das Gemeinschaftsleben der Familie – z. B. von der Mitverantwortung am und im Haushalt – entbunden; dafür ist Mutter da, die sich allenfalls mit Vater über den Abwasch streitet, weil es der Feminismus so will. So wachsen die Kinder pflichtlos in ihrer Familie heran, und mit dieser Erfahrung gehen sie dann in die Schule. Wo sie sich dagegen an den Aufgaben der Familiengemeinschaft beteiligen müssen, dort gewinnen sie deswegen auch einen selbständigen Status, ein Stück Autonomie gegenüber ihren Eltern. Die unter dem Diktat der höchstmöglichen emotionalen Versorgung der Kinder arrangierten Familienbeziehungen machen nicht nur über kurz oder lang die Beziehung der Eltern brüchig, sie sind auch ein Alptraum für das Kind selbst. Wie soll es denn – Tag und Nacht umzingelt von der »Liebe« Erwachsener – zu sich selbst finden? Was würde wohl aus einer ehelichen Beziehung, wenn die Partner einander derart belauern würden, bestrebt, sich keine Lebensäußerung des anderen entgehen zu lassen, immer auf pausenlose Kommunikation bedacht?

Die Überschätzung der emotionalen Beziehung zum Kind hat das Kindsein seiner naturwüchsigen Selbstverständlichkeit beraubt, in der es – geschützt durch einen Rahmen physischer und sozialer Sicherheit – sich frei bewegen könnte. Kinder gehören selbstverständlich zum Leben der Familie, aber sie dürfen nicht zu derem kultischen Mittelpunkt werden, wie es D. Dieckmann beschreibt und wie Beispiele aus dem Alltag immer wieder zeigen. Kinder brauchen vor allem soziale Zuversicht, die Erfahrung, daß es morgen zu Hause so sein wird, wie es gestern war, aber auch, daß sie in irgendeiner Weise auch daheim gebraucht werden.

Nun ist aber gerade diese soziale Selbstverständlichkeit durch die Zunahme der Scheidungen – und vor allem auch der Erfahrungen, die diesem Schritt fast immer vorausgehen – vielfach in Frage gestellt. An dieser Tendenz läßt sich weder durch politische noch durch pädagogische Interventionen wesentlich etwas ändern. Klarheit sollte aber darüber bestehen, daß es der *soziale* Zusammenbruch der Familie ist, der die Bedürftigkeit der betroffenen Kinder angreift und deshalb zum Trauma werden kann und daß es primär nicht um die Beziehungskisten der Eltern geht. Selbst wenn in der eigenen Familie (noch) alles zu stimmen scheint, wird die soziale Zuversicht schon dadurch bedroht, daß die Kinder zum Beispiel in ihrer Schulklasse den Kollaps anderer Familien mitbekommen. Abgesehen davon, daß es zur Milderung eines solchen Traumas inzwischen produktive Beratungsstrategien gibt, folgt aus der sozialen Destabilisierung der heutigen Familie, daß die Kinder nicht über Gebühr emotional an sie fixiert bleiben sollten. Die soziale Geborgenheit sollte jedoch – wie schon erwähnt – auch nach einer Trennung der Eltern nach Möglichkeit erhalten bleiben, was aber oft an der Überschätzung der emotionalen Ansprüche scheitert.

3. Schon wegen der pädagogischen Grenzen, die der Familie heute im Rahmen des Pluralismus gesetzt sind, kann die Schule von der Grundschule an nicht die Fortsetzung des elterlichen Erziehungswillens mit anderen Mitteln sein. Hinzu kommt die schon erwähnte Tatsache, daß die Schule eine Institution des öffentlichen Lebens, also der ganzen Gesellschaft ist. Daraus wiederum folgt, daß der schulische Unterricht sich nicht an das halten muß, was die Eltern zu Hause an Weltsicht ihren Kindern vermitteln, sie kann und darf dazu auch in einen Gegensatz treten. Schule ist auch dazu da, die Borniertheit der Familie zu überwinden, die sich z.B. in fremdenfeindlichen oder antisemitischen Ressentiments äußern kann. Der Eintritt in die Schule ist der Eintritt des Kindes ins öffentliche Leben, und mit diesem Akt wird der Alleinerziehungsanspruch der Eltern gebrochen. Das gilt selbst dann, wenn die Eltern ihr Kind auf eine ihnen genehme Weltanschauungsschule schicken, denn auch diese muß sich bestimmten Prinzipien fügen, die der Staat im Auftrag zumindest der Mehrheit der wahlberechtigten Bürger vorgibt. Insofern darf die schon erwähnte

und kritisierte Elternmitbestimmung nicht zu falschen Schlüssen verleiten: Sie erwächst aus der Fürsorge für die eigenen Kinder und dient dazu, die Bedürfnisse und Interessen dieser Kinder geltend zu machen, und sie erwächst nicht aus einem allgemeinen politischen Mandat oder aus einer Art von genereller Schulaufsicht. Insofern haben diejenigen Eltern nicht unrecht, die ihre Mitbestimmungsmöglichkeiten in der Schule – wie viele Lehrer beklagen – in erster Linie für die Interessen ihrer eigenen Kinder nutzen und weniger darauf bedacht sind, der Klassengemeinschaft oder der Schule im ganzen ihre Aufmerksamkeit zu widmen. Allerdings steht zu dieser Tatsache die formalisierte schulinterne Mitbestimmung der Eltern als Gruppe im Widerspruch; denn für die Durchsetzung bloßer Einzelinteressen war sie nicht gedacht.

Die Schule ist also nicht die Fortsetzung des elterlichen Erziehungswillens mit anderen Mitteln, das Interesse der Eltern an ihr kann sich der Sache nach vielmehr nur so äußern, daß die grundlegende Aufgabe der Schule im Blick bleibt, nämlich die optimale Förderung des Kindes in Vermittlung mit den schulischen Leistungsansprüchen. Die Eltern müssen also – möglichst in Zusammenarbeit mit den Lehrern – bestrebt sein, ihrem Kind eine Lerngruppe anzubieten, in der es bei gutem Willen auch »mitkommen« kann.

Daraus muß aber gegebenenfalls auch eine entsprechende Schulentscheidung resultieren, damit das Kind auch eine Bildungskarriere durchlaufen kann, die sich die Eltern zwar möglicherweise nicht wünschen, die aber dem Kind bei der Entfaltung seiner Fähigkeiten optimal zu helfen vermag. Wer statt dessen sein Kind aus Prestigegründen oder weil er nur »das Beste will« in eine Schullaufbahn drängt, die es erkennbar dauerhaft zum Versager stempelt, oder wer eine entsprechende Fehlentscheidung nicht gemeinsam mit dem Kind zu revidieren trachtet, handelt vielleicht in seinem eigenen Interesse, aber nicht nach dem seines Kindes. Unsere Schulen und sogar Universitäten sind inzwischen voll von den Opfern solcher Fehlentscheidungen, und es hilft nichts, dann die Lehrer dafür verantwortlich zu machen, daß sie keine Wunder vollbringen konnten.

Nun wird in vielen Familien die schulische Leistungserwartung

gar nicht mehr inhaltlich gesehen, inwieweit sie z. B. die Begabungen des Kindes wirklich herausfordert, sondern rein formali-
stisch, um nicht zu sagen: instrumentell; daran hat auch die Mitbestimmung der Eltern in der Schule wenig geändert. Da die
Eltern in der Regel die inhaltlichen Fragen gar nicht beurteilen
können, verlegen sie sich auf die formalistische Qualität der guten
Zensuren und des Versetztwerdens. Daran in erster Linie wird
auch die Kompetenz des Lehrers beurteilt. Viele Eltern können
wegen ihrer instrumentellen Einstellung zur Schulleistung ihrer
Kinder mit diesen auch nicht über die geistigen Interessen sprechen, die sie aus dem Unterricht vielleicht mit nach Hause bringen. Auch die Kontrolle der Schularbeiten bewegt sich dann auf
der formalistischen Ebene und wird so kaum zum Anlaß eines
Gespräches genommen; dies wäre aber wichtig für das Kind, weil
es natürlich über das Gelernte gerade mit denen sprechen will, die
ihm nahestehen.

Der Schulerfolg des Kindes hängt entscheidend davon ab, welches Interesse die Eltern dem entgegenbringen, was ihr Kind in
der Schule tatsächlich beschäftigt, und das hat natürlich mit dem
geistigen Klima zu tun, das die Erwachsenen in der Familie überhaupt vorgeben. Dabei geht es keineswegs unbedingt um »hochgestochene« Gespräche, wie sie unter entsprechend berufstätigen
Eltern anzutreffen sind. Vielmehr spielt eine Rolle, ob und wie die
Erfahrungen der Familienmitglieder mit gemeinsamen Freizeit-
und Medienerlebnissen wie mit ihren außerhäuslichen Tätigkeiten in Beruf und Schule besprochen werden. Was hier fehlt, kann
die Schule kaum kompensieren.

Chancen der Einflußnahme

Auch für die Familie gilt, was schon über die Schule gesagt wurde:
»Erziehung« kann angesichts der sonstigen Sozialisation nur erfolgen als »Einwirkung«, als »Intervention« in das Leben der Kinder, das im übrigen ohne solche Eingriffe verläuft.

Dieses Konzept der zurückhaltenden Einwirkung hat nun für
die Familie noch eine besondere Bedeutung. Sie ist nämlich

primär eine Lebensgemeinschaft und keine Erziehungsgemeinschaft. Ihr Bestreben muß in erster Linie dahin gehen, ihren Mitgliedern einen zufriedenstellenden Alltag zu ermöglichen, in dem sie grundsätzlich in ihrem So-Sein anerkannt werden. Für den Umgang der erwachsenen Partner mit einander wird dieser Grundsatz auch im allgemeinen akzeptiert, aber er muß auch für deren Benehmen den Kindern gegenüber gelten. »Erzieherisches« Verhalten der Eltern signalisiert dem Kind aber, daß es so, wie es gerade ist, nicht sein soll. Insofern trägt paradoxerweise ein übertriebener Erziehungswille den Stachel sozialer Zerstörung der Familie in sich.

Im allgemeinen hat der Erziehungsimpuls nicht die Gegenwart des Kindes, sondern seine Zukunft im Auge: Es soll heute sich in einer bestimmten Weise verhalten, damit es in Zukunft (als Erwachsener) sich als gut erzogen erweisen wird. Diese Einstellung der Eltern war so lange vertretbar, wie sie, nicht zuletzt im materiellen Sinne, über die Zukunft des Kindes auch verfügen bzw. ihm dabei zumindest wirtschaftlich behilflich sein konnten. Diese Voraussetzung ist aber gerade für die typische Mittelschichtfamilie weitgehend entfallen; angesichts des Pluralismus und der dadurch gegebenen Optionen muß das Kind seine Zukunft selbst ins Visier nehmen, es muß sich im Hinblick darauf von den Vorstellungen seiner Eltern unter Umständen emanzipieren. Daraus folgt nun keineswegs, daß die Eltern auf pädagogische Einwirkungen überhaupt verzichten sollten. Aufgeben müssen sie nur die zwanghafte Vorstellung, die Zukunft des Kindes werde so sein, wie sie es sich selbst wünschen.

Andererseits ist der umgekehrte Fehler zu beobachten, daß die Gegenwärtigkeit des Kindes eine zu große Beachtung erfährt, und daß die nach vorne, in die Zukunft weisenden Perspektiven zu kurz kommen. Auf diese ist das Kind aber für seine Entwicklung angewiesen, es will von sich aus größer und reifer werden und braucht dafür einen entsprechenden Zuspruch. Erwachsene, sofern sie über einen gesicherten Lebensunterhalt verfügen, können es sich leisten, ihre Aufmerksamkeit auf die Gegenwart bzw. auf das Nächstliegende zu konzentrieren, zumal wenn sie sich dabei von wenig erfreulichen Zukunftserwartungen unterstützt fühlen;

Kinder jedoch können sich eine solche Einstellung nicht zu eigen machen, ohne dabei irritiert zu werden.

Welche Begründungsmöglichkeiten für pädagogische Eingriffe bleiben da noch, die nicht aus der elterlichen Willkür, nicht aus der Vorwegnahme der Zukunft des Kindes, nicht aus seinen gegenwärtigen Unzulänglichkeiten und auch nicht aus einer Überpädagogisierung des Familienlebens, sondern aus einer auch dem Kind plausiblen Logik erwachsen? Vier Antworten sind im wesentlichen möglich:

1. Das Kind ist im Rahmen des schon früher erwähnten Generationenvertrages verpflichtet, zu einem angemessenen Zeitpunkt für seine wirtschaftliche Unabhängigkeit von den Eltern zu sorgen. Dafür stehen ihm eine Reihe von Optionen zur Verfügung (ungelernter Arbeiter, Facharbeiter, Abitur, Studium usw.), unter denen es wählen darf, aber das Bestreben nach wirtschaftlicher Selbständigkeit selbst kann außer im Falle einer Behinderung nicht zur Disposition stehen. Die Wahl, die das Kind trifft, sollen die Eltern natürlich unter Einsatz ihrer Kenntnisse und Erfahrungen beraten, und sie, wenn sie denn getroffen ist, auch ermutigen und unterstützen. Und von der Art dieser Wahl hängt sicherlich auch ab, was im Einzelfalle unter einem »angemessenen Zeitpunkt« für die wirtschaftliche Selbständigkeit zu verstehen ist, – ein Studium dauert länger als eine gewerbliche Berufsausbildung. In dieser Frage sollten die Eltern ganz unsentimental operieren und vor allem nicht den Fehler machen, eine möglichst »hohe« Schulausbildung dem Kind als ihren eigenen Wunsch zu präsentieren. Selbstverständlich sollten die Eltern die Folgen einer Schul- bzw. Berufswahl des Kindes ihm vor Augen führen, aber leben mit dieser Entscheidung muß es später selbst. Jedes normal entwickelte und begabte Kind hat auch das Zeug, einen ihm gemäßen Platz in der Gesellschaft zu finden, keines ist von vornherein ein Versager, aber es kommt eben darauf an, gemeinsam mit ihm seine Fähigkeiten herauszufinden und nach Wegen zu suchen, damit diese sich auch entfalten können. Aber bei aller Berücksichtigung seiner individuellen Rechte muß z. B. klar sein,

daß Disziplinlosigkeit in der Schule oder Schuleschwänzen oder grundsätzliche Lernverweigerung auf Kosten der Arbeit anderer Leute (z.B. der Eltern) gehen. Von diesen ökonomischen Notwendigkeiten und Abhängigkeiten ist heute leider selten die Rede, dabei geben sie doch erst dem Nachdenken über Erziehung eine realistische Perspektive; werden sie außer acht gelassen – wie im Rahmen des gegenwärtigen Zeitgeistes – dann stellen sich notwendigerweise illusionäre Vorstellungen über das Leben des Kindes ein.

Wegen der in Aussicht zu nehmenden wirtschaftlichen Selbständigkeit des Kindes ist also z.B. ein grundsätzliches Bündnis mit ihm gegen seine Lehrer unangebracht. Vielmehr kommt es darauf an, Konflikte mit Lehrern von Fall zu Fall gemeinsam mit dem Kind zu prüfen. Die grundsätzliche Solidarität mit dem Kind darf nicht zu falschen Lagebeurteilungen führen, weil es davon nichts hätte. Vielmehr wäre die Erfahrung wichtig, daß die Eltern zwischen beidem immer wieder unterscheiden: zwischen der grundsätzlichen Solidarität mit ihrem Kind einerseits und einer sorgfältigen Beurteilung der jeweiligen Konfliktsituation andererseits.

2. Die zweite Begründung für Erziehungseinwirkungen erwächst aus dem Zusammenleben in der Familie selbst. Hier stößt das Kind mit seinen Bestrebungen auf die der anderen Familienmitglieder und muß zum Ausgleich und zu Kompromissen angehalten werden. Dabei geht es nicht nur um jeweils aktuelle Interessen und Bedürfnisse, die immer wieder in Einklang zu bringen sind, sondern auch um die Zukunft, die Perspektive der Familiengemeinschaft im ganzen, also auch um die Planung von Urlaub oder künftiger Projekte und der damit verbundenen Ausgaben. An diesen Überlegungen, aber auch an den daraus resultierenden Tätigkeiten sind die Kinder nach ihren Kräften zu beteiligen, durchaus auch im Sinne einer »Familienkonferenz« (Gordon), aber die letzte Verantwortung und damit auch die letzte Entscheidung in wichtigen Fragen – und das sind zumindest alle, die mit Ausgaben zu tun haben – muß den Eltern vorbehalten bleiben, weil sie

schließlich auch für das ökonomische Fundament der Familie verantwortlich sind; alles andere wäre pädagogische Spielerei oder Manipulation der Kinder.

Sowohl in den eigenen vier Wänden müssen die Kinder die gebotene Rücksicht auf die anderen lernen als auch bei ihrem Auftreten in der Öffentlichkeit. Nicht nur im strafrechtlichen Sinne »haften Eltern für ihre Kinder«. Nicht wenige halten es für ein Zeichen »kindgerechter« Erziehung, wenn ihr Nachwuchs mit einem Geschrei die Nachbarn terrorisiert, das über die Lebhaftigkeit des kindlichen Spiels weit hinausreicht, oder wenn es sogar in Gegenwart der Eltern die Nachbarn mit Schimpfworten belegen darf. Niemand darf sich heute wundern, daß Vermieter – oft auf Druck ihrer anderen Mieter – vielfach Familien mit Kindern ablehnen. Der Zeitgeist hält dies für ein Zeichen von gesellschaftlicher Kinderfeindlichkeit, aber auch die Umkehrung hat viel für sich, daß nämlich Kinder nicht selten sich derart egoistisch und unsozial benehmen dürfen, daß sie für Außenstehende wirklich zur Landplage geworden sind. Noch bis in die 60er Jahre waren Vermietervorbehalte gegen Familien kaum anzutreffen. Oft geht es hier gar nicht um Feindschaft gegen Kinder, sondern eher um Ablehnung solcher Eltern, die ihren Kindern keine öffentlichen Manieren beibringen können und dies vielleicht auch noch für eine pädagogische Glanzleistung halten, weil sie von der falschen Annahme ausgehen, ihr Kind würde schon von selbst, aus seinem Inneren heraus zu einem angemessenen Verhalten finden. Was in den eigenen vier Wänden sozial gelernt wird – falls davon in solchen Fällen überhaupt die Rede ein kann –, kann sich nicht erproben, wenn es sich nicht auch außerhalb bewährt. Rücksichtnahme auf andere ist eine Verhaltensmaxime, die in unseren dicht besiedelten Regionen von früh an gelernt und geübt werden muß.

In diesem Zusammenhang ist auch wichtig, daß die Eltern ihre eigenen Bedürfnisse nicht verdrängen. Gewiß müssen sie sich so lange einschränken, wie das Kind noch klein ist. Aber daraus folgt keineswegs, daß sie mit der Geburt ihres Kindes nun für lange Zeit auf ihre eigenen, eben erwachsenen Bedürfnisse verzichten müssen. Wie sollen Kinder lernen, ihre Wünsche an denen anderer abzuarbeiten, wenn die Eltern die ihren nicht geltend machen, sondern so tun, als sei das Kind der Inbegriff aller ihrer eigenen Bedürfnisse? Wenn sie sich so verhalten, werden sie Schaden nehmen an ihrer Zweier-Beziehung, was wahrlich nicht im Interesse ihres Kindes liegen kann. Da die Familie eine Sozialität ist, ist sie mehr als die Summe der je individuellen Beziehungen in ihr, und wenn diese nicht dem Wohl des Ganzen dienen oder zumindest dazu nicht in ständigen Widerspruch treten, bleiben sie sozial und emotional instabil. Die Aufwertung der Gefühle, die wir der Psychoanalyse verdanken, kann auch zur emotionalen Zerstörung führen, wenn sie nicht gekoppelt bleiben an soziale Verbindlichkeiten und Verantwortlichkeiten. Das Elend vieler Zweier- und Familienbeziehungen, das im Kern auf der Nichtbeachtung dieses Zusammenhangs beruht, legt davon vielfach Zeugnis ab.

Anstatt immer wieder in die eigene Psyche zu schauen, um zu ergründen, ob man sein Kind nun wirklich liebt oder ob man dabei unbewußt nur seine eigenen Bedürfnisse im Blick habe, wie Alice Miller und andere Psychologen unterstellen, sollten Eltern ihre Beziehung zum Kind sozial operationalisieren; was immer Kindesliebe als innerpsychische Tatsache bedeuten mag, wirksam und insofern wahrnehmbar für das Kind wird sie in konkreten Handlungen: in der solidarischen Akzeptanz seiner Person, auch wenn Kritik nötig erscheint; im Interesse für seine Lebensäußerungen; beim Trösten im Unglück und bei der Teilnahme an Freude und Erfolg; in der Unterstützung und Ermutigung seiner Bestrebungen.

Soziale Gemeinschaften kann man verlassen, und man kann aus ihnen ausgeschlossen werden. Das gilt auch für die Familie. Davon machen Eltern inzwischen regen Gebrauch, wie die Scheidungsstatistik zeigt. Aber auch Kinder verlassen, wenn sie heranwachsen und mit ihren Eltern in einen tatsächlich oder vermeintlich nicht zu schlichtenden Streit geraten, gelegentlich ihre Familie. Nach Schätzungen des Deutschen Kinderschutzbundes haben etwa 50000 Kinder ihre Familien verlassen (vgl. Struck 1995, S.37). Darin drückt sich eine Verschärfung des normalen Ablösungsprozesses der Kinder von den Eltern aus, der ebenfalls nicht selten konflikthaft verläuft. Manchmal werfen die Eltern auch ein Kind hinaus, z. B. wenn es drogenabhängig ist und den Weg zu Entzug und Therapie nicht sucht, sondern ausbeuterisch auf Unterstützung seiner Abhängigkeit durch die Familie aus ist. Selbsthilfegruppen betroffener Eltern raten oft dazu, weil sie einsehen mußten, daß weder die Kraft der Familienmitglieder ausreicht, einen Süchtigen auf Dauer abzufangen, zumal gerade dies ihm die Fortsetzung seiner Sucht erleichtert, noch von diesem Engagement ein positives Resultat zu erwarten ist. Vielmehr drohe dabei die familiäre Gemeinschaft zerstört zu werden, und das würde schließlich niemandem mehr nutzen, sondern allen Beteiligten nur schaden. Aber auch solche schwierigen Entscheidungen müssen revidierbar bleiben, wenn z.B. das Kind »clean« geworden ist. Gewiß handelt es sich hierbei um Grenzfälle, aber man muß sie mitsehen, wenn von der erzieherischen Bedeutung der Familie als Sozialform die Rede ist; zur Not muß sie zur Aufrechterhaltung ihrer Integrität auch zu entschiedenen Maßnahmen greifen. Abgesehen von diesen Grenzfällen ist die Beziehung von Eltern und Kindern wie alle menschlichen Beziehungen von Mißverständnissen und auch vom Scheitern bedroht. Nicht jedes Scheitern geht auf pädagogische Fehler zurück, weil das Kind immer die Freiheit behält, sich auf die eine oder andere Weise zu entscheiden.

3. Die dritte wichtige pädagogische Einwirkungsmöglichkeit der Familie besteht in der Chance, die außerfamiliären Erfahrungen der Kinder im Gespräch mit ihnen zu interpretieren, zu deuten. Voraussetzung dafür sind keineswegs eine besondere Eloquenz, wie sie heute in Mittelschichtfamilien üblich ist, oder gar ein Ensemble von Kommunikationstricks, wie sie etwa Gordon in seiner »Familienkonferenz« empfiehlt. Auch sogenannte einfache Leute, die solche Kommunikationsstrategien nicht anwenden, können Wesentliches für die Deutung der Erfahrungen ihrer Kinder zum Ausdruck bringen. Die Bedeutung dieser Einwirkungsmöglichkeit wird meist unterschätzt. Wenn gefordert wird, man müsse mit den Kindern möglichst viel Zeit verbringen, dann denkt man meist nur an die Festigung der Beziehung zu ihnen.

Gewiß ist das wichtig, aber für das Kind muß auch etwas dabei herauskommen, es muß auch unaufdringlich lernen können von der größeren Lebenserfahrung seiner Eltern. Es muß zu Hause zur Sprache bringen können, was es außerhalb der Familie erlebt hat, und was es dazu zu sagen hat, muß auch sachlich, nicht nur emotional mit ihm erörtert werden. Es muß aufwachsen können mit dem Gefühl, daß es auch geistig ernst genommen wird mit dem, was es über seine Erfahrungen denkt. Vom Beispiel der Schulerfahrungen war schon die Rede. Allerdings besteht auch die Gefahr, daß auf diese Weise – wie »gebildet« die Eltern immer sein mögen – Stammtischgeschwätz oder Vorurteile auf die Kinder übertragen und auch noch mit elterlicher Autorität ausgestattet werden. In diesem Erfahrungsaustausch geht es nicht darum, daß die Eltern immer recht haben, sondern daß alle dabei durch die Generationendifferenz etwas voneinander lernen können.

4. Das gilt auch im Umgang mit den Optionen, die die pluralistische Gesellschaft nicht nur für Kinder, sondern auch für die Erwachsenen zur Verfügung hält. Wie schon betont wurde, sind die Einwirkungen der außerfamiliären Sozialisationsfaktoren nicht schicksalhaft unabwendbar, sie prägen vielmehr die Persönlichkeit nur in dem Maße, wie diese sie im Rahmen ihres Individualisierungsprozesses zur Geltung kommen läßt. Wie schwierig es für Kinder und Heranwachsende ist, im Reiche der Optionen Autonomie zu gewinnen, wurde bereits betont. Aber auch die Eltern müssen ja in irgendeiner Form mit diesem Problem fertig werden – immer wieder neu je nach den sich verändernden Zeit- und Finanzvorgaben einerseits und nach den sich wandelnden Wünschen und Bedürfnissen andererseits. Nun wäre illusorisch zu erwarten, daß die Eltern dabei für ihre Kinder jederzeit ein Vorbild sein könnten. Da sie jedoch die in diesem Zusammenhang zu lösenden Aufgaben mit ihnen gemeinsam haben, ergeben sich hier realistische Gesprächsmöglichkeiten über die größere oder geringere Wichtigkeit von Zukunftserwartungen und Lebensperspektiven. Auch wenn die Kinder die Meinungen und Entscheidungen der Eltern nicht teilen können, weil sie andere Prioritäten setzen

wollen, kann die Position der Eltern in solchen Fragen von erheblicher Bedeutung sein, wenn sie denn auch entschieden geltend gemacht wird.

Ergänzung und Korrektur durch Jugendhilfe

Unter den Bedingungen der pluralistischen Sozialisation sind also die pädagogischen Möglichkeiten der Familie begrenzt, aber keineswegs unbedeutend. Anstatt ständig auf deren »Funktionsverlust« bedauernd hinzuweisen wäre es zweckmäßiger, auf ihre besonderen Chancen einzugehen. Sie bestehen im wesentlichen darin, daß die Eltern die sozialen Implikationen und die daraus resultierenden Verpflichtungen der Kinder zur Geltung bringen, diesen deutlich machen, daß ihre Bedürfnisse nicht die einzigen sind, die Anspruch auf Erfüllung haben, und daß sie als Erwachsene zur Deutung der kindlichen Erfahrungen und Erlebnisse zur Verfügung stehen.

Allerdings hat der Pluralismus die Familie nicht nur als Sozialisationsinstanz erfaßt, sondern auch in ihrer inneren Struktur. Das drückt sich nicht zuletzt in den unterschiedlichen Familienformen aus, die neben die klassische »Normalfamilie« getreten sind und die jeweils spezifische pädagogische Chancen, aber auch Schwierigkeiten haben, auf die hier nicht im einzelnen eingegangen werden kann. Alleinerziehende mit einem Kind z. B. sind für sich genommen im Grunde keine Gemeinschaft, sondern eine Zweier-Beziehung, obwohl diese soziale Begrenzung teilweise durch verwandtschaftliche und freundschaftliche Beziehungen, in die auch das Kind einbezogen wird, ausgeglichen werden kann. In einer Stieffamilie, die heute vor allem durch Scheidung und Wiederverheiratung bzw. durch das Zusammenleben mit einem neuen Partner entsteht, sehen die Bedingungen wiederum anders aus. Hinzu kommen die für den gesellschaftlichen Pluralismus ebenfalls charakteristischen widersprüchlichen Leitvorstellungen sowohl über den Umgang mit Kindern als auch über die Erwartungen der Partner aneinander.

Richtet man den Blick auch noch auf die finanziellen Engpässe, unter denen viele Familien zu leiden haben und die die Teilnahme der Kinder an den Optionen deutlich begrenzen können, so verbieten sich hochgestochene Erwartungen an ihre Erziehungsfähigkeit. Daraus darf andererseits keine generelle Entschuldigung für ihr pädagogisches Versagen im Einzelfall abgeleitet werden.

Weniger auf detaillierte Schuldzuweisung kommt es jedoch an als auf die Einsicht, daß die Anteile der öffentlichen Erziehung größer sein müssen als früher. Sieht man von der politischen Instrumentalisierung ab, so war das Aufwachsen in der DDR in diesem Sinne fortschrittlicher geregelt, als es heute in Deutschland insgesamt der Fall ist, weil dort die Kinder und Jugendlichen von der Krippe an in erheblichem Maße in außerfamiliäre Gruppen eingebunden waren, die einerseits Möglichkeiten zu sozialen Kontakten eröffneten und andererseits die Familien nicht nur materiell, sondern auch sozio-emotional entlasten konnten. Nicht zu Unrecht sehen manche Bürger in den neuen Ländern die erneute Familienkonzentrierung des Aufwachsens als einen pädagogischen Rückschritt an. Das Recht auf einen Kindergartenplatz z. B. wird bei uns heute im wesentlichen vom Recht der Mutter auf Teilnahme am Arbeitsleben her gefordert. Das ist aber für sich genommen keine pädagogische Begründung, weil sie nicht in erster Linie das Aufwachsen des Kindes in den Blick nimmt. Aus einer realistischen Sicht der pluralistischen Sozialisation folgt jedoch, daß Kinder auch dann in den Kindergarten gehen sollten, wenn die Mütter nicht berufstätig sind, weil sie schon wegen fehlender Geschwister und wegen der sozialen Begrenzung etwa der Alleinerzieher-Situation dringend darauf angewiesen sind, andere Kontaktmöglichkeiten aufzubauen, als sie in den meisten Familien möglich sind. Im Kindergarten müßten sie vor allem lernen, sozial verträglich mit anderen zu werden und mit ihnen »gemeinsame Sachen« zu machen, die natürlich auch, aber nicht in erster Linie dem geplanten Lernen und höchstens mittelbar der Vorbereitung auf die Schule dienen. Primär wäre der Kindergarten als eine Lebensform des Kindes unter seinesgleichen zu verstehen, – ähnlich wie es die Familie ist, aber nicht als deren Nachahmung, sondern als eine kindliche Gesellung eigener Art. Längst noch

318

nicht sind derartige Vorstellungen politisch konsensfähig, weil wir lieber alles Heil auf die Familie setzen, sie damit aber vielfach überfordern. Aber selbst die pädagogisch optimale Familie kann die Chancen des Kindergartens nicht entbehrlich machen – vorausgesetzt natürlich, diese Gesellungsform wird nicht wie die Schule auch mit pädagogischen Illusionen verdorben.

Im Hinblick auf die älteren Kinder setzt sich die kompensatorische pädagogische Hoffnung des Zeitgeistes auf die Schule, weil die Administration auf sie einen schnellen Zugriff hat, und wohl auch, weil andererseits Lehrer sich davon eine neue, allgemein in der Öffentlichkeit anerkannte professionelle Aufwertung versprechen. Es gibt bis in die Kultusbürokratie hinein Konzepte, nach denen die Schule die sogenannten »Mängel« der familiären Erziehung durch eine Erhöhung der erzieherischen Investitionen ausgleichen soll. Die Rede ist, wie schon hervorgehoben wurde, von der »Schule als Erfahrungsraum« ; sie soll demnach zu einem solchen pädagogischen Feld werden, in dem sich neben dem Unterricht und über ihn hinaus möglichst viele andere wichtige soziale und emotionale Lernaufgaben arrangieren lassen.

Im Blick auf die pluralistische Sozialisation und auf die pädagogischen Chancen, die daraus für die Schule bestenfalls erwachsen können, wurde ein solches Konzept bereits als unrealistisch zurückgewiesen. Einmal würde auf diese Weise die eigentliche Aufgabe der Schule, die nur sie erledigen kann, nämlich Aufklärung über die Welt durch Unterricht zu stiften, nachhaltig beeinträchtigt oder gar verlorengehen, weil das Unterrichten dann noch mehr als ohnehin schon durch ihm an und für sich fremde, nämlich »erzieherische« Maßstäbe behindert würde. Zum anderen kann die Schule – abgesehen vielleicht vom Typus der Internatsschule – gar nicht auffangen, was da kompensiert werden müßte. Im Kern besteht der pädagogische »Mangel« der Familie in der Verarmung ihrer sozialen Erfahrungsmöglichkeiten bzw. in der Unfähigkeit, die tatsächlich noch vorhandenen auch zu nutzen. Was hier fehlt, ist also die tägliche Erfahrung des Zusammenlebens rund um die Uhr mit anderen, auf die man Rücksicht nehmen, mit denen man sich arrangieren, das Leben teilen muß.

Die normale Schule kann dieses Leben als wirklichen Ernstfall gar nicht arrangieren, und selbst als Ganztagsschule hätte sie statt dessen nur Surrogate zu bieten. Schon aus finanziellen Gründen können wir unsere Schulen nicht alle in Internatsschulen oder Ganztagsschulen verwandeln, und das wäre pädagogisch auch gar nicht wünschenswert, weil damit die Rolle der übrigen Sozialisationsfaktoren unterlaufen würde.

Zudem ist fraglich, ob die Schüler eine Schule mit einer derart umfassenden Aufgabenstellung überhaupt annehmen würden. Sie hätten ja nicht unrecht, wenn sie davon ausgingen, daß die Schule wie eine Art von Arbeitsplatz nur einen Teilanspruch auf ihre Zeit und auf ihr Leben haben solle. Schüler haben ein gleichsam natürliches Recht darauf, zu ihrer Schule auch in Distanz zu treten, sie müssen sie auch im Prinzip wie in Einzelheiten als eine Zumutung empfinden dürfen, deren an und für sich berechtigte Erwartungen tunlichst zu begrenzen seien und die nicht zu einer »totalen Institution« ausarten dürfe; schließlich kennt man eine entsprechende Trennung von Dienst und Schnaps inzwischen auch aus der Arbeitswelt, und sie ist dort eine Voraussetzung persönlicher Freiheit, die in der neueren Geschichte keineswegs immer gegeben war. Lehrer überschätzen ihre Popularität, wenn sie glauben, über den Unterricht hinaus ihre Schule zu einem eigenständigen Lebensraum für Kinder oder gar Jugendliche arrangieren zu können.

Hinzu kommen weitere Einschränkungen. Lehrer sind für sozialpädagogische Aufgaben nicht ausgebildet, müßten diese also ohne professionelle Fundierung ausüben. Ferner ist die rechtliche Struktur der Schule dafür nicht vorgesehen; in der Pause dürfen die Schüler zum Beispiel nicht einmal mit Schneebällen werfen. Würde man die rechtliche Struktur der Schule entsprechend auch auf sozialpädagogische Aufgaben ausweiten, wäre Konfusion die Folge, weil dann die unterschiedlichen schulischen und sozialpädagogischen Aufgaben und Verantwortlichkeiten undurchschaubar ineinander übergingen. Zudem muß die Schule wegen des rechtlichen Zusammenhangs von Leistungsanspruch und Berechtigung immer auf das Prinzip der Gleichbehandlung achten; tatsächlich käme es aber darauf an, Hilfen zu individualisieren und flexibel zu gestalten. Es gibt z. B. Orte, wo zusätzliche pädagogische Hilfen gar nicht nötig sind, während sie an »sozialen Brennpunkten« konzentriert angeboten werden müßten.

Wenn wir also »Mängel« des kindlichen Lebens, die in der Familie entstehen, kompensieren wollen, müssen wir – wie eben schon beim Kindergarten – den Blick auf diejenige öffentliche Institution richten, die dafür vorgesehen ist: die Jugendhilfe. Das seit dem 1. 1. 91 geltende »Kinder- und Jugendhilfegesetz« (KJHG) hat dafür eine ganze Reihe von Angeboten parat, die weiter ausbaufähig wären. Da geht es zunächst um Maßnahmen der Jugendarbeit, die die Schule aus pädagogischer Arroganz nie sehr ernst genommen hat, mit deren Einrichtungen sie aber auf lokaler Ebene zusammenarbeiten oder die sie zumindest bekannt machen könnte. Die Jugendarbeit ist ein Teil des Freizeitsystems und kann insofern unter viel günstigeren rechtlichen Voraussetzungen als die Schule agieren.

Das genannte Gesetz bietet aber auch im Falle familiärer Erziehungsschwierigkeiten eine Reihe von Hilfen an. Sie sind nicht mehr wie vorher unter dem Stichwort »Fürsorgeerziehung« mit Diskriminierung der betroffenen Eltern und Kinder verbunden – was natürlich auch damit zusammenhängt, daß es heutzutage nicht mehr fast ausschließlich um die »Schmuddelkinder« geht, sondern in zunehmendem Maße um den Nachwuchs der Mittelschicht; das hat fraglos mit zur Reform der Jugendhilfe geführt.

Bei einer Familienkrise z.B. ist es nun möglich, Kinder für eine begrenzte Zeit in einer sozialpädagogisch betreuten Wohnung leben zu lassen, ohne daß damit ein Bruch mit dem Elternhaus oder der Entzug des elterlichen Sorgerechtes verbunden sein müssen. Im Prinzip gab es solche Alternativen allerdings immer schon in anderer Form. Eltern, die es sich finanziell leisten konnten, haben ihre Kinder z.B. in Internaten aufwachsen lassen, ohne daß damit eine familiäre Trennung ausgesprochen war. Wir stehen jetzt vor dem Problem, derartige Angebote, die früher ein Privileg der Begüterten waren, auf eine breitere Basis zu stellen, ohne daraus nun eine neue pädagogische Ideologie zu machen. Es geht also ebenso um eine Kompensation wie um eine Ergänzung des familiären

Aufwachsens, nämlich um das Arrangement eines subjektiv befriedigenden Alltagslebens, das möglichst nicht mit faktischer oder auch nur psychologischer Trennung von der Familie verbunden ist. Derartige Angebote müssen nun keineswegs flächendeckend erfolgen, sondern nur von Fall zu Fall, rein pragmatisch und jederzeit revidierbar, so wie es das KJHG im Prinzip will. Es geht nämlich zu Recht vom Normalfall aus, daß die Familie ihrer pädagogischen Aufgabe gerecht wird, hält aber eine Reihe von Unterstützungsmaßnahmen bereit, wenn Schwierigkeiten – und sei es nur vorübergehend – auftauchen. Das gilt auch für den Fall, daß ein Kind im sozialen oder psychischen Sinne nicht schul- bzw. unterrichtsfähig ist. Für eine entsprechende Korrektur sind die Eltern zuständig, nicht die Schule, und das KJHG wendet sich aus gutem Grund nicht an diese, sondern an die Eltern.

Das Stichwort »Jugendhilfe« löst immer noch bei Eltern, aber auch bei vielen Lehrern Assoziationen aus, die in Richtung »Diskriminierung«, »Ausgrenzung« und »Zwangserziehung« tendieren. Das liegt daran, daß der Vorläufer des jetzt gültigen KJHG, das 1922 erlassene »Jugendwohlfahrtsgesetz«, in der Tat in erheblichem Maße auf Disziplinierungen setzte, z.B. relativ leicht den Entzug des Sorgerechts veranlassen konnte. Deshalb gibt es in der älteren Generation noch erhebliche Vorbehalte gegen die »Fürsorge« und das damit organisatorisch beauftragte Jugendamt. Die 68er-Generation der Lehrer hat zudem in ihrer Ausbildungszeit ein tiefes Mißtrauen gegen die damals in den letzten Zügen liegende traditionelle »Fürsorgeerziehung« mitbekommen.

Inzwischen jedoch haben sich die Auffassungen entscheidend verändert. Das neue KJHG hat tatsächlich den Begriff der »Hilfe« in den Mittelpunkt gestellt. Solange jedoch der Blick der Öffentlichkeit sich ausschließlich auf die Schule richtet, wenn von »schwierigen Kindern« die Rede ist, kann sich dieses Hilfsangebot nur ungenügend entfalten. So gesehen verhindert die vorhin kritisierte Schulpädagogik mit ihrem erzieherischen Omnipotenzanspruch, der nicht einlösen kann, was er ständig verspricht, die Entfaltung einer immer wichtiger werdenden pädagogischen Kompetenz außerhalb der Schule. Nicht die Schule, wohl aber die Jugendhilfe ist von ihrer rechtlichen Konstruktion her in der Lage, notwendige pädagogische Kompensationen anzubieten: Sie kann flexibel auf den Einzelfall bzw. auf lokale Besonderheiten reagieren; sie bedarf keiner hierarchischen Anweisung, sondern vermag mit den Eltern unmittelbar zu kooperieren auf einer darauf zugeschnittenen Rechtslage; sie beruht nicht auf einem Zwang wie die Schulpflicht, sondern auf freiwilliger Vereinbarung aller Beteiligten einschließlich der betroffenen Kinder. Sie kann sogar aufgrund ihrer pluralistischen Trägerstruktur auf Probleme ethnischer und religiöser Minderheiten in besonderer Weise eingehen. Die Schule muß jedoch mit der Maxime der Schul- und Unterrichtsfähigkeit den Normalfall definieren, damit für die Minderheit derer, die davon abweichen, zusätzliche pädagogische Hilfen arrangiert werden können.

Nun spricht natürlich nichts dagegen, die Schule als Ort und als Haus zum Mittelpunkt sozialpädagogischer Hilfen zu machen: Wenn die Lehrer gehen, kommen die Sozialpädagogen. Auf diese Weise ließe sich je nach den örtlichen Gegebenheiten unter einer Jugendhilfe-Trägerschaft z.B. eine über die Unterrichtszeit hinausgehende Betreuung unter Nutzung der Ressourcen der Schule – Räume, Lehrmittel, Bibliothek – arrangieren und die Zeit durch schulische Förderung wie Hausaufgabenaufsicht oder auch durch freizeitpädagogische Angebote ausfüllen. Zudem wäre in einem solchen Falle auch die Kooperation von Schule und Jugendhilfe einfacher zu organisieren. Für derartige Jugendhilfeangebote im Rahmen eines »Schulhortes« müßten nicht nur teure hauptamtliche Kräfte zur Verfügung stehen; sie würden vor allem für die rechtliche Gesamtverantwortung benötigt. Vielmehr kennt die Jugendhilfe auch das Engagement neben- und ehrenamtlicher Helfer, und auch Eltern könnten dabei mitwirken. In Universitätsstädten kämen dafür auch Studenten in Frage, die dabei pädagogische Erfahrungen sammeln und z. B. die Hausaufgabenhilfe übernehmen könnten. Dafür sind nämlich nicht immer die eigenen Lehrer auch die besten Helfer, Personen mit einem anderen Rechtsstatus können dafür nützlicher sein, wie die Erfolge des »Nachhilfeunterrichts« durch ältere Schüler immer wieder beweisen. Die Jugendhilfe könnte sich in diesem Zusammenhang als Teil des »normalen Lebens« von Kindern etablieren: Man geht auch nachmittags wieder gerne in die Schule statt auf die Straße, weil dort die Leute nett sind und interessante Sachen mit einem machen.

Aus den Schwierigkeiten des Aufwachsens im Pluralismus, von denen im I. Teil ausführlich die Rede war, ergibt sich fast folgerichtig, daß der Bedarf an korrigierenden Interventionen, die möglichst auf den jeweiligen Einzelfall zugeschnitten sind, zunehmen wird. Dafür ist jedoch schon wegen der damit verbundenen Kosten ein Umdenken erforderlich, eine finanzielle Umverteilung von der Schule, die sich wieder auf den Unterricht konzentrieren und beschränken muß, hin zu den außerschulischen Ergänzungen und Kompensationen, wie sie insbesondere in der Jugendhilfe zusammengefaßt sind. Diese Einsicht wird allerdings angesichts der gegebenen politischen, administrativen und verbandspolitischen Konstellationen so leicht nicht durchzusetzen sein, aber die pluralistische Sozialisation und die Veränderungen in den Familien werden in absehbarer Zeit keine andere Wahl lassen.

IV. Vorschläge

Am Ende eines Buches erwarten die Leser zu Recht eine Zusammenfassung des vorher Dargelegten, und diese läßt sich auf verschiedene Weise gestalten. Da der Sinn der bisherigen Analysen darin besteht, den pädagogisch Handelnden – vor allem Eltern und Lehrern – letzten Endes praktische Orientierungen zu vermitteln, will ich mit strategischen Ratschlägen für beide Gruppen schließen. »Strategisch« soll heißen, daß es dabei nur um allgemeine Zielrichtungen gehen kann, die jeweils produktiv auf den Einzelfall angewendet werden müssen. Mehr ist nicht möglich, denn niemand kann von außen bestimmte pädagogische Entscheidungen fordern, wenn er weder die betreffenden Personen noch die Situationen kennt, die dabei eine Rolle spielen. Gleichwohl sind derartige allgemeine Leitvorstellungen nicht zu unterschätzen; denn wenn sie fehlen, ist Desorientierung bzw., als Folge davon, Willkür zu erwarten, und wenn sie falsch sind, z. B. allzusehr dem Zeitgeist verbunden, kann höchstens zufällig etwas Vernünftiges dabei herauskommen.

Die Kinder und Jugendlichen werden hier nicht ausdrücklich als Subjekte ihres Handelns angesprochen; es wäre zwar reizvoll und wohl auch nötig, einmal ein Buch für sie zu schreiben, in dem steht, wie sie am besten ihrerseits mit ihren Pädagogen umgehen sollten, aber das wäre ein neues Thema. Die folgenden Hinweise können natürlich auch nicht auf spezielle Aspekte, etwa auf besondere Familienschwierigkeiten eingehen, wie sie etwa durch Scheidung, Trennung, Gewaltanwendung oder Sucht bedingt sein können; auch dies wäre ein eigenes Thema.

Strategien für Lehrer

1. Ihre Schüler lernen nicht nur in der Schule, sondern auch in ihrem übrigen Leben, und manches davon kann die Schule ihnen gar nicht beibringen – nicht die Liebe, nicht Anerkennung in der Familie, nicht Erfolge unter ihresgleichen, weder Glücklichsein noch Zufriedenheit. Zu all dem können Sie zwar einen Beitrag leisten, dessen Erfolge nicht vorhersehbar sind, weil die schulische Bildung nach allen Erfahrungen ihre eigentümlichen Wirkungen

haben kann; aber das können Sie weder generell noch im Einzelfalle einplanen. Indem Sie Schüler unterrichten, greifen Sie in deren widersprüchlich-pluralistisches Leben mit einem, abgesehen
von den Zensuren, grundsätzlich nicht kalkulierbaren Ergebnis
ein.

2. Gleichwohl leisten Sie mit einem Unterricht, der den Schülern
ihre Welt erklärt und ihnen damit auch die Chance gibt, sich
selbst in dieser Welt besser zu verstehen, für deren Persönlichkeitsentwicklung einen Beitrag, der von sonst keinem anderen »Sozialisationsfaktor« geleistet werden kann. Das gilt allerdings nur,
wenn Sie sich auf diese Aufgabe konzentrieren und alle anderen
Anforderungen zurückweisen, die davon ablenken. Natürlich
gehört zu Ihrer Profession auch, schwächere Schüler zu fördern,
sie freundlich und zugewandt zu behandeln, auf ihre Fragen einzugehen, auch wenn sie nicht direkt mit dem Unterricht zu tun
haben, ihre Gefühle zu respektieren und ihnen bzw. ihren Eltern
ganz allgemein mit Rat zu dienen. Ohne eine solche ganzheitliche
Sicht des Schülers könnten Sie gar nicht erfolgreich unterrichten.
Aber Sie sind nicht dazu da, das ganze pädagogische Elend, das
außerhalb Ihrer Schule verursacht wird bzw. sich dort abspielt, auf
Ihre Schultern zu nehmen. Sie können es gar nicht, und wenn Sie
es versuchen, nützen Sie niemandem damit, sondern vernachlässigen nur Ihre eigentliche, spezifische pädagogische Aufgabe.

3. Lassen Sie sich nicht durch einen generellen »Erziehungsauftrag« beirren, der Ihnen zumutet, die Tatsache der pluralistischen
Sozialisation und damit die Grenzen Ihrer Einwirkungsmöglichkeit zu vergessen. Erziehen können Sie nur durch die Qualität Ihres Unterrichts, durch Ihre persönliche Haltung und Glaubwürdigkeit und durch die Art und Weise, wie Sie Konflikte mit den
Schülern und der Schüler untereinander regeln bzw. ordnen helfen. Pädagogische Ideologien, die Ihnen mehr einreden wollen,
werden in der Regel nicht von denen in die Welt gesetzt, die sie
auch praktisch ausführen müssen, sondern z. B. von Politikern
und Professoren.

4. Sie sind nicht Mandatar Ihrer Schülereltern, sondern aller wahlberechtigten Bürger Ihres Bundeslandes. Ihr Unterricht muß nicht fortsetzen und auch nicht unterstreichen, was die Eltern ihren Kindern erzählen oder sonst für wichtig halten, denn dann wäre die Schule entbehrlich. Sie ist als allgemeine Pflichtschule vielmehr einst eingerichtet worden, um Aufklärung zu verbreiten, damit das politische und soziale Zusammenleben der Menschen mit Vernunftgründen erörtert und entsprechend gestaltet werden kann. Gerade in einer pluralistischen Staats- und Gesellschaftsverfassung kann sie daher weder den Willen (partei)politischer Teilgruppen noch einer jeweils zufällig zustandekommenden Elternversammlung, die zudem immer von wenigen dominiert wird, ohne weiteres erfüllen. Lehrer sind Beamte und nicht mehr, wie noch zu Rousseaus Zeiten, als Hauslehrer Lakaien hochwohlgeborener Eltern.

5. Gleichwohl darf Ihr Unterricht gesellschaftliche Teilgruppen nicht kränken, indem er z.B. appellativ zu bestimmten Meinungen oder Handlungen auffordert oder doktrinär einseitige Positionen vertritt, wo auch andere der Sache nach möglich wären. Allerdings kann auch die sachbezogene Aufklärung Eltern kränken, wenn sie z.B. wichtige normative Entscheidungen religiös-dogmatisch vertreten. Das ist im Prinzip nicht zu verhindern, weil die Schule als öffentliche Institution zur Not auch gegen die Meinungen von Eltern sich für den weltanschaulichen Pluralismus offenhalten muß. Den Pluralismus der Werte und Haltungen, den Staat und Gesellschaft diesseits der Gesetze zulassen, muß die Schule zwar zum Thema des Nachdenkens, altmodisch gesprochen: zum Gegenstand der Bildung machen, aber sie darf ihn selbst nicht aufheben.

6. Als Repräsentant einer öffentlichen Institution haben Sie Anspruch auf angemessene Arbeitsbedingungen. Sie betreffen nicht nur die Besoldung, sondern auch die konkreten Arbeitsvoraussetzungen. Wenn z.B. wegen disziplinarischer Probleme die Abhaltung des Unterrichts ungebührlich erschwert oder gar ernsthaft behindert wird, müssen Sie Widerstand leisten und Ihren Dienstherrn um Abhilfe ersuchen. Lassen Sie sich nicht einfach

einreden, daß Ihr mangelndes pädagogisches Können Ursache des Übels sei, obwohl Sie dies immer auch als Bestandteil Ihrer Professionalität bedenken müssen. Um aber einen geordneten Unterricht abhalten zu können, bedarf es eines Mindestmaßes an gutem Willen und eines hinreichendes Maßes an Lernfähigkeit bei den Schülern. Dafür sind in erster Linie die Schülereltern verantwortlich- sei es, daß sie entsprechend auf ihre Kinder einwirken, sei es, daß sie – durchaus mit Ihrer Beratung – eine dem Können der Kinder entsprechende andere Schule finden, sei es, daß sie die Möglichkeiten der Jugendhilfe in Anspruch nehmen. Die lernwilligen und lernfähigen Schüler dürfen nicht auf Dauer benachteiligt werden, weil sie ebenfalls ein Recht auf Förderung ihrer individuellen Fähigkeiten haben.

7. Pädagogische Arbeit, also auch die Tätigkeit von Lehrern, ist im Kern Beziehungsarbeit, weil sie ja im Rahmen einer unmittelbaren menschlichen Beziehung stattfindet. Aber die Lehrer-Schüler-Beziehung ist nicht irgendeine beliebige bzw. einfach ins Ermessen der Beteiligten gestellte, sondern an einen institutionellen Auftrag gebunden. Dieser erfordert eine professionell gebotene, nicht zuletzt auch emotionale Distanz, die Herzlichkeit und Freundlichkeit keineswegs ausschließt. Lehrer teilen ihr Leben nur in der Schule mit den Schülern, nicht darüber hinaus. Das hat seinen guten Sinn, weil die Schüler lernen müssen, ihre menschlichen Beziehungen in einer Skala von sehr nahe bis sehr distanziert zu differenzieren. Zudem müssen sie die Schule als ein soziales Feld und als ein Institution erleben können, in der sie im Umgang mit Lehrern beispielhaft auch den Umgang mit öffentlichen Einrichtungen überhaupt lernen können.

Dazu gehört auch eine entsprechende Ästhetik der Kommunikation, die sich u.a. durch einen bestimmten Ton und Stil auszeichnet, wie es im öffentlichen Umgang mit einander üblich und zur Entlastung der Beteiligten auch geboten ist.

8. Die Institution wird zwar schon durch den einzelnen Lehrer repräsentiert, vor allem aber durch das Kollegium im ganzen. Darüber darf zu keinem Zeitpunkt trotz der Mitbestimmung der El-

tern und Schüler ein Zweifel entstehen. Es muß in wesentlichen Fragen, z.B. disziplinarischer Art oder überhaupt gegenüber den Eltern und der weiteren Öffentlichkeit, möglichst geschlossen auftreten. Dafür sind regelmäßige interne Besprechungen, also ohne Anwesenheit von Eltern und Schülern, nötig. Die spezifische professionelle Kompetenz der Lehrer muß auf diese Weise nach innen wie nach außen deutlich gemacht, und es muß verhindert werden, daß in grundlegenden Fragen des beruflichen Selbstverständnisses die Lehrer sich auseinander dividieren lassen.

Da der Pluralismus aber auch die Schule und damit das pädagogische Selbstverständnis des einzelnen Lehrers erreicht hat, kann sich die Geschlossenheit des Kollegiums nur noch auf die wesentlichen Grundfragen der Schularbeit beziehen; im übrigen muß jeder sein eigenes Berufsverständnis finden. Diese Balance ist nicht immer leicht zu finden, weil wie in jedem Beruf die andere Auffassung des Kollegen als eine Kritik an der eigenen gedeutet werden kann. Die Individualisierung des Berufsverständnisses hat jedoch auch zu einer neuen Bedeutung des kollegialen Austausches geführt: Es geht nicht mehr so sehr um die Rechtfertigung eigener Positionen und Meinungen oder gar darum, daß die anderen die eigenen Probleme nicht hätten und insofern »bessere« Profis seien, sondern um die Einsicht, daß andere eben angesichts ähnlicher Probleme für sich andere Lösungen gefunden haben, von denen sich vielleicht etwas lernen läßt.

Wie alle menschlichen Gemeinschaften haben auch Kollegien so etwas wie einen kollektiven Geist, der, wenn er z. B. dem kritisierten Zeitgeist zu nahe kommt, einer Neubesinnung oft im Wege stehen kann. In solchen Fällen ist es nötig, Verbündete zu finden und mit ihnen für realistische Korrekturen zu sorgen.

9. Der in den letzten Jahrzehnten vielfach in Mode gekommene didaktisch-methodische Subjektivismus, der den angeblichen oder tatsächlichen Bedürfnissen der Schüler hinterherläuft, muß überprüft werden. Gewiß gehören Phantasie und Variantenreichtum in diesem Zusammenhang zur beruflichen Kompetenz des Lehrers, aber den Schülern darf dabei nicht aus dem Blick geraten, daß es darum geht, etwas, was sie noch nicht wissen oder kön-

nen, aber lernen müssen, von jemandem zu erfahren, der das Pensum bereits hinter sich hat. Berechtigte Kritik an Stoffplänen und anderen Vorgaben darf nicht dazu verführen, dieses geistige Gefälle, auf dem Unterricht beruht, zu leugnen oder aus dem Blick zu verlieren. Immer geht es darum, ein Stück Welt zu erklären, und die jeweils richtige Methode ist die, mit der das am besten gelingt, und nicht die, die für die Schüler im Augenblick am angenehmsten ist.

Bedenken Sie, daß Unterricht grundsätzlich in Distanz zum üblichen Leben tritt. Das Leben unterrichtet nirgendwo. Vom Grundschüler bis zum Manager verläßt vielmehr jeder sein normales Leben, um nach der Unterrichtung wieder zu ihm zurückzufinden. Im Unterschied zu Ihnen können die Schüler noch nicht wissen, daß die Fähigkeit, einer unterrichtlichen Unterweisung mit Disziplin und Konzentration zu folgen, ein Leben lang von ihnen verlangt werden wird.

10. Über das Brot, das in der Küche fehle, werde nicht in der Küche entschieden, hat Bert Brecht einmal gesagt. Das gilt sinngemäß auch für die Bedingungen des Schulehaltens. Selbst wenn ein Kollegium sich in den wesentlichen Fragen einig ist, kann es die politischen Rahmenbedingungen noch nicht verändern, denen seine Arbeit unterworfen ist. Deshalb muß über Sinn und Zweck von Schule eine neue öffentliche Auseinandersetzung geführt werden, die von der Administration wie von den einschlägigen Berufsverbänden zunächst kaum zu erwarten ist, weil sie dem Zeitgeist zu sehr verhaftet sind; sie kann nur auf Druck von unten, von den Lehrern und ihren Kollegien kommen. Dabei dürfen alte Feindbilder nicht ungeprüft aufrechterhalten werden. Zwingen Sie die Administration und die Berufsverbände dazu, endlich ernst zu nehmen, was in den Schulen wirklich geschieht. Die Notwendigkeit von Einsparungen kann z.B. auch genutzt werden zur Revision manchen pädagogischen Unsinns, der sich in den letzten Jahrzehnten breit gemacht hat und die Arbeitskraft der Lehrer unnötig verbraucht. Lehrer können z.B. über ihre Berufsvertretungen die Bereitschaft, für eine begrenzte Zeit mehr zu unterrichten, an die Bedingung knüpfen, daß die dafür nötigen diszi-

plinarischen Voraussetzungen wieder geschaffen sowie zweckfremde Tätigkeiten zurückgenommen werden. Wenn dies nicht bald gelingt, wird die in der Einleitung angesprochene Misere auch nicht beendet oder zumindest gemildert werden können.

Strategien für Eltern

1. Verschaffen Sie Ihrem Kind ein sozial zuverlässiges Zuhause. Das ist bei gutem Willen fast immer möglich, weil es dabei um eine bestimmte Form des sozialen Verhaltens geht: Es kommt darauf an, dem Kind bei seinen Absichten und Unternehmungen zu helfen, es als Persönlichkeit zu akzeptieren, Freude und Leid mit ihm zu teilen, es zu trösten und zu ermutigen und ihm zu signalisieren, daß Sie immer für es da sind. Interessieren Sie sich für das, was das Kind tut und was es für seine Zukunft will. Denken Sie dabei nicht ständig über ihre Emotionen nach, das Gefühl des Geliebtwerdens realisiert sich für ein Kind in erster Linie über die Erfahrung der tätigen Zuwendung. Der normale Alltag der Familie lebt von der Selbstverständlichkeit der Gefühle zueinander, und erst wenn sich massive Konflikte anbahnen, mag es Sinn ergeben, über Gefühlsverwirrungen nachzudenken und vielleicht sogar professionelle Beratung in Anspruch zu nehmen.

2. Akzeptieren Sie die Familienform, in der Sie leben, und versuchen Sie nicht, sie von vornherein als defizitär im Vergleich zu irgendeiner »Normalfamilie« zu sehen und sich dieser anzupassen. Wenn Sie z.B. ein Stiefelternteil sind, ergibt es keinen Sinn, diese Tatsache zu verleugnen und sie durch emotionale Fiktionen zu ersetzen. Da heute im allgemeinen alle vorhandenen Familienformen von der sozialen Umgebung weitgehend akzeptiert und die Kinder deswegen kaum noch einer sozialen Stigmatisierung ausgesetzt sind, geht es auch hier für sie in erster Linie um die Erfahrung der sozialen Zuverlässigkeit, die durch unangemessene emotionale Erwartungen – z.B. den leiblichen Elternteil »ersetzen« oder gar verdrängen zu wollen – eher behindert wird.

3. Schämen Sie sich nicht dafür, daß Sie durch Ihre Erwerbsarbeit den Unterhalt für sich und Ihre Kinder verdienen müssen und deshalb vielleicht weniger Zeit für sie haben, als Sie möchten. Die Berechnungen der Wissenschaftler, wieviel Zeit Eltern – Mütter, Väter, Alleinerziehende – tatsächlich für ihre Kinder aufbringen können und wieviel sie eigentlich dafür haben müßten, sind kein allgemeingültiger Maßstab. Es kommt nicht auf die Menge an, sondern darauf, was in der vorhandenen Zeit getan wird und ob das Kind sich dann in seinen Bedürfnissen abzeptiert fühlt. Insofern es von Ihrer Arbeit lebt, muß es lernen, Verständnis für Schwierigkeiten aufzubringen, die daraus für es selbst entstehen. Erzählen Sie Ihrem Kind – seinem jeweiligen Verständnisvermögen entsprechend – von Ihrer Arbeit und von den Freuden und Mühen, die damit verbunden sind.

4. Überhaupt ist es nicht unpädagogisch, mit ihm – seiner Verständnisfähigkeit entprechend – über die wirtschaftliche und finanzielle Lage der Familie zu sprechen, damit es weiß, woher das Geld kommt und wieviel davon für alle zur Verfügung steht, so daß es seine eigenen, finanziell relevanten Wünsche realistisch einschätzen lernt und sich auf diese Weise mitverantwortlich für das Familienbudget verhalten kann. Dazu gehört auch der selbstverantwortliche Umgang mit dem Taschengeld. So wie die Kaufwünsche der erwachsenen Mitglieder nicht immer spontan befriedigt werden können, so muß auch das Kind lernen, im Umgang mit Geld seine Wünsche zu sortieren, Prioritäten zu setzen und für absehbare Zeiträume zu planen. Deshalb sollte das Taschengeld mit steigendem Alter so bemessen werden, daß damit nicht nur der übliche Alltagskram wie Süßigkeiten bestritten werden kann, sondern alles, was über das rein Notwendige hinausgeht, z. B. auch modische Kleidung, Reisen mit der Jugendgruppe usw. Nur so kann sich das Kind frühzeitig im Konsum zu orientieren lernen, indem es nämlich seinen eigenen finanziellen Haushalt führt. Im Jugendalter sollte das Taschengeld so berechnet sein, daß es – abgesehen von freier Unterkunft und Verpflegung sowie den für die Schule nötigen Anschaffungen – für alle anderen Bedürfnisse ausreichend ist. Lassen Sie sich nicht irritieren, wenn Ihr

Kind dadurch im Vergleich zu anderen benachteiligt erscheint; wenn sein Outfit oder seine Interessen von seinem eigenen Geldbeutel her gestaltet sind, kann es auch mit einem ganz anderen Selbstbewußtsein anderen gegenüber auftreten, als wenn es vor jeder Party oder jedem Klamottenkauf die elterliche Geldbörse als ein Faß ohne Boden einschätzen darf. Selbständigkeit ist immer in erster Linie auch finanzielle Selbständigkeit.

Allerdings bleibt auch das Taschengeld des Kindes Ihr Geld, für das Sie gearbeitet haben. Wenn damit z.B. übermäßig Alkohol oder gar Drogen finanziert werden, müssen Sie eingreifen und die finanzielle Selbständigkeit neu lernen lassen.

Für alles, was das Kind besitzt bzw. was der Haushalt ihm zur Verfügung stellt, haben Sie oder andere gearbeitet. Deshalb kann Schlamperei oder zerstörerischer Umgang mit diesen Sachen nicht akzeptiert werden, zumal für deren Ersatz auch wieder jemand arbeiten muß.

5. Machen Sie Ihrem Kind so früh wie möglich klar, daß es nicht ewig mit Ihrer Arbeitskraft rechnen kann, daß es vielmehr ins Auge fassen muß, irgendwann seinen Lebensunterhalt einmal selbst verdienen zu müssen. Das ist im Generationenvertrag geradezu naturwüchsig vorgesehen. Lassen Sie Freude daran aufkommen, daß Ihr Kind größer wird und Pläne für seine Zukunft schmiedet, und halten Sie es nicht mehr als unbedingt nötig mit Ihrer Fürsorge umklammert. Lassen Sie es genießen, daß es seine sich entwickelnden Fähigkeiten daraufhin prüft, welchen Beruf es damit einmal ausüben kann, und stellen Sie ihm vor, was es dazu alles noch lernen kann und muß und welche schulischen und anderen Wege es dafür gibt.

6. Machen Sie Ihrem Kind von früh an klar, daß seine Familie eine Gemeinschaft ist, deren Ausgaben von Einnahmen gedeckt sein und an deren Wohlergehen sich alle beteiligen müssen – auch die Kinder nach ihren jeweiligen Fähigkeiten. An den täglichen Pflichten wie Einkaufen, Abwaschen usw. sollten grundsätzlich alle beteiligt werden- nicht nur die Väter nach dem Willen des Feminismus. Auf diese Weise lernen die Kinder soziale Rück-

sichtnahme und gewinnen als Lohn dafür Anerkennung für ihre Leistung in der Familiengemeinschaft. Für selbstverständliche Aufgaben kann es keine Entlohnung geben, aber wenn Kinder Arbeiten übernehmen, die eigentlich anderen zustünden, dürfen sie auch mit einer Ergänzung zum Taschengeld rechnen.

7. Wenn Ihr Kind in die Schule kommt, tritt es ins öffentliche Leben ein und macht neue Erfahrungen, über die es in der Regel mit seinen Eltern sprechen will. Erfüllen Sie diese Erwartung, so gut Sie können, und nehmen Sie Anteil an seinen Erfolgen, Mißerfolgen und Schwierigkeiten. Es kann auch für Sie als Erwachsener interessant sein mitzubekommen, was Ihr Kind gerade lernt. Helfen Sie bei den Schularbeiten, wenn das Kind Sie darum bittet, und tun Sie dies so, daß Sie dabei in einen geistigen Austausch mit ihm über die Sache treten, und nicht nur im Sinne einer Kontrolle – so ähnlich, wie Sie vielleicht mit Ihrem Partner über eine Fortbildung sprechen würden, an der Sie teilgenommen haben.

Seien Sie solidarisch mit Ihrem Kind, wenn es Schwierigkeiten in der Schule hat, aber geben Sie ihm in Konfliktfällen nicht von vornherein recht. Vom Rechthaben allein hat es nichts. Gehen Sie gemeinsam mit ihm seinen Schwierigkeiten auf den Grund und versuchen Sie – gegebenenfalls in Absprache mit den Lehrern – eine Lösung zu finden, die es akzeptieren kann; es muß nun lernen, seine Probleme nach Möglichkeit selbst zu lösen. Lediglich in Grenzfällen, wenn Ihr Kind z.B. Gewalt von Mitschülern ausgesetzt ist, gegen die es sich allein nicht wehren kann, oder bei grob ungerechter Behandlung durch einen Lehrer sollten Sie selbst an seiner Statt energisch vorgehen. Was es mit seinen eigenen Kräften noch nicht bewältigen kann, müssen Sie weiterhin in die Hand nehmen.

Achten Sie darauf, daß Ihr Kind eine solche Schule besucht, die seinen Begabungen und Fähigkeiten entspricht. Welche dies sind, ist nicht immer von vornherein erkennbar, sondern ergibt sich meist erst dann, wenn das Kind entsprechenden Leistungsansprüchen ausgesetzt wird. Setzen Sie nicht auf den verbreiteten Bildungswahn, nach dem der höchstmögliche Bildungsabschluß auch per se der beste für jedes Kind sei. Der Mensch fängt nicht erst beim Abiturienten oder beim Akademiker an. Suchen Sie gemeinsam mit Ihrem Kind denjenigen Bildungs- und Ausbildungsweg aus, der seinen Neigungen und Fähigkeiten am ehesten entspricht, und lassen Sie sich im Zweifelsfall von Lehrern und Psychologen beraten. Vermeiden Sie, eigene Wünsche über die (berufliche) Zukunft des Kindes dominierend ins Spiel zu bringen; sagen Sie ihm vielmehr, daß es Ihnen darum geht, daß es selbst mit seinem Leben zufrieden ist und sein wird.

Machen Sie ihm aber auch klar, daß nichts wirklich Wichtiges im Leben ohne Anstrengung und Mühe zu erreichen ist und daß deshalb Erfolge nicht in den Schoß fallen. Betrachten Sie in diesem Sinne die Schule als eine Dienstleistung für die Entwicklung der Begabungen Ihres Kindes, deren Früchte jedoch nicht zum intellektuellen und sozialen Nulltarif zu haben sind.

8. Gute Manieren sind kein Luxus, sondern machen den menschlichen Umgang erträglich und angenehm. Bringen Sie Ihrem Kind die entsprechenden Regeln bei, und fordern Sie deren Einhaltung ein. Machen Sie ihm klar, daß seine soziale Akzeptanz sehr wesentlich davon abhängt. Seinen wohlverstandenen Bedürfnissen widerspricht es keineswegs, wenn es in der U-Bahn Alten, Gebrechlichen oder Schwangeren seinen Platz anbietet, seiner Mutter aus dem Mantel hilft, Gäste höflich begrüßt und sich für Fehlverhalten entschuldigt. Kindern, die in einem Restaurant den anderen Gästen auf die Nerven gehen, kann man signalisieren, daß sie noch etwas älter werden müssen, um für eine gemeinsame Mahlzeit mit Ihnen in der Öffentlichkeit reif zu sein.

9. Den Pluralismus der Weltanschauungen und Werte können Sie Ihrem Kind nicht ersparen. Es muß lernen, sich in dem ihm zugänglichen sozialen Umfeld nach den jeweils dort gültigen Regeln und Normen erfolgreich zu verhalten. Das sind nicht unbedingt die, die auch bei Ihnen zu Hause gelten. Gleichwohl haben Sie das Recht zu bestimmen, in welcher Weise und in welchem Ton in Ihren vier Wänden und in Ihrer Gegenwart über Menschen und Dinge gesprochen wird, und Sie sollten bedenken, daß Sie dabei als Vorbild wirken können. Ihre häusliche Kultur darf und muß

sich in manchen Fällen durchaus unterscheiden z. B. vom Jargon unter Gleichaltrigen. Aber die Erfahrungen, die Ihr Kind außerhalb der Familie macht und die Sie nicht verhindern können, sollten Sie aufgreifen und diskutieren. Lassen Sie sich nicht davon irritieren, daß Sie dabei gelegentlich als »altmodisch« oder »rückständig« bezeichnet werden. Wenn Sie Ihren abweichenden Standpunkt ruhig und selbstbewußt und gegebenenfalls unter Berufung auf Ihre Lebenserfahrung vertreten, bleibt mehr davon hängen, als es auf den ersten Blick scheinen mag. Mehr können Sie kaum erwarten, weil nicht Sie, sondern das Kind sich mit seinen Möglichkeiten in der Schule, in der Diskothek, im Sportverein oder überall sonst behaupten muß.

10. Helfen Sie Ihrem Kind, angesichts der Optionen, denen es ausgesetzt ist, seine eigene Wahl zu treffen. Das gilt auch für den Fernsehkonsum. Die Menschen unterscheiden sich u. a. darin, was sie unterhaltsam und entspannend finden, und Eltern und Kinder haben da selten einen gemeinsamen Geschmack. Aber machen Sie ihm auch den »Unterschied von Dienst und Schnaps«, also von Unterhaltung und Arbeit bzw. Bildung klar. Das Kind darf seine Zeit für beides nutzen, wenn es den Unterschied kennt und ernst nimmt. Wenn Sie eine Fernsehzeitschrift halten, wählen Sie eine solche, die auch Bildungs- und Informationsmöglichkeiten dieses Mediums angemessen präsentiert.

11. Bedenken Sie, daß Ihr Kind das, was es können soll, immer auch noch lernen muß. Seien Sie deshalb geduldig mit seinen Fehlern, aber zeigen Sie immer, worauf es ankommt. Machen Sie nur in schwerwiegenden Fällen – also so selten wie möglich – etwas zum Konflikt, aber setzen Sie dann auch unmißverständlich Grenzen. Pädagogisieren Sie nicht den üblichen Alltag, sondern lassen Sie Ihrem Kind den Handlungs- und Entscheidungsspielraum, den es für sein Selbständigwerden braucht.

12. In der Familie muß das Kind u.a. lernen, seine Bedürfnisse und Wünsche mit denen der anderen Familienmitglieder auszubalancieren und insofern Kompromisse einzugehen. Tun Sie nicht so,

als hätten Sie selbst keine eigenen Wünsche und Bedürfnisse, oder als hätten die des Kindes unbedingten Vorrang. Daraus könnte das Kind nur eine weltfremde Selbstüberschätzung ableiten. Erlauben Sie ihm zumindest gelegentlich die Freude, die darin bestehen kann, zu Ihren Gunsten auf etwas zu verzichten. Auf diese Weise kann es seine Zuneigung und seinen Wunsch ausdrücken, daß seine Eltern sich wohlfühlen sollen. Abgesehen davon braucht Ihre Beziehung zu Ihrem Partner bzw. zu Ihrer Partnerin eine eigenständige Basis, nämlich »gemeinsame Sachen«, die nicht ohne weiteres aus der Existenz des Kindes abgeleitet werden können. Kinder wissen aus Erfahrung, daß es ihnen gut geht, wenn auch ihre Eltern Freude an einander haben.

13. Reagieren Sie nicht eifersüchtig, wenn Ihr Kind bestrebt ist, auch außerhalb der Familie verläßliche Beziehungen einzugehen – zu Freunden oder zu außerhalb lebenden Verwandten, wozu im Falle der Scheidung oder Trennung auch der ehemalige Partner (die Partnerin) gehören kann. Es muß lernen, vielerlei Beziehungen einzugehen und ihre Bedeutung für sich zu sortieren. Wenn Sie an seine Zukunft denken, können Sie im voraus nie wissen, welche dieser Beziehungen einmal besondere Bedeutung erlangen werden. Ihr Kind ist nicht Ihr Eigentum, und es muß Sie zu gegebener Zeit verlassen, um ein selbständiges Leben führen zu können. Dann gehört es immer noch zu Ihrer Familie – aber auf eine neue Weise.

Literaturverzeichnis

Beck, Ulrich: Risikogesellschaft, Frankfurt 1986

Beutel,Wolfgang/Fauser, Peter: Was die Schule politisch bewegt. Beispiele aus dem Förderprogramm Demokratisch Handeln, in: *Neue Sammlung* H.2/1995, S.129-156

Block, Katharina: Der Gymnasiasten-Retter, Frankfurt 1994

Blücher, Viggo Graf: Die Generation der Unbefangenen, Düsseldorf 1966

Braunmühl, Ekkehard von: Zeit für Kinder, Frankfurt 1978

Dahrendorf, Ralf: Bildung ist Bürgerrecht, Hamburg 1965

Ders.: Im Entschwinden der Arbeitsgesellschaft, in: *Merkur* Nr.8/1980

Daschner, Peter/Rolff, Hans-Günther/Stryck, Tom (Hg): Schulautonomie – Chancen und Grenzen, Weinheim 1995

Dichter, Ernest: Strategie im Reich der Wünsche, München 1964

Dieckmann, Dorothea: Unter Müttern, Berlin 1993

Dollase, Reiner: Grenzen der Erziehung, Düsseldorf 1984

Eisenstadt, Samuel N.: Von Generation zu Generation, München 1966

Erikson, Erik H.: Kindheit und Gesellschaft, 2. Aufl. Stuttgart 1965

Etzold, Sabine: Schöner rechnen, in: *Die Zeit* Nr.28/1995

Fend, Helmut: Theorie der Schule, 2. Aufl. München 1981

Flitner, Andreas: Konrad, sprach die Frau Mama . . . Über Erziehung und Nicht-Erziehung, Berlin 1982

Frech-Becker, Cornelia: Die Schule unter dem Regenbogen, in: *Die Zeit* Nr. 31/1995

Fromm, Erich: Haben oder Sein, München 1979

Giesecke, Hermann: Vom Wandervogel bis zur Hitler-Jugend, München 1981

Ders.: Das Ende der Erziehung, Stuttgart 1985

Ders.: Pädagogik als Beruf, Weinheim 1987

Ders.: Hitlers Pädagogen, München 1993

Glaser, Hermann: Die Kulturgeschichte der Bundesrepublik Deutschland, 3 Bde. Frankfurt 1990

Gordon, Thomas: Familienkonferenz, Hamburg 1972

Ders.: Familienkonferenz in der Praxis, Hamburg 1978

Gudjons, Herbert: Handelnder Unterricht, in: *Westermanns Pädagogische Beiträge* H. 9/1980, S. 342 ff.

Guggenbühl, Allen: Männer, Mythen, Mächte: Was ist männliche Identität? Stuttgart 1994

Gutte, Rolf: Lehrer – Ein Beruf auf dem Prüfstand, Reinbek 1994

Hanesch, Walter u.a.: Armut in Deutschland, Reinbek 1994

Heimann, Paul: Film, Funk und Fernsehen als Bildungsmächte der Gegenwart, in: ders.: Didaktik als Unterrichtswissenschaft, hg. v. K. Reich und H. Thomas, Stuttgart 1976, S. 209-228

Hemminger, Hansjörg: Kindheit als Schicksal? Die Frage nach den Langzeitfolgen frühkindlicher seelischer Verletzungen, Reinbek 1982

Hensel, Horst: Die neuen Kinder und die Erosion der alten Schule, Bönen 1993

Hentig, Hartmut von: Die Schule neu denken, München/Wien 1993

Herrlitz, Hans-Georg/Hopf, Wulf/Titze, Hartmut: Deutsche Schulgeschichte von 1800 bis zur Gegenwart, Weinheim 1993

Kaiser, Günther: Randalierende Jugend, Heidelberg 1959

Kerbs, Diethart u.a.: Das Ende der Höflichkeit, München 1970

Kerschensteiner, Georg: Der Begriff der staatsbürgerlichen Erziehung, 10. Aufl. München/Stuttgart 1966

Klafki, Wolfgang: Neue Studien zur Bildungstheorie und Didaktik, Weinheim 1985

Klemm, Klaus/Rolff, Hans-Günter/Tollmann, Klaus-Jürgen: Bildung für das Jahr 2000, Reinbek 1985

Korte, Jochen: Faustrecht auf dem Schulhof, Weinheim-Basel 1993

Ders.: Lernziel Friedfertigkeit, Weinheim-Basel 1994

Krappmann, Lothar: Soziologische Dimensionen der Identität, Stuttgart 1969

Lenzen, Dieter: Mythologie der Kindheit, Reinbek 1985

Litt, Theodor: Führen oder Wachsenlassen?, Leipzig 1927

Marcuse, Herbert: Triebstruktur und Gesellschaft, Frankfurt 1968

Miller, Alice: Das Drama des begabten Kindes und die Suche nach dem wahren Selbst, Frankfurt 1979

Dies.: Am Anfang war Erziehung, Frankfurt 1980

Minderop, Dorothea: Die Schule der Zukunft, in: *Die Zeit* Nr. 36/1995

Nave-Herz, Rosemarie: Familie heute. Wandel der Familienstrukturen und Folgen für die Erziehung, Darmstadt 1994

Neill, Alexander: Theorie und Praxis der antiautoritären Erziehung. Das Beispiel Summerhill, Reinbek 1969

Ders.: Das Prinzip Summerhill, Reinbek 1971

Nohl, Hermann: Die pädagogische Bewegung in Deutschland und ihre Theorie, 7. Aufl. Frankfurt 1970

Norwood, Robin: Wenn Frauen zu sehr lieben, Reinbek 1986

Dies.: Briefe von Frauen, die zu sehr lieben, Reinbek 1988

Oelkers, Jürgen/Lehmann, Thomas: Antipädagogik, Braunschweig 1983

Packard, Vance: Die geheimen Verführer, Düsseldorf 1958

Pauly, Gisela: Mir langt's. Eine Lehrerin steigt aus, Hamburg 1994

Peukert, Detlev J.K.: Grenzen der Sozialdisziplinierung. Aufstieg und Krise der deutschen Jugendfürsorge von 1878 bis 1932, Köln 1986

Picht, Georg: Die deutsche Bildungskatastrophe, Olten-Freiburg 1964

Postman, Neil: Das Verschwinden der Kindheit, Frankfurt 1983

Richter, Horst-Eberhard: Eltern, Kind und Neurose, Stuttgart 1963

Ders.: Die Gruppe, Reinbek 1970

Ders.: Patient Familie, Reinbek 1970

Ders.: Lernziel Solidarität, Reinbek 1974

Ders.: Die Chance des Gewissens, München 1988

Roth, Heinrich: Die realistische Wendung in der pädagogischen Forschung, in: *Neue Sammlung* 1962, S. 481 ff.

Roth, Lutz: Die Erfindung des Jugendlichen, Weinheim-München 1983

Schelsky, Helmut: Die skeptische Generation, Düsseldorf 1957

Schmidbauer, Wolfgang: Helfen als Beruf, Reinbek 1983

Schoenebeck, Hubertus von: Der Versuch, ein kinderfreundlicher Lehrer zu sein, Frankfurt 1980

Schulze, Gerhard: Die Erlebnisgesellschaft, Frankfurt/New York 1993

Sennett, Richard: Verfall und Ende des öffentlichen Lebens. Die Tyrannei der Intimität, Frankfurt 1983

Spranger, Eduard: Psychologie des Jugendalters, 29. Aufl. Heidelberg 1979

Sprenger, Ulrich: Vier Thesen zum Thema Gesamtschule. Ein Erfahrungsbericht, in: *neue deutsche schule* H. 14/15, 1994

Stephan, Cora: Der Betroffenheitskult, Berlin 1993

Struck, Peter: Erziehung gegen Gewalt, Neuwied 1994

Ders.: Schulreport. Zwischen Rotstift und Reform oder Brauchen wir eine andere Schule?, Reinbek 1995

Tausch, Reinhard und Anne-Marie: Erziehungspsychologie, 5. Aufl. Göttingen 1970

Wagner-Winterhager, Luise: Schule und Eltern in der Weimarer Republik, Frankfurt 1978

Wallrabenstein, Wulf: Offene Schule – Offener Unterricht. Ratgeber für Eltern und Lehrer, 4.Aufl. Reinbek 1994

Wieck, Wilfried: Männer lassen lieben, Frankfurt 1992

Ders.: Söhne wollen Väter. Wider die weibliche Umklammerung, Hamburg 1992

Wilhelm, Theodor: Theorie der Schule, 2. Aufl. Stuttgart 1969

Zimmer, Dieter E.: Tiefenschwindel. Die endlose und beendbare Psychoanalyse, Reinbek 1986

Zinnecker, Jürgen: Jugendkultur 1940-1985, Opladen 1987